森と自然を活用した保育・幼児教育ガイドブック

編著：公益社団法人　国土緑化推進機構
編集協力：森と自然の育ちと学び自治体ネットワーク

風鳴舎

はじめに――「森と自然を活用した保育・幼児教育」の社会化に向けて

国土緑化推進機構では、これまで国土緑化運動の一環として、全国レベルでは文部科学省や農林水産省・林野庁と連携し、また都道府県レベルでは森林関係部署や教育委員会、都道府県緑化推進委員会等と連携しながら「学校林」の整備や校庭等の「学校環境緑化」を促進してきました。また、森林の大切さを学んだり、森林とのふれあい活動等に取り組む「緑の少年団」の結成・育成を支援するとともに、「緑の募金」や「緑と水の森林ファンド」を通して、ＮＰＯ・ボランティア団体や企業が行う森林環境教育活動を支援してきたところです。

こうした学童期を対象とした取組に加えて、近年は国際的に幼児教育の重要性への理解が拡がり、幼児期にこそ森林・自然の中での体験活動を行うことの重要要が指摘されてきています。

こうしたことから、国土緑化推進機構では、２０１５年の「子ども・子育て支援新制度」の開始に合わせて、行政関係者、学識経験者、実践団体等の参画を得て、「森と自然を活用した保育・幼児教育」の社会化に向けた研究会を設置して、国内外の先進事例の調査や先行研究の整理、今後の促進策等の検討を開始しました。同時に、行政や民間が行っているこれらの全国的行事や自治体の取組の支援の他、「緑と水の森林ファンド」としても公募事業で実践活動の支援も重点的に行ってきました。

また、鳥取県・長野県・広島県においては、全国に先駆けて「森と自然を活用した保育・幼児教育」の認証・認定制度を創設するなど、行政が主体となった取組がはじまり、２０１８年には「森と自然を活用した保育・幼児教育推進自治体ネットワーク」が設立され、行政セクターの取組が拡がりました。

更に、青少年教育のナショナルセンターである（独）国立青少年教育振興機構において、幼児期の自然体験の効果等の解明を進めたり、東京大学発達保育実践政策学センターによる園庭・地域資源活用に関わる全国的な実態調査が行われたり、保育・幼児関係者等による「日本自然保育学会」が設立されるなど、学術セクターの取組も拡がりました。

民間セクターにおいても、保育所、幼稚園、認定こども園に加え、小規模保育事業所、家庭的保育事業所、事業所内保育事業所、子育て支援センター・子育てひろば、認可外保育施設など、多様な運営形態の保育・幼児教育・子育て支援施設において、「森と自然を活用した保育・幼児教育」の実践が拡がってきました。

こうしたことを踏まえ、研究会を通して得られた知見に加えて、官学民の最前線の特色ある支援施策や研究成果、実践事例等を集積することで、「森と自然を活用した保育・幼児教育」への理解が深まり、その実践と研究とその支援の環が拡がっていくことを期待して、本書を編集したところです。

我が国は、国土の約7割を森林が占める世界有数の「森林大国」であり、「自然との共生」の文化を培ってきた国でもあります。そんな我が国の次代を担う子どもたちがすこやかに健全に育ち、地域社会や豊かな森林・自然を次世代に引き継げるよう、「森と自然を活用した保育・幼児教育」の取組が拡がっていくことを願っています。

最後になりましたが、本書のために支援施策や研究成果、実践事例等の原稿執筆にご協力頂きました皆様、そしてそれらの取組に携わって来られた全ての皆様にお礼を申し上げます。

平成30年10月

公益社団法人国土緑化推進機構

Contents

森と自然を活用した保育とその周辺

野外での保育・教育活動は、室内の活動に比べて、気候や地形等フィールドの特性が活動に大きく作用します。そのため一概に保育の流れを定めることは難しいのですが、ここではある保育園の一日の流れとその周辺を12の視点で抜き出して視覚化しました。（協力：清里聖ヨハネ保育園／写真・言葉：小西貴士）

小西貴士

Takashi Konishi

森の案内人（インタープリター）であり、写真家。2002年より野外保育の実践に携わる。現在は保育者や教育者が自然環境や持続可能な社会について学ぶための場「ぐうたら村」を、八ヶ岳南麓にて主宰する。

不燃性のタープが一枚張ってある通称「テントの森」。小川で遊んだり、火を焚いたり、木の実を集めたり、木に登ったり、虫の生き様を観察したり…。3〜5歳児の子どもたちが、それぞれの興味関心に応じて探索を繰り広げる。

1歳児や2歳児も、午前中はそれぞれの移動能力に応じて、森や野原、それらを結ぶ道をのんびりと探索する。発達段階を理解した保育者が必要に応じてケアしたり、受動的で共感的なまなざしで見守る。

森の広場からの帰り道。通称「大地の扉」と呼んでいる、モグラやノネズミ・ヘビとの出会いを期待しつつ、そうっと開けて観察する。森や野原という空間は、単なる遊戯場としてのスペースにとどまらない。

朝のミーティングで今日の活動について話し合う。今日はどうする？　昨日の続きをする？　今日はこんなこともできそうだよ。主体的で対話的な学びの一日の始まりだ。

園舎から出ると、在来種の野草や生き物が生きる環境「森庭（もりにわ）」と呼ばれる環境が広がる。さしずめ小さな森といったところ。自然環境への、親しみや配慮は、まず身近なところから始まる。

3歳以上の子どもたちにとっても、デッキは大切なスペース。その日の森での活動を他のグループの仲間と分かち合ったり、ふり返ったりして、野外での活動が洗練されてゆく。保護者と活動について共有する役割も果たす。

子どもたちが帰った後、月に一度、職員間で自主的に開催しているゼミ形式の学びの場。数名が準備したプレゼンテーションを受けて、野外活動の事例を検討し、保育や教育的な意味を見出してゆく。

保護者の方々にも参加してもらいながら、木を伐採したり、その木で本棚を作ったり、冬のための薪を割って準備したり…。この保育園では年に4度、自然を活用した保育を進めてゆくために保護者との協働の機会がある。

その日の天候や、子どもたちの活動に合わせて、昼食を食べる場所も柔軟に変化する。テーブルで食べる日もあれば、デッキで食べる日も、焚き火を囲んで食べる日も、野や森で食べる日もある。

おやつのピザを焼くために、ピザ生地を発酵させている間に、アースオーヴンで火を焚いて準備する。おやつは、補食という視点だけでなく、野外での豊かな体験という視点でもある。

1・2歳児の子どもたちがデッキで野草茶を楽しむ。園舎の中、森、と区切るのではなくて、気候や天候・体調に合わせてデッキや東屋などの半屋外スペースを積極的に利用して過ごす。移動範囲が狭い乳児にとっては大切な視点。

降園時に合わせて、お母さんたちが大きな東屋の屋根の下でマルシェを開いたりもする。大きな東屋は、森との関係性を切らずに子どもたちの活動にも活躍するが、保護者や地域の方々のコミュニケーションの場にもなり得る。

森で育つ子どもたち春夏秋冬

森や自然を活用した保育を考える上でイメージしやすいように、四季を通じて森で育つ子どもたちの姿を視覚化しました。（写真・言葉：小西貴士）

春

温んで　芽吹き　生まれる

雪が解けて再び流れ出した春の小川。自然の起伏や流れは、多くの命を育む場所であり、同時にヒトの子どもたちにとっては最高の遊び場であり育ちの場だ。

秋冬の間に積もった落ち葉や枝・分解者でにぎやかな春の林床は、子どもたちの興味を刺激する。夢中で眺め続ける子どもたちの姿が印象的だ。

まだ豊かな言語表現を身につけていない時期に、暖かくなってきた春の風と話すように親しむ。こんな体験が豊かな言葉や表現を生んでゆく。

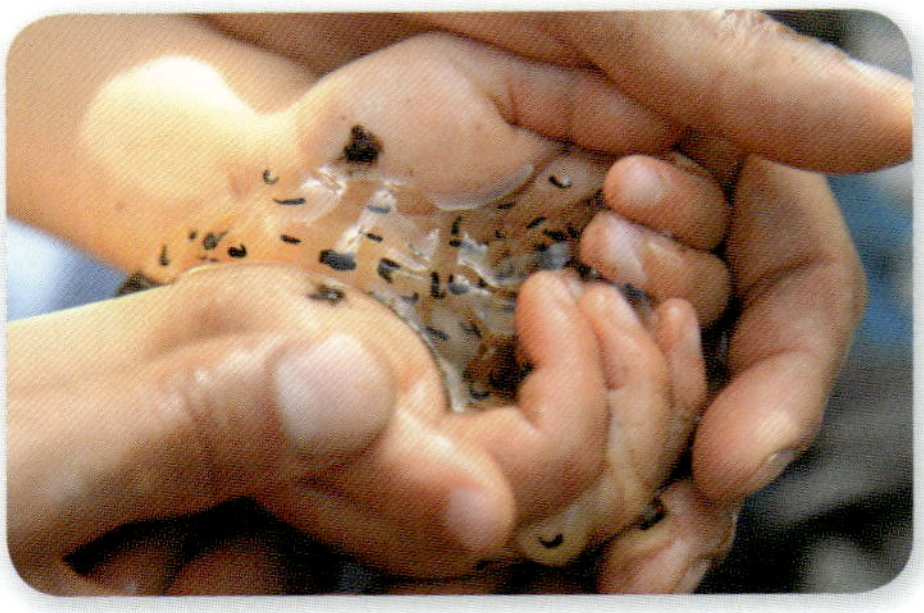

春一番で産み落とされたヤマアカガエルの卵に出会う。よく見ると、もう孵化してオタマジャクシになっているものもいる。生命の誕生の不思議にふれあうまたとない機会だ。

環境を通して行う保育の中では、一方的な説明ではなく、豊かな対話がよく見られる。対話的な保育では、子どもだけが育つのではなく、保育者や保護者や場も育つ。

タンポポの茎で作った風車を回してみる。植物を素材として親しむことが、多様な自然観や生命観を育む土壌となる。

夏

伸び　茂り　せめぎあい　育つ

その子どもの今、その心もちに、心動かされながら、受動的なまなざし、共感的なまなざしで、子どもの育ちを見取ってゆく。保育の要点と醍醐味は、街でも森でも変わらない。

羽化のために木の幹に登るセミの幼虫に出会う。目の前に生きる虫の説明だけでなく、それを通して生命の神秘や不思議に思いを馳せるインタープリテーションの視点が重要だ。

上流での水遊びを楽しみに、皆で力を合わせて渓谷の険しい道をゆく。言葉を差し伸べたり、手を差し伸べたり、21世紀後半を生きる人たちの態度が育まれてゆく。

どれだけ遊びの選択肢が多様に見出せる遊具よりも、木一本の造形はより多様な遊びを生む可能性を持ち、より複雑なリスクマネジメントを要求する。

木に登っている人、食べている人、虫を観察している人、会話に夢中な人…。各々の子どもの心もちや、興味関心、身体のリズムに応じて、過ごす場所が緩く混ざっている夏の森。

台風一過の森を歩く。地球規模の環境問題と向き合うことを要求される世代の育ちには、自然を経済活動の資源とみなすだけではない価値観が必要だ。

自分たちが暖まるために、身の丈に合った分を自然からいただく。この体験が日常生活で直接的に役立つことは少ないとしても、持続可能な社会を模索する態度は育まれてゆく。

落ち葉を裸足で踏みしめて歩く。情報端末を通した体験が暮らしの中で増えつつあることを否定できない時代に、五感を通した体験は育ちの上で明らかに貴重な体験となっている。

焚き火に鉄鍋を掛けて焼きリンゴ。知恵をめぐらし、道具を使い、調理をして味わう。小さな興味や探索から始まったことが、洗練されて、より豊かな言葉や態度、深い学びが生まれる。

秋

実り　枯れ　落ち着き　深まる

陽が短くなってきたことを感じながら、ロープとハンモックを組み合わせて、ダイナミックに身体を動かして遊ぶ。この時間があってこの後の落ち着いた焚き火の傍でのおしゃべりがある。

ヤマブドウを探して秋の午後の森を探索する。この喜びの情動や満たされた身体感覚が、感情が実りや恵みという概念をゆっくりと無理なく育んでいる。

焚き火の傍では、様々な子どもたちの姿が見られる。興味から始まった遊びを、没頭し、思考し、展開し、そこから生まれる充足感がそのまま明日の態度につながってゆく。

絵本の世界のような美しい霧氷に出会う。霧氷との出会いを計画立てて実行してゆくことは難しく、出会えた喜びや不思議から、子どもたちとの対話が始まり、深まってゆく。

小川で氷に閉じ込められた、色とりどりの落ち葉に出会う。目的を持った製作活動だけがアートではなく、これも立派なアートであり、冬の寒さはアート活動にうってつけだ。

冬

休み　耐え　つながり　めぐる

ブロックや積み木という素材で作ることは一つのアプローチであって、雪という素材で作ることもまた一つ。雪という概念を豊かにしてゆくことが、学童期の学びへとつながってゆく。

生きるとか、死ぬということに対する感性を、ヒトの生死だけから豊かに育んでゆくのはなかなか難しい。氷点下の雪原で鹿の死体に出会い、自ずと生まれる感情がある。

ノウサギの足跡を追いかける。姿が見えないからこそ、豊かな想像や推測が生まれる。それぞれの想像が混じって、物語が生まれるのも集団で育つ豊かさだ。

寒い環境での活動が育む関係性がある。一方的なケアだけではなく、相互に思いやり、関わってゆくという、社会性の学びがある。

「森と自然の保育・幼児教育」によせて

アクティブラーニングの時代
～自然は教材の宝庫

今回の教育改革で目玉の、主体的・対話的で深い学び（アクティブ・ラーニング）というのは、子どもたちが自分で計画したり、あるいは失敗してやり直したり、そんな体験から学んだりするようなことと言えます。こういった学びが人間の心の深いところを育てていくことがすでに明らかになっていて、今回の指針・要領の改訂（＊1）でそれを幼稚園・保育園でやろうということになったわけです。

〝自然〟は人工的に用意された教材では考えられないぐらいの偶然性と多様性があります。とにかく素通りさせてくれない、引っ掛かる教材。五感を通して多彩に気づきを得て、子ども一人ひとりの興味・関心からさまざまな創造性を育んでくれます。自然を活用した保育・幼児教育は、今後のひとつのモデルになり得ると思っています。

広がる、自然を活かした研修

僕は自分の子どもを自然とかかわらせたかったので、土日は子どもを山に連れて行っていて。その流れでキープ協会のみなさんとつながったんです。今でもその関係は続いていて、キープの施設を使わせて頂いて保育者の養成を始めました。僕の作っている雑誌（保育専門雑誌「エデュカーレ」）の全国読者交流会もそこでやっていて、その一コマは森の散策や森で遊ぶワークショップにしています。僕が理事長をしていた社会福祉法人や東京の大学のゼミ合宿もそこでやっていたら、じゃあ、うちの園の合宿もそこで、と、だんだん広がっていったのです。

僕自身は「ぐうたら村」という村を、保育領域で有名な連中とやっているのですが、そこで、満天の星を見ながら語り合うとか、自分の中の自然性と自分の外の自然性が共鳴し合うようなことをするとか、そういったことをしています。つまり、新しいタイプの研修施設のようなものをめざしているわけです。現代においては、毎日あれをしなきゃ、これをしなきゃっていうことばかりで、生きていることの意味さえもわからなくなりがちです。自然と人間の関係を改めて考えて、人間の中にある自然性にもう一度火をつ

汐見稔幸
Toshiyuki Shiomi
東京大学名誉教授、元白梅学園大学学長。日本保育学会会長、厚労省「社会保障審議会児童部会保育専門委員会（保育所保育指針策定委員会）委員長。専門は教育学、人間教育学、育児学。保育・幼児教育関連の著書多数。

けていく、人間の中にある自然性を目覚めさせる、そういう取り組みが今必要だと思うんです。

僕には夢があってね。保育者たちがわーっと夢を語ったりとか、自分たち自身が安全に木登りできるような、そんな施設を作りたい。都会の中でも、例えばある建物と建物の間が、ある瞬間ぱっと見えた時の陽射しの美しさとか、太陽ってどれだけありがたいものなのかとか。そういうことだって一つの自然の体験。どこでもできるということを前提に、自然を子どもの中に活性化させる、取り戻していく。頭で考えるのとは全然違う、そういう体験をしてもらわないとね。そのための研修施設や制度をつくりたい、というのが私の夢です。

21世紀型の園庭と地域資源の活用

今回の新要領で、環境を通しての教育ということが言われたけれども、つまるところ、魅力的な環境が提供されれば、子どもたちは勝手に育っていくんですよね。ですから保育者が一番しなきゃいけないことは、環境、つまり園庭や地域資源を魅力的にすることなんです。

現在皆さんは、校庭は何もなくて真っ平らだと思っておられるけれど、それはある時期に変えられたものです。日清戦争が終わったあとに、子供の頃から兵隊になる準備をするという理由で校庭をつぶして運動場を作らせた。そこで軍列行進だとか「やすめ！　きをつけ！」と訓練した。だから今はほとんどが校庭というよりも運動場になっている。

幼稚園も園庭っていったり、遊技場っていったりしているけれど、そのモデルは要するに運動場。宮崎駿さんがね、『虫眼とアニ眼』という本の中で養老孟司さんと対談されていて、その中で、最後に作りたいのが保育園だと言っていたのです。その保育室には平らな面が一つもない。だって、自然の中には平らな面なんてありませんって。

これ、すごく大事なことだと思うんです。斜面があって穴が掘れて、走り回れる平らなところもあれば凸凹で草茫々のところもある。そういうの、考え方一つで都会にも作れるんですよ。だから、園庭環境を整えたところには補助金を差し上げますということにして、子どもたちは、そこにいるだけでまさに教育される。つまり環境を通じた保育が文字通り推奨されていく。21世紀の園庭はなんか、すごく変わったよねってなってほしいですね。

地域資源の活用という点に目を移すと、日本の場合は園外保育をとても大事にしていますよね。園の中でやるのとまったく違う体験をすることにこだわってやってきた歴史もある。これを僕は、一つの財産だと思っています。だけどね、残念ながら園外保育の研究がほとんどない。だからそこで時々悲しいことに事故が起きる。自然を活用した保育、森のようちえんのようなことを広めていこうとすると、現場での研究や実践の蓄積が非常に大事になってくる。これは、今後に向けての大きな大きな課題です。

地域も元気になる新しい子育て

この間、鳥取に行ったら、以前は人口60万ちょっとで全国で一番小さくて恥ずかしいとか言っていたのですが、今は「これが一番のウリです！　小さいがゆえにみんなで支え合うしかない、それが我々にとっての財産なんです」と方向転換しておられた。価値観を変えて地域を再興する。そういう世界に幼稚園保育園なんかも参入してほしいですね。

地域の一番の財産は爺ちゃん婆ちゃんです。長く生きてきた人の中には知恵がいっぱいあって、昔はあーだったこうだったっていうのをいっぱい教えてくれる。一方、爺ちゃん婆ちゃんもそうすることで子どもから元気をもらう。その真ん中にあるもの、介在しているものが自然の知恵みたいなもの。そういう部分に価値を見出し地域をつくり直していく。これは価値観そのものを作り直すという作業でもあります。今回の指針・要領の改訂は、そういうところにまで挑もうとしている。私はそう思っています。

あとはね、大都会ばっかり人が増えているよね。消費生活ではやはり都会は魅力的なんだけれど、これからは田舎の面白さをわかっていることが大事になっていくと思うんです。仕事は都会でバリバリ、週末は田舎で癒やされるとか。都会の面白さも田舎の面白さもわかる生活というのかな。

今後ますますインターネットを使って田舎でも仕事ができるようになりますよね。若い世代にとって田舎で子育てをしたいという発想になるような枠組みというのかな、Iターンが推進されていくといいと思いますね。

＊1：指針・要領の改訂……保育所保育指針、幼稚園教育要領、幼保連携型認定こども園教育要領が2018年4月に一斉に改定・改訂された。

子ども達の豊かな経験を保障するには環境に多様性が必要

秋田喜代美
Kiyomi Akita

東京大学大学院教育学研究科教授、同附属発達保育実践政策学センターセンター長、博士（教育学）。厚生労働省社会保障審議会児童部会長、内閣府子ども子育て会議委員、文部科学省中央教育審議会教員養成部会委員、日本保育学会前会長（2009-2016）・現常任理事。日本乳幼児教育学会理事。専門は保育学、教育心理学。『子ども達からの贈り物：レッジョエミリアの哲学にもとづく保育実践』萌文書林（2018）、『保育の心意気』ひかりのくに（2016）他著書多数。

内閣府の子ども子育て会議の委員をしていますが、幼保連携型認定こども園ができたときに、〝園庭〟という名前を法律上初めて使うようになりました。しかしながら、文部科学省所管の幼稚園では運動場、厚生労働省所管の保育所では遊技場という呼び方が今も残ったままなのです。子どもにとって運動は大事だけれども運動だけをする場でもないですしお遊戯をするだけの場でもありません。多様な機能を持つ、いわゆる子どもにとっての庭、多様な機能を持つ園庭が必要であると考え、園庭の研究を仲間と共に始めました。園庭でどういう工夫が施されているか、実際に多くの園が子ども達にどういう経験を保障しているのかを調査しました。調査の中で直感的に感じたのは、豊かな経験をするためには、〝環境の側に多様性が必要だろう〟ということでした。今年改訂されました幼稚園施設整備指針を基にしながら、園庭環境の多様性指標というものを実際に考えてみました。

園庭調査で見えてきたもの

２０１７年春、三千以上の園に調査票を配布し、１７４０園にお戻しいただきました（東京大学大学院教育学研究科附属発達保育実践政策学センターによる大規模質問紙調査）。全国で初めての大規模調査です。結果、大きく二つに分けられることがわかりました。ひとつは広い大きな園庭でグラウンド的なところがメインという園庭。もうひとつはスペースは限られるけれども自然が豊かで築山があったり遊具も手作りだったりいろいろな工夫がある園庭です。

子どもの〝経験〟から園庭を考える

大人側の、園庭に何が揃っているかという視点だけではなく、子ども自身が園庭をどう感じているかについて、４つの園で自分のお気に入りの場所をデジタルカメラで撮ってもらうという方法で調査をしました（本書54ページ：園庭調査の記事参照）。すると、子どもにとっては、滑り台の一番上の、これから滑るよ、というところだったり、虫がたくさんいるプランターの中だったりが好きだということがわかりました。大人と子どもでは園庭の見え方が違うこともわかりました。子どもが園庭でどういった経験をするのか、という視点で園庭を見て見ると違った機能が見えてくるかもしれません。

園庭環境を支援する組織化を

園庭の大規模改修にはお金もかかりますし長い時間をかけて実をつけるような木を植えるには長期的な計画も必要になります。保育室は担任の工夫で質を高めることはできますが、園庭を考えることは園全体でひとつの園が大事にしたい価値や機能を考える大きなきっかけになります。園内研修でみんなで一緒に園庭のことを考えてみると、〝うちの園は何を大事にしているのか〟が見えてきます。そこで、保育を担当するチームとは別のチーム編成をして、例えば植栽担当チーム、築山担当チーム、といった編成をすることでさまざまな情報が結びつきます。また、保育者が環境に主体的に関わることで園内の保育者同士の情報共有やスピード化にもつながっていきます。

園長主導の園よりも、主任と現場の保育者がみんなで知恵を出し合って考えている園の方が多様性が高いといえます。多様性が高いということは空間にも工夫がなされ、子どもが自然物を使った遊びや運動遊びでもさまざまな経験が保障されるということにつながると思います。

子どもの経験をより豊かにする振り返り

先述の大規模園庭調査の結果を、「子どもの経験をより豊かに～園庭の質向上のためのひと工夫へのいざない」というリーフレットにまとめました。ホームページ（http://www.cedep.p.u-tokyo.ac.jp/event/15206/）から無料でダウンロードができます（英語、中国語、台湾語、韓国語版もあり）。子ども達の経験の質を、6つの観点と7つのステップでふり返っていただくためのツールとしてお使いいただけるものです。

「子どもの経験をより豊かに～園庭の質向上のためのひと工夫へのいざない」P2
（http://www.cedep.p.u-tokyo.ac.jp/event/15206/）より

拡張された園庭としての地域

私たちの調査では地域の自然をうまく活用しておられる園は園庭も多様であるという結果が出ています。そこからは園庭とは異なる機能が地域資源にはあるということもわかりました。地域資源を「拡張された園庭」として考え、近くの緑地や公園を利用することも新たな可能性を開いてくれると思います。園庭のない園はお散歩で行く場所で通る自然や周辺の地域を改めて把握してみる、そうするだけでも子ども達はもっといい経験ができるかもしれません。また園内でも、例えば、園庭に出るデッキのところに「なんだろう、のぞいてごらん」と書いてあって双眼鏡がぶらさがっているとか、水遊びで使う桶に竹製のものと透明のプラスチック製のものとがあって水は上から下に流れるんだということに気付くことができたりとか。そういうちょっとしたひと工夫はどこの園でもできることです。

自然環境の活用

自然環境を身近なところでうまく活用すれば、全国どこで育つ子どもも、もう少し経験が豊かになります。自分の身は自分で守るというライフセーヴィングスキルとチャレンジする心は自然が教えてくれる部分が大きいと思います。うまく活用したいですね。グローバルコンピテンス、地球環境に配慮した経験を保障するためにも、自然と触れ合い、色々な生物と共生していることを知り、夜空を眺めたり風を感じたりして地球を感じることをしてほしいなと思います。

園庭は、ほっとしたり人と人とが話しをしたりして多様性や共通性に出会ったりできる、園の「庭」であってほしいと思います。それが元々フレーベルが構想したキンダーガーデンなのではないでしょうか。乳幼児期の園庭は、その時期にしか体験できない多様な経験を子ども達に保障するものであってほしい。そう願っています。

暮らし・生業とつながる、森と自然を活用した保育・幼児教育のススメ

尾木直樹（尾木ママ）
Naoki Ogi

教育評論家。中学、高校の国語教師を22年間務めた後、大学教員に転身して22年教壇に立つ。法政大学教授を経て現在は特任教授。臨床教育研究所「虹」所長として教育・子育てに関する調査・研究、評論活動を続ける。『取り残される日本の教育〜わが子のために親が知っておくべきこと〜』（講談社＋α新書）など著書多数。

森や自然は生活や仕事とつながっている

僕が育ったのは、滋賀県坂田郡伊吹町（現米原市）というところです。熊は出る、サルはいる、動物とともに生活しているような所でしたので、襲われないよう鈴をつけて歩いたりしていましたね。

ですから森や自然は、生活そのものでした。父親は公務員でしたが、うちは小さな裏山を持っていましたので、土曜日はお昼頃に帰ってきて「直樹行くぞー」と山に連れて行かれました。リアカーを押してその山まで行って、杉の木の枝打ちとか下草刈りとか、しょっちゅう手伝わされましたね。あのときの刈った草や落ち葉のカサカサとした乾燥した匂いは、未だに思い出します。

秋口になると、松茸を採りました。地面がぽこっと盛り上がっているのを見つけては、「ここにあるぞー！」って。だから僕は、毒キノコか食べられるキノコか、ほとんど区別がつきますよ。毒キノコはね、やっぱり美しいの。人間と同じね、美しいものには棘がある（笑）。

薪割りもやりましたよ。うちの山で切ってきた木を割って薪にするのですね。その薪でお風呂を沸かして掃除をするまでが全部、僕の仕事でした。池からバケツに水を汲んできて、段の上に上がって、湯船にが〜っと入れる。これをね、毎日30セットぐらい。中学生になった頃は、電気がもったいなかったですから、風呂を焚く薪の明かりで英単語を覚えていました。授業の一環で、学校林で下草刈りをする時間もありましたね。そんな時代でしたよ。

森や自然は生活と仕事とが密着していて、全部がつながっている、そうやって生きているという実感がありました。人間は自然と共に生きているということを、人に教えてもらわなくても、毎日の生活を通して感じていましたね。

予測できない自然環境の意義

これからの、変化が激しく予測が難しい時代を生き抜く力をつけるためにも、自然環境に身をおくことの意義が非常に見出されるようになってきているように思います。

人間は、自然の一部であって、太古から自然の恩恵を受けながら生きている。宗教に通じる部分もあるかもしれませんが、こういう意識をもつことはとても大事だと思います。

自然は、どんなことが起こるか予測がつかない。予定調和ではないのですよ。急に蛇が出てきたり、かゆいなと思ったら腕にヒルが吸い付いていて、びっくりして取ろうとしたらヒューッと伸びたり。いや〜っということになって（笑）。

予測不可能なことが起こりとっさに行動しなければならない中で、自分の命を守ろうと脳はフル回転します。ゲームでも予測不可能な体験はできますが、全く意味が違います。ゲームの世界はあくまで人間が作ったもの。ゲームでの体験が自然体験に置き換わることはないですよね。

五感をフルに使った原体験で地頭が鍛えられ、自分の中に沁み込んでコントロールタワーができる。乳幼児期から小学校低学年くらいまでに原体験をたくさん経験できるといいですね。

暮らし・生業と一体化した森林・自然体験

僕のオススメは、キャンプ。キャンプは生活体験に近いレジャーです。食事を作って食べたり、草や木や石で遊んだり、夜空を眺めたり。生業と暮らしと自分がつながっていることを身をもって知るというのかしら、そういう経験をしていくことは意義深いと思います。暮らしという社会的な活動と、生業という経済的な活動の両方を一体化して体験することが重要です。

かまどを造るとか、あるいは飯盒とか、ちょっと焦げたけどご飯が炊けたという苦労と達成感。家だったら、「なにこれ、かーちゃん焦げてる」ってなるけれど、屋外ではそうならないどころか食べるとなお一層、美味しい。お父さんが石を運んだりして、さすが力持ちだよね、と感心したり、家族で得意分野を生かして共同作業をし、食べる喜びをわかちあう。

知恵を出し合って、原体験に家族ぐるみでチャレンジしたいですね。自然体験では、日常生活での限定的な親子関係をとりはらうことができます。「まだ宿題終わってないだろう」とか「早く！」といった会話も出てこないんじゃないかしら（笑）。フラットな関係の中でそれぞれの良さを発揮しながら、喜びを共有できるのも自然体験のいいところです。

森と自然を活用した保育・幼児教育の社会的認知の広がりに向けて

今、駅前で行う保育のニーズが高まっています。けれども、「森のようちえん」のような、郊外の、自然の中で行う保育や教育の社会的価値がさらに世の中で認知され、広まっていってほしいですね。そして、大人が園を選ぶときに、大人にとっての預けやすさだけではなくて、子どもの育ちにいい環境をあえて選ぶ・選べるようになっていくといいですね。

そのためにも、自治体や関係団体がネットワークを作ってさまざまな条件整備を進めてほしいですね。拠点・中核というのかな、発信基地ができること自体がすごく大きな意味があると思います。何でもそうですけれど、中心となる拠点があると広がり発展しますからね。期待していますよ。

幼少期からもっと自然体験活動を
～森と自然を活用した保育・幼児教育のますますの促進

鈴木みゆき
Miyuki Suzuki

国立青少年教育振興機構理事長。1955年6月30日生まれ。東京都出身。お茶の水女子大学大学院家政学研究科児童学専攻修了。医学博士。和洋女子大学人文学群こども発達学類教授を経て2017年4月、現職に就任。文科省中央教育審議会幼児教育部会委員、厚労省社会保障審議会保育専門委員会委員、内閣府教育再生実行会議専門調査会委員など歴任。著書多数。

体験活動の意義

私は、国立青少年教育振興機構理事長に着任する前、前職では保育士養成課程のある大学で教鞭をとっておりました。そして昨年まで、保育所保育指針、幼稚園教育要領、幼保連携型認定こども園教育要領、つまり、三法令の改訂委員をしておりました（２０１８年４月改訂）。この改訂でも謳われておりますが、幼児期の自然体験の重要性を語る時に、「環境を通して」ということは譲れない理念です。環境をどう作るかという環境構成を考えると同時に、環境にどう関わるか、子ども達が環境の中に自ら出掛けた時に、指導者が子ども達にどう関わるか、そのことがとても重要になっております。

子ども達をただ森に放てばいいのかというとそうではなくて、例えば、子どもがダンゴ虫をみつけてしゃがんでいて、その後、立ち上がった時に、頬を優しい風がなでていって、保育者が「そよ風だね、もうすぐ春だね」と声を一言かけるようなことがとても大切です。そよ風と言葉で言っても実際にその風がどんな風なのかを知らなかったら学びは深まらないわけです。子ども達の体に直接入ってくる身体の諸感覚、これは自ら体験することによって取り込まれるものだと思います。こういった体験は乳幼児期から必要です。

　脳科学者の先生からうかがったお話ですが、乳幼児期には感覚がとても敏感な時期があるそうです。聴覚は比較的早く発達する感覚ですが、都会の音、車の走る音などは音域が狭いそうで、一方、自然の中で葉っぱが擦れ合う音だったり鳥の声だったり虫の鳴く音だったり、足で踏みしめた時の落ち葉の音だったりといった、そういった自然の音はとても音域が広いそうです。その違いを感覚で体験しているかどうかが非常に重要で、こういった諸感覚の体験を子ども達が自然の中で体験できたらいいなと思っております。

国立青少年教育振興機構の調査結果からわかること

　国立青少年教育振興機構で『子どもの体験活動の実態に関する調査研究』(2010年)を行ったところ、子どもの頃に自然体験や友達との遊び、動植物とのかかわりをよくしているほど、人間関係能力や規範意識、共生感、意欲・関心の高い大人になる傾向があるということがわかりました。また、今年、『子どもの頃の体験がはぐくむ力とその成果に関する調査研究』を行ったところ、遊びに熱中し、たくさん外遊びをしている子どもほど、へこたれない力やコミュニケーション力の高い大人になる傾向があることがわかっています。また、教育再生実行会議の自己肯定感の専門部門にもおりましたが、家族でスポーツや自然体験をよくしているほど、自己肯定感や意欲の高い大人になる傾向がある、という調査結果も出ています。スポーツ庁による体力・運動能力調査でも、幼児期によく外遊びをしていた子どもは、小学校に入ってからも体力や運動能力が高いそうです。

幼児教育の支援事業をスタート

　昨年より、新たな幼児教育支援事業を始めました。全国の国立青少年教育施設にて、幼児教育関係の指導者向けシンポジウムを12回ほど行いました。全12回のすべてにおいて、内閣府・文科省・厚労省の担当官が登壇し、改訂指針・要領の解説と自然との関わりについて議論しました。また、改訂指針等で重要とされる、子ども達の体験活動の実施に役立つプログラムを実際に先生方に体験していただきました。指導者向け体験プログラムだけでなく、青少年施設ならではの幼児向けのプログラムの紹介も行い、私自身もコーディネーターとして登壇して有意義な時間となりました。さらに今年度は、各施設等が主体となって、さまざまな取組が活発に行われています。

　国立青少年教育施設は全国に28施設あります。幼児教育の支援事業にすでに取り組んでいる施設はそのうち25施設です。25施設中、園児と保護者を対象とした事業はすでに14の施設で行われています。園等と連携して園に施設を使っていただく形で事業を行っている施設は9つあり、園児のみを対象に事業を行っている施設もあります。園児のみを対象として事業を行っている施設は富山県の立山青少年自然の家と、高知県の室戸青少年自然の家の2つの施設です。

森と自然を活用した保育・幼児教育の促進

　例えばこの、富山県の立山にある国立立山青少年自然の家の、通称、トントンの森。ここは国立青少年教育振興機構の施設の中でも最も幼児に力を入れている施設になります。富山県の幼保の先生で知らない方はいないくらい認知度も上がっており、一年中、自然遊びを楽しむ子ども達の声が響いています。ここは平成15年から幼児の利用に取り組み始めました。最初は小学校での総合的な学習の時間での利用だったのですが、保育者達も同じような活動を求めていたことからスタートしました。幼児期の間に、自然の中にどっぷりつかるというなかなかできない体験ができます。同様の活動は、国立妙高青少年自然の家や国立花山青少年自然の家でもスタートしており、地元の保育園・幼稚園と連携して豊かな自然を使った活動が繰り広げられています。

　全国にある28施設の利用状況を見ると、幼稚園・保育園・認定こども園による利用は全体の数パーセントに留まっています。先に述べました調査研究結果を見ましても、自然遊びは幼児期に非常に重要であることがわかっていますから、今後は、わが国の青少年教育のナショナルセンターとして、森と自然を活用した保育・幼児教育の促進にますます力を発揮していきたいと思っています。

※国立青少年教育振興機構が運営する全国28の青少年教育施設では多様な体験活動の機会を提供しています。国立青少年交流の家・自然の家の施設使用料・宿泊料は無料（青少年・指導者）（一般利用も可）。詳しくは国立青少年教育振興機構HPをご覧ください。

URL　http://www.niye.go.jp/

事例編 Contents

序章

「森と自然を活用した保育・幼児教育」とは

今、なぜ「森と自然を活用した保育・幼児教育」への関心が高まっているのでしょうか。

その背景には、国際的な潮流として、「幼児教育」と「自然体験」の両方の重要性が注目されていることがあります。

さらに、豊かな自然を活かした子育てを促進することが、移住促進等の「地方創生」に繋がる可能性があることも、我が国における関心の大きな理由となっています。

国外、そして国内における、「森と自然を活用した保育・幼児教育」への注目の背景と、最新の動向をご紹介します。

1 世界の幼児教育と「森と自然を活用した保育・幼児教育」の潮流

幼児教育の重要性への認識の高まり

幼児教育の重要性が国際的に議論されるようになったきっかけとして挙げられるのが、ノーベル経済学賞を受賞したシカゴ大学のジェームズ・J・ヘックマンの研究です。

米国で行われた「ペリー就学前プロジェクト」という社会実験では、1962年〜1967年まで就学前教育を施した子どもと、施さなかった対象グループの子どもを、その後40歳まで追跡調査しました。

その結果、就学前教育を受けた子どもは、対象グループの子どもと比較して、学力検査の成績が良く、学歴が高く、特別支援教育の対象者が少なく、収入が多く、持ち家率が高く、生活保護受給者や逮捕者率が低かったことが分かりました（＊1）。また、スキルがスキルをもたらし、能力が将来の能力を育てるため、幼児期の教育は成人後の教育に比べて非常に投資対効果が高いことも、ヘックマンは提起しています。（日本語訳は下図を参考に）

また、OECD（経済協力開発機構）の保育白書では、「ECEC(Early Childhood Education and Care)」、つまり「乳幼児期の教育とケア」の重要性について国際的な関心が高まっており、各国で様々な政策が行われていることを報告しています（＊2）。

さらに、脳科学的な観点からも、幼児期の重要性が注目されるようになっています。古くから、米国の医学者かつ人類学者であるスキャモンが1928年に提唱した「スキャモンの発達・発育曲線」が知られており、子どもの脳や脊髄など

図表序-1　教育投資に対する収益率

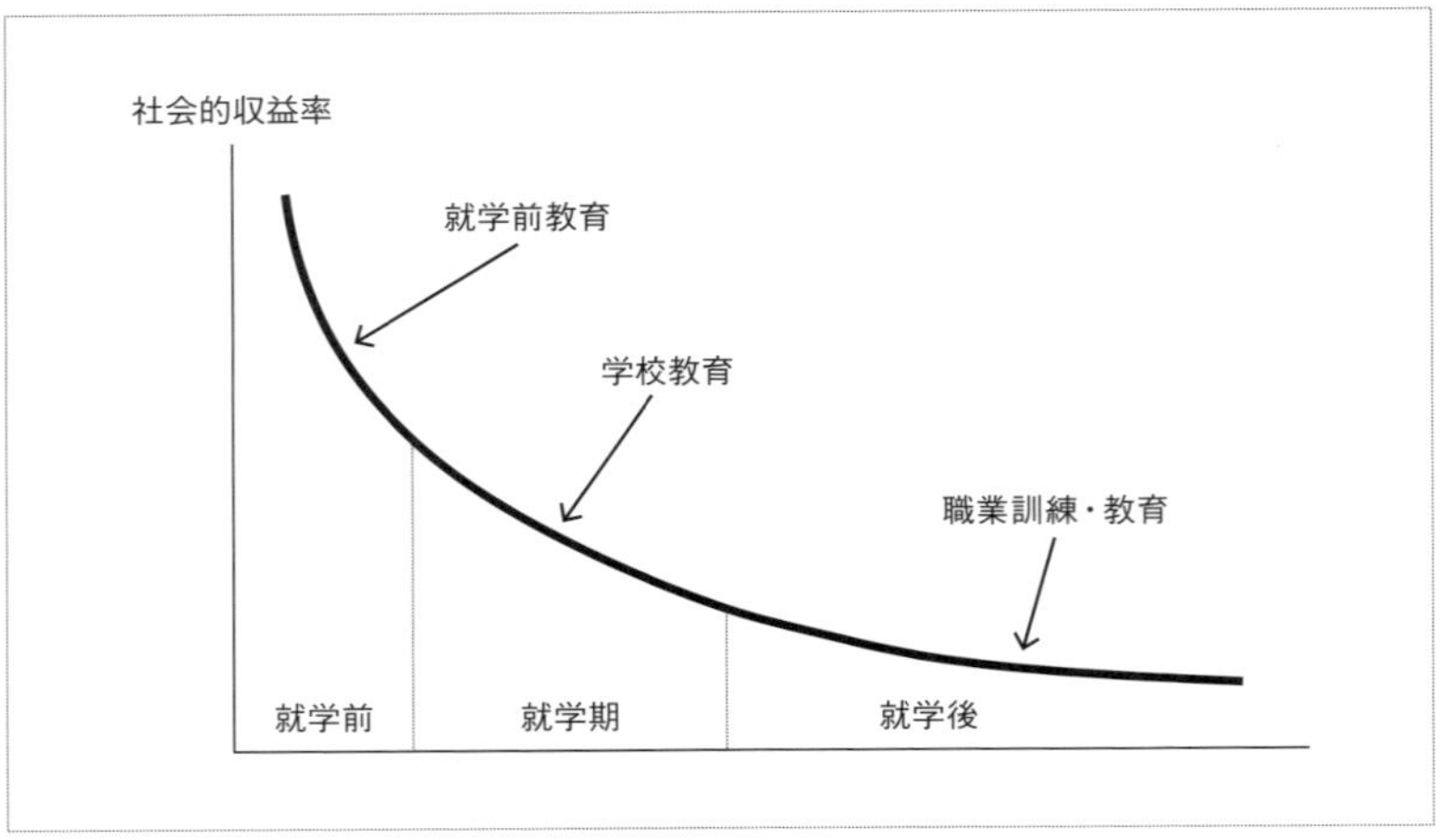

出典：Carneiro, Pedro and James J.Heckman［2003］, “Human Capital Policy”, in Heckman, James J. and Alan B.Krueger eds. Inequality in America: What Role for Human Capital Policies?, The MIT Press.
http://www.ucl.ac.uk/~uctppca/HCP.pdf の114p より

＊1　ジェームズ・J・ヘックマン『幼児教育の経済学』東洋経済新報社、2015年、30頁

＊2　OECD編『OECD保育白書―人生の始まりこそ力強く：乳幼児期の教育とケア（ECEC）の国際比較』明石書店、2011年

の中枢神経は、乳幼児期から一気に成長し、5歳頃には8割方完成すると言われていました。現在の脳科学でも、脳の8割は0~3歳、遅くとも5歳頃までには基礎が完成し、残りの一生は、それまで培ったものをベースに生きていくと言われています。

「非認知能力」の重要性への認識の高まり

では、乳幼児期に必要な教育の「内容」としては、何が注目されているのでしょうか。実は前述のヘックマンの研究では、「IQ」については幼児期の教育効果が小さかったことが分かっています。幼児期の教育で特に重要だと注目されているのは、IQなどの認知的能力ではなく、ヘックマンが提唱した「非認知能力」です。

「非認知能力」とは、経済協力開発機構(OECD)では「社会情動的スキル」と言われ、「目標の達成(忍耐力・自己抑制・目標への情熱)」、「他者との協働(社交性・敬意・思いやり)」、「情動の制御(自尊心・楽観性・自信)」に関わるスキルとして整理されています。

この「非認知能力」は、文字の読み書きや算数といった知能指数(IQ)などに代表される認知的スキルではなく、目標に向かって頑張る力、人と上手く関わり合う力など、いわゆる「生きる力」としても求められているものだと言われています。

そして、幼児期に培った「非認知能力」は一生のベースとして築かれ、その後の人生において大きな影響を与えることが、ヘックマンの研究で明らかにされています。

「非認知能力」等を育む自然体験への注目の高まり

そして、この「非認知能力」を育む有効な方法の一つとして注目されるのが、自然体験です。幼児期においては、「非認知能力」は「遊び」の中で育まれると言われており、子どもが「心動かされる体験」や「挑戦的な活動」ができるような環境が大切だと指摘されています。一昔前は、近所の自然の中で伸び伸びと遊ぶ

図表序-2　認知的スキルと社会情動的スキルのフレームワーク

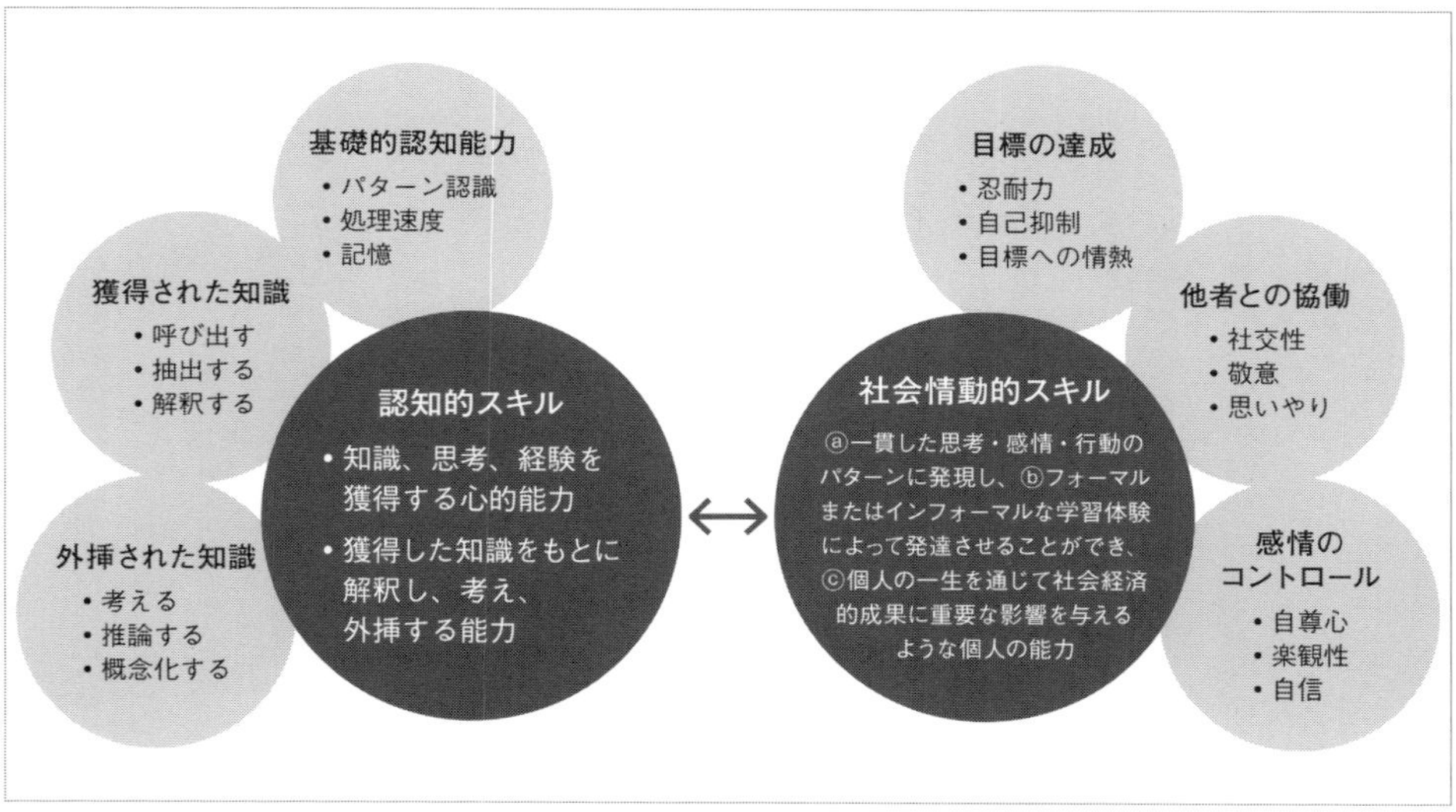

出典：経済協力開発機構（OECD）『社会的情動的スキル　学びに向かう力』明石書店、2018年、52頁

ことで、この非認知能力が培われていました。しかし、現在はそれが難しくなっていることから、改めて自然体験の大切さが注目されていると言えます。

欧米では、世界でいち早く地球環境問題に警鐘を鳴らしたレイチェル・カーソンの遺作「センス・オブ・ワンダー」の中で、「〝知る〞ことは〝感じる〞ことの半分も重要ではない」として、幼少時から自然の不思議さ・素晴らしさに触れることの大切さが説かれていました。

また近年、欧米諸国で幼児期の自然体験への注目が高まるきっかけとなったものの1つに、リチャード・ループが提唱した「自然欠乏症候群」が挙げられます。彼の著書『あなたの子どもには自然が足りない』では、自然の中でリラックスして、あるいは夢中になって遊べる機会が減少していることが、集中力や忍耐力や他の子と関わりながら遊ぶ力、つまり非認知能力の低下に繋がっていると問題提起しました。

幼児教育の重要性に加え、これらの問題提起などに欧米社会の関心が高まったことも影響して、幼児期における森林や自然を活用した保育・教育活動が拡がりを見せるようになっています。

諸外国での「森と自然を活用した保育・幼児教育」の拡がり

例えば、ドイツでは、「森の幼稚園」と呼ばれる幼児教育への公的支援が拡がっています。ドイツでは地方分散型の国づくりが進められており、農山村地域にも小規模な集落が多くあります。一方で、１９９０年代には、全国的に幼稚園等の供給率を高めること（いわば、待機児童対策）が必要となっていました。その際に、小規模な幼稚園等にも林野庁が森林の利用許可を出し、森林を活用した教育活動を行政が補助する仕組みが創設されました。今では、全国に１，５００件を超えるまでになっています。

韓国では、山林庁によって、認可園による国有林の利活用を促進する仕組みが構築されました。８００を超える園が登録されており、一般園でも週1時間以上の野外保育を義務化する動きが始まっています。

その他、北欧では、古くからアウトドア教育等が促進されています。また、カナダ、オーストラリア、米国の一部の州などでも、森と自然を活用しながら、保育・幼児教育の質の向上を図る取り組みが拡がっています（参照 第3章P・113）。

このように、国際的な流れとして、幼児期における「非認知能力」を育む教育への注目度が高まり、その重要な方法の一つとして「森と自然を活用した保育・幼児教育」への関心が高まっていると言えます。

2 我が国における幼児教育と地方・子育て世代を巡る状況

保育・幼児教育の状況

国際的な動向と同様に、我が国においても、「学習指導要領」の改訂、「幼稚園教育要領」の改訂等において、「非認知的能力」を重視する方向性にあります。

「幼稚園教育要領」の改訂に向けた中央教育審議会答申では、都市化や少子化の進展で、外遊びや自然との触れ合い等が減ってきていることを課題として指摘し、要領改訂においては、外遊びや自然との触れ合いの重視および「環境の質の向上」に向けての記述が拡充しました。

（独）国立青少年教育振興機構の調査によって、非認知的能力を育むための自然体験の意義が明らかになったり、東京大学発達保育実践政策学センターが、園庭や屋外環境の充実に向けた大規模調査をはじめるなどの動きも出てきています（参照 第1章（2）P・40、（3）P・46、（5）P・54、（7）P・70）。

地方自治体が直面する人口減少社会

一方で、2014年に日本創成会議が「2040年には、全国の自治体のうち約半分は存続が難しくなる」という予測をまとめ、「消滅可能性」自治体として明示したことで、人口減少問題への注目が高まりました。これまで、自治体の地方への移住促進策はどちらかというとリタイア後のシニア層を対象とする場合が少なくありませんでしたが、このまとめでは、20歳から39歳の若年女性の人口を指標としたため、子育て世代の移住促進への注目が高まっていきました。

また、内閣府まち・ひと・しごと創生本部が行った調査（＊3）では、東京在住者の4割、とりわけ関東圏以外出身者の5割が、地方への移住を現在または今後検討したいと考えているという傾向が見られました。移住を考えるきっかけは年代や性別によって大きく異なっており、男性は「就職」「転職」「退職」等の仕事面の状況の変化が強く影響する一方で、女性は「結婚」「子育て」といった生活面の状況の変化が強く影響する結果になっ

＊3　内閣府 まち・ひと・しごと創生本部「東京在住者の今後の移住に関する意向調査」、2014年8月

ています。

こうしたことから、これまで移住施策の中では少なかった、若年女性に対する子育て支援に関わる施策が、各地で芽生えてきており、その中で「森と自然を活用した保育・幼児教育」にも関心が高まっています（参照 第2章（1）P・90）。

都市に暮らす子育て世代の自然体験へのニーズ

「自然の中で子育てをするのは、子どもにとってよい影響がある」――こうした意識は、現在子育て中の親世代の方も持っている方が多いようです。首都圏および地方都市で、就学前の子どものみを持つ保護者を対象にしたNTTデータ経営研究所の調査（＊4）によると、「『自然体験』が子どもの成長に良い影響を及ぼす」と捉えている保護者は約85％にも上りました。その一方で、約7割の保護者が、子どもは「自然体験ができていない」と認識していました。

また、仮に地方へ移住や転勤をする場合、約9割の保護者が、保育園・幼稚園等で「自然を生かした保育・教育」が行われていると「魅力を感じる」と答えていました。

子どもの自然体験への関心が高い一方で、都会に住んでいることで、自然体験をさせたくても充分できていないことに課題を感じている保護者が多い状況が見受けられました。

さらに、内閣府の世論調査（＊5）でも、都市地域と農山漁村地域でどちらが子育てに適しているかを質問したところ、「農山漁村地域」という回答が約半数で、都市地域より約1割多いという結果でした。特に、女性ではその傾向が高いという結果となっています。

こうした中で、保育・幼児教育の質の向上、および、豊かな自然を活かした子育て環境の魅力を発信する観点から、「森と自然を活用した保育・幼児教育」を推進する地方自治体が増加してきています（参照 第2章（1）P・90）。

＊4　NTTデータ経営研究所「都市地域に暮らす子育て家族の生活環境・移住意向調査」2016年2月
＊5　内閣府「農山漁村に関する世論調査」報告書、2014年6月

3 我が国における「森と自然を活用した保育・幼児教育」の動向

民間による取り組みの萌芽

ドイツで拡がった「森の幼稚園」をはじめとする「森と自然を活用した保育・幼児教育」について、我が国においても、1990年代から各地で民間団体による様々な取り組みが芽生え、拡がってきています。2005年からは、毎年「森のようちえん全国交流フォーラム」が開催され、「森と自然を活用した保育・幼児教育」を実践したり、関心のある保育園・幼稚園・認可外保育施設等の保育士、幼稚園教諭、スタッフや保護者等から、幼児教育団体、週末型の自然学校等の関係者、行政や大学等の関係者まで、多様な関係者が集い、交流が深められてきました。さらに、2009年には「森のようちえん全国ネットワーク」(現、「(NPO)森のようちえん全国ネットワーク連盟」)が設立され、人材育成や普及啓発等が取り組まれることで、さらなる裾野の拡がりを見せています。

地方公共団体による取り組み

他方、2012年に「子ども・子育て関連3法」が可決され、2015年から「子ども・子育て支援新制度」が導入される中で、地方公共団体では、地域の実情を踏まえ、地域が主体となった総合的な保育・幼児教育・子育て支援が推進されました。また2014年からは、政府が「地方創生」を掲げ、地方の人口減少に歯止めをかけるために、地方による主体的で独創性のある取り組みへの支援を強化しました。その中で、地方での子育ての魅力を発信するために、「森と自然を活用した保育・幼児教育」に取り組む自治体が増えつつあります。

他方、このタイミングに合わせて、国土緑化推進機構でも、産官学が連携した『森のようちえん』等の社会化に関する研究会」を設置しました。全国的な実態調査やニーズ調査、諸外国の先行研究、産官学での情報交換を進める、「森のようちえん全国交流フォーラム」も共催して、関係省庁の後援等を得ながら、「森と自然を活用した保育・幼児教育」の社会化を促進しました。

こうした動きと並行して、鳥取県と長野県では、それぞれ「森と自然を活用した保育・幼児教育」の認証・認定制度を創設し、行政による支援を開始しました。

鳥取県では、智頭町で活動していた「森のようちえん」によって、移住世帯の入園希望者等が増加し、移住促進に大きな成果を上げていたという背景があります（図表序・3）。長野県では、「森と自然を活用した保育・幼児教育」を実践する団体による「長野県野外保育連盟」が、行政との対話を進めてきた経緯があります（図表序・4）。

図表序-3　鳥取県の動き　…先導的な森のようちえん関係者との対話を経て

2013年度	「鳥取県協働提案・連携事業」で 「森のようちえん」認証制度提案を採択
2014年度	「森のようちえん等に対する 運営費助成モデル事業補助金」創設
2015年度	「とっとり森・里山等自然保育認証制度」 創設及び事業費助成事業創設

図表序-4　長野県の動き　…長野県野外保育連盟との対話を経て

2013年度	「信州の自然環境を活用した 子育て・教育のあり方研究会」準備会
2014年度	「信州型自然保育検討事業」を創設して 認定制度を検討
2015年度	「信州型自然保育認定制度」創設

地方創生の観点からみた全国的な取り組みの拡がり

こうした動向を踏まえて、特に「地方創生」の観点から、「森と自然を活用した保育・幼児教育」に対して全国的な注目が集まっています。

２０１５年には、内閣府まち・ひと・しごと創生本部による「そうだ、地方で暮らそう！」国民会議において、鳥取県智頭町で先導的な活動を行っている「智頭町森のようちえんまるたんぼう」の理事長が委員に就任しました。

また、２０１４年５月には、人口減少に歯止めをかけ、地方への人の流れをつくるために、12県（現在14県）の知事が参画して「日本創生のための将来世代応援知事同盟」が設立されました。その政策提言として、「自然豊かな地域の未来を担う子育て支援策への支援」の具体策に「森と自然を活用した保育・幼児教育」への支援が盛り込まれました。

都道府県レベルの支援策の動向

鳥取県・長野県に続いて、他の都道府県でも、多様なスタイルでの支援策を創設する動きが芽生えています。

広島県では、認可園・認可外を問わず、「森と自然を活用した保育・幼児教育」を実施する団体を認証する制度が創設されました。運営費・活動費等への補助と共に、人材育成の研修や普及啓発等を通して、保育・幼児教育の質の向上と地方創生を支援しています。

三重県では、県内の全ての保育園・幼稚園等を対象にして、「野外体験保育」の効果検証の調査を実施し、その結果を踏まえた研修や普及啓発を実施しています。

岐阜県、愛知県、秋田県等では、林務部署が主体となって、県税版の森林環境税等を活用し、「森と自然を活用した保育・幼児教育」の受入体制の整備や、人材育成等を行う動きも出始めています。

その他にも、山梨県では新たに制定した「やまなし子ども・子育て支援条例」において、子どもが自然と触れあう機会の提供を推進したり、滋賀県では協働提案制度による支援を行うなど、多様な形で支援施策が講じられています（参照 巻末「事例編」（1）P.135）。

このような形で、全国レベルでの機運の高まりと、先導的な取り組みが展開される中で、多くの都道府県等の議会において、「森と自然を活用した保育・幼児教育」に関する質問も増加しています。いずれの議会でも、幼児期の森林等を活用した自然体験の重要性は認識している旨の答弁がなされています。

市町村による支援等の動向

市町村レベルでも、様々な支援策が講じられています。

図表序-5　保育・幼児教育・子育て支援に関わる多様な制度と具体的な事例（国土緑化推進機構により独自に作成）

類型	区分	小区分	所在地	施設名・運営組織名	その他
施設型給付	保育所	―	神奈川県葉山町	「おひさま保育室」（(NPO) おかげさまのめぐみ舎）	2004年設立、2015年認可定員30名、対象0～5歳
	幼稚園	―	長野県長野市	「子どもの森幼稚園」（学校法人いいづな学園）	1983年設立、2005年開園定員60名、対象3～5歳
	認定こども園	幼稚園型	高知県高知市	「もみのき幼稚園・めだか園」（学校法人日吉学園）	2010年開園定員193名、対象0～5歳
		地方裁量型	山梨県富士河口湖町	「Fujiこどもの家バンビーノの森」（(株) バンビーノの森）	2007年開園、2016年認可定員35名、対象3～5歳
地域型保育給付	地域型保育事業	家庭的保育事業	長野県安曇野市	「くじら雲」（(NPO) 響育の山里）	2006年開園、2016年認可定員5名、対象0～2歳
		小規模保育事業（特定地域保育型保育）	島根県津和野町	「うしのしっぽ」（(NPO) さぶみの、連携施設有）	2015年開園（2017年移転）定員12名、対象1～5歳
		事業所内保育事業（企業主導型保育事業）	北海道七飯町	「牧場のこども園スーホ」（どさんこミュゼ（株））	2016年開園定員9名、対象0～5歳
地域子ども・子育て支援事業	地域子育て支援拠点事業	1日センター型（子育て支援センター）	新潟県新潟市	「Akiha里山子育て支援センター森のいえ」（(NPO) アキハロハス）	2011年開園、2013年開設対象概ね0～3歳
		1日ひろば型（子育てひろば）	北海道登別市	「富岸子育てひろば」（(NPO)登別自然活動支援組織モモンガくらぶ）	2010年開設対象0～3歳

埼玉県秩父地域や兵庫県多可町では、複数市町村が連携して、または市町村単独で、「森と自然を活用した保育・幼児教育」に取り組む認可外保育施設を支援する取り組みが始まっています。

また、山梨県都留市や岐阜県美濃加茂市のように、森林等のフィールドを所管する林務部署等が主体となって、認可園等による森林等の活用を支援する自治体も出始めています。

特に、2015年に「子ども・子育て支援新制度」が導入されることで、市町村等の裁量で、地域の実情を踏まえた弾力的な制度運用を行いやすくなることで、多様な枠組みを活かして「森と自然を活用した保育・幼児教育」を支援する動きが拡がりを見せています。

以下、それぞれ特徴的な制度について解説します。

保育所

2015年からの「子ども・子育て支援新制度」では、市町村の判断で、NPO等でも認可保育所として認可することが可能になりました。これを利用して、「森と自然を活用した保育・幼児教育」を行うNPOの保育室を、認可保育所とした例があります。

認定こども園（地方裁量型）

認定こども園（地方裁量型）は、認定こども園の基準を満たせば、法人格を問わず、地方自治体の裁量で保育施設を支援対象に加えることができる枠組みです。また、開園日や開園時間も、地域の実情に合わせて設定が可能となっています。

地方では、過疎化・少子化により地域内の未就学児が減少し、保育所の設置基準の定員（20名）を満たせなくなった施設が、この制度を活用して認定こども園となる例が多くみられます。一方、都市部では、企業等による小規模保育施設（0〜2歳向け）を、この制度を活用して3〜5歳も受け入れられるようにするケースが多くみられます。その中で、地方では「森と自然を活用した保育・幼児教育」を行う認可外保育施設を認定した例もあります。

小規模保育事業（特定地域保育型保育）

0〜2歳児を対象とした少人数保育（6〜19名）を行う小規模保育事業は、認可施設の新設が難しい都市部や、子どもが減少している地方など、地域の様々な状況に合わせて保育の場を確保するために創設されました。法人格を問わずに対象とすることが可能であるため、「森と自然を活用した保育・幼児教育」を行う小規模な団体が対象とされている例もあります。

特に「特定地域保育型保育」では、過疎や少子化によって、地域に保育所・幼稚園・認定こども園がなく、市町村がやむを得ないと認める場合は、3〜5歳児も対象として受け入れることができる枠組みになっています。そのため、過疎が進む農山村地域で、本制度を活用した例があります。

事業所内保育所（企業主導型保育事業）

事業所内保育所を主な対象として創設された「企業主導型保育事業」は、「子ども・子育て拠出金」を負担している企業等を対象に、市町村の関与なく、運営費・整備費について、認可保育所と同等程度の補助を受けられる制度です。複数の企業が連携して設置したり、半数までは地域住民の子どもを受け入れたりすることも可能であるため、この制度の活用事例も増加しています。

地域子ども・子育て支援拠点事業

これまで、子育て支援センターや子育てひろば等を支援してきた「地域子ども・子育て支援拠点事業」は、ＮＰＯ等も運営主体となることが可能な制度です。これを活用して、森と自然を活用した子育て支援を行う事例も出ています。

なお、以前は「センター型」と「ひろば型」に分かれていましたが、２０１５年より統合され、実施形態の多様化に対応しています。

「森と自然を活用した保育・幼児教育」推進自治体ネットワークの創設

こうした各地方の動きを踏まえて、２０１７年秋～２０１８年夏にかけて、「森と自然を活用した保育・幼児教育」の社会的な認知拡大と、情報共有と学びあいを目的とし、鳥取県・長野県・広島県や国土緑化推進機構が連携して、『森と自然を活用した保育・幼児教育』に関

図表序-6 「森と自然の育ちと学び自治体ネットワーク」設立趣旨

設立趣旨

近年、森や自然を活用した幼児期からの多様な体験活動の重要性への関心が全国的に高まり、いくつかの自治体において、その具現化のための施策の推進や検討が行われています。

2018年から施行される改定保育所保育指針、改訂幼稚園教育要領、改訂幼保連携型認定こども園教育・保育要領、さらに2020年から段階的に施行される学習指導要領においても、子どもの主体性や自己肯定感等の「非認知的スキル」を、自然体験活動等を通じて早期から醸成することの重要性が指摘されています。

すべての子どもたちの多様性と興味関心が幼児期から尊重され、子どもたちが主体的に学べる環境づくりを通して一人ひとりの能力が豊かに開花されれば、未来の地域社会を支え、地方創生の流れをさらに力強く牽引する人材育成にもつながるものと期待されます。

森と自然を活用した保育と幼児教育が子どもたちのしあわせな成長の基盤であることを全国各地の自治体と幅広く共有するため、当ネットワークの趣旨に賛同する自治体間の交流と学びあいの機会を創出すると共に、森と自然を活用した保育と幼児教育の認知度や質の向上と充実のための情報発信、各種調査、指導者の人材育成、国への提言等に共同して取り組めるよう、地方自治体が自由に参加できるネットワークを設立いたします。

（平成30年4月17日の設立宣言資料より）

する自治体勉強会」が開催されました。関東（東京）・関西（大阪）・中部（岐阜）で開催され、関西と中部では、林野庁の近畿中国森林管理局や中部森林管理局が連携し、地方自治体関係者や地方議員をはじめとして、実践団体や学識経験者等が全国から幅広く集いました。どの会も定員を大幅に超える参加者とともに、各地の情報共有や意見交換が活発に行われました。

　この勉強会が盛大に開催されたことも踏まえて、2018年4月には、「森と自然の育ちと学び自治体ネットワーク」（正式名称：森と自然を活用した保育・幼児教育推進自治体ネットワーク）の設立が宣言され、都道府県、市区町村問わず多くの自治体に参加が呼びかけられ同年10月に設立総会が開催されました。

　これは、全国的に「森と自然を活用した保育・幼児教育」への関心が高まっていること、また2018年4月からの「改定保育所保育指針」「改訂幼稚園教育要領」等の導入や、2019年から導入が予定されている幼児教育無償化、さらには国税版森林環境税（仮称）に対応した森林環境贈与税（仮称）の導入等の動向を踏まえて、「森と自然を活用した保育・幼児教育」の認知度や質の向上と充実を図るために設立されたものです（**図表序・6、7**）。

図表序-7　「森と自然の育ちと学び自治体ネットワーク」4つの活動内容

「森と自然を活用した幼児期からの育ちと学び」の認知度や
質の向上と充実に資する、以下の活動の推進を目指します。

①森と自然を活用した幼児期からの育ちと学びに関心ある地方自治体や民間団体等との交流と連携の拡大

②森と自然を活用した幼児期からの育ちと学びの認知度を高めるための情報の共有や発信

③森と自然を活用した幼児期からの育ちと学びに資する調査研究や人材育成

④森と自然を活用した幼児期からの育ちと学びに資する国への政策提言や要望

「幼稚園教育要領」改訂からみる 環境を通して行う教育

２０１７年の3月、保育所保育指針の改定と同時に「幼稚園教育要領」が改訂され、２０１８年4月に施行された。そこでは〝環境を通しての教育〟を、幼児期にふさわしい教育のあり方を示す方法の基本として置く。

〝環境を通しての教育〟を子ども主体のあり方として捉えると、資質・能力の発現の過程として捉えることができる。「自分から興味をもって環境に主体的に関わりながら、さまざまな活動を展開し、充実感や満足感を味わうという体験」が心情・意欲・態度を説明している。興味という心情、関わろうとする意欲、展開し充実感・満足感を得ていくという態度である。さらにそれを言い換えて、「環境とのよりよいまたはより面白い関わり方を見いだしたり」としており、そこから心情の中でも「面白さ」という環境への関わりを志向するところを重視していることがわかる。

幼児教育は独自の施設（幼稚園・保育所・認定こども園等）と空間において成り立つ。その特徴は、小さな子どもの身近な環境の探索を許容し、豊かにする空間のあり方にある。その探索を通してこの世界の様々な諸要素への出会いを可能にし、そこから気付き、工夫し、粘り強く取り組む力を養う。そのような探索を可能にするのであれば、散歩道でも山林でも探索空間の一部となり得る。

幼稚園は園庭を持つことが義務であり園庭で過ごすケースも多い。園庭の在り方を見直し改良する視点を忘れてはならない。また、幼児教育が持つ最大の危険は、子どもを閉じ込めやすいということだ。安全に作られ気温も管理された室内で完結することも可能だが、囲われた場所から外に出ていくことは非常に重要であり、園庭と地域資源を組み合わせた環境構成も必要だ。

自然は流動的で常に変化する。その環境に対応しようとすることで柔軟性も身に着く。多様性があり応答性がある自然は子どもの育ちにとってとても有効である。自然の複雑さは人間の思惑を超える。思い通りにはならないことがあることを知り、こちらが相手に合わせ、合わせながら利用することを知る。理屈ではわかっても理屈以前のところで自然を知らないと、自然環境を大切にするようにはならないのではないか。持続可能な社会づくり、ＥＳＤ[＊1]、ＳＤＧｓ[＊2]を広めるためにも、今後、幼少期からの十分な自然体験が一層重要になるだろう。

＊1　ESD：Education for Sustainable Development の略。「持続可能な開発のための教育」。
＊2　SDGs：Sustainable Development Goals の略。「持続可能な開発目標」。

無藤 隆
Takashi Muto

教育学者。白梅学園大学院特任教授。白梅学園大学設立時の学長。保育・幼児教育に関する政府審議会・調査研究会等の座長等を多く務める。著書多数。

倉橋惣三の保育論を21世紀に活かす

大豆生田啓友
Hirotomo Oomaeuda

玉川大学教育学部乳幼児発達学科教授。1965年栃木県生まれ。子育て支援、保育の質の向上、倉橋惣三の保育論などを研究テーマとする。編著に『21世紀型保育の探求—倉杯惣三を旅する』フレーベル館（2017年）、著書に『あそびから学びが生まれる動的環境デザイン』学研教育みらい（2018年）など。

倉橋惣三は日本の幼児教育の現代につながる流れを築いた人物である。特徴として挙げられることの1つに、「子どもの視点に立つ」ということがある。「外へ、外へ」と自然との関わりを大事にし、むしろ雑草のようなものが面白いと捉えた。倉橋の考え方のベースにあるものは世界で初めての幼稚園を設立したドイツのフレーベルから来ている。また、倉橋は、教育の本質論を展開したアメリカの哲学者・教育思想家であるデューイの影響を受けつつも、単にそれを継承するのではなく〝日本的であること〟を重要視した。エビデンス主義の世中においては日本的な感性、情緒性は排除されがちだが、倉橋はその日本的な情緒性こそが重要だとし、保育とは子どもの〝心もち〟にどう応じるかであるとした。春夏秋冬のあるこの国では、自然の中で沢山の経験を積むことができる。倉橋も、日本の四季に触れることを重視する保育を重んじた。環境を通して行う保育において、主体的・対話的で深い学びに最適な環境とは、まさに自然であるといえる。

保育者自身も上質な自然体験を

学生や保育士に理想の園とはどういう園かと聞くと、多くは自然豊かな園と答える。しかし、自然を好きと言いつつも一旦自然の中に入ると、虫は嫌い、歩くのは大変、怖い、となる。彼ら彼女らにとって自然豊かな環境は理想であり、現実的には嫌うことが多く、小手先の自然体験しか経験できていないことがわかる。しかし、本物の自然に出会うと歩き方が変わってくる。葉の匂いや形状の違い、水の温度、土の柔らかさ、生き物などに面白さを感じ、足を止め始める。本物の「自然」に出会うと面白くて仕方なくなり、自然そのものに愛しさを感じるようになる。

センス・オブ・ワンダーを体感できるような上質な自然体験は保育者にこそ、お勧めしたい。熟練したインタープリターなどのもとで、自ら自然に目を向け、立ち止まって五感を使い、美しさや面白さ、不思議さにふれ、自然を愛おしく思えるような経験を積むことは重要である。子どもたちを自然の中に誘うだけではなく、大人が子どもと同じように心を動かし、「すごい！」と感嘆の声をあげ、子どものように楽しむ。大人にもそういった経験が必要なのではないか。そして自然を愛おしく感じる感覚を子ども達と共有する。子ども達の〝心もち〟に丁寧に応じるためにも、大人がまず自分自身の心を動かし、センス・オブ・ワンダーを体感すること、まずはそこから始めてみたい。

第1章

「森と自然を活用した保育・幼児教育」の教育的意義

変化の大きい現代社会において、子どもの教育に求められるものも大きく変化しています。

そして、これからの変化が激しく、先行きが見えない社会に求められる教育という観点からも、

「森と自然を活用した保育・幼児教育」は非常に大きな役割を担うと考えられます。

その背景となる、教育分野の制度・政策の変化から教育理論、国内外の先行研究などについてご紹介します。

1

経済社会の情勢を踏まえた、我が国の教育の状況

「非認知能力」が求められる時代

我が国で近代教育が始まって以降、教育に求められるものは経済社会の情勢に合わせて、常に変化してきました。

かつての工業社会・高度経済成長期の大量生産・流通・消費の時代においては、与えられた情報を短期間に理解し、再生産する能力が必要とされました。

しかし情報社会、さらには知識基盤社会に遷り変わる中では、グローバル化の進展や技術革新のスピードが加速しており、変化が激しく予想が難しい社会になっています。また一方で、IoT、ロボット、人工知能（AI）、ビッグデータといった、新たな技術の進展が進んでいます。こうした技術が発展した社会においては、AIやロボットが、今まで人間が行っていた作業や調整を代行・支援する部分が、どんどん増えていくと予想されます。

つまり、これからの時代において人間に必要とされることは、与えられた知識の再生産ではなく、幅広い知識と柔軟な思考に基づき、新しい知や価値を創造する力や、自ら課題を発見し解決する力、コミュニケーション能力、物事を多様な観点から考察する力、様々な情報を取捨選択できる力になっていくと言えます。

こうした力は、まさに、序章で提示した「非認知能力」であり、それを育む「自然体験」や、効果の高い「幼児期」からの教育を行うことが、これからますます重視されると考えられます。

教育改革等の動向

こうした社会情勢を踏まえて、政府による制度・改革の方向性も変化しています。ここでは、教育行政に関わる具体的な動向についてご紹介します。

（1）学習指導要領等改訂
——社会に開かれた教育課程へ

2018年に改訂告示され、2020年から順次導入される新しい「学習指導要領」においては、前述のような現代社会の状況を踏まえて、「社会に開かれた教育課程」の実現が基本的な方向性として掲げられています。

社会で自立的に生きるために必要な「生きる力」の育成を目指して、①生きて働く「知識・技術」の習得、②未知の状況にも対応できる「思考力・判断力・表現力等」の育成、③学びを人生や社会に活かそうとする「学びに向かう力・人間力」の涵養という、3つの資質・能力を育むことが目指されています。

そして、この「資質・能力」を育むために、学校教育を改善していく主な方向性として、以下の3点が掲げられています。

1つは、「主体的・対話的で深い学び（アクティブ・ラーニング）」の視点から、「学び方」を改善していくというものです。学習者が学びへの興味・関心を持ち、自己のキャリア形成を考慮した「主体的な学び」、対話を通して自己の考えを拡げ深める「対話的な学び」、問いを見出して解決したり、自己の考えを形成し表したり、思いを基に構想、創造したりする「深い学び」が重視されています。基礎的学力だけでなく、応用力や創造力を高めることが目指されています。

2つには、「カリキュラム・マネジメント」の視点から、教科横断的・地域資源活用志向の「学びの枠組み」に改善していくというものです。個別の教科の縦軸だけでなく、横断的なカリキュラムによって、学校教育の目標達成を目指すとともに、実社会・実生活に関わる地域の人的・物的な資源を効果的に組み合わせた学びが目指されています。

3つには、「社会に開かれた教育課程」の実現に向けて、学校と地域が連携・協働した「学びの体制」に改善していくというものです。良い高校、大学に入るといった受験を目標とした学習だけでなく、社会や世界の状況を幅広く視野に入れて、より良い社会や人生を切り拓いていくために学習活動を行うことや、教科等の学習において地域の人的・物的資源を活用したり、放課後や土曜日等を活用した社会教育との連携を図ることが目指されています。

図表1-1：学習指導要領の改訂の方向性と地域社会との関わり（イメージ）

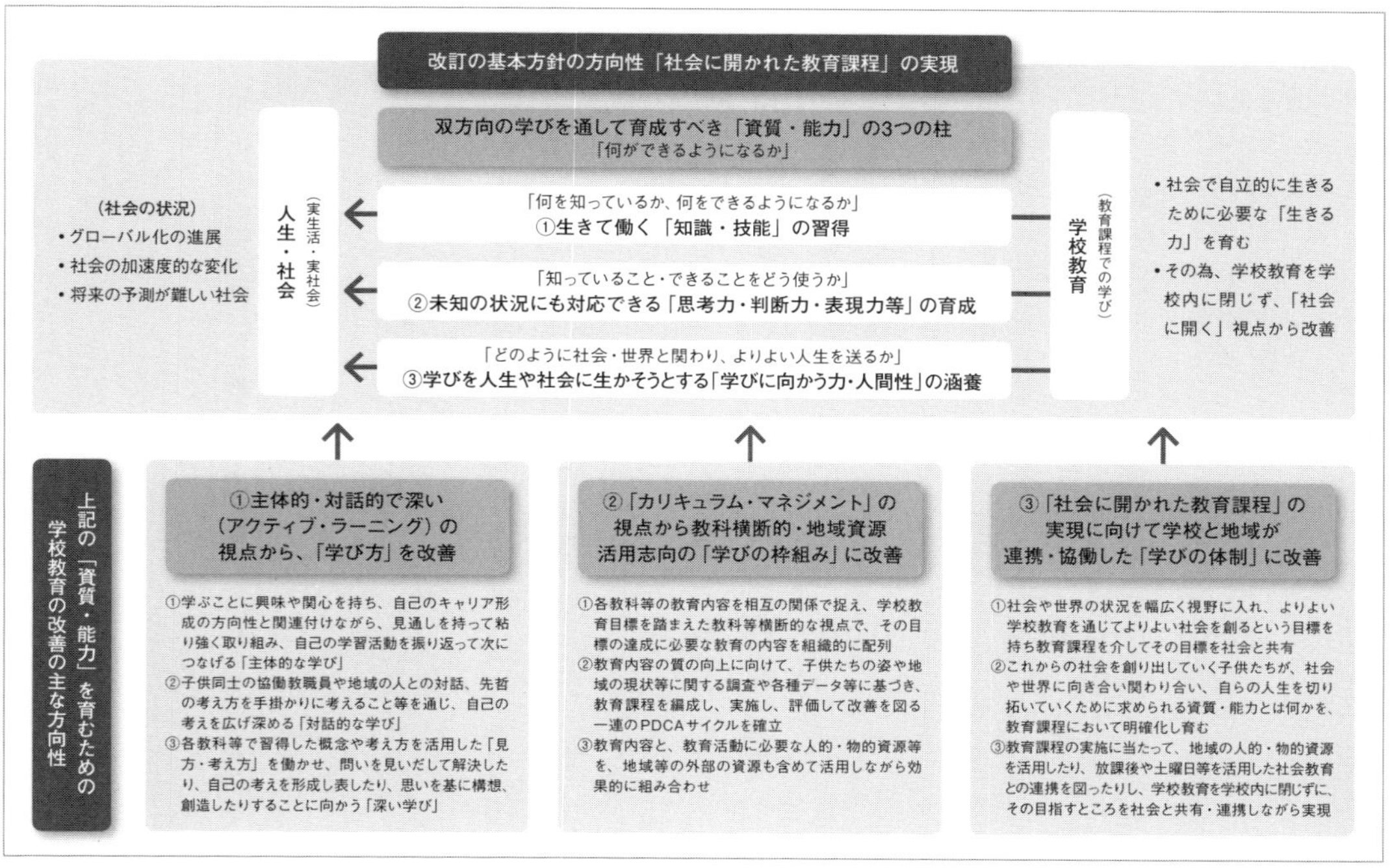

中央教育審議会「幼稚園、小学校、中学校、高等学校及び特別支援学校の次期学習指導要領等の改善及び必要な方策等について」（平成28年12月21日）をもとに、国土緑化推進機構で作成

（2）教育再生実行会議提言
——自己肯定感の育成に体験活動を重視

2017年6月、「教育再生実行会議」の第十次提言がまとめられました。そこでは、学びに向かう姿勢や態度を育成する上で、幼児教育は極めて重要と指摘され、幼児教育の充実に向けた推進体制の構築が掲げられました。また、自己肯定感をバランス良く育むためには自然体験活動等が重要であるとして、豊かな自然や青少年教育施設などを活用した体験活動の推進が提言されました。

なお、この提言における自己肯定感の育成に関する記述は、（独）国立青少年教育振興機構が行った調査結果（＊1）に基づいています。同調査では、新学習指導要領で求められる主な力として「自己肯定感」、「へこたれない力」、「意欲」、「コミュニケーション力」の4つを掲げ、これらと多様な体験活動との相関を調べました。そうしたところ、家庭の教育的・経済的条件にかかわらず、自然の中での遊びや外遊び等、子どもの頃の体験活動の機会が多かった子どもは、自己肯定感が高い傾向が見られました。小学生の頃の自然の中での遊びが多いことが、「自己肯定感」を高め、「へこたれない力」や「意欲」、「コミュニケーション力」を育むことが、統計的にも明らかにされました（参照 第1章（7）P・70）。

（3）第3期教育振興計画
——一人一人が主役になる社会に向けて

2018年6月に閣議決定された第3期教育振興計画では、2030年以降を見据えた教育の方向性が提示されています。これまで、文部科学省では現在の経済社会の状況を「知識基盤社会」と表現していましたが、ここでは経済社会の各方面で使用されるようになっている「Society.5.0（超スマート社会）」という表現が使われ、これからの時代に合わせた社会や教育のあり方が提示されました。

この中で、これからの教育において求められるのは、変化に適応するのみならず、

図表1-2：「教育再生実行会議」第十次提言（平成29年6月1日）（抜粋）

自己肯定感を高め、自らの手で未来を切り拓く子供を育む教育の実現に向けた、学校、家庭、地域の教育力の向上（第十次提言）

〔幼児教育の充実〕

○**様々な体験を重ね、身体の諸感覚を通じて学びに向かう姿勢や態度を育成する上で、幼児期の教育は極めて重要**である。

このため、国及び地方公共団体は、地域の幼児教育の拠点となる「幼児教育センター」の設置や、幼稚園・保育所・認定こども園等を巡回して助言等を行う「幼児教育アドバイザー」の育成・配置等を通じ、幼児教育の充実に向けた推進体制を構築する。

〔様々な体験活動の充実〕

○**自己肯定感をバランスよく育むには、**自然体験活動や集団宿泊体験、職場体験活動、奉仕体験活動、文化芸術体験活動といった**様々な体験活動を通じて、達成感や成功体験等を得るとともに、失敗や挫折を経験したときに、自分を受け入れ、課題に立ち向かう姿勢を身に付けることが重要**である※。

このため、国、地方公共団体は、**農山漁村にある豊かな自然や青少年教育施設などの地域資源を活用しつつ、NPOや民間機関等と連携しながら、体験活動を積極的に推進する。**その際、家庭の経済事情にかかわらず、全ての子供たちに体験活動の機会が与えられるよう、取組を進める。

＊1　国立青少年教育振興機構「子どもの頃の体験がはぐくむ力とその成果に関する調査研究」、2017年

一人一人が自立した人間として、主体的に判断し、社会の中で新たな価値を創造する人材を育成していくことであると明示されました。そのために、予測不能な状況の中で問題の核心を把握し、自ら問いを立ててその解決を目指し、多様な人々と協働しながら、様々な資源を組み合わせて解決に導いていく力が重要となってくる、ということが提示されています。

そして、例えば社会体験活動や自然体験活動等も含め、児童生徒の多様な体験活動の機会の拡充によって、一人一人が自らの課題を乗り越えつつ、他者と協働して何かを成し遂げる力を育てることが、より重要となっていくと示されています。

そのためには、改訂学習指導要領にもあるように、学校や園の建物の中での教科書や教材等を用いた学びだけでなく、常に変化する自然環境等の地域資源を活用した学びも充実していく必要があると考えられます。

経済社会の状況の変化による、求められる教育観の転換

これまで記述してきたように、経済社会の状況が、工業化社会・高度経済成長期から知識基盤社会へと変化する中で、求められる教育観も大きく変化してきたと言えます。

工業化社会・高度経済成長期においては、与えられた指示・情報を、速く正確に理解し、着実に実行・再生産できる人材が求められていました。この時代の教育・学習においては、客観的に系統立てられた知識・技能を、効率的かつ正確に記憶・習得させていくことが求められていたと言えます。これは「客観主義の学習」と呼ばれています。

しかし、知識基盤社会では、自ら課題を見つけ、他者との協働の中で解決策を見出し、行動できる人材が求められるようになりました。こうした時代の教育・学習においては、他者との協同、相互作用の中で、学習者自らが知識・技能を構築・習得していく教育活動が求められていると言えます。これは「構成主義の学習」と呼ばれます。

図表1-3：経済社会の変化と求められる教育観の転換（イメージ）

	工業化社会・高度経済成長期の教育観	知識基盤社会の教育観
知識の考え方	静的で、客観的・系統的に整理・構造化され、伝達・習得されるもの	更新可能で、他者との相互作用の中で、学習者自ら更新していくもの
学習理論	客観主義の学習（客観的・系統的に整理・構造化された知識・技能を、効率的に伝達し、正確に記憶・習得させていく）	構成主義の学習（他者との協同、相互作用の中で、学習者が自ら知識・技能を構築・習得していく）
教育方法	体系的な知識等を有している教師が、知らない生徒に一方的に教授したり、用意したプログラムを反復的に実施（大人が教え込んで、導く必要がある）	多様な学習環境を用意して、子ども自身や子ども同士が主体的に参加・探求する学びを支援（子どもは自ら学び、成長していく。大人も共に学んでいく）
求められる人材像	与えられた指示・情報を短期間に正確に理解し、着実に実行・再生産できる人材	自ら課題を見つけ、他者との協働の中で解決策を見出し、行動できる人材

2

「幼稚園教育要領」等における自然の位置付け

幼児教育の基本的な考え方

環境を通した保育・幼児教育

「幼稚園教育要領」においては、「幼稚園教育の基本（第1章総則）」において、幼児期の教育は「環境を通して行う」ことが基本であり、そのために教師は、子どもが関わり、学びを得るための「環境を整えること」が重要であると明記されています。

この「環境を通して行う」ことを幼児教育の基本とする、という考え方は、1989年改訂から明示されましたが、それ以前からも、幼児教育においては構成主義的な考え方が根本にあります。

「遊び」を通した学び

子どもは「遊び」によって、生涯にわたる「生きる力」の基礎を獲得すると言われており、「幼稚園教育要領」の「前文」や「幼稚園教育の基本（第1章 総則）」においても、重視する事項として「遊びを通しての総合的な指導」が掲げられています。「幼稚園教育要領解説」においては、幼児は自発的な活動としての「遊び」を通して、心身全体を働かせ、様々な体験を通して心身の調和のとれた全体的な発達の基礎を築いていくものであり、自発的な活動としての「遊び」を通しての指導を中心に行うことが重要であるとされています。

幼稚園教育要領のポイント

中央教育審議会答申

今般の幼稚園教育要領の改訂に先立って検討された中央教育審議会答申（＊2）では、以下のような記述が載っています。

＊2　中央教育審議会答申「幼稚園、小学校、中学校、高等学校及び特別支援学校の次期学習指導要領等の改善及び必要な方策等について」（2016年12月21日）

図表1-4：文部科学省「幼稚園教育要領（平成29年3月）」（抜粋）

※下線部（太字）が前回からの改訂箇所。太字は筆者が加筆

（前文）
幼児の自発的な活動としての**遊びを生み出すために必要な環境**を整え、一人一人の資質・能力を育んでいくことは、教職員をはじめとする幼稚園関係者はもとより、家庭や地域の人々も含め、様々な立場から幼児や幼稚園に関わる全ての大人に期待される役割である。家庭との緊密な連携の下、小学校以降の教育や生涯にわたる学習とのつながりを見通しながら、幼児の自発的な活動としての**遊びを通しての総合的な指導**をする際に広く活用されるものとなることを期待して、ここに幼稚園教育要領を定める。

第1章　総則
第1　幼稚園教育の基本
幼児期の教育は、（中略）幼児期の特性を踏まえ、**環境を通して行う**ものであることを基本とする。
このため教師は、幼児との信頼関係を十分に築き、**幼児が身近な環境に主体的に関わり、環境との関わり方や意味に気付き、これらを取り込もうとして、試行錯誤したり、考えたりするようになる幼児期の教育における見方・考え方を生かし、幼児と共によりよい教育環境を創造**するように努めるものとする。これらを踏まえ、次に示す事項を重視して教育を行わなければならない。
1　（略）
2　**幼児の自発的な活動としての遊びは、心身の調和のとれた発達の基礎を培う重要な学習**であることを考慮して、**遊びを通しての指導**を中心として第2章に示すねらいが総合的に達成されるようにすること。
3　幼児の発達は、心身の諸側面が相互に関連し合い、多様な経過をたどって成し遂げられていくものであること、また、幼児の生活経験がそれぞれ異なることなどを考慮して、幼児一人一人の特性に応じ、発達の課題に即した指導を行うようにすること。その際、教師は、幼児の主体的な活動が確保されるよう幼児一人一人の行動の理解と予想に基づき、**計画的に環境を構成**しなければならない。この場合において、教師は、幼児と人やものとの関わりが重要であることを踏まえ、**教材を工夫し**、**物的・空間的環境を構成**しなければならない。

第2　幼稚園教育において育みたい資質・能力及び「幼児期の終わりまでに育ってほしい姿」
1　**幼稚園においては、生きる力の基礎を育むため、この章の第1に示す幼稚園教育の基本を踏まえ、次に掲げる資質・能力を一体的に育むよう努めるものとする。**
(7)　**自然との関わり・生命尊重**
自然に触れて感動する体験を通して、自然の変化などを感じ取り、好奇心や探究心をもって考え言葉などで表現しながら、身近な事象への関心が高まるとともに、自然への愛情や畏敬の念をもつようになる。また、身近な動植物に心を動かされる中で、生命の不思議さや尊さに気付き、身近な動植物への接し方を考え、命あるものとしていたわり、大切にする気持ちをもって関わるようになる。

第6　幼稚園運営上の留意事項
2　幼児の生活は、家庭を基盤として地域社会を通じて次第に広がりをもつものであることに留意し、家庭との連携を十分に図るなど、幼稚園における生活が家庭や地域社会と連続性を保ちつつ展開されるようにするものとする。その際、**地域の自然**、高齢者や異年齢の子供などを含む人材、行事や公共施設などの**地域の資源を積極的に活用し、幼児が豊かな生活体験を得られるように工夫するものとする。**

第2章「ねらい及び内容」
健康〔健康な心と体を育て、自ら健康で安全な生活をつくり出す力を養う。〕
2 内容
(3) **進んで戸外で遊ぶ。**
3 内容の取扱い
上記の取扱いに当たっては、次の事項に留意する必要がある。
(3) **自然の中で伸び伸びと体を動かして遊ぶ**ことにより、体の諸機能の発達が促されることに留意し、**幼児の興味や関心が戸外にも向く**ようにすること。その際、幼児の動線に配慮した園庭や遊具の配置などを工夫すること。

中央教育審議会答申（２０１６年12月）抜粋
※太字は筆者が加筆
【資質・能力の育成に向けた教育内容の改善・充実】
○幼児教育は、幼児の自発的な活動としての遊びを中心とした教育を実践することが何よりも大切であり、教員は、**幼児の自発的な遊びを生み出すために必要な環境**を構成することが求められる。
○特に、近年、少子化や都市化等の進行によって、友達との外遊びや自然に触れ合う機会が減少してきていることから、教員は、**戸外で幼児同士が関わり合ったり、自然との触れ合いを十分に経験したりすることができる環境を構成**していくことが重要となってきている。

これまでも、「幼稚園教育要領」等では外遊びや自然との触れ合いの重要性は掲げられていましたが、中央教育審議会答申では、それが少子化や都市化等の進行で十分できていないという課題を指摘していました。

図表1-4：続き

人間関係〔他の人々と親しみ、支え合って生活するために、自立心を育て、人と関わる力を養う。〕

3 内容の取扱い

(4) 道徳性の芽生えを培うに当たっては、基本的な生活習慣の形成を図るとともに、幼児が他の幼児との関わりの中で他人の存在に気付き、相手を尊重する気持ちをもって行動できるようにし、また、**自然や身近な動植物に親しむことなどを通して豊かな心情が育つようにすること。**特に、人に対する信頼感や思いやりの気持ちは、葛藤やつまずきをも体験し、それらを乗り越えることにより次第に芽生えてくることに配慮すること。

環境〔周囲の様々な環境に好奇心や探究心をもって関わり、それらを生活に取り入れていこうとする力を養う。〕

1 ねらい

(1) **身近な環境に親しみ、自然と触れ合う**中で様々な事象に興味や関心をもつ。

(2) **身近な環境に自分から関わり**、発見を楽しんだり、考えたりし、それを生活に取り入れようとする。

(3) **身近な事象を見たり、考えたり、扱ったりする中**で、物の性質や数量、文字などに対する感覚を豊かにする。

2 内容

(1) **自然に触れて生活**し、その大きさ、美しさ、不思議さなどに気付く。

(3) **季節により自然や人間の生活に変化**のあることに気付く。

(4) **自然などの身近な事象に関心**をもち、取り入れて遊ぶ。

(5) **身近な動植物に親しみをもって接し**、生命の尊さに気付き、いたわったり、大切にしたりする。

3 内容の取扱い

上記の取扱いに当たっては、次の事項に留意する必要がある。

(1) 幼児が、**遊びの中で周囲の環境と関わり**、次第に周囲の世界に好奇心を抱き、その意味や操作の仕方に関心をもち、物事の法則性に気付き、自分なりに考えることができるようになる過程を大切にすること。また、他の幼児の考えなどに触れて新しい考えを生み出す喜びや楽しさを味わい、自分の考えをよりよいものにしようとする気持ちが育つようにすること。

(2) **幼児期において自然のもつ意味は大きく**、自然の大きさ、美しさ、不思議さなどに直接触れる体験を通して、幼児の心が安らぎ、豊かな感情、好奇心、思考力、表現力の基礎が培われることを踏まえ、**幼児が自然との関わりを深めることができるよう工夫すること。**

(3) **身近な事象や動植物に対する感動を伝え合い、共感し合う**ことなどを通して自分から関わろうとする意欲を育てるとともに、様々な関わり方を通してそれらに対する**親しみや畏敬の念、生命を大切にする気持ち、公共心、探究心**などが養われるようにすること。

言葉〔経験したことや考えたことなどを自分なりの言葉で表現し、相手の話す言葉を聞こうとする意欲や態度を育て、言葉に対する感覚や言葉で表現する力を養う。〕

2 内容

(2) したり、見たり、聞いたり、感じたり、考えたりなどしたことを自分なりに言葉で表現する。

(8) いろいろな体験を通じてイメージや言葉を豊かにする。

3 内容の取扱い

(3) 絵本や物語などで、その内容と自分の経験とを結び付けたり、想像を巡らせたりするなど、楽しみを十分に味わうことによって、次第に豊かなイメージをもち、言葉に対する感覚が養われるようにすること。

表現〔感じたことや考えたことを自分なりに表現することを通して、豊かな感性や表現する力を養い、創造性を豊かにする。〕

1 ねらい

(1) **いろいろなものの美しさなどに対する豊かな感性をもつ。**

3 内容の取扱い

上記の取扱いに当たっては、次の事項に留意する必要がある。

(1) 豊かな感性は、身近な環境と十分に関わる中で美しいもの、優れたもの、心を動かす出来事などに出会い、そこから得た感動を他の幼児や教師と共有し、様々に表現することなどを通して養われるようにすること。**その際、風の音や雨の音、身近にある草や花の形や色など自然の中にある音、形、色などに気付くようにすること。**

幼稚園教育要領

これを踏まえて、2017年3月に改訂が公示された新たな「幼稚園教育要領」では、これまで同様、外遊びや自然との触れ合いを重視しつつ、より具体的な記述が拡充されました。

第1章の総則においては、「幼稚園教育の基本」の項で、教育環境の創造に関する内容が詳述されるとともに、教材を工夫して物的・空間的環境を構成することが追記されました。また、新たに新設された「幼児期の終わりまでに育ってほしい姿」という項目の一つに「自然との関わり・生命尊重」が設けられました。

第2章では、幼児の発達を踏まえた指導を行うに当たって留意すべき事項を、「健康」、「人間関係」、「環境」、「言葉」、「表現」の5領域においてまとめた内容が記されていますが、その中で、戸外や自然に関する部分を（**図表1・4**）に抜粋しました。

幼児期の教育は「環境を通した教育」が基本である中で、全ての領域において、自然の触れ合いに関する内容が記されていることから、多様性や応答性が高い自然環境を活用することで、全ての領域で育みたい資質・能力の育成に寄与することができると言えます。

特に、領域「環境」では、非常に多くの記述がなされていますが、特に自然の中での体験を通して、幼児の多様な能力の基礎が培われることから、幼児期の自然のもつ意味の大きさが記されています。また、領域「表現」では、今回改訂において、豊かな感性を育む際に「風の音や雨の音、身近にある草や花の形や色など自然の中にある音、形、色など」を活かすことの重要性が追記されました。

「学校施設の在り方に関する調査研究協力者会議」報告書

幼稚園の施設のあり方の基準を示している「幼稚園施設整備指針」についても、２０１７年２月から設置された「学校施設の在り方に関する調査研究協力者会議」において、これからの幼稚園施設整備の在り方と幼稚園施設整備指針の改訂案が検討されました。

２０１８年３月にまとめられた同会議の報告書では、中央教育審議会答申と同様に、少子化や都市化等の進行によって、友達との遊びや自然に触れ合う機会の減少への懸念を示した上で、幼稚園施設については、今後、幼児同士が関わり合ったり、自然との触れ合いを十分に経験したりすることができる環境の構成を充実させることの必要性が示され、自然の地形や緑などを有効に活用したり、風や雨の音、草や花の形や色等、自然の中にある音・形・色などに気付くことができる環境を構成することが掲げられました。

図表1-5：学校施設の在り方に関する調査研究協力者会議報告書「これからの幼稚園施設の在り方について～幼児教育の場にふさわしい豊かな環境づくりを目指して～（平成30年3月）」（抜粋）

※**太字**は筆者が加筆

はじめに

近年、少子化や都市化等の進行によって、友達との遊びや自然に触れ合う機会の減少が懸念されている。幼稚園教育は、これまでと同様に環境を通して行うことを基本としていることから、幼稚園施設については、今後益々、**幼児同士が関わり合ったり、自然との触れ合いを十分に経験したりすることができる環境を構成**し、幼児の自発的な活動としての遊びを誘発する施設づくりが求められている。

第2章 これからの幼稚園施設整備の在り方

1.基本的考え方

●基本的方針

1. **自然や人、ものとの触れ合いの中で遊びを通した柔軟な指導が展開できる環境の整備**
2. 健康で安全に過ごせる豊かな施設環境の確保
3. 地域との連携や周辺環境との調和に配慮した施設の整備

●基本的留意事項

「総合的・長期的な視点の必要性」

「教育理念を踏まえた適確な施設機能の設定」

「地域とともにある幼稚園施設」

幼稚園は、地域の中にあり、地域との相互作用により、地域とともに発展・継続するものである。そのため、**幼稚園施設の計画に当たっては、地域にある自然環境**や他の公共施設等の活用や、地域住民との**連携・交流の促進**といった視点が**重要**である。

「関係者の参画と理解・合意の形成」

特色ある教育内容や指導方法等を反映し、地域と連携した幼稚園運営が行われるよう、企画の段階から**幼稚園・家庭・地域・地方公共団体等の関係者の参画**により、施設づくりの目標を共有し、理解と協力を得ながら総合的に計画することが重要である。

2.計画及び設計における留意事項として充実が必要な視点

〈幼児教育の場にふさわしい豊かな環境づくり〉

①幼児自身の興味や関心に応じて様々な活動が展開される屋内環境整備

②**自然との触れ合いや体を使った遊びができる屋外・半屋外環境整備**

- **幼児が自然環境と触れ合いながら、様々な体験をできるよう配慮する**とともに、砂場や自作の遊具、**小さな丘等、幼児達が自由に遊びを創造できるような環境**とすることが重要。
- 屋内外の空間的な連続性や回遊性に配慮しつつ、幼児の動線に配慮した園庭や遊具の配置を工夫することが重要。
- 多様な運動や遊びが誘発されるよう、**起伏などの自然の地形や緑などを有効に活用した屋外環境や半屋外空間**を充実させることが重要。
- **風や雨の音、草や花の形や色等、自然の中にある音・形・色などに気付くことができる施設環境**を確保することが重要。
- 半屋外空間は、屋外と屋内をつなぐ中間的な領域であり、幼児達も保護者も季節や天気に応じて自由に活動ができることから、このような空間を設けることも有効。

③障害のある幼児など特別な配慮を必要とする幼児に対応した施設整備

④教職員の活動を支えるための施設整備

⑤**家庭や地域等との連携・協働を促す施設整備**

⑥安全を確保しつつ自発的な遊びを誘発する施設整備

⑦教育活動の変化に対応できる施設整備

幼稚園施設整備指針

これを踏まえて、2018年3月に改訂された「幼稚園施設整備指針」では、総則で幼児の自発的な活動としての遊びを引き出すような環境づくりの1つとして「自然」を位置付けた上で、「多様な自然体験や生活体験が可能となる環境」において、自然の中にある音、形、色などに気付きながら、自然に触れることのできる空間を充実させることで豊かな感性を育てることについての記述が拡充されました。

さらに、具体的な内容としては、「園

図表1-6：文部科学省大臣官房文教施設企画部「幼稚園施設整備指針（平成30年3月）」（抜粋）

※下線部（太字）が前回からの改訂箇所。太字は筆者が加筆

第1章 総則
第1節 幼稚園施設整備の基本的方針
1　自然や人、ものとの触れ合いの中で遊びを通した柔軟な指導が展開できる環境の整備
幼稚園は幼児の主体的な生活が展開される場であることを踏まえ、家庭的な雰囲気の中で、幼児同士や教職員との交流を促すとともに、自然や人、ものとの触れ合いの中で幼児の好奇心を満たし、幼児の自発的な活動としての遊びを引き出すような環境づくりを行うことが重要である。
2　健康で安全に過ごせる豊かな施設環境の確保
発達の著しい幼児期の健康と安全を重視し、日照、採光、通風等に配慮した良好な環境を確保するとともに、幼児期の特性に応じて、また、障害のある幼児にも配慮しつつ、十分な防災性、防犯性など安全性を備えた安心感のある施設環境を形成することが重要である。
さらに、それぞれの地域の自然や文化性を生かした快適で豊かな施設環境を確保するとともに、環境負荷の低減や自然との共生等を考慮することが重要である。

第2節 幼稚園施設整備の課題への対応
第1 幼児の主体的な活動を確保する施設整備
2　多様な自然体験や生活体験が可能となる環境
（1）幼児の身体的発達を促すため、自然の中で伸び伸びと体を動かして遊ぶなど幼児の興味や関心が戸外にも向くよう、幼児の動線に配慮した園庭や遊具の配置を工夫することが重要である。その際、屋内外の空間的な連続性や回遊性※に配慮することが重要である。
※回遊性：建物内の通路やホールあるいは敷地内通路等を環状につなげて、幼児等が建物の内部や周囲等を回れるようにすること。
（2）豊かな感性を育てる環境として、自然の中にある音、形、色などに気付き、自然に触れることのできる空間を充実させることが重要である。その際、自然の地形などを有効に活用した屋外環境及び半屋外空間※を充実させることも有効である。
※半屋外空間：バルコニー、テラス、庇の下等、保育室等の内部空間と密接に関係した屋外空間。
（3）幼児の主体性を引き出しながら、遊びを通して危険を回避する力を身につけることができる環境づくりが重要である。

第2 安全でゆとりと潤いのある施設整備
6　環境との共生
（1）幼児が自然環境と触れ合いながら様々な体験をすることができるように配慮するとともに、施設自体が教材としても活用されるよう計画することが重要である。
（2）環境負荷の低減や、自然との共生等を考慮した施設づくりを行うことが重要である。
（3）太陽光や太陽熱、風力、バイオマスなど再生可能エネルギーの導入、緑化、木材の利用等については、環境負荷を低減するだけでなく、環境教育を踏まえた活用や地域の先導的役割を果たすという観点からも望ましい。

7　特色を生かした計画
幼稚園における教育理念を施設計画に反映させることによって、特色ある計画とすることが重要である。その際、モニュメント、シンボルツリーを設けたり、色彩や曲線を生かしたデザイン手法を活用することや、地域の文化的特性や伝統を取り入れ、風土、景観等の特色を生かした計画とすることも有効である。

第2章 施設計画
第1節 園地計画
2　健康で文化的な環境
（1）良好な日照、空気及び水を得ることができ、排水の便が良好であることが重要である。
（2）自然との触れ合いの中で、幼児が活発に活動できる地形の起伏、自然の樹木等があることが望ましい。
（3）見晴らしや景観が良く、近隣に緑地、公園、文化的な施設等があることも有効である。

第2節 配置計画
第1 園地利用
（5）園地内における高低差等の地形や樹木等の自然を有効に活用することができるよう、園舎、園庭を配置することが望ましい。

第4章 園庭計画
第1 基本的事項
1　教育環境の向上
（7）幼児の自然体験を豊かにし、遊びを創造しながら心身の発達を促すため、防災性、防犯性など安全性の確保に十分留意しつつ、現存する森、樹木、池等や自然の傾斜、段差等を有効に活用することが望ましい。
（8）環境を考慮した取組として、太陽光を利用したモニュメント、風力発電装置等を設置することは、環境教育を踏まえた活用という観点からも望ましい。
（9）園地近傍の樹林、草原、小山、小川、池等を活用して園庭を計画することも有効である。
（10）園舎の屋上、壁面、テラス、ベランダなどについて緑化することが、環境を考慮した施設づくりという観点からも有効である。
第3 遊具
固定遊具等は、幼児期の心身の発達にとって重要な役割を果たすことを踏まえ、幼児数や幼児期の発達段階、利用状況、利用頻度等に応じ必要かつ適切な種類、数、規模、設置位置等を検討することが重要である。その際、自然の樹木や地形の起伏等を遊具として活用することや幼児のみで利用しても十分な安全性及び耐久性を備えた仕様のものを、衛生面も考慮しつつ選定することが重要である。

第4 砂遊び場、水遊び場その他の屋外教育施設
3　その他の屋外教育施設
（1）動植物の飼育、栽培のための施設を、安全面や衛生面に留意しつつ、計画することも有効である。その際、幼児が活動しやすいよう配慮することが望ましい。
（2）敷地内に地域の自然を活用したビオトープを計画することも有効である。
（3）敷地内に、幼児が登ったり駆け下りたりできる築山、通り抜けができるトンネル、泥遊びができる場所等を安全面及び衛生面に留意しつつ計画することが望ましい。
第5 緑化スペース
1　共通事項
（1）植栽、草花などの自然を取り込んだ緑化スペースが教材としても活用されるよう配慮し、園地全体に積極的かつ効果的に取り入れることが重要である。
（4）四季折々に花を咲かせ、実をならせる樹種を選定するなど、植物やそこに飛来する野鳥、昆虫等の生態等を観察できるように計画することが重要である。
2　樹木
（1）樹高の高い樹木を園舎の周囲、園地周辺部等にまとまりを持たせて配植したり、1本又は数本の樹木をポイント的に配植することも有効である。
（5）安全性に留意しつつ、木登りなどの遊びをできる樹種を選定することも有効である。
（6）郷土産のものを中心に、四季の変化、生態等を観察することのできる樹種を選定することが望ましい。

第5章 詳細設計
第2 内部仕上げ
2　材質
（7）幼児の心を和ませ、また、保育空間に家庭的な雰囲気を醸し出すため、また、見て触れて素材の良さや違いを感じることができるよう、柔らかな手触りや温かみの感じられる木質材料、畳等の素材を適宜使用することが望ましい。
第5 家具・遊具
（5）地場産材等を生かした木製家具等について計画することも有効である。

【注釈】
「～重要である。」：学校教育を進める上で必要な施設機能を確保するために標準的に備えることが重要なもの
「～望ましい。」：より安全に、より快適に利用できるように備えることが望ましいもの
「～有効である。」：必要に応じて付加・考慮することが有効なもの

地計画」においては、自然との触れ合いの中で、幼児が活発に活動できる地形の起伏、自然の樹木等があることが望ましいことが記されました。また、「園庭計画」においては、幼児の自然体験を豊かにし、遊びを創造しながら心身の発達を促すため、現存する森、樹木、池等や自然の傾斜、段差等を有効に活用することが望ましいことが記されました。

保育所保育指針

厚生労働省の管轄する保育所に対する「保育所保育指針」についても、２０１７年３月に改定が公示され、２０１８年４月から適用されました。今回の改定では、これまで福祉施設的な位置づけだった保育所が、「幼児教育」を担う役割を持つということが明記されました。

自然との関わりについては、3歳以上は幼稚園とおおむね同様の内容とされていますが、1歳以上3歳未満児の保育に関わるねらい及び内容においては、主に「環境」と「表現」の領域で、自然との関わりについての記載がなされています。

図表1-7：厚生労働省「保育所保育指針（平成29年3月31日）」（抜粋）

※**下線部（太字）**が前回からの改定箇所。**太字**は筆者が加筆

第1章 総則

1　保育所保育に関する基本原則

（4）保育の環境

保育の環境には、保育士等や子どもなどの人的環境、施設や遊具などの物的環境、更には**自然や社会の事象**などがある。保育所は、こうした人、物、場などの環境が相互に関連し合い、子どもの生活が豊かなものとなるよう、次の事項に留意しつつ、計画的に環境を構成し、工夫して保育しなければならない。

4　幼児教育を行う施設として共有すべき事項

（2）幼児期の終わりまでに育ってほしい姿

キ 自然との関わり・生命尊重

自然に触れて感動する体験を通して、自然の変化などを感じ取り、好奇心や探究心をもって考え言葉などで表現しながら、身近な事象への関心が高まるとともに、自然への愛情や畏敬の念をもつようになる。また、身近な動植物に心を動かされる中で、生命の不思議さや尊さに気付き、身近な動植物への接し方を考え、命あるものとしていたわり、大切にする気持ちをもって関わるようになる。

第2章 保育の内容

1　乳児保育に関わるねらい及び内容

2　1歳以上3歳未満児の保育に関わるねらい及び内容

（2）ねらい及び内容

ウ 環境

（ア）ねらい

① **身近な環境に親しみ、触れ合う中で、様々なものに興味や関心をもつ。**

② 様々なものに関わる中で、発見を楽しんだり、考えたりしようとする。

③ 見る、聞く、触るなどの経験を通して、感覚の働きを豊かにする。

（イ）内容

① 安全で活動しやすい環境での探索活動等を通して、見る、聞く、**触れる、嗅ぐ、味わうなどの感覚の働きを豊かにする。**

⑤ **身近な生き物に気付き、親しみをもつ。**

（ウ）内容の取扱い

② 身近な生き物との関わりについては、子どもが命を感じ、生命の尊さに気付く経験へとつながるものであることから、そうした気付きを促すような関わりとなるようにすること。

オ 表現

（ア）ねらい

③ 生活や遊びの様々な体験を通して、イメージや感性が豊かになる

（イ）内容

① **水、砂、土、紙、粘土など様々な素材に触れて楽しむ。**

（ウ）内容の取扱い

④ **身近な自然や身の回りの事物に関わる中で、発見や心が動く経験が得られるよう、諸感覚を働かせることを楽しむ遊びや素材を用意するなど保育の環境を整えること**

3　3歳以上児の保育に関するねらい及び内容

※幼稚園教育要領とほぼ類似するため、割愛

4　保育の実施に関して留意すべき事項

（3）家庭及び地域社会との連携

子どもの生活の連続性を踏まえ、家庭及び地域社会と連携して保育が展開されるよう配慮すること。その際、家庭や地域の機関及び団体の協力を得て、**地域の自然、高齢者や異年齢の子ども等を含む人材、行事、施設等の地域の資源を積極的に活用し、豊かな生活体験をはじめ保育内容の充実が図られるよう配慮すること。**

3 幼児教育における森林・自然の意義

ドイツの「森の幼稚園」の理論的基礎

我が国の「幼稚園教育要領」や「保育所保育指針」、さらには「幼稚園施設整備指針」においては、森林や自然等を適切に配置していくことの意義が記されています。また、各施設の認可においては、「保育室／遊戯室」とともに「屋外遊戯場／運動場」等の配置が必須となっています。

他方、第3章でも詳しく紹介しているドイツでは、待機児童対策として、日本の小規模保育事業所に準ずる「森の幼稚園」が政府の認可が得られるようになっています。この「森の幼稚園」は、林野庁から一定面積の森林の「利用許可」を受け、簡易な雨天用等施設を配置すれば、幼稚園として運営が許可され、財政的な支援がなされる仕組みになっています。

ではなぜドイツでは、「保育室／遊戯室」がない「森の幼稚園」でも認可の対象になるか、という理論的基礎を、教本「森の幼稚園」（イングリッド・ミクリッツ『Der Waldkindergarten: Dimensionen eines paedagogischen Ansatzes』、２０１６年）では以下のように整理しています（**図表1・8**）。

１つ目の理論は、自然空間は、人為的な影響を大幅に逃れた「自律的な構造を持った空間」であり、「子どもたちの個々人の自由な解釈・意味の付与を可能にする」という点です。具体例としては、保育室にある椅子（人工物）は、特定の用途が決められているため、「椅子の上には立ってはいけない」などといったルール（大人たちからの特定の解釈）の制約を子どもたちは受けざるを得ません。し

図表1-8：ミクリッツ著書における「森の幼稚園」の理論的基礎

❶

- 自然空間は、自律的な構造をもっている。
- 自律的な構造をもつ空間とは、人為的な影響を大幅に逃れた空間のことである。

↓

- 自律的な構造をもつ自然空間は、子どもたちの個々人の自由な解釈・意味の付与を可能にする。
- 子どもたちは、大人たちからの特定の解釈（物の扱い方／利用方法）を強要されない。

↓

- さまざまな解釈は、想像力とコミュニケーション力を育て、このことが創造力と論理的な思考力を育てる。

❷

- 自然空間は、いわば“流動的で”あり、（気象・気候・動植物等の影響で）常に変化している空間である。

↓

- 自然空間の中では、子どもたちに非常に緊張感があり、常に環境は変化していることを認識させる。
- また、子どもたちが主体的に、細やかな環境の変化に気付く。

↓

- 自然空間が相対的に不連続であることから、子どもには高度の注意力、柔軟性、適応力、創造力、そして共感する能力が求められる。

かし、森の中に横たわっている丸太（自然物）であれば、平均台として使っても、おままごとのテーブルとして使ってもよく、「子どもたちの個々人の自由な解釈・意味の付与」がしやすくなります。そして、遊び方が決まっている遊具がない分、遊びを創り出す際に想像力やコミュニケーション力を育み、ひいては創造力や論理的な思考力を育てる機会になります。

2つ目の理論は、自然空間は〝流動的〟であり、「常に変化している空間」であるという点です。具体例としては、建物内に作った積み木等で作った秘密基地は、「明日まで崩さないで」などと頼むこともでき、崩されてしまうと不満を持ちかねません。しかし、森の中で作った秘密基地は、しばらくして訪れた時に風雨の影響で崩れていたとしても仕方ないと思えるでしょう。

また、晴れの日は快適に遊べる森の中も、大雨が降れば枝葉は濡れ、地面がぬかるみますが、保育室の中では、床や壁などの基本的な環境は常に変化しません。

このように、自然空間は気候条件や動植物の影響で常に変化しているため、子どもたちは自然を相手にすると高度の注意力が求められるとともに、それらの変化を受け止めて、対応するための柔軟性や適応力、創造力等が育まれます。

こうした変化する自然環境が、現代の状況にあった教育環境といえるため、幼稚園として認められていると考えられています。

「知識基盤社会」にこそ求められる、森林や自然を活かした保育・幼児教育

ミクリッツが提示した「森の幼稚園」の理論的基礎は、まさに前述した「学習指導要領」改訂の背景に合致していると考えられます。

つまり、グローバル化が進展し、社会が加速度的に変化しており、将来の予測が難しい社会においては、自然環境は「①生きて働く〝知識・技能〟の習得」、「②未知の状況にも対応できる〝思考力・判断力・表現力等〟の育成」、「③学びを人生や社会に生かそうとする〝学びに向かう力・人間性〟の涵養」を育むのに適した環境といえます。

人工的な環境である保育室は、若干の変化はあるものの基本は固定的で、大人にとっては管理がしやすいですが、子どもたちにとっては、行為が規定される環境になりがちです。一方で自然環境は、常に変化する生きた動植物の存在に加えて、地形・土壌条件も変化に富んでおり、さらに晴雨・気温・湿度・風などの気候状況から、例えば小川等の水量も毎日毎時間で異なるなどの変化していることが基本となります。

こうしたことから、不連続で流動的で、常に変化がある「自然環境」を舞台にした「環境を通した教育」を幼児期から行うことは、変化を受け入れ、柔軟に対応する力を育むことができると考えられます。それは、「学習指導要領」が目指すような、変化が激しく将来の予測が難しい社会においても、自ら課題を見つけて解決策を考え、行動することができる「生きる力」を育むことに繋がると言えるでしょう。

「遊びと安全――リスクとハザード」

「リスク」と「ハザード」とは

「リスク」と「ハザード」という言葉があります。日本語ではどちらも「危険」ですが、子どもの教育においては、大きな違いがあります。「リスク」とは、成長のために必要な挑戦に伴う危険。「ハザード」とは、決して冒してはならない致命的な危険です。

子どもの教育環境において、大人が全ての危険を排除するような過剰な配慮をしてしまうと、子どもが自分で危機回避できるようになる機会を奪いかねません。「リスク」はあえて避けずに見守り、「ハザード」はしっかり防止に努めることが重要だと言えます。

国土交通省「都市公園における遊具の安全確保に関する指針」

国土交通省が策定している「都市公園における遊具の安全確保に関する指針」（２０１４年６月）では、子どもの遊びの重要性や特徴と危険生徒の関わりについて、別表1の第1章に整理しており、「子どもは、ある程度の危険性を内在している遊びに惹かれ、こうした遊びに挑戦することにより自己の心身の能力を高めてゆくもの」と記しています。つまり、全ての危険をむやみに取り除いてしまえば、子どもの遊びと成長の機会が失われてしまうと示されています。この指針は過去4回に渡り改訂されていますが、この基本的な考え方は継承され続けています。その上で、第2章において「リスク」と「ハザード」を明確に分けて記しており、「リスクを「事故の回避能力を育む危険性あるいは子どもが判断可能な危険性」、「ハザード」を「事故につながる危険性あるいは子どもが判断不可能な危険性」と区分しています。その上で、第3章において、「遊びの価値を尊重して、リスクを適切に管理するとともにハザードの除去に努めることを基本とする」と記しています。

文部科学省「幼稚園教育要領解説」

文部科学省が制作した「幼稚園教育要領解説」（２０１８年２月）においては、遊びと安全のバランスについては、総説の「安全上の配慮」の項目と、領域「健康」の内容の取り扱いの項目で、以下のように記されており、過保護になったり禁止や叱責が多くなることで、幼児の危険を避ける能力の育成を阻害してしまう危険性を記しています。

厚生労働省「保育所保育指針解説」

厚生労働省「保育所保育指針解説」（2018年2月）にも、「安全対策」や領域「環境」について記されていますが、「幼稚園教育要領解説」とほぼ類似した内容となっています（詳細は割愛）。

自然の中の「リスク」と「ハザード」

こうした考え方を、「森と自然を活用した保育・幼児教育」においても援用することは非常に重要です。自然の中のリスクとしては、傾斜地や不整地、倒木や下草・岩等により転倒、擦り傷、打撲、虫刺されなどが想定されます。他方、ハザードとしては、高所からの転落、枯れ枝の落枝、有毒生物、自然災害などが考えられます。

室内に比べると、多様で変化のある自然の中の方が、リスクとハザードの両方とも多くあることから、ドイツのミクリッツ著の教本「森の幼稚園」においても、多様なリスクとハザードを整理することが徹底されています。

保育者・教師の役割として、リスクは体験から学ぶ機会にしつつ、大怪我や命の危険のあるハザードには、正しい知識で防止・回避することが求められます。

別表1：「都市公園における遊具の安全確保に関する指針」（2014年6月）

> 第1章　子どもの遊び
>
> 第1節　子どもと遊びの重要性
>
> 遊びは、子どもの心身の発育発達段階に応じて、自らの限界に挑戦するものであり、子どもは、その挑戦を通して危険に関する予知能力や事故の回避能力など安全に関する身体能力などを高めることができる。
>
> 第2節　子どもの遊びの特徴
>
> 子どもは、ある程度の危険性を内在している遊びに惹かれ、こうした遊びに挑戦することにより自己の心身の能力を高めてゆくものであり、子どもの発育発達段階によって、遊びに対するニーズや求める冒険、危険に関する予知能力や事故の回避能力に違いがみられる。
>
> 第2章　子どもの遊びにおける危険性と事故
>
> 第1節　遊びにおけるリスクとハザード
>
> 子どもは、遊びを通して冒険や挑戦をし、心身の能力を高めていくものであり、それは遊びの価値のひとつであるが、冒険や挑戦には危険性も内在している。
>
> 子どもの遊びにおける安全確保に当たっては、子どもの遊びに内在する危険性が遊びの価値のひとつでもあることから、事故の回避能力を育む危険性あるいは子どもが判断可能な危険性であるリスクと、事故につながる危険性あるいは子どもが判断不可能な危険性であるハザードとに区分するものとする。
>
> 第3章　遊具における事故と安全確保の基本的な考え方
>
> 第1節　遊具の安全確保に関する基本的な考え方
>
> 遊具の安全確保に当たっては、子どもが冒険や挑戦のできる施設としての機能を損なわないよう、遊びの価値を尊重して、リスクを適切に管理するとともにハザードの除去に努めることを基本とする。
>
> 公園管理者は、リスクを適切に管理するとともに、生命に危険があるか重度あるいは恒久的な障害をもたらす事故（以下、「重大な事故」という）につながるおそれのある物的ハザードを中心に除去し、子ども・保護者等との連携により人的ハザードの除去に努める。
>
> 子どもと保護者は、遊びには一定の自己責任が伴うものであることを認識する必要があり、保護者は、特に、自己判断が十分でない年齢の子どもの安全な利用に十分配慮する必要がある。

別表2：「幼稚園教育要領解説」（2018年2月）

> 第1章　総説
>
> 第3節　教育課程の役割と編成等
>
> 4　教育課程の編成上の留意事項
>
> （3）　安全上の配慮
>
> 幼児に安全な生活をさせようとするあまり、過保護になったり、禁止や叱責が多くなったりする傾向も見られるが、その結果、かえって幼児に危険を避ける能力が育たず、けがが多くなるということもいわれている。
>
> 幼児が自分で状況に応じて機敏に体を動かし、危険を回避するようになるためには、日常の生活の中で十分に体を動かして遊ぶことを通して、その中で、危険な場所、事物、状況などが分かったり、そのときにどうしたらよいかを体験を通して学びとっていくことが大切である。
>
> 第2章　ねらい及び内容
>
> 第1節　ねらい及び内容の考え方と領域の編成
>
> 1　心身の健康に関する領域「健康」
>
> ［内容の取扱い］（6）
>
> 幼児は、日常の生活の中で十分に体を動かして遊ぶことを楽しみ、その中で危険な場所、事物、状況などを知ったり、そのときにどうしたらよいか体験を通して身に付けていく。安全を気にするあまり過保護や過介入になってしまえば、かえって幼児に危険を避ける能力が育たず、けがが多くなることがあるということにも留意することが必要である。

4

幼児教育における環境構成の理論

子どもの豊かな遊び（学び）を支える環境

なぜ乳幼児期の子どもを取り巻く環境は大切なのか？

環境心理学では、人間と環境を一つのシステムととらえます。人間と環境とは、相互に交流し合い、相互に浸透し合うものと考えられています。人間と環境は相互依存的な関係であり、人間の行動や心理は、周囲の環境から切り離すことができません。

とくに乳幼児期の子どもは自我が未形成であるため、環境によって容易に行動が引き出されます。たとえば広い場所があれば走り回り、坂や段差を見つければ登ろうとします。目の前に玩具があれば玩具で遊び、水場を見つけると水で遊びはじめます。

乳幼児期の子どもにとって、身体を使って直接、環境に働きかける遊びは、重要な学びの機会です。子どもは、周囲の環境との身体を使ったやりとりを通して、自然や物や人等の環境の性質を学び、環境に合わせて自らを調整する能力、たとえば運動能力や手先の器用さ、コミュニケーション能力等を獲得していきます。赤ちゃんや幼児には、体を動かすこと、手を使うこと、人と関わることそのものが遊びになります。

この時期の子どもがどのような学びを得るかは、周囲の環境によって規定されます。毎日舗装された道路を歩く子どもと、でこぼこや斜面がある土の上を歩く子どもでは、体験する内容と、その経験から得られる価値観や能力が異なるでしょう。

なぜ環境を通した教育を行うのか

乳幼児期の教育を担う園では、子どもたちの豊かな経験を保障する環境をつくる必要があります。幼稚園と保育園の保育内容を規定する『幼稚園教育要領』『保育所保育指針』には、保育は環境を通して行い、保育者は、環境を意図的に構成しなければならないことが示されています。

今、幼児教育は、保育者の指示によって子どもが同じ活動を行う一斉保育から、保育者が豊かな環境を準備し、子どもが

高山静子
Shizuko Takayama
東洋大学 ライフデザイン学部 准教授。

環境に働きかけて試行錯誤を繰り返すことによって深い学びを得る教育へと変わろうとしています。

子どもたちは、変化の激しい、複雑で予測不可能な社会を生きていきます。そこでは自律的・主体的に行動する力、問題を発見し、知識や技術を活用して、多様な人といっしょに解決する力が必要です。状況に合わせて柔軟に思考するためには、効率化・パターン化した幼児教育よりも、主体的な活動を中心とした幼児教育が優れています。

その際、ブロックやままごとしかない保育室や、運動場のような園庭では、環境から深い学びを得ることができません。乳幼児期の子どもたちが、園の生活のなかで豊かな体験と学びを得るためには、室内にも園庭にも、これまでとは異なる意図的な環境づくりが求められているのです。

子どもにとっての豊かな環境のポイント

では、乳幼児期の子どもが主体的に働きかけ、そこからさまざまな学びを得る豊かな環境とはどういった環境なのでしょうか。豊かな環境には、5つのポイントがあります。

1. 応答性があること
2. 多様性があること
3. 見立てやすさ（想像や創造のしやすさ）があること
4. 挑戦できること
5. 適度な刺激量（色・音・臭い等）があること

そして、これらをすべて満たしてくれるものが、自然物にあふれた森のような環境です。そのため、屋内も屋外も森のような環境をつくると、子どもたちは、創造性豊かな遊びを広げることができます。

1　応答性がある

応答性とは子どもが行った行為に対して、適切な返事を返してくれることをいいます。例えば水は、子どもが指でそっと触ると小さな水紋が広がり、「エイッ」とたたくと子どもに水しぶきを返します。水、砂、土、草、葉など自然の素材は、どれも応答性が高い素材です。また虫を捕まえるときには、子どもは力の入れ加減をコントロールしないと捕まえられず、ときに羽がちぎれてしまったりします。複雑な環境と関わることで、子どもは複

森は遊び環境としての豊かさを備えている

雑な環境に合わせて自分を調整する力を自然に身につけます。

しかし、今地域は車のための場所であり、コンクリートは子どもが働きかけても返事を返してくれません。子どもたちは地域で環境に働きかけ草を引き抜く体験も、水たまりで効力感を得る体験も得にくくなっています。

2 「多様性」がある

多様性の高い環境の最たるものが森です。森では、大人が意図的に環境を構成しなくても、子どもたちはそれぞれが自分の関心と発達課題に合った遊びをはじめることができます。運動を好む子は登る場を見つけ、生き物に興味がある子は生き物を採集し、人との関わりを好む子どもは葉っぱをお皿にごっこ遊びをします。ただただ、葉の揺れるさまを眺めるのが大好きな子どももいます。どんなに保育室に多様なコーナーや多様な素材を揃えてみても、子どもが得られる体験は、森のように多様で複雑性が高い自然の場での体験にはかないません。

3 見立てやすさがある

「見立てやすさ」とは、想像のしやすさを指します。子どもは、1歳半から3歳位の時期に、類推し目の前のものを他のものに見立てる能力を獲得します。この時期には、子どもが見立てやすい色やシンプルな形のものが遊びの材料として適しています。市販の玩具は完成されていて、子どもが想像力を加えることが難しいものが多くあります。しかし、木の葉や木の枝などは、子どもが想像力をつけ加えて、お皿や船などさまざまなものに変化します。子どもが想像し、創造性を発揮する意味でも、自然環境は子どもにとって豊かな環境といえます。

4 挑戦できる

森のような自然環境は非常に複雑なため、その子の能力に合わせて挑戦する場を見つけることができます。

今、地域には子どもが「力いっぱい」を体験できる場はなかなかありません。森には、挑戦する場が豊かにあり、思いっきり引っ張る、全力を使って登る、そういった自分の力を出し切る経験や、効力感や達成感を得られる環境があります。

5 適度な刺激量がある

人間が作った環境は、単純で刺激が少なすぎるか、複雑すぎるかの極端になりがちです。自然界には、調和し合った色彩や形があり、適度な秩序があります。また森などの自然の環境には手触りや匂い、音といった適度な刺激があります。季節や気候によって自然は常に変化します。

子どもがほのか、わずか、かすかに気づく感受性豊かな人間に育ってほしいと願うのであれば、人工的な環境よりも、自然の環境を子どもの周りに準備することが必要でしょう。

未来に影響を与える乳幼児期の子どもが育つ環境

運動場で学ぶこと、森で学ぶこと

自然環境は、人工的な環境よりも非常に複雑です。自然は常に変化をします。森は、どんなに玩具や大型遊具がそろった保育室よりも、複雑な体験を子どもに提供してくれます。また、生命あるものは不思議さに満ちています。驚き、発見、感動、挑戦と失敗、こういった感情を揺さぶられる体験が学びの原点であり、乳幼児期の子どもたちには必要な体験です。

子どもは、環境に働きかけて試行錯誤をくり返すことによって、体験的で深い学びが得られます。豊かな体験の土台の上には、学童期以降の抽象的な学習がのります。

学童期と同じように、花壇の手入れや野菜の栽培をすることにも意義はありますが、子どもたちは、園の花壇に植えられた草花を好きに摘み取ることができません。乳幼児期の子どもには、土をこね、さまざまな種類の雑草を摘み、木に登り、水とたわむれ、自分が満足するまで創造的に遊ぶことができる環境を準備することの方が、優先順位としては高いと考えられます。

地域で子どもが遊ぶことができた時代には、校庭や園庭は、運動場でもよかったのかもしれません。しかし子どもが地域で自然体験を得られなくなった今、園には複雑な自然環境を意図的に盛り込んだ「園庭」が必要です。

未来にこうありたいと願う社会を園庭につくる

園庭に植えた木々は、夏には日陰をつくり、秋には木の葉や実といった遊びの素材を降らせ、冬には葉を落として、太陽の光が子どもたちに届くようにします。園庭の木々は、子どもたちにとって素晴らしい教材であり、子どもの健康を守る役割も果たします。

乳幼児期の環境は、子どもの生涯にわたる志向性や価値観に影響を与えます。

子どもたちは、幼い頃に慣れ親しんだ環境を、きっと未来の社会につくろうとするでしょう。自然と共生する社会、持続可能な社会をつくりたいと思うのであれば、まず、乳幼児期の子どもが育つ園の環境を、緑にあふれた環境に変える必要があります。

幼稚園・保育園・認定こども園では、今園庭に木を植え、土を入れて起伏をつくり、クローバーを植え、緑あふれる園庭をつくる動きが広がりはじめました。園は日本中どの地域でも、子どもが歩ける範囲である小学校校区内に複数あります。これらの園庭に木が植えられて、森がつくられていけば、子どもたちの体験も、大人の暮らしも、今より豊かなものになるのではないでしょうか。

赤ちゃんや幼児は環境を選ぶことができません。私たち大人には、子どもたちのために自然豊かな環境を準備する責務があると考えています。

5

幼稚園施設整備指針と園庭調査を踏まえた屋外環境のあり方と自然

幼稚園施設整備指針から考える子どもにとっての屋外環境と自然

1・幼稚園施設整備指針　総則から考える屋外環境

　保育・幼児教育における屋外環境のあり方は、子どもの人数と学級数に対する面積基準だけが規定されている（厚生労働省2008、文部科学省2014、内閣府2014）。しかしながら、幼稚園施設整備指針（文部科学省2018）では、「安全上、保健衛生上、指導上その他の学校教育の場として適切な環境を確保するため、関係法令等の規定に基づくことはもとより、本指針の関係留意事項に十分配慮すること」として、望ましい園庭環境のあり方を提唱している。さらに、2017年の幼稚園教育要領の改訂に伴い、幼稚園施設整備指針も2018年に改訂された。改訂版では、幼稚園教育要領の主体的・対話的で深い学びの実現や育みたい資質・能力の明確化等に則して（文部科学省2018）、子どもの主体性や気づき、創造性を意識した内容が加えられた。以下では、幼稚園施設整備指針の中で、園庭や地域の自然環境に関わる内容を中心に見ていく。

　第1章「総則」第1節「幼稚園施設整備の基本的方針」では、「1 自然や人、ものとの触れ合いの中で遊びを通した柔軟な指導が展開できる環境の整備」「2 健康で安全に過ごせる豊かな施設環境の確保」「3 地域との連携や周辺環境との調和に配慮した施設の整備」の3項目が挙げられている。1では「幼児同士や教職員との交流を促すとともに、自然や人、ものとの触れ合いの中で幼児の好奇心を満たし、幼児の自発的な活動としての遊びを引き出すような環境づくり」、2では「それぞれの地域の自然や文化を生かした快適で豊かな施設環境」と「環境負荷の低減や自然との共生等を考慮」の重要性が述べられている。

　次に第2節「幼稚園施設整備の課題への対応」では、第1「幼児の主体的な活動を確保する施設整備」として、「自発的で創造的な活動を促す計画」など6項目を挙げている。その中の一つ「2 多様な自然体験や生活体験が可能となる環境」では、「（1）幼児の身体的発達を促すため、自然の中で伸び伸びと体を動かして遊ぶなど幼児の興味や関心が戸外にも向くよう、幼児の動線に配慮した園庭や遊具の配置を工夫することが重要である」、「（2）豊かな感性を育てる環境として、自然の中にある音、形、色などに気づき、自然に触れることのできる空間を充実させることが重要である。その際、自然の地形などを有効に活用した屋外環境及び半屋外空間を充実させることも有効である」、「（3）幼児の主体性を引き出しながら、遊びを通して危険を回避する力を身につけることができる環境づくりが重要である」と述べている。特に、傍線部は改訂版で追加された内容であり、今後一層意識していくことが求められる。

　続いて第2節　第2「安全でゆとりと潤いのある施設整備」では、「生活の場としての施設」など7項目を挙げている。その中の一つ「6 環境との共生」では、「（1）幼児が自然環境と触れ合いながら様々な体験をすることができるように配慮するとともに、施設自体が教材としても活用されるよう計画することが重要である」、「（2）環境負荷の低減や、自然との共生等を考慮した施設づくりを行うことが重要である」「（3）太陽光や太陽熱、風力、バイオマス（＊1）など再生可能エネルギーの導入、緑化、木材の利用等については、環境負荷を低減するだけでなく、環境教育を踏まえた活用や地域の先導的役割を果たすという観点からも望ましい」と述べている。

　以上より幼稚園施設整備指針では、園内外の人やものとの交流に加えて、自然との触れ合いや共生が基本的方針となっている。そして、自然と関わる中で子どもが身体や感性、主体性、五感を通した気づき、危険回避力を育てることができることが求められている。さらに自然と触れ合う中での様々な体験や、自然エネルギーや自然素材の活用など地球環境に配慮した体験を通して、自然と共生することが求められている。

（＊1）バイオマス：動植物に由来する有機物である資源（原油、石油ガス、可燃性天然ガス及び石炭を除く）。（幼稚園施設整備指針2018）

2・幼稚園施設整備指針　園庭計画から考える屋外環境

では具体的にはどのような屋外環境が求められているのだろうか。ここで第4章「園庭計画」を見ていく。

第1「基本的事項」では自然を活かし、環境に配慮した施設計画を取り上げている。「1 教育環境の向上」として10項目を挙げ、その中で自然に関わる内容としては「(7) 幼児の自然体験を豊かにし、遊びを創造しながら心身の発達を促すため、防災性、防犯性など安全性の確保に留意しつつ、現存する森、樹木、池等や自然の傾斜、段差等を有効に活用することが望ましい」「(9) 園地近傍の樹林、草原、小山、小川、池等を活用して園庭を計画することも有効である」とある。施設を計画する際にはその場所にあった自然を園庭に活かすことや、施設周辺の自然環境と合わせて総合的に保育環境を計画することが示されている。地球環境に配慮した取り組みとしては、「(8) 環境を考慮した取組として、太陽光を利用したモニュメント、風力発電装置等を設置することは、環境教育を踏まえた活用という観点からも望ましい」「(10) 園舎の屋上、壁面、テラス、ベランダなどについて緑化することが、環境を配慮した施設づくりという観点からも有効である」と述べ、自然エネルギーや植物による温湿度調整など、子どもの生活と自然のつながりや、地球環境に配慮した生活を子どもが経験できるような施設計画を提案している。

次に、具体的な物理的環境として、第2「運動スペース」第3「遊具」第4「砂遊び場、水遊び場その他の屋外教育施設」第5「緑化スペース」第6「門、囲障等」を挙げている。これら5項目全てが自然と関わる内容である。これら5項目は園庭について示したものであるが、その内容は、施設周辺の地域にも当てはまる。そこで以下では、園庭から地域までを含めた保育・幼児教育にとっての屋外環境を総合的に考えていく。

「運動スペース」では、「多様な運動や遊びが誘発されるよう、敷地の形状等を有効に活用し、変化に富み、遊びながら様々な活動を体験できる空間として計画・設計することが重要である」と述べている。次に「遊具」では、「固定遊具等は、幼児期の心身の発達にとって重要な役割を果たすことを踏まえ」設置状況を検討するよう述べ、「その際、自然の樹木や地形の起伏等を遊具として活用すること」についても言及している。「砂遊び場」については「適当な面積、形状、砂質等のものを確保」すること、「水遊び場」についてはプールに加えて「幼児が楽しく遊べる小川や池、可動式の水遊び場を計画することも有効である」と述べている。また、「その他の屋外環境施設」では4項目中3項目が自然環境に関する内容であり、「動植物の飼育、栽培のための施設」「地域の自然を活用したビオトープ（＊2）」「幼児が登ったり駆け下りたりできる築山、通り抜けができるトンネル、泥遊びができる場所等」を挙げている。「緑化スペース」としては、「樹木」「植え込み（低木）」「芝生」「花壇」を挙げ、「植栽、草花などの自然を取り込んだ緑化スペースが教材としても活用されるよう配慮し、園地全体に積極的かつ効果的に取り入れることが重要である」と述べている。さらに、植物の成長を考慮した計画や有毒有害虫に留意した植栽選定に加えて、「四季折々に花を咲かせ、実をならせる樹種を選定するなど、植物やそこに飛来する野鳥、昆虫等の生態等を観察できるように計画すること」や「明るい雰囲気を作り出し、幼稚園への愛着や思い出につながり、地域住民が誇りや愛着をもつことのできる緑化計画とすること」と述べている。その上で、「樹木」については「安全性に留意しつつ、木登りなどの遊びをできる樹種を選定することも有効である」「郷土産のものを中心に、四季の変化、生態等を観察することのできる樹種を選定することが望ましい」と述べている。「花壇」については「幼児が自発的、自主的に世話ができ、また管理もしやすいように、位置、規模等を計画すること」、「生け垣」については、「侵入防止や目かくし、防じん、防音」のための「潤いのある親しみやすい環境」と示している。

以上、幼稚園施設整備指針で重要・望ましいとされる施設環境のうち、自然と関わりのあるものをまとめると、築山や斜面など高低差のある地面、砂遊び場や泥（土）遊び場、水遊び場、樹木、田畑やプランターなどの菜園や花壇、芝生、雑草など地域の草花、低木等の植え込みや生垣、壁面や屋上・ベランダの植栽、動物飼育スペース、生態系やその地域の生物種を考慮した自然環境エリアとしてのビオトープ（樹木、低木や雑草などの草花、水場など）、加えてこうした環境に訪れる野鳥や昆虫等の野生動物、そして太陽光や風である。地域であれば、園庭計画に対応する環境として、森林や山、川沿いの土手、池、川、海、原っぱや草むら、田畑や畦、公園や民家の樹木や草花といった自然環境が考えられる。中でも樹木や草花など植栽については、郷土産である、四季折々に変化が感じられる、花や実などを遊びや生活に活用できる、木登りができる、愛着・思い出・誇りになるといった種類や形状を選定することが求められている。また、子どもが主体的に関わる、多様な動きを体験する、感性を使う、遊びを創造する、動植物の生態を観察する、環境に配慮した経験をする、危険回避力を育てる、といった活動ができるよう提唱されている。つまり、子どもにとっての自然の価値を再認識し環境を整えていくことに加えて、子どもが前述のような活動をできるようにソフト面も合わせて考えていく必要がある。例えば、木登りについては、禁止している保育・幼児教育施設や公園もある。禁止の背景には、子どもが落下したり枝が折れたりすることへの懸念が考えられる。そのような現状の中で、子どもの経験や危機回避力と、自然環境の維持管理について、バランスを考えていく必要がある。具体的対処としては、木登りに適した樹形や強さを持つ樹木を選定する、樹木周りに芝や雑草を植栽するなど地面を柔らかい素材にする等のハード面の工夫と、どういった枝が折れやすいかを子どもと話し合う、枝や樹皮が傷付くことによって植物はどのような影響を受けるのかを話し合うなど、ソフト面の工夫との両面から取り組んでいくことが求められる。

（＊2）ビオトープ：水生植物、水生動物等の観察ができる小川、池等をはじめとする生物の生息空間。（幼稚園施設整備指針2018）

園庭大規模調査から考える子どもにとっての屋外環境と自然

幼稚園施設整備指針で提唱されている物理的環境や活動は、保育・幼児教育施設現場でどのように実践されているのだろうか。ここで、保育・幼児教育施設での園庭や地域活用の実態についての大規模調査結果（東京大学発達保育実践政策学センター2017、2018）から乳幼児にとっての屋外環境を考える。調査は、全国の保育・幼児教育施設（主に認定こども園）1448施設、および東京都5区の各種保育・幼児教育292施設の協力を得たものである。このうち、園庭のある施設は1657施設（95・2％）、ない施設は83施設（4・8％）であった。質問紙の内容は、幼稚園施設整備指針に基づく物理的環境の有無と詳細、幼児が好む遊び場の機能に対応する物理的環境、園庭におけるルール、園庭で大切にしていることと実施の状況、園庭についての情報共有から成る。物理的環境については、園庭がある施設では園庭について、園庭がない施設では散歩道や公園など近隣地域について回答してもらった。

1・園庭や地域での物理的環境の実態

幼稚園施設整備指針で示されている物理的環境を、保育・幼児教育施設はどれくらい有するのだろうか。施設職員はどのような屋外環境を求めているのだろうか。

〈調査結果より〉

- 園庭と比べて地域に少ない環境は、菜園や花壇、遊びの道具や素材、摘んでも良い草花など、子どもが主体的に工夫して関わることのできる環境である。
- 地域では、砂遊び場は多く見られるが、土や泥遊びのできる場所が少ない。
- 子どもが入って遊べる水場や生き物が生息する水場、木登りができる樹木や樹木を用いた遊び場は、園庭・地域共に少なく、今後充足が求められる。

調査結果では、園庭あり／なしに関わらず多くの施設が有する環境は、「砂遊び場」「固定遊具」「可動式水遊び場」「樹木」「休憩や静かな活動の場所」であった（園庭ありでは8割以上、園庭なしでは7割以上）（**表1**）。次に、園庭がある施設の方が有する環境は、「水道や井戸」「花壇やプランター」「土遊び場」「菜園」「道具や素材」「摘んでも良い草花」であった（園庭ありでは6割以上、園庭なしでは3～6割）。また「水たまり」についても、園庭がある施設では7割が遊びに活用しているが、園庭がない施設では2割の活用にとどまった。一方、園庭あり／なし共に3割以下と少なかった環境は、「子どもが水遊びをする場（水路や池、子どもが水に入って遊べる場）」「生き物が生息する水場」「飼育動物」「木登りができる樹木」「ロープブランコなど樹木を活用した遊び場」であった。園庭がない施設の方が多く有する環境は、「築山や斜面」「芝生」「生き物が生息する水場」子どもが水遊びをする場（水路や池、子どもが水に入って遊べる場」であった。

また、園庭では、日陰について「ほとんどない」もしくは「周辺部に集中し、中心部に日陰がない」と回答した施設が7割近くあった。一方で開けたスペースについては6割の施設が子どもにとって充分な広さを有しており、日当たりは確保される傾向にあった。

以上の結果から、園庭は〝自分たちの場所〟として自由度が保ちやすいため、「菜園」「土遊び場」など主体的に工夫して関わることのできる環境が充足しやすいことが考えられる。一方で地域は施設以外の所有であったり不特定多数の人が利用したりするため、子どもが環境に手を加えにくいことや、衛生面の管理をしにくいため「水たまり」等を活用しにくい可能性が考えられる。園庭で有する率が低かった水場などは、施工に専門的技術を要することや維持管理に手間や費用がかかるといった課題が考えられる。こうした園庭で難しい環境については、地域と合わせて環境を整えていくことが求められる。さらに子どもが健康で安全に過ごすためには、直接遊び込める環境だけでなく、落葉樹や取り外しができる日よけシートなどを用いて、夏季冬季の日当たりのバランスを整えていく必要がある。

次に、園庭や地域環境が子どもにとって充分かどうか（＊3）について尋ね、物理的環境の多様性（＊4）や園庭面積との相関関係を分析した。その結果、園庭や地域の物理的環境が多様である施設ほど、自園の園庭・地域環境を「子どもにとって充分」と考えていた（有意差あり）。一方、園庭面積は、充分かどうかに相関関係は見られなかった。この調査結果から、乳幼児の屋外環境としては、単に面積を広くとることではなく、物理的環境が多様であることが望ましいと考えられる。

該当環境「あり」「可能」の比率	物理的環境	「あり」「可能」と回答した施設比率(%)	
		園庭あり施設：園庭について	園庭なし施設：地域について
8割以上	砂遊び場	97.2	83.1
	固定遊具	95.4	89.2
	水道や井戸	93.9	57.8
	中高木	90.2	79.5
	花壇やプランター	89.0	49.4
	休憩、静かな活動の場所	86.7	75.9
	可動式の水遊び場	85.6	71.1
	菜園	85.4	49.4
	道具や素材	84.0	59.0
6〜7割程度	落ち葉活用	78.1	94.0＊
	水たまり活用	76.3	20.5
	土遊び場	76.3	33.7
	雑草	74.9	63.9
	低木やかん木	74.8	81.9＊
	摘んでも良い草花	65.2	39.8
	開けたスペース（充分）	60.2	45.8
半数以下	築山や斜面	47.2	48.2
	芝生	38.8	34.9
	木登りができる樹木	29.2	28.9
	飼育動物	28.4	14.5
	水路や池	16.4	32.5＊
	樹木遊び場	15.5	14.5
	生き物が生息する水場	11.0	25.3＊
	入って遊ぶことができる水場	6.0	10.8＊

表1　園庭や地域の物理的環境と有する施設比率

※灰色は園庭より地域の方が少ない環境、＊印は園庭より地域の方が多い環境

（＊3）園庭や近隣地域環境が子どもにとって充分かどうかを2段階評価で回答したもの。

（＊4）幼稚園施設整備指針に基づき15の物理的環境の有無と状態を〝園庭環境多様性指標〟として数値化したもの。

2・子どもが好きな遊び場の機能から考える屋外環境

幼稚園施設整備指針が示す物理的環境は、子どもの視点で捉えるとどのような意味があるのだろうか。

〈調査結果より〉

- 「砂場」では、様々な〝子どもが好きな遊び場の機能〟が見出されており、子どもにとって多様な経験の場となっている。
- 「樹木」「築山や斜面」「雑草や芝生地」「菜園」「花壇」は、子どもにとって「隠れて遊べる場」「五感を働かせる場」「敷地の地形を生かした場」となっている。
- 「敷地の地形を生かした場」や「回遊性のある場」は保育・幼児教育現場では意識される割合が低く、園庭では有しにくい可能性がある。

調査では、4・5歳の園児ら196名に自分が通う施設内で〝好きな遊び場〟の写真を撮影してもらい分析したところ、「多様性や選択可能性がある場」「願いや望みが生まれる場」など11の機能に分類することができた（宮本他2016）（**表2**）。この〝子どもが好きな遊び場の機

能″に基づいて、これらの機能が見られる園庭の物理的環境について施設職員から回答を得た。その結果、「砂場」は多くの施設が様々な機能を持つ場として挙げ、次いで「園庭全体」や「複合遊具」が多く挙げられた。自然環境について見ると、「樹木」は「隠れて遊べる場所」「隠れ家的な遮蔽された場」、「築山や斜面」は「隠れて遊べる場所」「敷地の地形を生かした場（坂や起伏など）」「五感を働かせる場」、「雑草や芝生地」は「敷地の地形を生かした場」、「菜園」「花壇」は「五感を働かせる場」に対して多く挙げられた。

また、「繰り返して遊べる場」「常にそこにある場」に対応する場を挙げた施設は多かったが、「敷地の地形を生かした場」「回遊性のある場」に対応する場を挙げた施設は少なかった。この背景には、「敷地の地形を生かした場」「回遊性のある場」は面積や施工管理上、園庭内には設けにくいことや、こうした場の機能が保育・幼児教育施設では意識されて来なかったことが考えられる。

幼稚園施設整備指針で述べられている「主体的な活動を確保する環境」を保障する上で、″子どもが好きな遊び場の機能″などを参考に、子どもの視点からその場所を再評価したり、不足している環境を整えたりすることが求められる。特に、近年は園庭を有していない施設も増えており、″子どもが主体的に工夫して関わることのできる環境″や″子どもの視点に立った環境づくり″を地域でどのように保障していくのかは、重要な課題である。

子どもが好む遊び場の機能	好きな理由の事例
隠れて遊べる場	「僕しか知らない隠れ家だから」
過去の経験と関係がある場	「坂は鬼が来ないから」
多様性、選択可能性がある場	「いろんなことができるから」
他児から影響がもたらせる場	「年長がやっているから」
幼児なりのルールや決まりが生まれる場	「年少さんとかいない時に立ち乗りするから」
挑戦ができる場	「できるかどうか試してみる」
待ち合わせができる場	「他のクラスのみんなが来るから」
願いや望みが生まれる場	「本当の忍者に会えたらすごいなと思って」
常にある場	「そこにあって色々なことができるから」
めまいを感じる場（揺れやスピード感など）	「ビューンって早いから」
高低差がある場	「眺めがいいから」

表2　子どもが好きな遊び場の機能と好きな理由

3・園庭での遊びと決まりごと

幼稚園施設整備指針が示すように子どもが人やものと交流し、主体的かつ安全に活動するためには、物理的環境を整えることに加え、子どもがどのような活動をできるかも重要である。では、園庭での活動を決める際には、誰がどのように関与しているのだろうか。

〈調査結果より〉
- 園庭での決まりごとは、「子ども達と保育者との話し合いにより決めている」施設が多い。
- 安全に関わるものについては、「保育者が決定する」施設が多い。
- 子どもが決まりごとに関与する施設の方が、子どもはより多様な場所で多様な経験をしている可能性がある。

調査では、園庭での決まりごととして「道具および遊具の使用方法について」「水を使用する量」など13項目について、「子どもが決める」「保育者が決める」「子ども達と保育者による話し合いで決める」「一律禁止している」の4項目から選択回答を得た。その結果、自然に関する決まりごとは以下のようであった。「木登りをすること」については「子どもが決める」「子ども達と保育者による話し合いで決める」が多かった。「雨上がりの園庭に出ること」「雨が降っている最中に園庭に出ること」「果実を摂食すること」については「保育者が決める」が多かった。また、「砂や土を元の場所から持ち出す・運ぶこと」「水を使用する量」「果実を採取すること」「樹木を採取すること（例：花や葉を獲る等）」「園庭にある花壇やプランターの草花を採取すること」「動物飼育との触れ合い」については、「子ども達と保育者による話し合いで決める」が多かった。このように、多くの項目で「子ども達と保育者との話し合いにより決めている」施設が多い一方で、降雨中や後の園庭使用や果実摂食のように安全に関わるものについては、「保育者が決定する」施設が多かった。

さらに、遊び場の機能や場についての回答と、子どもが決まりごとの決定に関与するかどうかとの相関関係を調べた（＊5）。その結果、子どもが決まりごとに関与する施設の方が、多様な場所で多様な経験を得ている可能性があることが示された（有意差あり）（**図1**）。この結果の背景としては、子どもが自身の活動を決めることができる結果として多様な場所で多様な活動が生まれる可能性と、施設職員が子どもの視点から園庭を捉えている施設では決定に子どもが関与するよう意識している可能性が考えられる。この結果から、園庭の活用方法や決まりごとの決定に際して子どもが関わることが、園庭での体験を豊かにすると考えられる。

保育・幼児教育施設で自然と関わる際には、人工の遊具や玩具以上に、子どもの思いや経験、保護者への配慮、安全性、生命の尊重や環境配慮等のバランスの中で、様々な葛藤が生じる。土や水で遊ぶ際には服が汚れるため保護者の理解が必要となる。水の使用量については環境配慮との兼ね合いが問題となる。動植物とふれあう際には景観や生物の暮らしとの兼ね合いや、有毒性生物やアレルゲンなど危険性のある生物への対処も必要になる。樹木などの自然環境は工学的に計算し安全を前提に作られたわけではないため、子どもや施設職員による安全管理がより重要になってくる。このような状況にあって、保育・幼児教育と自然とを考える際には、施設整備指針の基本方針で述べられているように子どもが身体や感性、主体性、危険回避力をはぐくむことを土台に置きつつ、どのような決まりごとを、誰がどのような形で決定していくのかを考えていくことが重要になる。

（＊5）各施設が自園にあると選択した〝子どもの好きな遊び場の機能（前頁2）〟の数と、機能に対応する物理的環境の数をかけ合わせて、〝子どもの経験スコア〟として数値化したもの。

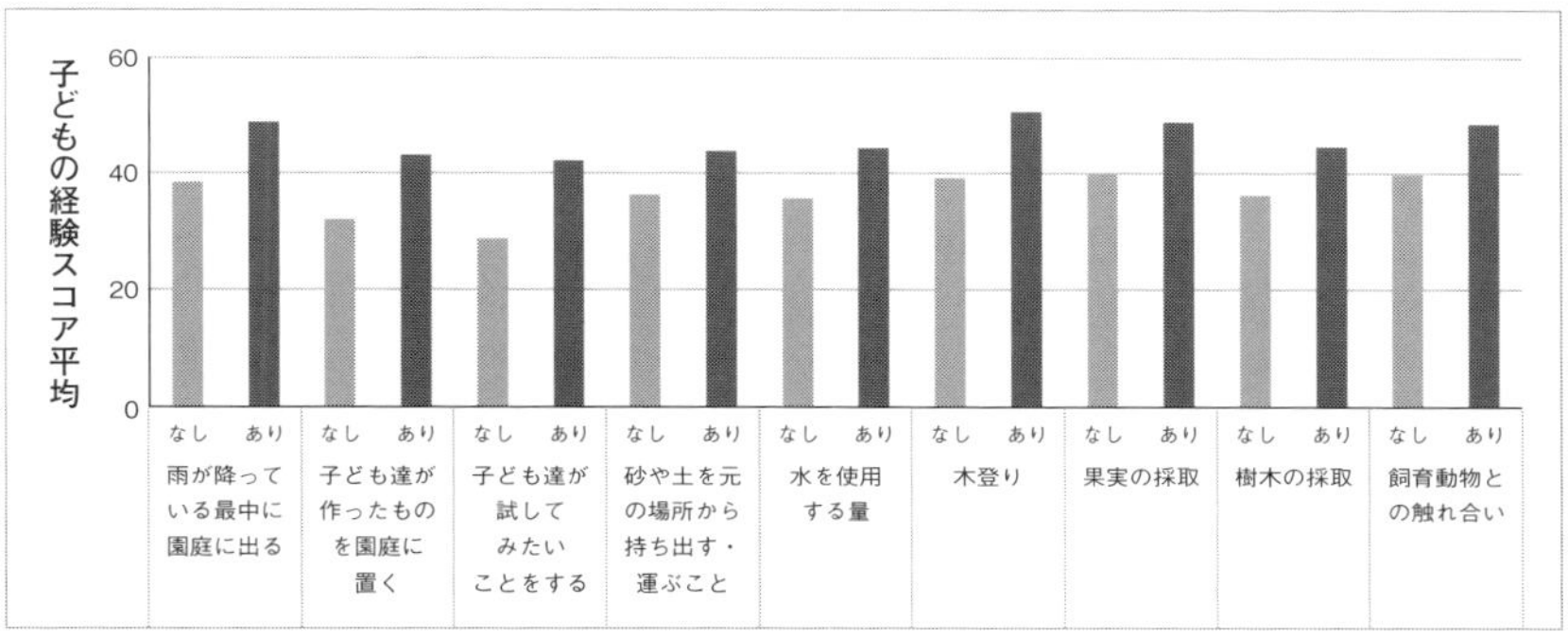

図1　決まりごとへの子どもの関与の有無と子どもの経験　（施設スコア：最小値0、最大値200）

4・保育・幼児教育施設が屋外環境で大切にしていること・実施していること

以上では、物理的環境とその活用について触れたが、その根底には保育・幼児教育施設のどのような価値観があるのだろうか。

〈調査結果より〉
・保育・幼児教育施設は、園庭において「自然の美しさや不思議さを感じることができる」「自然を生かした活動を計画する」ことを重視する傾向があるが、実施度については高くない。

調査では、園庭や近隣の屋外環境での子どもの経験として大切だと思うことについて、「体力や運動技能を育てることができる」など5項目に対して順位付けをしてもらった。その結果、多くの施設で高順位だった項目は、「自然の美しさや不思議さを感じることができる」「疑問に思ったことややってみたいことを試したり表現したりすることができる」だった。一方、多くの施設で低順位だった項目は「科学的な視点を持ったり、数や文字を意識したりすることができる」であり、施設間で順位の散らばりが大きかった項目は「体力や運動技能を育てることができる」「危険を察知したり、危険に対処したりする力が育つ」であった。次に、園庭や近隣の屋外環境で「実施している内容」と「大切だと思う内容」について、「子どもの遊びの様子を見て回る」など9項目について5段階評価してもらったところ、「自然を生かした活動を計画する」では「大切」は高平均だったが、「実施」は低平均だった（**図2**）。一方で「子どもの遊びの様子を見て回る」「子ども同士の関わる機会を作る」は「大切」「実施」ともに高平均であった。施設間で順位付けに差が見られた項目は、「難易度の高い活動を指導する」「スポーツの能力を向上させる取り組みを行う」「園庭を運動指導や行事に活用する」であった。

ここで自然に関する項目に注目すると、保育・幼児教育施設は「自然の美しさや不思議さを感じることができる」「自然を生かした活動を計画する」ことを重視する傾向があるが、実施度については高くない。自然について、重視度と実施度のギャップは何に起因するのか。固定遊具など他の物理的環境と比べて自然は、こまめな手入れや生き物についての専門的知識や技術が必要になる。前頁3で触れたような葛藤も生まれやすい。住環境から自然が遠のき、自然遊びが減りつつある現代では、施設職員自身が自然とどう触れ合うかについて悩むのかもしれない。「森と自然を活用した保育・幼児教育」に取り組む際には、施設職員が実施したいという思いを持ちながら充分にできていない背景を調査し、実施を支える仕組みづくりが必要となる。

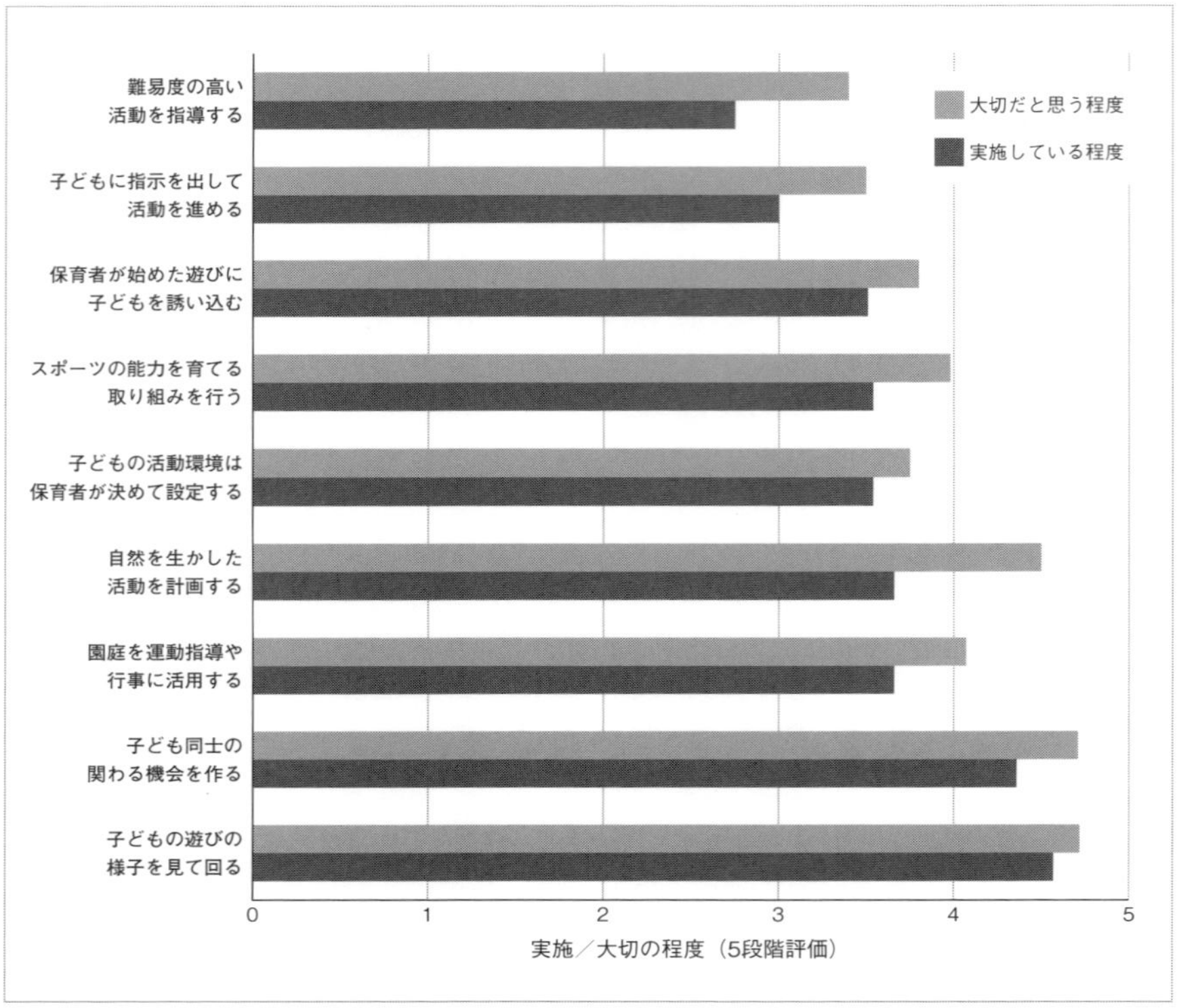

図2　屋外での取り組みとして大切だと思うことと実施の状況

5・園庭や近隣環境についての課題

上述1～4では物理的環境、活用、価値観の実態を報告したが、具体的にどのような課題を保育・幼児教育施設は感じているのだろうか。そのためにどのような支援が必要なのだろうか。

〈調査結果より〉
- 園庭や近隣環境では物理的環境の充足、特に自然環境を中心に有機的、応答的環境を充足することが求められる。
- 首都圏では、物理的環境の充足に加えて、近隣との関わりや地域活用時、行政に関する課題を感じている。

調査では、園庭や近隣環境で改善したいことについて643施設から自由記述回答を得た。その結果、記述された内容は、5割が「物理的環境の充足」についてであった。続いて広さや狭さなどの「面積」、既存の環境への「整備や費用」といったハード面に関する記述が多かった。また、危険への危惧など「安全性」、「近隣との関わり」、「活用の仕方」についての記述も多かった。「物理的環境の充足」については、「植栽や菜園」に関する記述が4割と顕著に多く、続いて「木陰や日陰」、ビオトープや池などの「水場」、「土山や築山」が多く記述された。いずれも、これらの物理的環境の設置や増加を希望する内容が中心であった。「水場」「土山や築山」「日陰」の不足は物理的環境の調査結果とも一致する。一方で「植栽や菜園」は物理的環境の調査結果では有する施設が多かったが、「実のなる木を植えたい。こどもが自由に摘める草花を植えたい」など、子どもがより触れ合いやすい環境が求められていた。

改善点を首都圏と地方で比較すると、首都圏では「近隣との関わり」「地域活用時」「行政」など園外要素について、地方では「物理的環境の充足」「面積」「整備・費用」「安全性」などハード面に関する記述が多かった（**図3**）。近隣との関わりについては、「虫や動物、鳥等が園庭に来るように園庭を整備しているが、地域の住民からの苦情にも対応しなくてはならず、本来の子どもへの保育が達成されません」「近隣住民からの意見があり午後は園庭で遊ぶことができない」など、自然物や音に対する苦情のために、子どもにとって充分な環境や活動が難しい状況が挙げられた。地域活用時については、「年齢の低い子どもの遊べる所があまり無い」「公園は距離的に遠い」「タバコの吸いがらが多い。清潔な環境で遊ばせたい」など、乳幼児に合った場所の不足や施設からの遠さ、安全面の懸念が挙げられた。行政については、「子どもたちがいろいろな体験ができる空間として活用できるようにしていくため、行政に働きかけ予算がもらえるようにしたい」「行政の管理が近年になり厳しくなり、河川敷利用が思うようにできなくて困っている」など資金の問題や管理上の制約が挙げられた。

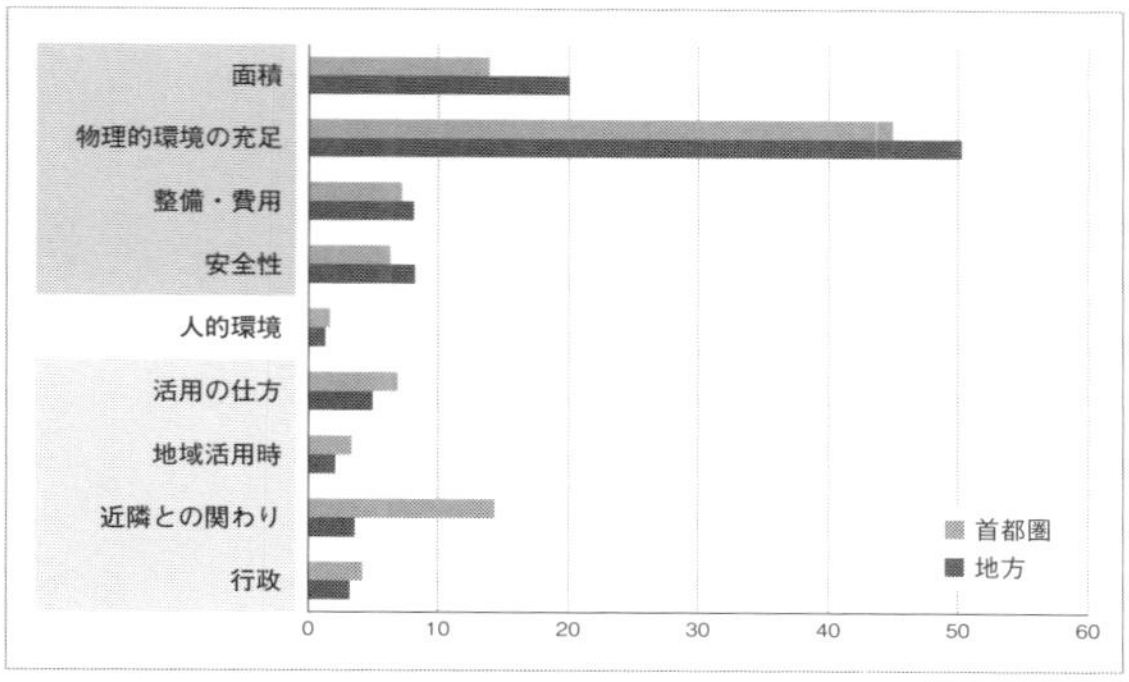

図3　園庭や地域の課題の言及比率

　このように、物理的環境の充足、特に子どもが自然と触れ合うことができるような環境の充足が求められている。加えて首都圏では、近隣住民、行政、保育・幼児教育施設とが連携し乳幼児を支えるような関係構築や仕組みが求められている。

6・近隣環境を活用するための取り組み

　これまで述べてきたように、園庭と合わせて地域も保育・幼児教育施設にとって重要な屋外環境である。では、地域はどのように活用されているのだろうか。

〈調査結果より〉

- 保育・幼児教育施設は、地域の様々な場所を活用している。
- 地域環境では、特に自然との触れ合いや散歩に価値を感じている一方で、それぞれの環境特性を活かした活動が行われている。
- 園庭の物理的環境が充実している施設ほど地域の様々な場所を活用している傾向があり、保育・幼児教育施設は、地域に対して園庭とは異なる価値を見出している可能性がある。

施設の近隣環境を活用するための取り組みについて409施設から自由記述回答を得た。その結果、記述された地域の場は、4割が「公園」であった。続いて「田畑」、他の保育・幼児教育施設や小中学校などの「教育施設」「道」「森林や山」「川や土手」「神社や寺」「海や湖沼」、商業施設の公共空間などの「民間施設」であった。その他、「地域」や「地域の自然」といった記述も見られた（**表3**）。また少数ではあるが、「雑草地」「野原」「石垣」「空き地」といった地域環境も挙げられた。次に、これらの場所での活動内容を分類したところ、ほとんどの場に対して「自然との触れ合い」が最も多く挙げられ、続いて「散歩」が多かった。田畑では「栽培」、道では「走ること」が最多であった。それ以外の活動を見ると、公園では「ボール遊び」「異年齢での遊び」、森林や山では「斜面で遊ぶ」「探索」「清掃」、川や土手では「斜面を使った遊び」「よもぎ団子を作る」など、それぞれの環境の特性を活かした活動が記述された。

　記述された地域の場と、園庭の有無、園庭面積、園庭の物理的環境の多様性、所在市区町の人口密度との関係を分析したところ、施設の状況に関わらず、公園は多くの施設が記述していた。人口密度が高い地域では公園を、低い地域では様々な場所をまんべんなく記述していた。また、園庭の物理的環境が多様な施設や園庭面積が大きい施設は、地域の様々な場所をまんべんなく記述しており、中でも田畑、神社や寺、川の記述が多かった。

　このように、地域では自然環境から文化施設まで様々な場所が活用されており、保育・幼児教育施設は各場所の特性を活かした保育を行なっている。その中でも特に、自然との触れ合いや散歩は、強く意識されている。こうした現状を踏まえて、地域の中の様々な場所が、乳幼児にとってどのような価値があるのかを再評価し、保全や整備していくことが求められる。

　以上の調査結果より、園庭から地域までを乳幼児の屋外環境として総合的に捉え、幼稚園施設整備指針や子どもの視点に基づいて、その場所を再評価し、物理的環境を充足・保全することが求められる。特に自然については、自然との触れ合いに価値を感じている一方で、実施が少ない結果や物理的環境の充足を求める結果が示された。そのため、自然環境を園庭や地域で整備していくとともに、子どもが豊かな経験を得られるように、活用方法や決まりごとと合わせて検討していく必要がある。さらには、近隣住民、行政、保育・幼児教育施設とが連携して子どもを支えていけるような関係構築や仕組みづくりが求められる。

【引用文献】

秋田喜代美・辻谷真知子 他（2018）「園庭環境の調査検討—園庭研究の動向と園庭環境の多様性の検討—」『東京大学大学院教育学研究科紀要』

石田佳織・秋田喜代美 他（2018）『保育・幼児教育における地域環境活用の実態』

宮本雄太・秋田喜代美 他（2016）「幼児の遊び場の認識：幼児による写真投影法を用いて」『乳幼児教育学研究』第25巻

文部科学省（2018）「これからの幼稚園施設の在り方について〜幼児教育の場にふさわしい豊かな環境づくりを目指して〜」

東京大学大学院教育学研究科附属 発達保育実践政策学センター 園庭調査研究グループ（2018）『子どもの経験をより豊かに 園庭の質向上のためのひと工夫へのいざない』

辻谷真知子・宮田まり子 他（2018）『保育・幼児教育施設の園庭に関する調査〜子どもの育ちを支える豊かな園庭とは？〜』

	記述施設率（%）	記述された活動内容（カッコ内は記述施設数）
公園	37.5	自然（30）、散歩（14）、遊具（11）、行事（9）、清掃、体（6）、ボール（5）、走る、芝生、地域の方、斜面（4）、運動、遠足（3）、遊び、乗り物、異年齢、集団、栽培、広さ、雪遊び、凧揚げ、避難訓練、保育参観、遊び道具を持ち込み遊ぶ、水遊び、砂遊び、探索（1）
田畑	11.7	栽培（16）、自然（11）、散歩（8）、泥んこ遊び（4）、地域の方（3）、生育観察、芝生広場作成、小雨時も（1）
教育施設	9.5	自然（6）、散歩、斜面（2）、行事、走る、飼育動物とふれあう、園外の人と交流、共同農園で交流（1）
森林や山	7.3	自然（11）、散歩（6）、斜面（2）、清掃、体、遊具、探索、遠足、地域の方、小雨時も、ルールを守る（1）
川や土手	5.4	自然（12）、散歩（6）、斜面（3）、遊具、遠足、川遊び、走る、体、よもぎ団子づくり、美しい景色をみる（1）
神社や寺	4.3	自然とふれあう（4）、散歩（3）、地域の方（2）、見守ってもらっていることを感じる（1）
公的施設	3.5	自然、行事、運動、散歩、地域の方、広さ、動物の生態観察（1）
道	2.4	走る（2）、散歩、清掃、マナーに配慮、交通ルール、危険箇所を知る（1）
海、池、沼	1.4	自然、海遊び（1）
民間施設	1.1	バリエーションを持たせる、功技台（手作り）設置、夏場のプール、栽培（1）
地域	8.4	散歩（12）、自然（9）、体（3）、まわりの環境に関心を持つ、行事、交通ルール（2）、清掃、走る、遠足、地域の方、異年齢、斜面、遊具、運動、歩く時の友達との関わり、園庭では経験できない活動、敬老訪問、避難訓練、雨天時も、電車を見る、製作、おやつ（1）
地域の自然	4.3	自然（10）、斜面（2）、散歩、走る、地域の方、芝生、ごっこ遊び、ターザン、雑草シードバンク（1）

表3　地域活用の場所と活動内容

※記述施設率＝地域活用についての記述あり施設数に対する、各環境を記述した施設数の割合

※自然＝自然と触れ合う、遊具＝遊具遊び、清掃＝清掃活動、体＝体を動かす・体力づくり、ボール＝ボール遊び、芝生＝芝生で遊ぶ、地域の方＝地域の方と交流、斜面＝斜面を生かした遊び、遠足＝遠足やピクニック、乗り物＝乗り物遊び、異年齢＝異年齢交流、集団＝集団遊び、広さ＝広さをいかした遊び、探索＝探索遊び

子どもの環境
～環境デザインの視点から

仙田満

Mitsuru Senda

環境建築家。東京工業大学名誉教授。株式会社環境デザイン研究所会長。専門は、建築学・環境デザイン。「こどもの庭 仙田満＋環境デザイン研究所の「園庭・園舎30」」世界文化社（2016年）、「こどもを育む環境、蝕む環境」朝日新聞出版（2018年）など著書多数。

私は１９６４年に大学を卒業してこどもの国の設計の仕事に携わった。子どもの遊びの空間量は、戦後の１９５０年代に比べ、１９７５年の時点で大都市では20分の1、地方都市では10分の1ぐらいに減少していた。その後も継続的に調査してきたが現状では空間量だけでも１００分の1ぐらいに縮小し、なかでも、自然体験が圧倒的に少なくなってきているという実感がある。

子どもには、遊びによってもたらされる能力がいくつかある。子どもにとっての遊びは身体的運動でもあり、体力、運動能力を開発する。また、友達を作る、集団を維持するといった社会性を学び、自然と触れ合うことで、美しさや変化を発見する。私は情緒性や感性というのは自然遊び以外では備わらないと考えている。ある時は動物をかわいがり、動物の生死に直面し、喜び、悲しむ。ある時は木の実を集め、花を眺めるという行為に喜び、満足し、感性は大きく育つ。植物にしろ昆虫にしろ、自然には多くの命がある。感性を育む唯一のものが自然遊びだといえるだろう。子どもは遊びながら、より面白い遊び方をつくりあげていく。その過程で自然の変化に気づき、トライ&エラーを繰り返す。大人に成長する時に最も重要なことは困難を乗り越える力だと考えるが、困難を乗り越える創造的力が、自然遊びの体験を通して培われていくのである。子どもが外遊びから疎外されていることは、このような多様な能力を育む機会が奪われていることだと言って良い。中でも自然遊び、自然体験はとても重要である。困難を乗り越える力をもつ子どもとして育つためには自然体験が不可欠だ。

子どもの遊び空間が劇的に減少している現代社会だからこそ、園庭や校庭はありのままの自然環境に触れる場であるべきだが、そのほとんどが平らな運動場となっており、林間学校や少年自然の家などの施設も財政の問題で閉鎖の一途を辿っている。

私は学生時代から、子どもにとっての遊び、遊びの空間構成などを中心に研究とデザインを続けてきた。26歳で環境デザイン研究所をつくり、今年で50年になる。２００１年から２００３年の日本建築学会会長時代には、子どものための都市建築ガイドラインを策定し、その後、子どもを中心においた学際領域をつなぐ「こども環境学会」を立ち上げ、今年で15年目となる。森と自然を活用した子どもの遊び場の確保や自然保育への取り組み、そして、これらの活動を推進する自治体のネットワークの構築など、新しい取り組みが全国に広がっていくことを強く期待している。

6 諸外国の研究成果

はじめに

森と自然を活用した保育・幼児教育に関しては、諸外国でさまざまな研究が行われている。本章では、幼児期の子どもを対象とし、日常的に森や自然を活用した保育・幼児教育を実践している森の幼稚園の子どもたちと森や自然の活用がそこまで多くない一般的な幼稚園の子どもたちを比較し、両者の育ちに焦点を当てた研究を中心に取り上げる。最後に、さまざまな研究を踏まえ、森と自然を活用した保育・幼児教育の今後の可能性と課題についてまとめる。

グラン他による研究

スウェーデンやアメリカの心理学、環境心理学、生物学、児童理学療法などの専門家らによる共同研究の結果、次のようなことが明らかになった（Grahn et al. 1997）。この研究は、ほぼ毎日どのような天候であっても森や自然で保育が行われている幼稚園（森の幼稚園）と、街中の人工的な環境にある一般的な幼稚園を対象とし、両者に通う子どもたちの様子を、「健康状態」「運動能力」「集中力」「遊びの多様性と創造性」などの観点で比較したものである。比較対象となった園は、自然環境の違い以外は、できる限り同じ条件となるように考慮されている。

調査の結果、明らかになったのは次の点である。

・怪我や病気により欠席する幼児の割合が、一般的な幼稚園が８・０％であったのに対して、森の幼稚園では２・８％であった。

・運動能力の観点では、欧州審議会（Europarat）が推奨する運動能力テスト（ＥＵＲＯＦＩＴ）を実施した結果、バランス・敏捷性・握力・腕力・腹筋力などにおいて、一般的な幼稚園の子どもよりも、森の幼稚園の子どもたちの方が、優れた結果となった。

・集中力に関する調査では、アメリカで発達したＡＤＤＥＳ（Attention Deficit Disorder Evaluation Scale）というテストが用いられた。こちらについても、森の幼稚園の子どもたちの方が、集中力が高いという結果が出た。

・遊びの多様性と創造性の観点では、観察によって、子どもたちの遊びの様子が分析された。その結果、森や自然の中では、地形や広さなど物理的な面だけでなく、子どもが自主的に遊びを創造し、これを発展していけるといった面からも、多様な遊び環境が保障されていることが分かった。森や自然の中では、遊びの内容も、活発に動く活動だけなく、静かな遊びも行われていることが示された。

以上の結果から、森や自然で子どもたちが過ごすことは、子どもの健康、運動能力、集中力、遊びの多様性と創造性の観点に、より良い影響を与えることが推察された。

ゴルゲスの研究

ドイツの教育学や幼児教育の専門家であるゴルゲスは、森の幼稚園（註１）を卒園した子ども（3年間通園）と一般的な幼稚園を卒園した子どもを比較し、子どもの様子について次の12の分野において、子どもたちの小学校1年生のときの担任の教員に質問紙調査を実施した（Gorges 2000a）。対象となった子どもは40人で、質問項目となった12の分野は、以下のとおりである。

1・生活科における知識と能力
2・読み方における上達
3・算数における上達
4・授業の構成における貢献
5・授業における質問や興味
6・スポーツや運動における巧みさ、やる気
7・音楽の授業における興味や創造性
8・絵画の活動における興味や創造性
9・肯定的な社会的ふるまい
10・宗教の授業における積極的参加
11・授業中の集中力
12・書き方や描画技術

調査の結果、全ての質問項目において、森の幼稚園卒の子どもの数値は、クラスの平均値より上回っていた。また、とくに国語・算数・生活科といった学習の中心的な分野においては、評価の最上位に位置付けられた。この調査によって、ゴルゲスは、森の幼稚園を卒園した子どもは、小学校入学に関して一般的な幼稚園を卒園した子どもと同じぐらい、ないしはよりよく小学校入学に向けた取り組みが、なされていると結論づけている。

（註1）ドイツの森の幼稚園は、州から認可を受けている園がほとんどであり、組織や運営的な面から見ると、私立幼稚園や公立幼稚園との間で大きな違いはない。保育料や保育時間においても、一般的な幼稚園と比較しても大きな差は見られない。ただし、保育内容においてははっきりとした相違点がある。ドイツの森の幼稚園では、1日の保育時間の大半を園舎の中ではなく、森や自然の中で過ごす。また、森や自然の中では一般的な幼稚園にあるようなブロックや人形、ゲームなどの遊具はほとんどなく、子どもたちは、自然物を遊具に見立てて遊ぶ。一般的な園では、人工的な遊具や環境に囲まれて過ごす時間が長く、日常的に森や自然を活用した保育活動は、森の幼稚園のそれと比較すると大きく減少する（Bundesverband der Natur- und Waldkindergärten e.V. 2018）。

ヘフナーの研究

次に、ヘフナーの研究を紹介する（Häfner 2002）。これは、ドイツ・ハイデルベルク大学に提出された博士論文である。

ヘフナーは、「森の幼稚園出身の子どもは、一般的な幼稚園を卒園した子どもと同等の就学準備がなされているか？」「小学校1年生の段階で、森の幼稚園に通っていた子どもにとって何か問題はあるか？」という2つの問いを設定した。

この問いに答えるために、ヘフナーは、小学校の担任教員を対象に、森の幼稚園を卒園した小学生児童と、一般的な幼稚園を卒園した児童について、全国的な質問紙調査を行った。230名の森の幼稚園の卒園児と、114名の一般的な幼稚園の卒園児を対象として、両者の小学校1年生の時の担任の教員に対する質問紙調査が実施された。

質問項目は全部で42項目あり、分析時には以下の6つの観点にまとめて整理されている。

1・やる気、忍耐力、集中力
2・社会的な態度
3・授業中の協働
4・芸術的な分野
5・認知的な分野
6・身体的な分野

調査の結果、上記の全観点において、森の幼稚園出身の子どもの評価は、一般的な幼稚園のそれよりも高い結果となった（**グラフ①参照**）。なお、評価は、6段階で行われ、1が「非常に良い」、6が「不可」とされ、数値が低い方が高評価となる。以下、**グラフ①から④**は、著者のデータをもとに筆者が作成した。

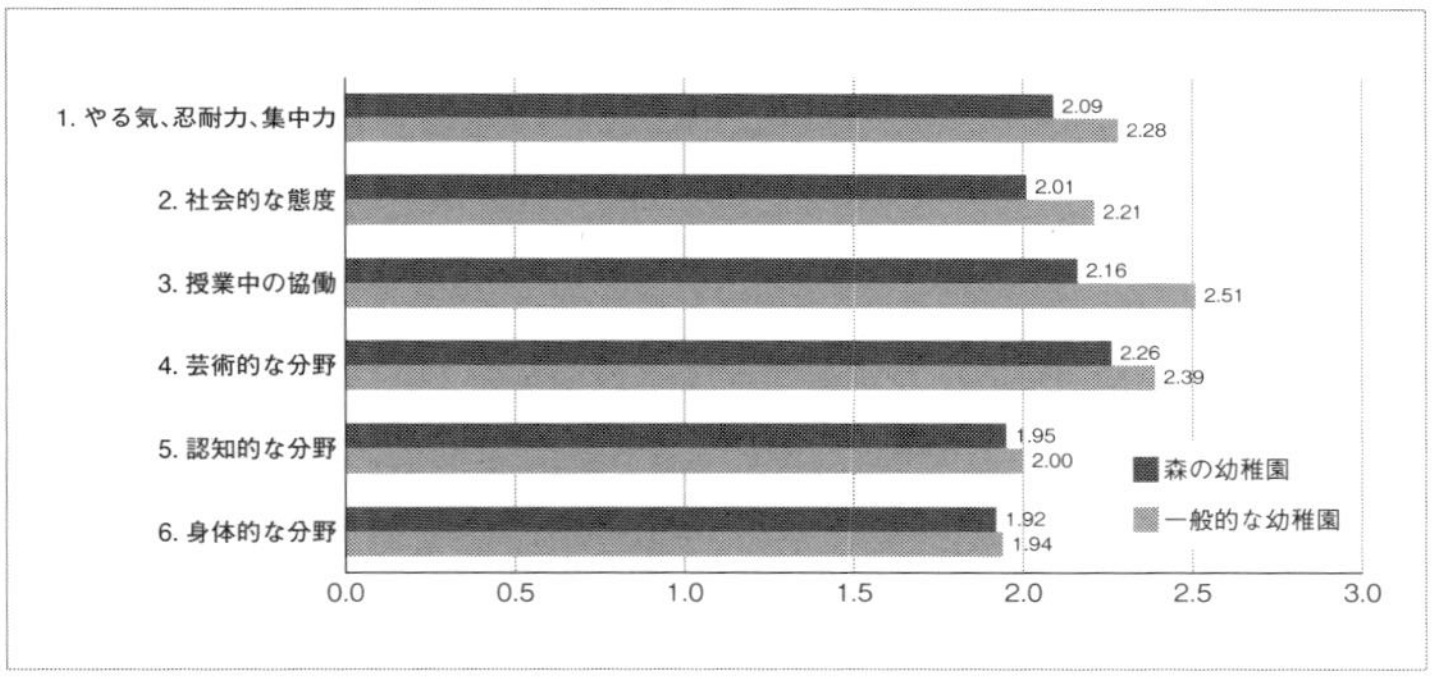

グラフ①　6つの観点別の評価

ただし、芸術的な分野、認知的な分野、身体的な分野の中に位置付けられる以下の4つの下位項目については、森の幼稚園出身の子どもたちの評価が一般的な幼稚園のそれを下回った。

1・手先の器用さ
2・書き方の授業の評価
3・色・形・大きさの判別
4・粗大運動における動きの調整

まずは、6つの観点のうち4点目の芸術的な分野におけるそれぞれの下位項目についてみていく（**グラフ②参照**）。2番目の「手先の器用さ」と4番目の「書き方の授業の評価」以外については、森の幼稚園を卒園した子どもの評価が高い結果となっている。とくに、「想像力の豊かさ」と「授業中の創造性」については、森の幼稚園の子どもの評価が大幅に高い結果が出ている。

次に、6つの観点のうち5点目の認知的な分野におけるそれぞれの下位項目についてみていく（**グラフ③参照**）。4番目の「色・形・大きさの判別」以外については、森の幼稚園を卒園した子どもの評価が高い結果となっている。

次に、6つの観点のうち6点目の身体

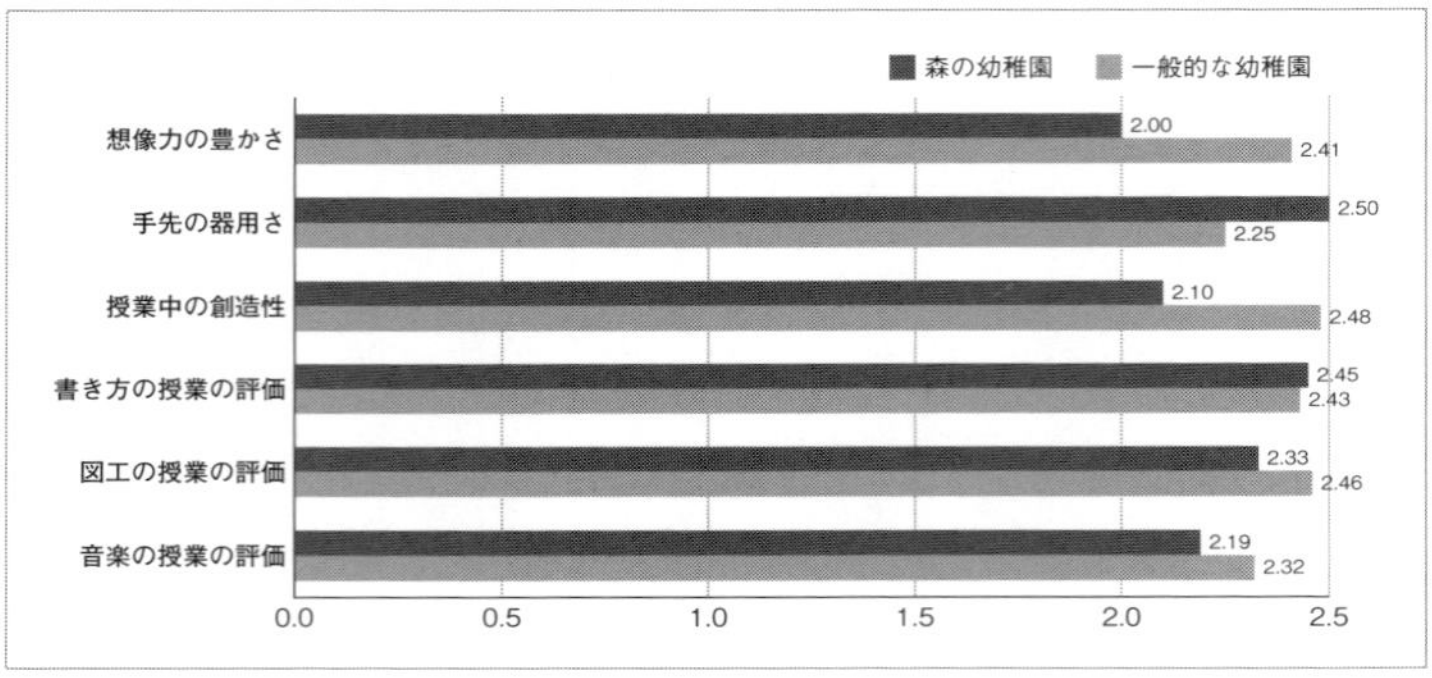

グラフ② 芸術的な分野

的な分野におけるそれぞれの下位項目についてみていく（**グラフ④**参照）。1番目の「粗大運動における動きの調整」以外は、森の幼稚園を卒園した子どもの評価が高い結果となっている。粗大運動における動きの調整とは、指導を受けながら、提示された動きにシンクロしたり、リズミカルな動きをすることである。

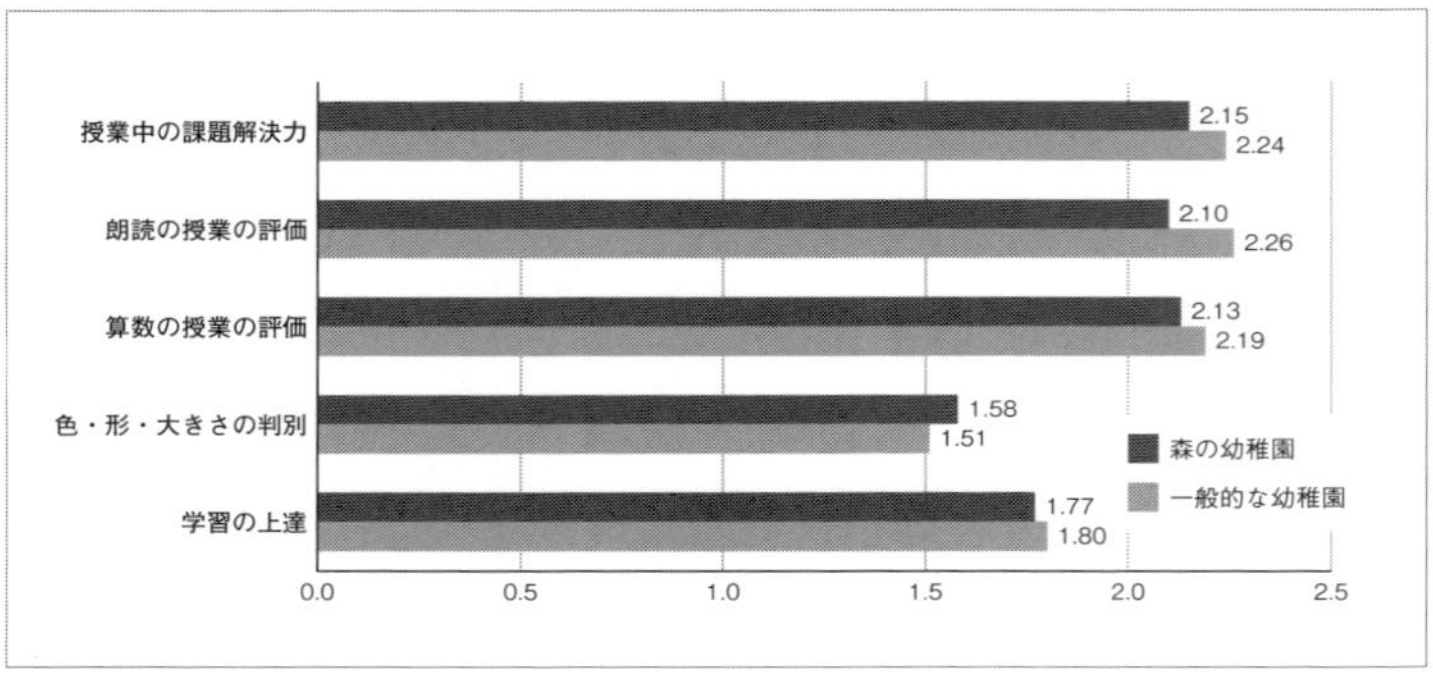

グラフ③ 認知的な分野

以上のような調査結果から、森の幼稚園を卒園した子どもたちは、個々の違いはあるとしても、ほぼ全ての調査項目において、一般的な幼稚園の子どもたちよりも多くのことを学んでいるのではないかと推察されている。幼児期の子どもにとってよりよい発達をうながすためには、森や自然で過ごす森の幼稚園が最適な環境であると結論づけられている。

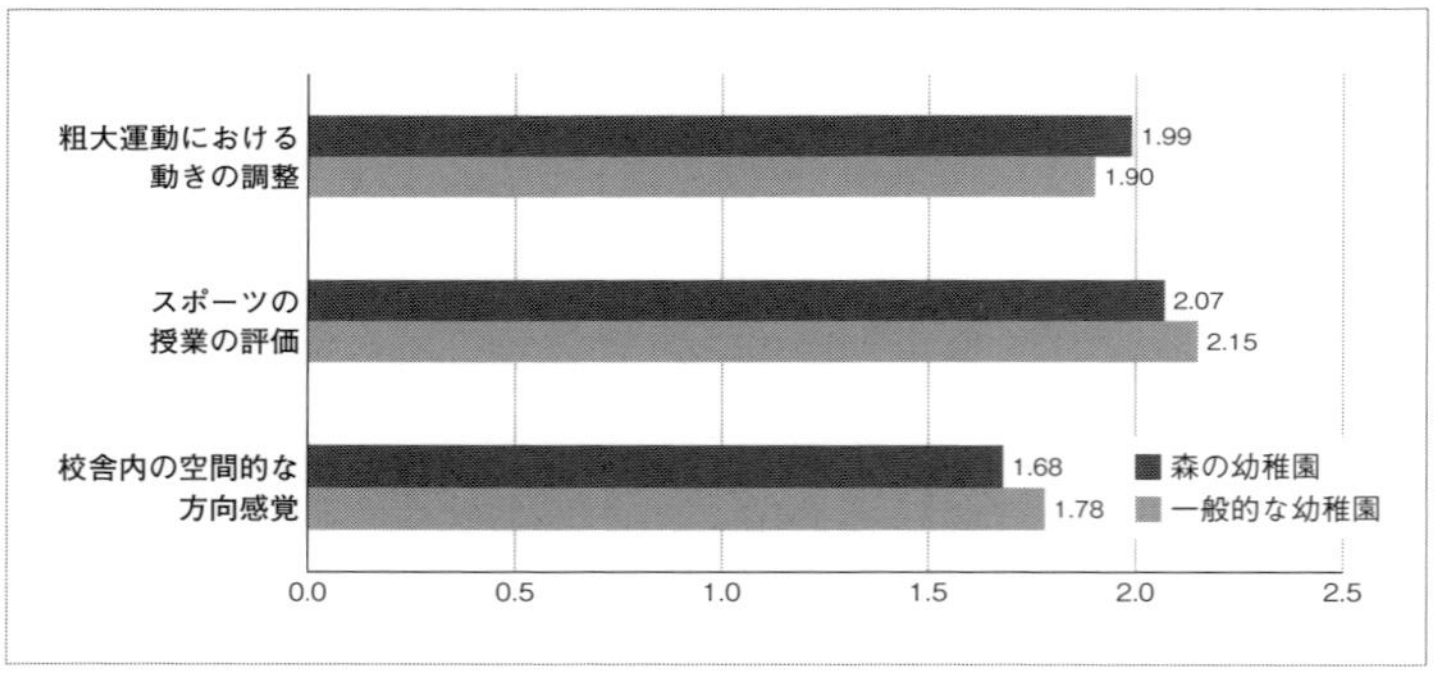

グラフ④ 身体的な分野

キーナーの研究

次に、キーナーの研究を紹介する（Kiener 2003）。これは、スイス・フリブール大学に修士論文として提出されたものである。この研究では、「自然の中での遊びは、幼児の運動能力と創造力の発達を促進するのか？」という問いを立てて実施された。日常的に森や自然の中で過ごす森の幼稚園（**註2**）4園の幼児63名、週1回の森の日がある一般的な幼稚園（以下、統合型の幼稚園と記す）5園の幼児62名、森の日がない一般的な幼稚園（以下、一般的な幼稚園と記す）5園の幼児56名の合計181名の幼児が研究の対象となった。子どもたちの様子について、調査項目に従って観察を行うとともに、運動能力テスト、創造力テストが実施された。また、保育者へのインタビューや、学年の始めと終わりに保護者に対して、子どもの運動能力と創造力について日常生活の中でどのような変化が見られるか、質問紙調査が行われた。運動能力については、粗大運動と微細運動の両側面から分析された。また、創造力については、多様な考えや行動へつながる能力として捉えられており、発想力や柔軟性といった点が調査の対象となった。

調査の結果、運動能力に関しては、次のような結果が得られた。

- 粗大運動に関しては、統合型の幼稚園と一般的な幼稚園においては、大きな違いが見られなかった。

- 一方、森の幼稚園の子どもの運動能力テストの数値は、学年のはじめの段階では、統合型や一般的な幼稚園と比較すると低い結果となった。
- しかし、学年の終わりになると大きく点数が伸び、３つの園の点数はほぼ同じ結果となっている。微細運動に関しては、３つの幼稚園間において大きな差異は確認できなかった。

　創造力に関しては、次のような結果が得られた。

- 統合型の幼稚園と一般的な幼稚園においては、発想力についても、柔軟性についても、大きな違いが見られなかった。
- 一方、森の幼稚園の子どもたちは、統合型と一般的な幼稚園の子どもたちよりも、1年後をみるとより優れた成績が示された。

デルロッソの研究

　本研究は、森の幼稚園の教育理念や保育の実態について、フィールド調査を通して概観したものである（Del Rosso 2010）。本調査では、今までの研究にない独自性として、森の幼稚園を卒園した子どもたちに対して、幼稚園に通っていた当時の様子などについて、インタビュー調査を実施した点が挙げられる。調査が実施された当時創立10周年を迎えた、ドイツ・ミュンスターの森の幼稚園の卒園児とその保護者を対象にインタビュー調査が行われた。対象となった子どもは、12歳から14歳（日本の小学校6年生から中学校3年生）の男児2名、女児2名である。なお、男児のうち1人はギムナジウムに通い、もう1人は総合制学校に通っている。女児は、1人はギムナジウム、もう1人はシュタイナー学校に通っている。質問内容は、現在の年齢や学校など子どもに関する基本情報、幼稚園時代の記憶、小学校入学当時の様子、森の幼稚園以外の他の幼稚園を卒園した小学校の友達との会話についてなどである。以下、そのなかから一部を要約して紹介する。

- 幼稚園時代については、全ての子どもたちが、森の幼稚園に通ってよかったと語っている。森の中で、遊んだり、木登りをしたり、植物や動物について学ぶことが、とても好きだったとふりかえっている。
- 1人の男児は、入園当初おもちゃがないことをおかしいと思っていたが、のちに自分で遊ぶものは作れるので最高だと思うようになったと語った。
- 森の幼稚園では、本当に危険なときや、他の子どもが怒ったとき以外は、制限や禁止が少なかったことも印象的なこととして挙げられている。
- 園生活で、良くないと思っていた点については、全ての子どもがそれぞれ違った考えを述べていた。友達から怒られたときに、先生はあまり気を配ってくれずに、自分で解決しなければならなかったことが、当時は嫌だった。とにかく寒いのが苦手だったので、そんなときはしばしば幼稚園に行かず家で過ごしたが、それはそれで良かった。たくさん、長く、歩かなければならないことに、ときどきイライラした、などさまざまな思いが語られている。
- 小学校については、全員の子どもたちが、入学当時、学校は、とても静かで、やらなければならないことがたくさんある点が、幼稚園と違うと述べた。しかし、だからといって問題を感じる子どもはおらず、小学校の生活に、早く普通に慣れたとふりかえった。
- 他の幼稚園に通っていた友達と幼稚園時代のことを話したときには、お互いの幼稚園について違いに気づかなかったようである。ただ、他の幼稚園に通っていた友達も、週1回、森へ行く日のことが好きだったようで、森の幼稚園について話を聞くと、羨ましがる様子が見られた。

　以上をとおしてデルロッソは、森の幼稚園に通った子どもたちにとって、幼稚園生活は肯定的なものとして体験され、子どもたちは今もなお、特別な瞬間を覚えており、幸せに思っていると主張している。また小学校では、森の幼稚園卒の児童自身が、違和感や一般的な幼稚園卒の児童との違いを意識したことはなかったとしている。

その他の研究

　以上、本章で取り上げてきた研究以外にも、森や自然を活用した保育・幼児教

（註2）スイスでは、2000年頃から新しい形態の幼稚園として、森の幼稚園が話題に上るようになっている。保育内容については、ドイツの森の幼稚園とほぼ同様である。しかし、スイスにおいては森の幼稚園の形態として公的な認可を受けることは、そう簡単なことではなく、定期的な森の日を保育活動に組み込んだ統合型の森の幼稚園が支持されている（Kiener 2003）。

育に関しては、多様な視点から議論が深められている。

例えば、モアとウォング（Moore & Wong 1997）は、自然の中で感覚的な経験をすることは、認知的な構造が組み立てられ、のちに健全な知性への発展に必要であると主張している。また、グゲルリ・ドルダーによる保育者への調査では（Gugerli-Dolder 2004）、数年にわたり、定期的に森や自然を訪れることは、知覚や動きの可能性を多様に広げ、社会的能力や防御能力を強化し、環境を知る力が高まるとしている。

そのほかにも、持続可能な開発のための教育（以下、ＥＳＤと記す）の観点から、森や自然に注目する動きもある。ドイツ・フライブルク大学の研究者とドイツの森の幼稚園協会が共同で行った取り組みによると、森はＥＳＤに適した環境であることが示されている（Kohler & Lude 2012, Kohler & Schulte-Ostermann 2015, Stolternberg 2009）。

コーラーらによると、森は、身近な地域の視点と地球全体の視点の両者から、自然と人間が相互に関係し合っていることを具体的に学ぶことが出来る最適な環境であるとしている（Kohler & Schulte-Ostermann 2015）。例えば、持続可能性のテーマの一つでもある、資源を持続可能に利用することや、公正に資源が分配されることについても、具体的にわかりやすく子どもたちが知ることが出来ると述べている。その他にも、生物多様性や自然の恩恵、気候変動、持続可能な消費といったテーマについて具体的にとりくむことが可能であると強調されている。

そして、森は教育のためのたんなる舞台装置ではなく、多くの生き物たちの生活の場であり、人や動物が生きる基盤であり、世代を超えて世界中で自然の資源を尊重することに気づく場であるとされている。

このフライブルク大学とドイツの森の幼稚園協会の共同研究の成果は、書籍としても出版されており、一般に入手できる（**写真１**参照）。この共同研究で実施された幼稚園でのＥＳＤのプロジェクトは、２０１４年には、「国連ＥＳＤの10年」における公式プロジェクトとして、また２０１５年には「国連生物多様性の10年」における公式プロジェクトとしても表彰された。この書籍では、「森プロジェクト」と称した森や自然におけるＥＳＤの実践例が21点紹介されている。「森プロジェクト」では、森で起こるさまざまな現象を、子どもたちが、観察したり、研究したり、探索したり、形作ったり、さまざまな体験を通した活動がくり広げられた。また、子どもたちは、持続可能な発展というテーマについて、遊びを通して、創造的にとりくんだ。プロジェクトのテーマは、カエルのアラーム、木、もぐら、水、雨、水たまり、小川、火、ブタ、狼、りんご、どろんこ、タイムマシーンで旅行、私たちの幼稚園など、子どもにとって身近な題材が設定されている（**写真１**に記されているドイツ語を要約）。書籍の中で紹介されている21点の実践例の中には、ドイツ以外にも韓国や日本の取り組みも含まれており、長野県の森のようちえんの取り組みも紹介されている。

写真1
「こども園（Kita: Kindertagesstätte）のための21の自然教育プロジェクト例」
※この図版は、Kohler & Schulte-Ostermann（2015）S.21. より転載。

上記以外にも、森の幼稚園や自然遊びの団体による実践報告は多く見られる。実際の保育の様子や、保護者への質問調査を行ったデンマークの研究（Bickel 2001, Vognaes 2000）をはじめとして、ドイツ（Gorges 2000b）やルクセンブルク（Thoma 2006）スイス（Gugerli-Dolder 2004, Kiener & Stucki 2001, Kläui-Schaub & Risch 2001）などでも同様の報告がなされている。

これらの報告に共通する点として、自然体験と自然教育の団体が出す資料によると、次の７つの点で共通するとしている（Wauquiez 2011）。これらはすべて、森や自然で過ごす子どもたちの様子について該当するものである。

１・自然への興味が強く、自然を理解している。
２・自然の中で居心地が良いと感じている。

3・子どもたちの間での喧嘩が減り、子どもたちがお互い助け合う姿が多い。
4・感情的にバランスが取れ、より集中することができる。
5・ひんぱんに病気になったり、長期で体調を崩すことが、少ない。
6・粗大運動の分野において、大きく優勢である。
7・遊び方の決まっていない自然物とともに遊ぶことで、子どものファンタジーや創造力が刺激される。

森と自然を活用した保育・幼児教育については、多様な理論やさまざまな実践例が存在する。本稿で取り上げることができたのは、そのうちの一部にすぎない。今回取り上げることができなかった研究のなかには、興味深い研究がまだまだたくさんある。研究としては、さまざまな前提条件の違いや例外、個別性といった点も指摘されうる。今後も、引き続き、丁寧に分厚いデータを収集し、できうる限り適切な分析方法を用いて、研究を積み重ねていくことが求められるだろう。

日本においても、また諸外国においても、森や自然を活用した保育・幼児教育の一つの形態である森の幼稚園については、一般的な幼稚園とはかけ離れた特殊な教育といった見方をされることも少なくない。しかし、実際の子どもたちの姿を見て、ともに森や自然の中で時間を過ごしてみると、言葉にならない豊かな瞬間にハッとさせられることも多い。また、子どもたちと関わる保育者や保護者、森の幼稚園を支える地域や行政の方々の教育への熱い想いに触れるたびに、筆者自身があらためて教育の原点に立ち戻される。そのように考えたとき、日本だけでなく諸外国の森の幼稚園もまた、多くの子どもたちのより良い育ちを考え試行錯誤した結果、たどり着いた保育・教育の一つのあり方として捉えることができるのではないだろうか。一般的な幼稚園と森の幼稚園が対立してしまうという構造がもしあるとすれば、それはたいへん残念なことであるし、もったいないことである。

筆者自身としても、子どものより良い成長を支える環境とはどのようなものか、そして、この地球に生きる人間として、森や自然とどのように共存していけるのか、といった点を中心にして、今後も理論と実践を往還しながら、こうした諸点を深めていきたい。

【参考文献】

Bickel, K. (2001) *Der Waldkindergarten. Konzept – pädagogische Anliegen – Begleitumstände – Praxisbeispiel Wyk auf Föhr*, Grafikbüro Bickel.

Bundesverband der Natur- und Waldkindergärten in Deutschland e.V.［https://bvnw.de］(最終閲覧日2018年7月30日)

Del Rosso, S. (2010) *Waldkindergarten: Ein pädagogische Konzept mit Zukunft?*, Diplomica Verlag.

Gorges, R. (2000a) Waldkindergartenkinder im ersten Schuljahr – eine empirische Untersuchung. Hohenstein: Eigenverlag.

Gorges, R. (2000b) Der Waldkindergarten- ein atuelles Konzept kompensatorischer Erziehung. In: *Unsere Jugend*, 6, S. 275-281.

Grahn, P., Mårtensson, F., Lindblad, B., Nilsson, P. & Ekman, A. (1997) Ute på dagis. Hur använder barn daghemsgården? *Utformingen av daghems-gården och dess betydelse för lek, motorik och* koncentrationsförmåga. In: *Stad & Land*, Nr. 145. Alnarp: Movium, Sveriges Landbruksuniversitet.

Gugerli-Dolder, B. (2004) Waldtage, Waldwochen, Waldkindergärten. In Gugerli-Dolder, B., Hüttenmoser, M. & Lindemann- Matthies, P. (Hrsg.) *Was Kinder beweglich macht. Wahrnehmungs- und Bewegungsförderung im Kindergarten.*, Zürich : Pädagogische Hochschule. S. 59-75.

Häfner, P. (2002) Natur- und Waldkindergärten in Deutschland – eine Alternative zum Regelkindergarten in der vorschulischen Erziehung. Inauguraldissertation, Universität Heidelberg. ［www.ub.uni-heidelberg.de/archiv/3135］(最終閲覧日2018年7月30日)

Kiener, S. & Stucki, S. (2001) Evaluation Naturspielgruppe Dusse Verusse. Unveröfftl. Arbeit. Cressier: Eigenverlag. Zusammenfassung der Ergebnisse unter ［www.dusse-verusse.ch］(最終閲覧日2018年7月30日)

Kiener, S. (2003) Kindergärten in der Natur – Kindergärten in die Natur? Fördert das Spielen in der Natur die Entwicklung der Motorik und Kreativität von Kindergartenkindern? Lizentiatsarbeit, Psychologisches Institut der Universität Fribourg. Zusammenfassung der Ergebnisse unter ［www.waldkindergarten.ch/ergebnisse］(最終閲覧日2018年7月30日)

Kläui- Schaub, G., Risch, M. (2001) Projektjahr Waldkindergarten. Evaluation/ Erfahrungen aus Elternsicht 2001. ［www.schule- nuerensdorf.ch］(最終閲覧日2018年7月30日)

Kohler, B und Lude, A. (2012) Nachhaltigkeit erleben – Zug um Zug zur Bildung für nachhaltige Entwicklung. In: Kohler, B und Lude, A (Hrsg.) *Nachhaltigkeit erleben Praxisentwürfe für die Bildungsarbeit in Wald und Schule.* Oekom, München: S. 9-16.

Kohler, B. und Schulte-Ostermann, U. (2015) *Der Wald ist voller Nachhaltigkeit*, Beltz.

Stoltenberg, U. (2009) *Menschen und Wald. Theorie und Praxis einer Bildung für nachhaltige Entwicklung am Beispiel des Themensfelds Wald.* Oekom, München.

Moore, R. & Wong, H. (1997) Natural Learning: Creating Environments for Rediscovering Nature's Way of Teaching. Berkeley, CA: MIG Communications.

Thoma, S. (2006) « Hilf mir, es selbst zu tun » (Montessori)... auch im Wald? Ein Vergleich von Montessori- und Waldkindergartenpädagogik. Abschlussarbeit. Walferdange: Université du Luxembourg, Faculté des Lettres, des Sciences Humaines, des Arts et des Sciences de l'Education.

Vognaes, S. (2000) Nar naturen bliver daginstitution. Odense: Syddansk Universitet, Center for Kulturstudier, Medier og Formidling.

Wauquiez, S. (2011) Was bringen Naturerlebnisse Kindern? : Argumente, Erfahrungsberichte, Forcshungsergebnisse zusammengetragen. ERBINAT (Fachverband Erleben und Bildung in der Natur)［http://www.waldkindergarten-dechow.de/wp-content/uploads/2014/09/kiener-wauquiez_sarah_was_bringen_naturerlebnisse_kindern.pdf］(最終閲覧日2018年7月30日)

7

幼児期等の体験活動の意義に関する研究

～しなやかな心と体を育む幼少期の自然体験・外遊び

幼少期の豊かな体験は、子どもの健やかな成長を支える大切な糧になります。特に、幼児期に行われる多様な体験は生涯にわたる人格形成の基礎を培う重要なものであり、その後の成長・発達だけでなく、ひいてはその後の人生にも大きく関わると考えられています。幼児が調和のとれた発達をしていくためには、発達の様々な側面に関連する多様な体験をすることが重要です（＊1）。とりわけ自然体験や外遊びといった経験は、幼児の成長過程において欠くことのできないものだといえます。

写真1　丸太を使ってぎっこんばったん！

平成29年3月に公示された幼稚園教育要領、保育所保育指針、幼保連携型認定こども園教育・保育要領では、自然の中で伸び伸びと体を動かして遊ぶこと（領域「健康」）や自然との関わりを深めること（領域「環境」）が求められており、園生活における自然体験や外遊びの必要性が示されています。また、教育要領等の改訂を受け、国立青少年教育振興機構が東京都と富山県の幼稚園等を対象に実施したアンケート調査でも、7割以上の園が教育方針として自然体験を「とても重視している」ことが分かりました（＊2）。こうした状況を踏まえると、今後、幼稚園や保育所、認定こども園においては、幼児にとっての自然体験や外遊びの意義や効果を改めて見直し、園の実情や幼児の実態等を考慮しつつも、これまで以上に園生活の中に取り入れていくことが求められると考えます（＊3）。

そこで、本稿では、国立青少年教育振興機構が行ったいくつかの調査結果を基に、幼少期における自然体験や外遊びの教育効果を解説しながら、幼稚園や保育所、認定こども園における自然体験や外遊びの意義や支援の在り方について考えてみたいと思います。

参考・引用文献

（＊1）国立教育政策研究所教育課程研究センター『幼児期から児童期への教育』ひかりのくに、2005年。
（＊2）国立青少年教育振興機構『幼稚園等での体験活動の現状に関するアンケート調査』、2018年。
（＊3）日置光久、村山哲哉、神長美津子、津金美智子編著『子どもと自然とネイチャーゲーム 保育と授業に生かす自然体験』日本シェアリングネイチャー協会、2012年。

1 幼少期における自然体験や外遊びの教育効果

効果① 幼少期に自然体験や友だちとの遊び、動植物とのかかわりをよくしていると、人間関係能力や規範意識、共生感、意欲・関心の高い大人になる！

就学前や小学校低学年の頃に、自然体験や友だちとの遊び、動植物とのかかわりといった体験をよくしていた人ほど、初めて会った人とでもすぐに話ができるといった人間関係能力や、社会のルールは守るべきだといった規範意識、休みの日は自然の中で過ごすことが好きといった共生感、もっと深く学んでみたいといった意欲・関心の高い大人になる傾向がみられます（**図1**）（＊4）。

幼稚園教育要領等で示された幼児期の終わりまでに育ってほしい姿（以下、「10の姿」という。）では、「友達と関わる中で、互いの思いや考えなどを共有し、共通の目的の実現に向けて、考えたり、工夫したり、協力したりし、充実感をもってやり遂げるようになる。」（協同性）、「友達と様々な体験を重ねる中で、してよいことや悪いことが分かり、自分の行動を振り返ったり、友達の気持ちに共感したりし、相手の立場に立って行動するようになる。また、きまりを守る必要性が分かり、自分の気持ちを調整し、友達と折り合いを付けながら、きまりをつくったり、守ったりするようになる。」（道徳性・

写真2 みんなで木登り！

規範意識の芽生え）、「身近な動植物に心を動かされる中で、生命の不思議さや尊さに気付き、身近な動植物への接し方を考え、命あるものとしていたわり、大切にする気持ちをもって関わるようになる。」（自然との関わり、生命尊重）としています。

10の姿は、子どもの自発的な活動としての遊びを中心とした幼児教育を通じてはぐくまれていき、小学校入学以降も育ち続けることを目指しています（＊5）。つまり、就学前だけでなく、小学校入学以降も自然体験や友だちとの遊び、動植物とのかかわりといった体験を続けていくことで、幼少期の子どもたちの10の姿が徐々にはぐくまれていき、大人になった時に人間関係能力や規範意識、共生感、意欲・関心といった力になって現れてくるのではないかと考えます。

（＊4）国立青少年教育振興機構『子どもの体験活動の実態に関する調査研究』、2010年。

（＊5）無藤隆監修『幼稚園教育要領ハンドブック 2017年告示版』学研教育みらい、2017年。

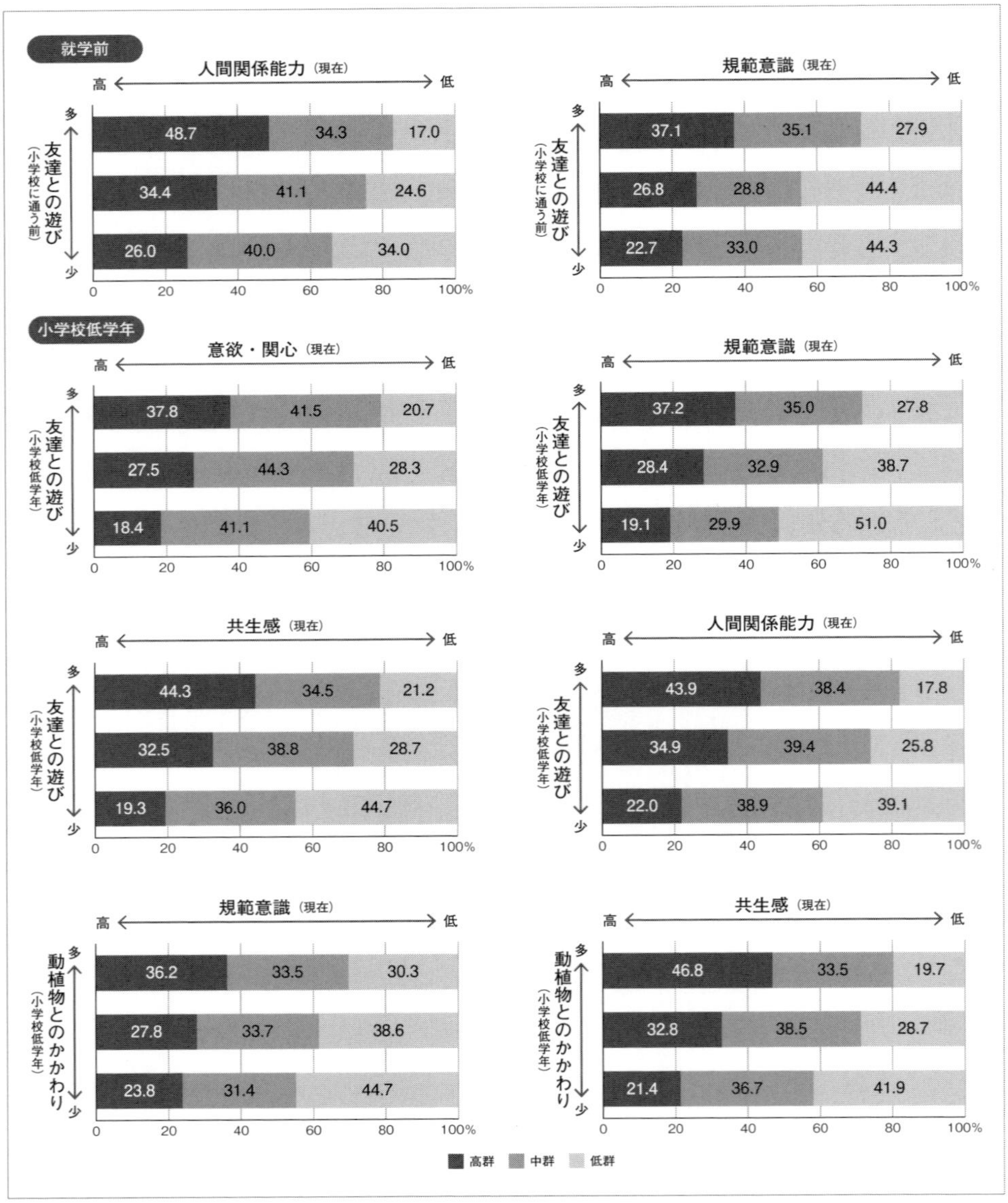

図1　幼少期の体験と大人になった現在の資質・能力との関係

効果②　自然の中で遊び、自然を身近に感じることで、自然に対する感性が豊かになり、表現力も高くなる！

下の絵は、園児に海で遊ぶ前と遊んだ後に描いてもらった海の絵です。遊ぶ前と後で絵の内容や表現を比較してみると、海で遊ぶ前は、海と自分との間に距離感があったり、自分の知識にある海をイメージして描いている感じがありますが、海で遊んだ後は、海と自分を一つのものとして重ねて描くようになったり、波の大きさや山や太陽といった自然にも目をむけて描くようになっていきます（**図2**）（＊6）。

10の姿では、「自然に触れて感動する体験を通して、自然の変化などを感じ取り、好奇心や探究心をもって考え言葉などで表現しながら、身近な事象への関心が高まるとともに、自然への愛情や畏敬の念をもつようになる。」（自然との関わり、生命尊重）「心を動かす出来事などに触れ感性を働かせる中で、様々な素材の特徴や表現の仕方などに気付き、感じたことや考えたことを自分で表現したり、友達同士で表現する過程を楽しんだりし、表現する喜びを味わい、意欲をもつようになる。」（豊かな感性と表現）としています。つまり、友達と一緒に海で遊び、波や潮風、日差しといった海の自然を直接肌で感じながら、たくさんの喜びや感動、驚きを味わったことで、海に対する感性が豊かになり、自らの体験から感じ取った海のイメージをしっかり表現できるようになったのではないかと考えます。

（＊6）国立青少年教育振興機構中部・北陸ブロック次長プロジェクト「体験活動をとおして青少年の自立を促進するためのプログラム開発」２０１７年。

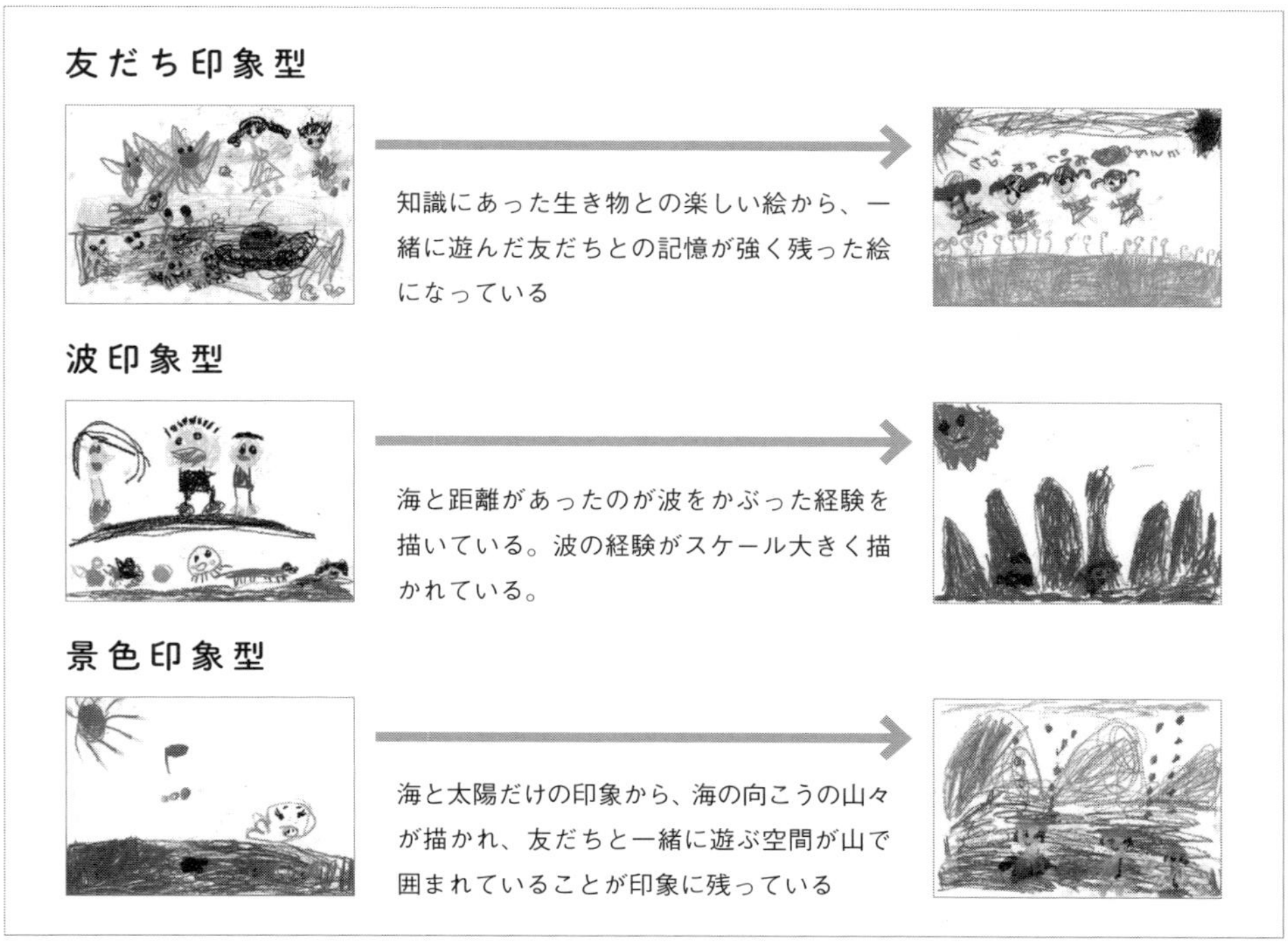
友だち印象型
知識にあった生き物との楽しい絵から、一緒に遊んだ友だちとの記憶が強く残った絵になっている
波印象型
海と距離があったのが波をかぶった経験を描いている。波の経験がスケール大きく描かれている。
景色印象型
海と太陽だけの印象から、海の向こうの山々が描かれ、友だちと一緒に遊ぶ空間が山で囲まれていることが印象に残っている

図2　海で遊ぶ前と遊んだ後に描いた海の絵（国立若狭湾青少年自然の家）

効果③ 遊びに熱中し、たくさん外遊びをしていると、へこたれない力やコミュニケーション力の高い大人になる！

小学生の頃、遊びに対する熱中度が高く、外遊びをよくしていた人は、そうでない人に比べて、へこたれない力やコミュケーション力の高い大人になる傾向がみられます（**図3**）（＊7）。

10の姿では、「身近な環境に主体的に関わり様々な活動を楽しむ中で、しなければならないことを自覚し、自分の力で行うために考えたり、工夫したりしながら、諦めずにやり遂げることで達成感を味わい、自信をもって行動するようになる。」（自立心）としています。幼少期は、夢中になって遊ぶ中で、様々な人やものと出会いながら、それらとのかかわりの中で多くのことを学んでいきます。例えば、友達と楽しく遊ぶためには、自分のやりたいことがあっても相手に合わせて我慢しなくてはならなかったり、うまく折り合いをつけて遊ばないといけない時もあります。そうした友達とのかかわりの中で生じるいざこざや心の葛藤を味わうことで、人とうまくかかわる力を身につけたり、多少の困難があっても諦めずに粘り強く取り組もうとするしなやかな心がはぐくまれていきます。

自発的な活動として行われる幼少期の遊びは、最大の学びといわれています。遊びに熱中し、外で遊ぶ経験を幼少期のうちにたくさん積み重ねておくことは、将来のへこたれない力やコミュニケーション力をはぐくむ糧になると考えます。

（＊7）国立青少年教育振興機構『子供の頃の体験がはぐくむ力とその成果に関する調査研究』、2018年。

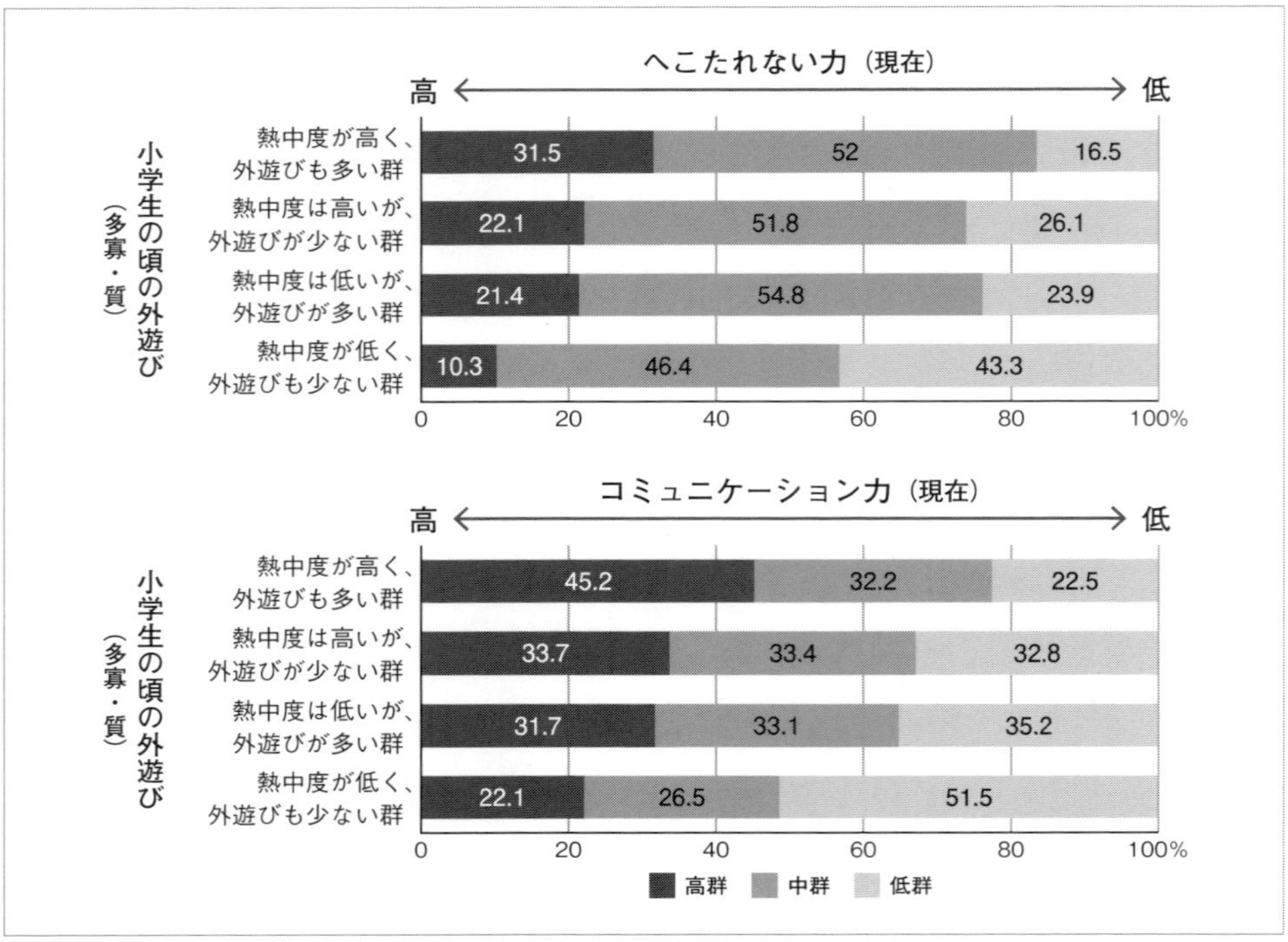

図3 小学生の頃の外遊びと大人になった現在の社会を生き抜く資質・能力との関係

効果④　就学前に自然体験や友だちとの遊びをよくしている子どもは、小学校に入ってからも自然体験や友だちとの遊びをよくしている！

高校生に、就学前や小・中学生の頃、自然体験や外遊びをどのくらいしていたのか尋ねたところ、就学前に自然体験や友だちとの外遊びをよくしていた子どもほど、小学校入学以降も自然体験や外遊びをよくしている割合が高い傾向にあることが分かりました（**図４**）（＊４）。

教育要領等の領域「健康」の内容の取り扱いでは、「自然の中で伸び伸びと体を動かして遊ぶことにより、体の諸機能の発達が促されることに留意し、幼児の興味や関心が戸外にも向くようにすること。」と述べています。幼児期はもともと体を動かすことに対する欲求が強い時期だといわれていますが、最近は幼児を取り巻く生活環境の変化もあって外遊びの経験が少ない幼児も多くなってきているという声もよく耳にします。ただ、そのような幼児であっても、自然の中でその子なりのペースで遊ばせながら体を動かす楽しさや喜びを味わわせ、動きたいという本来の欲求を刺激することで、戸外に対する興味や関心をうまく引き出すことができます。そして、そうした戸外への興味・関心の高まりが「外に出て遊びたい」という意欲につながり、小学校入学以降も自発的に自然体験や友達との遊びをしようとする意欲や行動につながるのではないかと考えます。

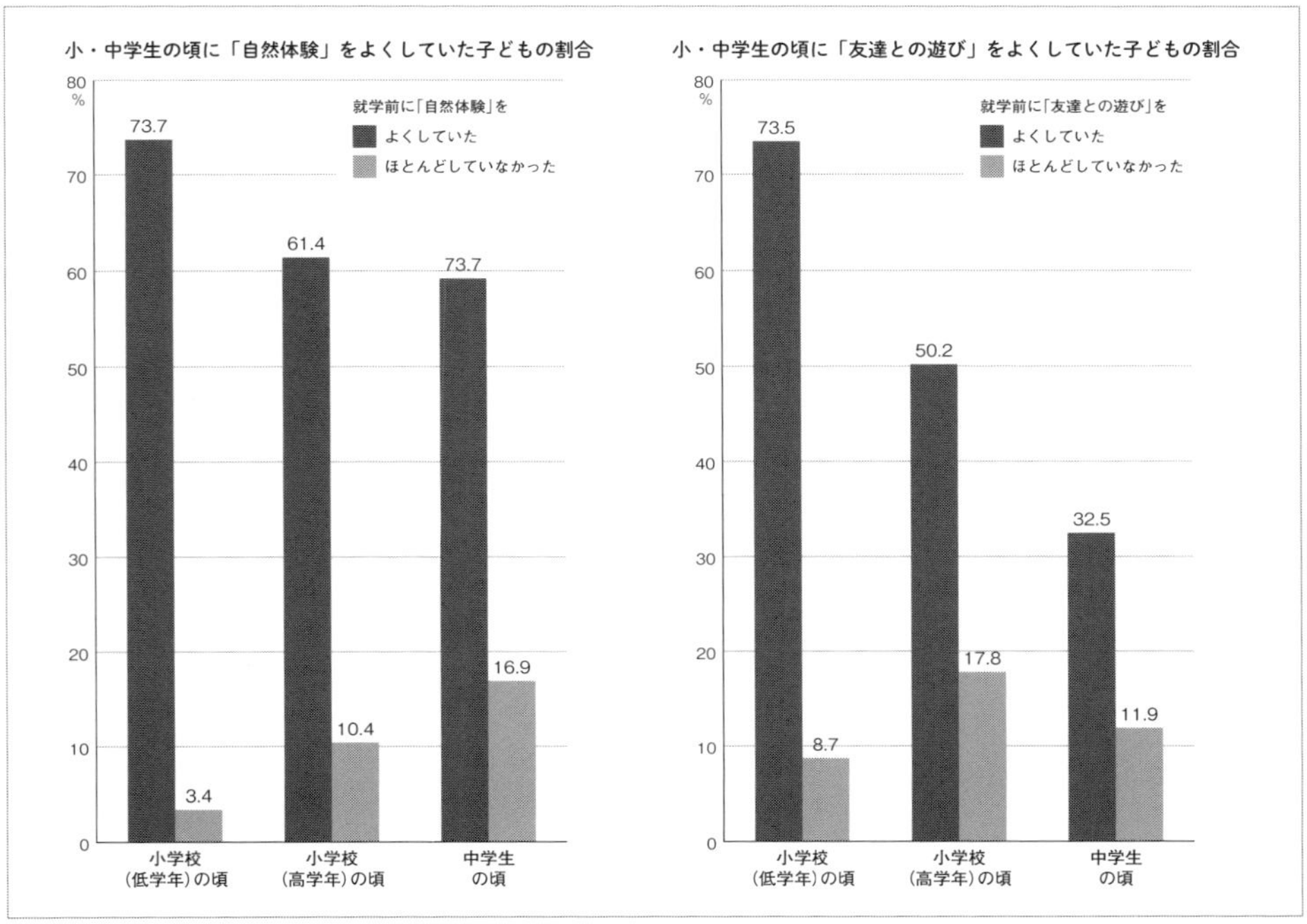

図4　就学前の自然体験や友達との遊びの多寡とその後の実施率の関係

※国立青少年教育振興機構「子どもの体験活動の実態に関する調査研究」を再分析して掲載

効果⑤　自然体験の中でよく遊んでいた人ほど、社会を生き抜く資質・能力の高い大人になる！

小学校の頃に、自然体験の中でよく遊んでいた人ほど、今の自分が好きだといった自己肯定感や失敗してもあきらめずにもう一度挑戦するといったへこたれない力、いつも新しいことに挑戦しているといった意欲、相手の立場に立って物事を考えられるといったコミュニケーション力の高い大人になる傾向がみられます。**（図5）**（＊7）

平成29年3月に公示された小学校学習指導要領及び中学校学習指導要領では、これからの学校には「一人一人の児童が、自分のよさや可能性を認識するとともに、あらゆる他者を価値のある存在として尊重し、多様な人々と協働しながら様々な社会的変化を乗り越え、豊かな人生を切り拓き、持続可能な社会の創り手となること」が求められるとしています。近年、失敗を恐れて挑戦をしない子供や打たれ弱い若者の増加が懸念されるなか、これからの時代、様々な人とかかわりながら、何事にも自信をもって意欲的に取り組む姿勢をもち、多少の困難や逆境があってもへこたれず前向きに生きていける力を身につけた大人を育てていくことが大切です。

自然の中で友達と一緒に遊ぶ経験をたくさん積み重ねることは、へこたれない力や自己肯定感といったこれからの社会を生き抜くために必要な資質・能力をはぐくむ糧になっていると考えます。

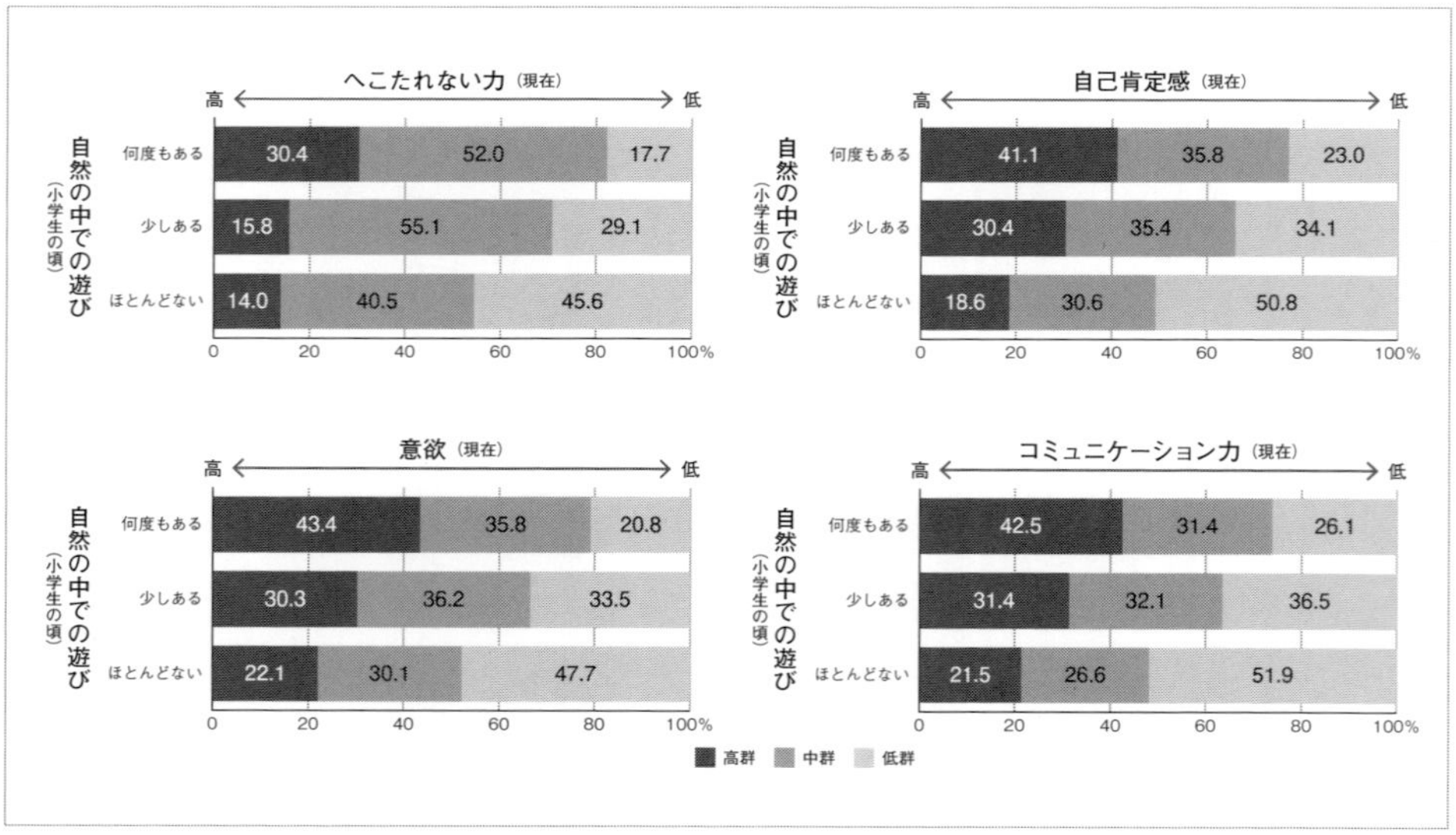

図5　小学生の頃の自然体験と大人になった現在の社会を生き抜く資質・能力との関係

2 幼児における自然体験や外遊びの援助の在り方

このように、幼少期に行われる自然体験や外遊びは、子どもの成長過程においてしなやかな心と体をはぐくむ糧になっており、生涯にわたる人格形成の基礎を培っていることが分かります。

園生活の中に自然体験や外遊びをうまく取り入れていくためには、幼児に自然体験や外遊びを〝やらせる〟のではなく、興味をもって主体的にかかわれるよう、自ら〝やろう〟とする気持ちにさせることが大切です。幼児が「やってみたい」となる「場」と「きっかけ」を作るポイントとしては、①自由に取り組める時間を設ける、②自分なりの目標がもてる場を設ける、③幼児が遊びを発展させる機会を設けることが挙げられます（表1）（＊8）。

幼稚園や保育所における自然体験は増加傾向にあるといわれるものの、外遊びの体験が不足している幼児の増加や外遊びに対して理解の少ない保護者の存在、若い保育者の経験不足や意識の低さなどもあり、自然体験や外遊びを行うことに不安や課題を抱える園も少なくありません。国立青少年教育振興機構は全国に28の施設を有し、幼児期の体験活動の指導やプログラム開発に力を入れて取り組んでいます。幼児の自然体験や外遊びの実施についてお困りのことがありましたら、お近くの国立青少年交流の家や国立青少年自然の家にぜひご相談ください。

（＊8）国立青少年教育振興機構『「しぜんであそぶ！」まるわかりガイドブック～「場」と「きっかけ」から身に付く36の動き～』、2018年。
国立青少年教育振興機構ホームページ：http://www.niye.go.jp/

幼児が「やってみたい」となる「場」と「きっかけ」

❶自由に取り組める時間を設ける

最初はうまくできなくて、失敗することもあるでしょう。「やってみたい」「できるようになりたい」という幼児の挑戦する気持ちを大切にするには、自由に取り組める時間を設けることが重要です。

❷自分なりの目標がもてる場を設ける

一つのやりかたしかできない場では幼児は自らの目標をもつことは難しいでしょう。一人一人が自分なりの目標がもてるように「近くから遠くへ」「低いところから高いところへ」など簡単に取り組めそうなものから徐々に難しいことにチャレンジしたくなるような広がりのある場が必要です。

❸幼児が遊びを発展させる機会を設ける

決まった遊び方だけで遊ぶのではなく、幼児が遊び方を工夫（再構成）出来ることが、必要です。遊び方を変化させる事を幼児が楽しいと思えるような機会を用意すれば、幼児が遊びを発展していきます。

例えば、坂の途中に1本ロープを用意するとロープを引っ張って登ったり、つたって降りたりと多様な動きに発展します。坂の上に色々な大きさの段ボールを用意しておけば、興味を持った幼児は積極的に滑って降りていくでしょう。また、どうせ坂を降りるなら歩くのではなく「転がっちゃえ！」という子もいるでしょう。

幼児の発想は柔軟です。面白そう！と思ったことには必ずチャレンジします。

表1　幼児が「やってみたい」となる「場」と「きっかけ」を作るポイント

8

幼稚園教育要領等の5領域に合わせた先行研究

幼稚園教育要領の「ねらい及び内容」には、5領域という5つの領域が記載されています。5領域は、子どもの育ちを、「健康」「人間関係」「環境」「言葉」「表現」という5つの側面からとらえたものです。

領域「健康」

領域「健康」は、「健康な心と体を育て、自ら健康で安全な生活をつくり出す力を養う」ことに関わる領域である。幼稚園教育要領の領域「健康」の「内容」には、自然を活用した保育・幼児教育に特に関連する項目として、「(2)いろいろな遊びの中で十分に体を動かす」「(3)進んで戸外で遊ぶ」「(5)先生や友達と食べることを楽しみ、食べ物への興味や関心をもつ」「(6)健康な生活のリズムを身に付ける」「(10)危険な場所、危険な遊び方、災害時などの行動の仕方がわかり、安全に気を付けて行動する」が掲げられている。

領域「健康」に該当する先行研究については、内容の取扱いに当たっての留意事項（１）に「心と体の健康は、相互に密接な関連があるものであることを踏まえ、幼児が教師や他の幼児との温かい触れ合いの中で自己の存在感や充実感を味わうことなどを基盤として、しなやかな心と体の発達を促すこと」と記載されているように、体の健康と密接につながっている心の健康についての先行研究があげられる。岩崎らの一連の研究（岩崎他（２００７）、岩崎（２００８）、石田他（２０１２））は、都市公園内の緑地や緑化植物が人にもたらす生理的・心理的効果を調査しており、芝生地やラベンダー畑などの緑化植物や多様な植物を配置した緑地ではストレス緩和効果があることを明らかにしている。また、那須ら（那須他（２０１２）、大塚他（２０１４））は、都市公園における利用行動と健康QOLの関係性についてアンケート調査を行い、散歩や自然観察、会話などの行動が利用者の健康増進に寄与する可能性があることを明らかにしている。これらを幼児期に置き換えると、自然の中で過ごすことや園内の環境の中に意図的に多様な植物を植栽し、そこで過ごすことで心の健康である気持ちの安定につながる効果があること、更にただ自然や緑化植物があればよいということではなく、その環境の中でいかに過ごすかによって、身体的な健康面が影響されることが示唆される。その意味では、内容の取扱い（２）に「様々な遊びの中で、幼児が興味や関心、能力に応じた全身を使って活動することにより、体を動かす楽しさを味わい、自分の体を大切にしようとする気持ちが育つようにすること。その際、多様な動きを経験する中で、体の動きを調整するようにすること」とあるように、多様な動きを引き出す自然環境を園の環境の中に取り入れていくことで子どもの発達への効果が期待できるだろう。このような視点から社本（２０１５）は日本の４つの「森のようちえん」（注）の視察を通して、「森のようちえん」の環境が、８つの要素（坂、段、生き物、木・根っこ、水、草・葉っぱ、円い場、東屋）で構成されていることを明らかにした。社本は、それらの要素と子どもの行動、身につけることのできる力との関係を論じており、自然の対象や環境の在り方によって子どもの行動や身に付く力が変わることが示唆される。

次に、内容の取扱い（３）に「自然の中で伸び伸びと体を動かして遊ぶことにより、体の諸機能の発達が促されることに留意し、幼児の興味や関心が戸外にも向くようにすること」とあるように、自然のなかで過ごすことは、心や体を落ち着かせ、自然と体を動かすようになることも先行研究で報告されている。前述した社本（２０１５）の報告では、園舎のある森のようちえんの室内と野外での活動時の４名の子どもの歩数を比較し、圧倒的に野外（戸外）での活動時に歩数が多くなることを報告している。また、嶋崎らの一連の研究（嶋崎他（２００４）、三宅他（２００４））では、公立幼稚園、年長児の４日間のキャンプ活動での調査を通して、自然のなかでの活動、特に早朝登山などの克服体験的特徴を持つ活動が自己肯定感を向上させることや、キャンプ中の体温や歩数の計測により、自然のなかでの規則正しい生活が健康的な生体リズムを形成し、自律神経機能の活性化や、自発的活動量の増加につながることを明らかにした。これらの結果からは、野外での活動が活動量を増加させ、起伏に富む自然環境が多様な動きを誘発することで、体力や運動能力の向上に寄与すると考えられる。

体力や運動能力面についての先行研究として、杉原らの一連の研究（吉田他（１９９９）、森他（２０１０）・杉原他（２０１１））があげられる。吉田ら（吉田他（１９９９））は、１９９７年10月～１９９８年1月の期間に全国の幼稚園・保育所の4歳児～6歳児（計１０８園）の合計12，８１５名の運動能力を測定し、子どもの幼稚園、保育所における遊びの傾向による運動能力の比較を行っている。その結果、測定した8種目すべてにおいて①遊び場で外遊びが多いほど②外遊びの種類が多いほど③外遊びでのリーダーシップをとるほど④運動遊びが上手なほど、運動能力の評定点が高い結果となっており、戸外での活動が運動能力の向上になんらかの影響を及ぼすことが示唆されている。また、杉原らはその後の研究や著書（森他（２０１０）・杉原他（２０１１）・杉原・河邉（２０１４））において、運動指導を行っている園よりも全く行っていない園の方が高い運動能力を示したことを明らかにしており、実質的な運動時間の長さや運動パターンのバリエーションの豊富さとともに、幼児自身の意欲や自発性に基づく遊びの中で運動することの有用性を指摘している。また、杉原・河邉（２０１４）は、自然環境から誘発される遊びと経験される動きとの関係を3つの運動パターンとして分類しており、このことからも自然環境が様々な運動パターンとバリエーションを引き出すことがうかがえる。

更に、自然環境の中で過ごすことが子どもの体力や運動能力に及ぼす具体的影響について検討した研究として関口らの一連の研究（日切他（２０１３）・小鴨他（２０１４）・久原他（２０１５）・小鴨他（２０１６）・小鴨他（２０１７））があげられる。関口らは、隣接する山林を生かした保育カリキュラムに基づいて「森の幼稚園」としての保育を行っている広島大学附属幼稚園の園児を対象に継続的にＭＫＳ幼児運動能力検査を実施し、全国平均のデータと比較することを通して森の幼稚園での保育によって幼児の体力や運動能力が増進されるかを検討している。また、卒園児の新体力テストの測定値と標準偏差を比較し長期的な育ちの効果についても検証している。その結果としては、在園児の調査については、いずれの調査時においても体力や運動能力はほぼ平均的であり、森の幼稚園の保育環境は幼児の体力・運動能力を平均以上に増進する効果があるとは結論できないが、一方で、卒園児については一般的な子どもたちと比較し、体力や運動能力は平均か平均以上という高い成績を示す傾向にあることが明らかになった。特に20ｍシャトルランや反復横跳び種目で、各学年とも平均以上に高い数値を有しており、森の幼稚園の保育環境で育まれた瞬発力やスピードの高さと深い関連性があることが示唆された。このことから、起伏に富む自然環境で過ごすことは、生きる力の基礎となる子どもの基本的な体力や運動能力にポジティブな影響を与え、この効果が小学校以降に顕在化する可能性があることが示唆されていると言える。

次に、内容の取扱い（４）に「健康な心と体を育てるためには食育を通じた望ましい食習慣の形成が大切であることを踏まえ、幼児の食生活の実情に配慮し、和やかな雰囲気の中で教師や他の幼児と食べる喜びや楽しさを味わったり、様々な食べ物への興味や関心をもったりするなどし、食の大切さに気付き進んで食べようとする気持ちが育つようにすること」とあるように、心身の健康の基盤となる食事についても領域「健康」では扱われている。我が国では、自然とのかかわりの代表的な取り組みとして園外保育や散歩に加え、飼育や栽培等が行われてきており、それらの活動についての多様な実践報告や栽培活動に対する検討も行われている（藤井・柳川（２０１６）・松本他（２０１４））。平成17年の食育基本法の制定を受けた平成20年の指針・要領の改定において「食育」に関する事項が追加され、多くの園で子どもの食育として栽培活動が実施されていることが明らかになっている（多々納・山田（２０１２）、木田他（２０１２））。多々納ら（多々納・山田（２０１２））は、鳥取・島根両県の１１４園への食育に関するアンケート調査を行い、食育の方法として栽培活動が一番多く（１１４園中１１３園が実施）、栽培したものは「園で食べる」「園児が調理をする」「絵を描く、製作をする等、保育に利用する」「園児が家に持ち帰る」「給食の食材として使う」など様々な方法で利用されていることを明らかにしている。また、木田らの一連の研究や（木田他（２０１２）・木田他（２０１６））や菅野ら（菅野・村山（２０１１））の研究でも明らかにされているように、野菜の栽培活動を実施した場合、多くの子どもがその野菜に興味・関心を示し、野菜の摂取量が園生活の中で増すなど、偏食にも良い影響があることが明らかになっている。一連の研究から、我が国の多くの園で実践されてきた栽培活動は、心身の健康の基礎である食への興味につながるなど、食育としての一定の効果をあげていることがうかがえる。

一方で、栽培と同じように我が国で古くから行われてきた「飼育」に関しては、川添ら（川添・大澤（２００８））や岡田ら（岡田他（２０１７））・西村ら（西村・栗田（２０１４））が報告しているように、多くの幼稚園や保育所で実施されており飼育している動物も多岐に渡っているが、多くの園で「生命尊重の心を養う」ことや「思いやり」「心の落ち着き」などの心情面に意義を感じ実施している場合が多いことがうかがえる。谷田らの一連の研究（谷田他（２００７）・谷田他（２００８）・谷田他（２００９）・谷田他（２０１０））では、人間生存の基本となる食とそれを可能とする農及び自然環境に関する認識、評価、実践を総合した能力を「食農リテラシー」と定義し、その向上をめざした家畜介在教育についての基礎情報から実践までが提案されており、栽培だけではなく、飼育が「食育」や「持続可能な環境づくり」への取り組みとなる可能性を示唆している。

最後に、領域「健康」の内容の取扱いの留意点（６）に「安全に関する指導に当たっては、情緒の安定を図り、遊びを通して安全についての構えを身に付け、危険な場所や事物などが分かり、安全についての理解を深めるようにすること。また、交通安全の習慣を身に付けるようにするとともに、避難訓練などを通して、災害などの緊急時に適切な行動がとれるようにすること」と記載されている。自然の中で保育を行うことには様々な危険やリスクも伴うことを考慮し、それに対応する力を保育者や子ども自身が身につけていく必要がある。森下（２００７）は、自然の中で子どもたちがどのように危険回避能力を身に付けるのかを把握するため、「森の保育」を行っている保育園の調査を行い、自然環境における「こわい」体験が観察力を向上させ、人間関係を構築し、自己管理能力を育成すると指摘するとともに、自然体験を通して、自分の「こわい」尺度のものさしを構築することが、子どもの成長につながると推察している。

領域「人間関係」

「領域　人間関係」は、「他の人々と親しみ、支え合って生活するために、自立心を育て、人と関わる力を養う」ことに関わる領域である。幼稚園教育要領「領域　人間関係」の「内容」には13項目が挙げられているが、ほぼ全ての項目で自然体験との関連が見られる。そこで、本節では自然体験との関連が見られる項目を、「自立心」「他者との関わり」「規範意識」という3つの観点に分けて見ていくこととする。上記の3つの観点は、領域「人間関係」のねらいに示されている3つの内容に即している。

まず、「自立心」に関わる内容としては、「（２）自分で考え、自分で行動する」「（３）自分でできることは自分でする」が挙げられる。「自立心」の観点については、以下のような先行研究がある。例えば、三重県では２０１５年度に、県内全ての幼稚園・保育所・認定こども園を対象に「野外体験保育有効性調査」が実施された。調査の結果、野外体験保育の実施頻度と子どもの様子のあいだには関係性があることが示された。具体的には、野外体験保育の実施頻度が高い保育施設ほど、多くの園児に「自分からすすんで何でもやる」「さまざまな情報から必要なものが選べる」「自分に割り当てられた仕事はしっかりとやる」「人のために何かをしてあげるのが好きだ」などの様子が見られると回答した施設の割合が高い、という結果が得られた（三重県２０１６）。また、野外体験を中心に保育が展開される保育現場の一つとして、森のようちえんが挙げられるが、今村（２０１１、２０１３）は、日本やドイツの森のようちえんの理念の特徴のひとつとして「自主性を養うこと」を挙げており、多くの園で、子ども自身が「自分で考えて行動出来る雰囲気」が大切にされていると述べている。また、保育者による実践記録では、自然を活用した保育が展開されている森のようちえんの多くは、保育者の意図性が前面にでるケースが少なく、子どもが自分で考えて動く「個」の観点が重視される傾向にある、と指摘されている（内田２０１３、西澤２０１３、中島２０１３）。

次に、「他者との関わり」についての内容では、「（１）先生や友達と共に過ごすことの喜びを味わう」「（４）いろいろな遊びを楽しみながら物事をやり遂げようとする気持ちをもつ」「（５）友達と積極的に関わりながら喜びや悲しみを共感し合う」「(6)自分の思ったことを相手に伝え、相手の思っていることに気付く」「(7)友達のよさに気付き、一緒に活動する楽しさを味わう」「(8)友達と楽しく活動する中で、共通の目的を見いだし、工夫したり、協力したりなどする」「(10)友達との関わりを深め、思いやりをもつ」「(13)高齢者をはじめ地域の人々などの自分の生活に関係の深いいろいろな人に親しみをもつ」が掲げられている。

前述の三重県の調査では、野外体験保育の実施頻度が高い保育施設ほど、多くの園児に「人のために何かをしてあげるのが好きだ」などの様子が見られると回答した施設の割合が高い結果が示されている(三重県2016)。また、前掲の今村(2011、2013)では、数多くの保育者による実践記録が紹介されているが、自然のなかでの遊びや生活において、友達や保育者、保護者、地域の人など多様な他者との関わりが、園生活の中で欠かすことの出来ない要素として取り上げられている(内田2013、西澤2013、嘉成2011など)。他にも、友定(2012)や木戸(2016)の研究においても、子どもにとって、自然豊かな環境での生活や遊びが、人との関わりの育ちに大きな影響を与えることが、具体的事例とともに指摘されている。園庭や地域の自然と関わる子どもの様子を観察した伊藤他(2010)は、泥や粘土など自然物の可塑性の高さに着目し、「個々の素材を組み合わせやすい点や柔軟な見立て遊び(ごっこ遊び)がしやすい点で、協同活動につながりやすい」と述べている。海外の関連文献としては、Häfner(2008)による小学校入学後の児童を対象にした調査研究が挙げられる。Häfnerは、ドイツの森の幼稚園出身の子どもと一般的な幼稚園出身の子どもの様子について、小学校教員を対象にアンケート調査を実施した。その結果をみると、人間関係の領域に関係するものとしては、「社会的な態度」「授業中の協働」という2つの項目で森の幼稚園出身の子どもの平均値が、一般的な幼稚園出身の子どものそれを上回ったことが示されている。なかでも大きな有意差が認められた項目として、「他の子どもたちとのケンカを穏やかに解決する」「他の子どもに対して配慮する」「他の子どもと一緒に遊ぶ」「自分の意見を言葉で適切に表現する」といった事柄が挙げられている。

最後に、「規範意識」に関する内容については「(9)よいことや悪いことがあることに気付き、考えながら行動する」「(11)友達と楽しく生活する中できまりの大切さに気付き、守ろうとする」という項目が該当する。関連文献としては、先に挙げたHäfner(2008)による調査研究が挙げられる。そこでは、自然を活用した保育実践の一つである森の幼稚園を卒園した小学生の子どもの平均値は、「社会的な態度」「授業中の協働」という2つの項目で、一般的な幼稚園出身の子どもの平均値を上回る結果となり、なかでも大きく有意差が認められた項目として、「決まりを守る」「他の子どもに対して配慮する」「他の子どもと一緒に遊ぶ」といった点が指摘されている。また類似する研究としては、Gorges(1999、2000)による、森の幼稚園出身の子どもたちの就学能力を調査したものがある。そこでは、「森という自然環境の中で、日常的に動物や植物を観察したり、自然の素材を分類したり探索したりすることはよりよい感情のバランスを取ることを促進する条件となる」とされている。また、中村(2016)、Mikliz(2015)、木戸(2010)らは、「集団生活を通して育まれる社会性」と「他者とのコミュニケーションが大切にされている保育観」を、自然を活用した保育実践の一つである森の幼稚園の特徴として挙げている。

このような保育観を支える保育環境として、自然が果たす役割については、今後さらなる研究が必要であろう。

領域「環境」

「領域　環境」は、「周囲の様々な環境に好奇心や探究心をもって関わり、それらを生活に取り入れていこうとする力を養う」ことに関わる領域である。「領域　環境」の「内容」12項目のうち、自然を活用した保育・幼児教育に関連する項目として「(1)自然に触れて生活し、その大きさ、美しさ、不思議さなどに気付く」「(2)生活の中で、様々な物に触れ、その性質や仕組みに興味や関心をもつ」「(3)季節により自然や人間の生活に変化のあることに気付く」「(4)自然などの身近な事象に関心をもち、取り入れて遊ぶ」「(5)身近な動植物に親しみをもって接し、生命の尊さに気付き、いたわったり、大切にしたりする」「(8)身近な物や遊具に興味をもって関わり、自分なりに比べたり、関連付けたりしながら考えたり、試したりして工夫して遊ぶ」が掲げられている。また、「内容の取り扱い」では、「(2)幼児期において自然のもつ意味は大きく、自然の大きさ、美しさ、不思議さなどに直接触れる体験を通して、幼児の心が安らぎ、豊かな感情、好奇心、思考力、表現力の基礎が培われることを踏まえ、幼児が自然との関わりを深めることができるよう工夫すること」「（3）身近な事象や動植物に対する感動を伝え合い、共感し合うことなどを通して自分から関わろうとする意欲を育てるとともに、様々な関わり方を通してそれらに対する親しみや畏敬の念、生命を大切にする気持ち、公共心、探究心などが養われるようにすること」と述べられている。

田尻他（２００５）の調査によると、保育者は、自然と関わる保育を通して幼児に育つ力として「自然が好きで進んで関わろうとする意欲や態度」「見る嗅ぐ触るなどあらゆる感覚を十分につかって体験しようとする意欲や態度」「発見したり驚いたり気づいたりする喜び」「知的好奇心や探究心の深まり、考える力」「遊びを創造していく力」「生き物の命の大切さへの理解や愛護の心」「身体や心のたくましさ、巧みさ、しなやかさ」「科学的な思考の芽生え」が「とても育つ」「かなり育つ」と考えている。また、国立青少年教育振興機構他（２０１０）は、20～60代の成人と小学5年～高校2年生に対して、「子どもの頃の体験」6項目（自然体験、動植物とのかかわり、友だちとの遊び、地域活動、家族行事、家事手伝い）と「体験の力」7項目（自尊感情、共生感、意欲・関心、規範意識、人間関係能力、職業意識、文化的作法・教養）について調査を行い、子どもの頃の体験が豊富な人ほど、「意欲・関心」「規範意識」「人間関係能力」が高いことを明らかにしている。特に、小学校低学年までは「友だちとの遊び」「動植物とのかかわり」が、小学校高学年から中学校までは「地域活動」「家事手伝い」「家族行事」「自然体験」が、「体験の力」に関係している。その一方で、「自然体験」や「友だちとの遊び」の体験は、年代が若くなるほど少ないことも指摘されている。こうした先行研究は、「領域　環境」で掲げる内容が幼児期だけでなく、それ以降にも影響を与える可能性を示唆している。

「領域　環境」の内容に沿って先行研究を整理すると、内容「（1）自然に触れて生活し、その大きさ、美しさ、不思議さなどに気付く」「（2）生活の中で、様々な物に触れ、その性質や仕組みに興味や関心をもつ」「（3）季節により自然や人間の生活に変化のあることに気付く」に関わるものとしては以下の報告がある。岩本他（２００７）は園庭や畑で土や砂と触れ合う様子を観察し、幼児が自分の手足や五感を用いて土や砂の状態を観察や確認していることを見出している。児玉（２００７）は幼児の自発的な活動時間のうち自然に関わっている場面を観察し、幼児は園庭の動植物と関わる中でその成長や変化に気づき、その変化に対して喜びや悲しさ優しさなど様々な思いを持って関わっていること、それらを友達や保育者と共有し活動をさらに展開していることを見出している。このように幼児が五感を通して自然に関わりしながら、気づきや疑問、様々な感情や考えを抱き、仲間と共有し、活動を展開していく姿は、その他多くの研究でも報告されている（高田２００３、木村他２００３、金子２０１５、伊藤他２０１０、松田２００４、青山・瀧１９９７、小倉２００２、柘植２０１３、和田２００６）。

次に、内容「（4）自然などの身近な事象に関心をもち、取り入れて遊ぶ」「（8）身近な物や遊具に興味をもって関わり、自分なりに比べたり、関連付けたりしながら考えたり、試したりして工夫して遊ぶ」に関わる先行研究としては以下の報告がある。梶浦・今村（２０１４）は、自然物の中でも特に幼児がよく触れる枝に着目して観察し、枝と関わる際に幼児はまず触覚器官を用いて「受容」し、続いて枝の特徴を「探索」し、持った枝にふさわしい動きや遊びが始まり（「発祥」）、行為から生まれる発想を形状化し意味付け展開する（「創造」）ことを明らかにしている。また、枝が幼児の心身の動きや遊びに柔軟に応じる「玩具」として使われていることを見出し、大人が作った玩具で遊ぶ場合と比較して「枝を選ぶ決定権は幼児自身にあり、その遊び方も幼児が決定できる」と述べ、自然の中で出会う物に対する幼児の主体的行為の価値についても触れている。一方、中坪（２０１１）は環境の特性自体が使い方を提供するというアフォーダンスの観点から幼児と枝の関わりを分析し、弾力性や即応性といった枝の特性が幼児の行為をアフォードし、行為によって生じた音や形状の変形などの結果がさらなる行為の継続を促すことを明らかにしている。さらに、枝と関わる幼児の行為は曲げる揺らすといった単純なものであるが、その単純な行為にも多様なバリエーションがあり、次々と遊びが展開されていることを見出している。

以上を統合するように、幼児が樹木と関わる姿からそのプロセスを分析した北澤（2015）の研究がある。幼児は、自由に移動し探索する中で樹木と①「視覚的な出会い」をし（その他の器官による出会いも考えられると北澤は述べている）、次に種類や特徴、変化について②「対象の知覚から一次的な情報を取得」し、多くの場合はその後、③「対象（木になっているもの、木から地面に落ちたもの）の所有・収集のための行為」、④「視覚（嗅覚・触覚・聴覚）から得た情報に誘発された対象とのかかわり」、⑤「対象への価値づけ」、⑥「対象の扱い方や危険についての共有・危険を伴う経験」の行為へ移っていくことを明らかにしている。④については、「対象を探るかかわり」「対象を利用した身体行為」「イメージや造形活動を伴う対象へのかかわり」「目的達成のための道具としての対象の使用」「場（空間）としての対象の利用」といった関わり方が見られた。北澤は、①〜⑥の関わりを通して幼児が「樹木を含む様々な対象と関わりながら、これらの情報を取得することを積み重ねる中で、「樹木」という概念を形成して行く」と述べている。また、各プロセスで得られた情報を他児や保育者と共有する姿が見られることから、「情報を共有することにより、その対象への概念が深まっていく」と述べている。このように自然の特徴である、変化が見えやすいこと、多様な特性をもつこと、幼児からの働きかけに対して反応が生まれやすいこと、生命であること等によって子どもは興味関心を持って関わり、自然の美しさや大きさ、不思議さ、季節による自然や人間生活の変化を感じると共に、その性質や仕組みを考え試し、理解を深めていることがうかがえる。

　最後に、内容（5）「身近な動植物に親しみをもって接し、生命の尊さに気付き、いたわったり、大切にしたりする」と、教育基本法（2006年改正）第一章第2条「教育の目標」で掲げられている「生命を尊び、自然を大切にし、環境の保全に寄与する態度を養うこと」の観点から、生命を尊重し環境を保全する力の育成に関わる先行研究を整理する。井戸他（2002）は、園での動物飼育を通して幼児が自分とは異なる立場の存在や命の尊さを学び、相手への思いやりを培うことを見出している。大澤他（2003）は、園庭ビオトープでメダカの死に直面した際に、幼児が疑問や悲しみを感じ、慈しみの気持ちから墓を作る姿から、「卵から生物を育て、その死に直面することにより、命あるものを思いやる心が生まれる」「たくさんの生き物に関わることで、多様な生き物の命が認められるようになり、生命尊重の心が育まれていく」と述べている。大谷他（2007）は、園でのマメ栽培を通して幼児がどのような目的論でマメを捉えているかを調査している。「何のためにマメはマメを作るのか」の質問に対して、「人が食べるため」といった人間の利用に供する目的（社会的目的論）が多かった一方で、「もう一度おまめさんを作るため」「また咲くために」など植物そのものの目的（自己利益的目的論）に言及した幼児も見られた。この結果を受けて大谷らは、自己利益的目的論を「人間の利益のための自然という概念ではなく、自然と人間との共存についての概念」であるとし、後者の幼児は「生物に対して強い興味関心を持って」関わり、「よく観ること・試すこと・調べることを自分からすることによって、科学的な見方や考え方、表現の仕方をより体得していったと思われる」と述べている。

　Hosaka他（2016）は、首都圏在住の成人男女に、幼少期の自然体験量（自然環境の利用頻度や自然遊びの頻度）と、人間生活に問題を起こしうる生物（スズメバチやイノシシ）に対する容認度を調査し、生物に対する受容度の高い人ほど、幼少期の自然体験量が多い傾向があることが明らかにしている。さらに、「植物を集める」「昆虫を捕まえる」「釣り」「木登り」「川や海で泳ぐ」の5つの自然体験のうち、「植物を集める」体験が鳥類、哺乳類、大型哺乳類に対する好感度を、「昆虫を集める」「植物を集める」体験が昆虫や好ましくない動物に対する好感度を高めることを明らかにしている。また、小学生を対象とした調査ではあるが、Soga他（2016）は、公園や森など近隣の自然地での直接的な関わり（訪れる頻度、植物を触ったり摘む頻度、鳥や虫など野生動物を観察したり触れる頻度）と、自然を想像して感じる体験（自然や野生動物についての本やTV番組をみる頻度、親や友達と自然や野生動物について話す頻度）が、①マイナスの感情を抱いていた生き物に対するマイナス感情を軽減すること、②生物多様性の保全に対する姿勢や自然を守る意志を高めることを明らかにしている。このように、自然と触れ合う中で生命を尊重する気持ちや生物多様性を保全する姿勢が育つ可能性が示唆されている。

　一方で井上は、「幼児期の発達理解を元に、子どもの主体的な遊びを重視しながら、持続可能な社会形成につながる環境観を形成する営み」として幼児期の環境教育を定義し（井上２００９）、「有限な自然資源、それ自体が自然である人間、人間の営みに過ぎない経済や社会は自然の存在を前提としてしか存在しえないという環境観に基づかなければ持続可能な社会は成立しない」と述べている（井上２０１２）。そして環境教育を実践する上では、日本の保育が自然と関わる意義として歴史的に意識してきた①「科学性の芽生え」と②「豊かな人間性の涵養」に加えて、③「自然～人～生活のつながり」と、④自然の多様性・循環性・有限性に基づいた「生態学的自然観」の形成を意識していく必要があると提言している（井上２００９）。③④の視点からの実践や研究はまだ少ないが、大仲他（２０１２、２０１３）は、園児にとって身近な園庭や菜園などで活動を継続し小さな経験を積み重ね、同時に自然～人～生活のつながりや生態学的自然観に気づけるような働きかけを幼児に行う中で、野菜や木・来訪する鳥やそのウンチ・土のつながりに幼児自身が目を向け、仲間と意見交換をする姿を報告している。こうした提言や研究からは、個人の発達の観点に加えて社会に参画する主体として幼児を捉え、持続可能性に基づいた幼児と自然との関わりを考えていく必要性が示唆されている。

領域「言葉」

「領域　言葉」は、「経験したことや考えたことなどを自分なりの言葉で表現し、相手の話す言葉を聞こうとする意欲や態度を育て、言葉に対する感覚や言葉で表現する力を養う」ことに関わる領域である。幼稚園教育要領「領域　言葉」の「内容」には、自然を活用した保育・幼児教育に特に関連する項目として、「（２）したり、見たり、聞いたり、感じたり、考えたりしたことを自分なりに言葉で表現する」「（８）いろいろな体験を通じてイメージや言葉を豊かにする」が掲げられている。

森や自然を活用した保育・幼児教育では、幼児が自然の中で知覚した多様な刺激を、言葉で友達や保育者に伝えることによって、言葉の豊かな発達を促す可能性がある。言葉の領域に関わる実証的な先行研究として近藤・渡辺・太田他（２００８a、２００８b）、事例的な研究として中村（２０１６）があげられる。

「内容の取扱い」の（１）には、「言葉は、身近な人に親しみをもって接し、自分の感情や意思などを伝え、それに相手が応答し、その言葉を聞くことを通して次第に獲得されていくものであることを考慮して、幼児が教師や他の幼児と関わることにより心を動かされるような体験をし、言葉を交わす喜びを味わえるようにすること」とあるように、保育者と子どもが思いや感じたことを言葉で伝え合うことは、自然を活かした保育においても重要である。近藤・渡辺・太田他（２００８a、２００８b）は、幼稚園における自然体験活動の中で幼児や保育者が発するオノマトペの表出の割合を計測し、年少児は動作や動きに関する表現（「グルグル」回る、「パクパク」食べるなど）、年中児では視覚や聴覚を駆使した外的な状態や感覚の表現（「ザラザラ」するなど）が比較的多いことや、内的な状態及び感覚（「ドキドキ」するなど）を表現するオノマトペは年長児に多くみられることを明らかにした。この結果から、幼児は「五感を駆使して外界の対象物の特徴や情報を収集」し、オノマトペによって抽象的で個人的な感覚を表出することが示された。近藤らは、自然体験の場で未知なる対象に出会った時に、保育者がオノマトペを使って語りかけることにより、幼児が対象に対する適切な関わり方を知ることができると結論づけている。

中村（２０１６）は、デンマークの森の幼稚園における参与観察を行い、子どもたちが森の中で目にした自然現象やその時の感情に対して、自分の言葉を使いながら友達や保育者に話し、その言葉や表現を保育者が受け止め、共有する姿を事例とともに報告している。デンマークや北欧では自然現象がしばしば「詩的ファンタジー」とともに語られるが、それは自然の中に含まれる「見えないもの」への想像力や畏敬の念、森に棲む多様な生き物への配慮などを、子どもたちが自分なりの言葉で表現することの一つの形態である。中村の事例から、自然の中で子どもたちが五感を使って受け止めたことを、自由に言葉にすることができる環境を確保することの重要性が示唆される。また、子どもが発した言葉を保育者がありのままに受け止めることは、子どもたちの自己決定を尊重し、多様な生き物が棲む森という場への理解を深め、環境保全の意識を高める可能性が明らかになっている。

このほか、「自然とかかわる保育」による育ちを評価するための評定基準を作成し、保育者への調査を通して実証的研究を試みた田尻・無藤（２００５）の研究がある。「表現力・言葉」に関する評定基準は、「豊かに言葉を使って自分の要求や気持ちを積極的に相手に伝えようとする・相手に働きかけようとする」等を含む7項目で構成され、年齢に応じた発達がみられることが示されているが、「自然に関心がある園」（6園）とそれ以外の園（2園）との比較では有意な差が見られなかった。この調査においては、対象園の数が十分でなかったことに加え、自然に対する関心の高さのみを尺度として分析が行われたため、十分なデータが得られなかった可能性がある。今後、各園で行なわれている自然体験活動の実態と、子どもの育ちとの関連性についての分析が行えるような調査が必要である。

領域「表現」

「領域　表現」は、「感じたことや考えたことを自分なりに表現することを通して、豊かな感性や表現する力を養い、創造性を豊かにする」ことにかかわる領域である。幼稚園教育要領「領域　表現」の「内容」のうち、自然を活かした保育・幼児教育に特に関連する項目として、「（1）生活の中で様々な音、形、色、手触り、動きなどに気づいたり、感じたりするなどして楽しむ」「（2）生活の中で美しいものや心を動かす出来事に触れ、イメージを豊かにする」「（5）いろいろな素材に親しみ、工夫して遊ぶ」があげられる。

自然の中には、木の葉や枝、草、花、木の実、土や泥、石、水、雪、氷など、様々な素材が溢れている。自然がもたらす素材は可塑性に富み、子どもの想像力・創造力を喚起する。子どもたちは、森や園庭にある素材と関わり、手触りや形、音、香りなどを楽しみながら、遊びの中で多様な表現を展開する。自然がもたらす豊富な素材に日常的に親しむことのできる環境の中で行われる保育・幼児教育は、子どもたちの創造への意欲を刺激し、豊かな表現力を育む可能性が高い。また、「内容の取り扱い」において、「（1）豊かな感性は、身近な環境と十分にかかわる中で美しいもの、優れたもの、心を動かす出来事などに出会い、そこから得た感動を他の幼児や教師と共有し、様々に表現することなどを通して養われるようにすること。その際、風の音や雨の音、身近にある草や花の形や色など、自然の中にある音、形、色などに気づくようにすること」に留意すべきであるとされているように、子どもたちが自然の中で、五感を働かせながら自然の美しさや不思議さを味わうことのできる時間と空間を保障することが大切である。

表現の領域における、自然環境を活用した保育・幼児教育の効果に関する先行研究としては、観察記録に基づく実証的な研究として梶浦・西澤（２０１７）や石倉（２０１２）が挙げられる。また、自然素材との関わりに注目した事例的な実践研究として、岩本・平賀他（２００７）、石倉・竹井（２００６）がある。

梶浦・西澤（２０１７）は、対象幼児1名（5歳児）の行動記録に基づき、幼児が素材となる自然物と出会ってから具体的表現に至るまでの過程を第1期aから第3期までの4段階に分けて分析を行っている。特に目的もなく自然物に手で触れ五感で質感を感じる時期（第1期a）、徐々に自分の中のイメージを膨らませていく時期（第1期b）、友達に向けて自分の創作のイメージを言葉で表出する時期（第2期）、道具を使って試行錯誤しつつ、なかなか思い通りにならない自然物に向き合い造形に取り組む時期（第3期）という表現活動実現までのプロセスを、エピソードを交えて描き出している。この研究は、1名の幼児の行動記録に基づくもので、直ちに一般化することはできないが、幼児が自然の中で対象物を見つけ、表現への意欲を持ち、実現するプロセスを実証的に示した一事例として貴重である。

また、石倉（２０１２）は、園庭で行なわれている遊びのうち、水・砂や土・雪や氷の遊びについての事例を収集し、遊びの中で行なわれる表現行為と、その表現行為を可能にしている自然材や道具・場の特性との関係性を明らかにした。表現行為は、遊ぶ場の特性によって規定され、自然材の状態や幼児の身体の動きが相互に作用し、さまざまな表現行為を可能にすることが示されている。

岩本・平賀他（２００７）と石倉・竹井（２００６）は、土や砂を用いた造形的な表現活動の可能性について、保育実践の中からいくつかの事例を示した研究である。

全体として、表現の領域に関連する先行研究は少なく、自然の素材を用いた活動の事例研究の中でも、土や砂を対象とした活動を取り上げたものが多い。今後の研究の広がりが期待される。

注

NPO法人全国森のようちえんネットワーク連盟は、森のようちえんを「自然体験活動を基軸にした子育て・乳児・幼少期教育の総称」と定義している。「ようちえん」がひらがな表記になっているのは、認可施設としての「幼稚園」だけでなく、保育所、託児所、学童保育、自主保育、自然学校、子育て・育児サークル等が含まれていることを意味している。なお、本節で取り上げる日本の森のようちえんの先行研究は、乳幼児期を対象にした日常型の実践を取り上げたもののみを対象とした。本稿では日本の場合は「森のようちえん」、ドイツやデンマークの場合は「森の幼稚園」と表記する。

文献リスト

【領域　健康】

荒谷美津子他（2012）「学校における安全教育―幼小中の体系的学校保健安全プログラム作成への課題」『広島大学学部・付属研究機構研究紀要』第40号

藤井道彦・柳川裕理（2016）「サツマイモの作物栽培を通した幼児期における自然体験活動に関する研究」『静岡大学教育学部研究報告』第47号

日切慶子他（2013）「森の幼稚園の保育環境が幼児の体力・運動能力に及ぼす影響」『広島大学部・付属学校共同研究機構研究紀要』第41号

岩崎寛他（2007）「都市公園内の芝生地およびラベンダー畑が保有する生理・心理的効果に関する研究」『日本緑化工学学会誌』第33巻第1号

岩崎寛（2008）「都市緑化植物が保有するストレス緩和効果―揮発成分からみた癒しの効果―」『におい・かおり環境学会誌』第39巻第4号

石田都他（2012）「都市勤務者の都市緑地に対する意識調査および都市域における緑地が保有する心理的効果」『日本緑化工学会誌』第38巻第1号

川添敏弘・大澤力（2008）「幼児期環境教育の実践的取り組みに関するアンケート調査報告―「飼育」部分についての結果報告」『東京家政大学研究紀要』第48集第1巻

木田春代他（2012）「幼稚園における野菜栽培活動の状況とその食育効果―北海道某市での調査―」『天使大学紀要』第13号第2巻

木田春代他（2016）「幼稚園における野菜栽培活動が幼児の偏食に及ぼす影響―トマト栽培に関する検討―」『栄養学雑誌』第74号第1巻

小鴨治鈴他（2014）「森のようちえんの保育環境と幼児・児童の体力・運動能力との関係―MKS幼児運動能力検査および新体力テストの結果の比較から―」『広島大学学部・付属学校共同研究機構研究紀要』第42号

小鴨治鈴他（2016）「「森の幼稚園」の卒園児の体力・運動能力の推移」『広島大学学部・付属学校共同研究機構研究紀要』第44号

小鴨治鈴他（2017）「森の幼稚園の保育環境が小学校以降の体力・運動能力および学力に及ぼす影響―小学校での新体力テスト・標準学力検査を用いた長期的な影響の検討―」『広島大学部・付属学校共同研究機構研究紀要』第45号

久原有貴他（2015）「森の幼稚園の園児および卒園児の身体活動量と体力・運動能力との関係」『広島大学学部・付属学校共同研究機構研究紀要』第43号

松本ゆめか・松本謙一（2014）「付属幼稚園「親子栽培活動」の効果と学校教育への可能性」『富山大学人間発達科学研究実践総合センター紀要教育実践研究』第8号

三宅孝昭他（2004）「幼児の自然体験活動を通した保育・教育実践Ⅱ―幼児キャンプ中の身体状況について―」『日本体育学会大会号』第55巻

森司朗他（2010）「2008年の全国調査から見た幼児の運動能力」『体育の科学』、第60号

森下智子（2007）「自然環境における「こわい」体験が子どもの危険回避意識に及ぼす影響―木更津社会館保育園を事例として―」千葉大学大学院自然科学研究科学研究科　修士論文

那須守他（2012）「都市域における緑地とその利用行動が居住者の健康関連QOLに与える影響」『日本緑化工学会誌』第38巻第1巻

西村信子・栗田薫平（2014）「動物との暮らしがヒトに与える教育的効果【1】―保育者の視点から捉える園内飼育動物とのかかわりを通した幼児の発達―」『日本教育心理学総会発表論文集』第56巻

大塚芳嵩他（2014）「都市公園における利用行動と健康QOLの関係性」『日本緑化工学会誌』第40巻第1巻

岡田大爾他（2017）「幼児・小学校の道徳性発達に関する研究―動物飼育の効果を中心として―」広島国際大学教職教室教育論叢』第9号

社本実咲（2015）「森のようちえんの環境教育から学ぶ子供の保育空間の在り方」『法政大学大学院デザイン工学研究科紀要』第4号

嶋崎博嗣他（2004）「幼児の自然体験活動を通した保育・教育実践Ⅰ：実践概要と幼児の印象描画及び記述による分析」『日本体育学会大会号』第55号

菅野靖子・村山伸子（2011）「幼児における野菜栽培体験が野菜摂取に及ぼす影響」『新潟医療福祉学会誌』第11巻第1号

杉原隆他（2011）「幼児の運動能力と基礎的運動パターンとの関係」『体育の科学』第61号

杉原隆・河邉貴子（2014）「幼児期における運動発達と運動遊びの指導」『ミネルヴァ書房』

多々納道子・山田千尋（2012）「幼稚園における食育の実態と課題」『島根大学教育学部紀要』第46巻

谷田創他（2007）「食農リテラシーを高めるための幼児を対象とした家畜介在教育に関する研究Ⅰ―三原幼稚園における食農に対する保護者と園児の意識―」『広島大学　学部・付属共同研究機構研究紀要』第35号

谷田創他（2008）「食農リテラシーを高めるための幼児を対象とした家畜介在教育に関する研究Ⅱ―家畜の代替としてのウサギの適切な飼育ガイドライン―」『広島大学　学部・付属共同研究機構研究紀要』第36号

谷田創他（2009）「食農リテラシーを高めるための幼児を対象とした家畜介在教育に関する研究Ⅲ」『広島大学　学部・付属共同研究機構研究紀要』第37号

谷田創他（2010）「大学付属農場を活用した幼児に対する家畜との関わりを通した食農教育に関する研究―「CoP - AAE：動物介在教育のための実践コミュニティ」構築の試み―」『広島大学学部・付属共同研究機構研究紀要』第38号

吉田伊津美他（1999）「幼児の運動能力の発達と園環境・家庭環境・遊びの傾向との関係」『日本体育学会大会号』第50号

【領域　人間関係】

Gorges, R.(1999) Vernachlässigt der Waldkindergarten die Schulfähigkeit? In: *KiTa-aktuell* (Ausgabe Baden-Württemberg), Heft 5.

Gorges, R.(2000) Der Waldkindergarten –ein aktuelles Konzept kompensatorischer Erziehung, In: *Unsere Jugend*, Heft 6.

Häfner, P.(2008) *Natur- und Waldkindergärten in Deutschland: Eine Alternative zum Regelkindergarten in der vorschulischen Erziehung?*, VDM.

今村光章（2011）『森のようちえん：自然のなかで子育てを』解放出版

今村光章（2013）『ようこそ！森のようちえんへ』解放出版

伊藤篤他（2010）「自然や地域社会を学習環境として取り入れた幼児教育実践―幼児の協同する経験と学びの連続性に着目して―」『神戸大学大学院人間発達環境学研究所研究紀要』第4巻第1号

嘉成頼子（2011）「『いま、ここ』にいのちの源流を」（今村光章（2011）『森のようちえん：自然のなかで子育てを』解放出版　所収）
木戸啓絵（2010）「現代の幼児教育から見たドイツの森の幼稚園」青山学院大学『教育人間科学部紀要』第1号
木戸啓絵（2016）「『森のようちえん』における他機関との連携の実態―三重県の事例から―」『岐阜聖徳学園大学短期大学部紀要』第四十八集
三重県（2016）『野外体験保育有効性調査　報告書』
Miklitz, Ingrid (2015) *Der Waldkindergarten Dimensionen eines pädagogischen Ansatzes*, 5.Auflage, Cornelsen.
中島久美子（2013）「自分で考え自分で決める！」（今村光章編『ようこそ！森のようちえんへ』解放出版　所収）
中村紘子（2016）「デンマークの『森の幼稚園』における保育観：『詩的ファンタジー』に着目して」『お茶の水女子大学子ども学研究紀要』第4号
西澤彩木（2013）「自分たちで生活をつくれるように！」（今村光章編『ようこそ！森のようちえんへ』解放出版　所収）
NPO法人全国森のようちえんネットワーク連盟［http://morinoyouchien.org/］2018年5月8日閲覧
友定啓子（2012）「『森の幼稚園』の保育的意義：人とかかわる力を育む視点から」『山口大学教育学部、研究論叢・芸術・体育・教育・心理』[61]
内田幸一（2013）「日本型？森のようちえん」（今村光章編『ようこそ！森のようちえんへ』解放出版　所収）

【領域　環境】
青山優子・瀧伸子（1997）「幼児の表現を育てるための一考察：子どもの自然環境の気づきを通して」『日本保育学会大会発表論文集』第50号
Hosaka Tetsuro 他 (2017) Effects of childhood experience with nature on tolerance of urban residents toward hornets and wild boars in Japan, *PLOS ONE*.
井戸ゆかり他（2002）「保育現場における動物飼育（第2報）―動物飼育を通したコミュニケーション―」『日本保育学会大会発表論文集』第55号
井上美智子（2009）「幼児期の環境教育研究をめぐる背景と課題」『環境教育』第19号
――（2012）『幼児期からの環境教育　持続可能な社会に向けて環境観を育てる』昭和堂
――（2009）「幼稚園における自然や環境を主題とした園内研究事業の実施状況と実施内容―環境教育の視点からの分析―」『大阪大谷大学紀要』第43号
伊藤篤他（2010）「自然や地域社会を学習環境として取り入れた幼児教育実践―幼児の協同する経験と学びの連続性に着目して―」『神戸大学大学院人間発達環境学研究所研究紀要』第4巻第1号
岩本廣美他（2007）「自然素材を活かした幼児の感性を高める保育実践の研究―土・砂との触れ合いを中心に―」『教育実践総合センター研究紀要』第16号
梶浦恭子・今村光章（2015）「なぜ幼児は「森のようちえん」で枝を拾うのか―幼児の行動記録を手がかりに―」『環境教育』第24号
金子仁（2015）「自然体験が育む幼児の生きる力の育成―森の幼稚園での活動を通して学ぶこと―」『育英短期大学幼児教育研究所紀要』第30号
木村美知代　他（2003）「空間の雰囲気を活かした自然環境の充実をめざして」『愛知教育大学実践総合センター紀要』第6号
北澤明子（2015）「自然とかかわるこどもを捉える視点―樹木から広がる幼児のかかわりの分析を通して①―」『秋草学園短期大学紀要』第32号
兒玉夏子（2007）「遊びの中の学び：自然と関わる活動の事例を通して幼児が学んでいることを探る」『東京文化短期大学こども教育研究所紀要』第3号
国立青少年教育振興機構他（2010）『子どもの体験活動の実態に関する調査研究　報告書』
中坪史典他（2010）「アフォーダンスの視点から探る「森の幼稚園」カリキュラム―素朴な自然環境は保育実践に何をもたらすのか」『広島大学学部・附属学校共同研究紀要』第39号
小倉薫（2002）「幼児期における自然との関わりから得る心の育ちに関する研究：小動物（アゲハの生態）を通して」『日本保育学会大会発表論文集』第55号
大仲美智子他（2012、2013）「子どもと自然・命のつながりを知る　保育実践のあり方を探る1、2、3」『大阪大谷大学幼児教育実践研究センター紀要』第1、2、3号
大澤力他（2004）「幼児教育における身近な自然作りの一考察―東京家政大学附属みどりヶ丘幼稚園におけるビオトープ作りの検討―」『東京家政大学博物館紀要』第9集
大谷修司他（2007）「幼児の植物概念と目的論的思考：食用植物の栽培を通して」構築の試み」『島根大学教育学部紀要』第41号
松田順子（2004）「自然を生かした保育環境に関する研究―散歩、園庭保育を通して―」『東九州短期大学研究紀要』第10号
Soga Masashi他 (2016) Both Direct and Vicarious Experiences of Nature Affect Children's Willingness to Conserve Biodiversity, *Environmental Research and Public Health.*
田尻由美子　無藤隆（2005）「「自然とかかわる保育」で育つ力についての評定基準と実証的研究の試み」『精華女子短大紀要』第31号
高田憲治（2003）「自然と触れ合う環境づくりの実践と課題　その3―園庭の自然環境の変化と子どもの姿―」『日本保育学会大会発表論文集』第56号
柘植純一他（2013）「幼児が身近な自然と触れ合える環境の整備―幼稚園におけるバタフライガーデンの設置と活用―」『環境教育』第22号（3）
和田公子（2006）「子どもの遊びにつながる環境―事例研究の考察から―」『奈良佐保短期大学研究紀要』第14号

【領域　言葉】
近藤綾・渡辺大介他（2008a）「保育における自然体験活動でのオノマトペ表現に関する実態調査」『幼年教育研究年報』第30巻
近藤綾・渡辺大介他（2008b）「自然体験活動の中で見られる幼児のオノマトペの機能に関する一考察―観察事例による検討―」『広島大学大学院教育学研究科紀要』第3部第57号
中村紘子（2016）「デンマークの「森の幼稚園」における保育観―「詩的ファンタジー」に着目して―」『お茶の水女子大学子ども学研究紀要』第4号
田尻由美子・無藤隆（2005）「「自然とかかわる保育」で育つ力についての評定基準と実証的研究の試み」『精華女子短期大学研究紀要』第31号

【領域　表現】
石倉卓子（2012）「幼児の育ちに必要な園庭環境の検討―表現行為を可能にする自然材と道具の関係性―」『保育学研究』第50巻第3号
石倉卓子・竹井史（2006）「造形表現を拓く自然材の可能性―幼児の“造形的遊び”についての事例的考察―」『富山大学人間発達科学部紀要』第1巻第1号
岩本廣美・平賀章三他（2007）「自然素材を活かした幼児の完成を高める保育実践の研究―土・砂との触れ合いを中心に―」『奈良教育大学教育実践総合センター研究紀要』第16巻
梶浦恭子・西澤彩木（2017）「自然物を手にする幼児はどのような表現をするのか：幼児の行動記録を手がかりに」『名古屋学院大学論集　人文・自然科学篇』第53巻第2号

　子どもの脳は、後部（視覚、聴覚など）から前部（論理的思考能力など）に向かって発達が進む。脳神経細胞をつなぐネットワークを1本の〝道〟だと仮定すると、環境適応性を上げるために最初に沢山の道を作る。そしてあるところからは、情報伝達の効率化のため、使う道は高速道路にし、使わない道は壊していく。道路が強靭になれば、それだけ情報伝達がスピーディーかつ確実にでき、「頭の回転が速い」「賢い」「記憶力がいい」ということにつながる。強靭な脳のネットワークを作るには、脳の発達が著しい子どものうちに、よりたくさんの良質な刺激を脳に与え、道路をたくさん作っておくことが要といえる。

　子どもの脳の発達において重要なのは、①運動、②好奇心、③コミュニケーションの3つである。人間の脳は特に、3～6歳くらいに運動野の発達のピークを迎える。舗装された平坦な道ではなく、起伏のある自然の道を歩くことで骨格や筋肉と併せ、脳の発達も促される。また、人間は2歳頃から、「これは何だろう」「どうしてこんなことが起きるのだろう」といった好奇心を持ち始めるが、知的好奇心はまさに〝自然〟が育む。自然というものは、科学技術がどんなに高度になっても、思い通りの管理や100％の操作をすることはできないものだ。まさに無限の広がりと奥深さがあり、いくら追及しても限界がなく、知っても知っても知り切れないものがある。人工物ではこうはいかない。子どもの脳は、様々な刺激を受ければ受けただけ、発達が促進される。コミュニケーション能力は前頭前野が司るが、これは小学校高学年頃から特に発達する。共通の興味・関心を持つグループの方がより親密な人間関係を通じてコミュニケーションが磨かれることから、地域のスポーツチームやボーイスカウト、キャンプやファミリー登山がお勧めだ。予想できない状況や出来事の中で、適応能力が高まり、コミュニケーション能力や共感性も身につく。

　子どもが好奇心を持つのは、早ければ早いほど良い。その方が驚きや感動が大きく、脳への働きかけの効果も大きいからだ。つまり、自然の中に出て行くのは、早ければ早いほど良いといえる。子どもの世界観、価値観、興味、好き嫌いなどは10歳くらいまでに大部分が形成されるともいわれている。知的好奇心は仮想と現実をつなぐことでさらに深められることから、絵本や図鑑を見てまずは知り、現実の自然で本物を知るという、仮想と現実を結びつける経験が大事だ。まさに自然は、子どもが賢く育つ可能性にあふれた宝の山といえる。

子どもの“脳”を育てる 偉大な自然～脳科学の視点から

瀧靖之
Yasuyuki Taki
東北大学加齢医学研究所教授。1970年北海道生まれ。医師。医学博士。脳MRI画像を用いたデータベースを作成し、脳の発達や加齢のメカニズムを研究。「アウトドア育脳のすすめ」山と渓谷社（2018年）、「はじめてのずかん　みぢかないきもの」講談社（2018年）監修をはじめ著書多数。

第2章

「森と自然を活用した保育・幼児教育」が生み出す社会的効果

「森と自然を活用した保育・幼児教育」は、その取組みが広がるにつれ、保育・幼児教育の質の向上という「教育的効果」に加えて、社会全体に様々な効果をもたらしていることが明らかになってきました。

本章では、特に①地方創生・移住促進、②保育所・幼稚園等の持続的な運営、③森林整備・保全の推進、④森林環境教育・森林ＥＳＤの推進など、「森と自然を活用した保育・幼児教育」がおよぼす社会的効果を概観します。

第1章でも概観したように、「環境を通した保育・幼児教育」が基本である幼児期において、「森と自然を活用した保育・幼児教育」を推進することは、森林・自然等が有する多様性・流動性といった環境の特性によって、「健康」「人間関係」「環境」「言語」「表現」の5領域における保育・幼児教育の質を高め、非認知的能力や自己肯定感等を高め、グローバル社会を「生きる力」を育むなどの多くの教育的効果を生み出す可能性があることが分かりました。

他方で、全国各地で「森と自然を活用した保育・幼児教育」の実践が積み重ねられる中で、子育て世代の移住が促進されたり、地域の森林・里山保全活動が活性化したり、高齢者の生きがいづくりが進むなど、地域社会が抱える様々な課題解決にも資する、多様な社会的効果を生み出す諸実践が台頭し、それらを裏付けるような科学的データも明らかになってきました。

こうしたことから、現在の日本また農山村地域が抱える過疎化・高齢化・少子化、手入れが遅れる森林・里山等の多様な課題解決の糸口となることを期待して、全国各地で自治体による支援も拡がりをみせています。

そこで、本章では特に、①地方創生・移住促進、②保育所・幼稚園等の持続的な運営、③森林整備・保全の推進、④森林環境教育・森林ESDの推進などの視点から社会的効果を生み出している状況を概観します。

1 地方創生・移住促進への効果

2014年に日本創成会議が「消滅可能性」自治体という概念を提示し、地方自治体による人口減少社会への対応への要請が高まりました。序章でも紹介したように、「森と自然を活用した保育・幼児教育」に対する国や自治体の動きは、このような動きを踏まえて、子育て世代の移住促進も期待して加速したという側面もありますが、本節では、それらの裏付けとなる子育て世代のニーズ等の各種調査結果を紹介します。

①移住をしたいと思うきっかけ（内閣府「東京在住者の今後の移住に関する意向調査」）

内閣府は、2014年から東京一極集中を是正して、地方の減少に歯止めをかけ、日本全体の活力を上げることを目的として「地方創生」の取組を開始しました。その中で、2014年には「東京在住者の今後の移住に関する意向調査」が実施され、東京在住者は、東京都から移住する予定又は移住を検討したいと思っているとした回答者は約4割に上り、関東圏以外の出身者では約5割に達しました（**図表2－1**）。

また、移住をしたいと思ったきっかけは、性別・年齢層別に大きく異なる傾向が見えてきました。男性は「就職」、「早期退職」、「転職」、「定年退職」などと、一貫して就労環境の変化がきっかけになる一方、女性は「結婚」、「子育て」、「親族の介護」などの家庭環境の変化がきっかけとなることが多く、特に、10・20代と30代の女性は「結婚」と「子育て」を挙げる回答者が多くみられました（**図表2－2**）。

②子育てに適している地域に関する意識（内閣府「農山漁村に関する世論調査」）

また、同じく2014年に実施された内閣府の「農山漁村に関する世論調査」では、「都市地域」と「農山漁村地域」

図表2-1：東京在住者の移住の希望の有無

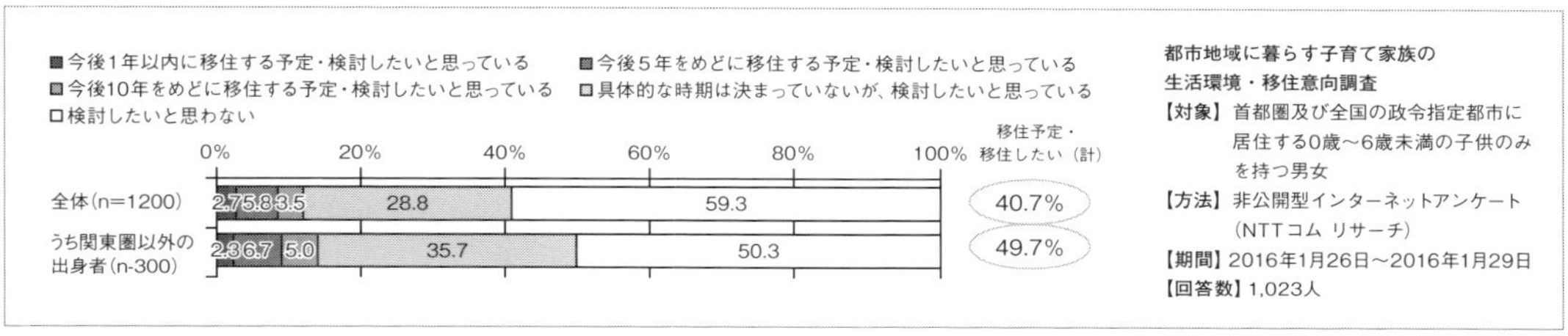

図表2-2：移住をしたいと思ったきっかけ（数字は%）

年齢層	男性	女性
10・20代	① 就職（28.6） ② 転職（16.1） ② 子育て（16.1）	① 結婚（39.3） ② 子育て（32.1） • 妊娠・出産（19.6）
30代	① 早期退職（29.2） ② 転職（22.9） • 結婚（20.8） • 子育て（20.8）	① 子育て（25.5） ② 結婚（19.1）
40代	① 早期退職（31.6） ② 親族の介護（21.1）	① 親族の介護（25.0） ② 早期退職（18.2）
50代	① 早期退職（49.2） ② 親族の介護（11.5）	① 早期退職（34.1） ② 親族の介護（24.4）
60代	① 定年退職（45.5） ② 親族の介護（15.9） • 子や孫との同居・近居（15.9）	① 定年退職（38.2） ② 子や孫との同居・近居（8.8）

図表2-3：子育てに適している地域に関する意識

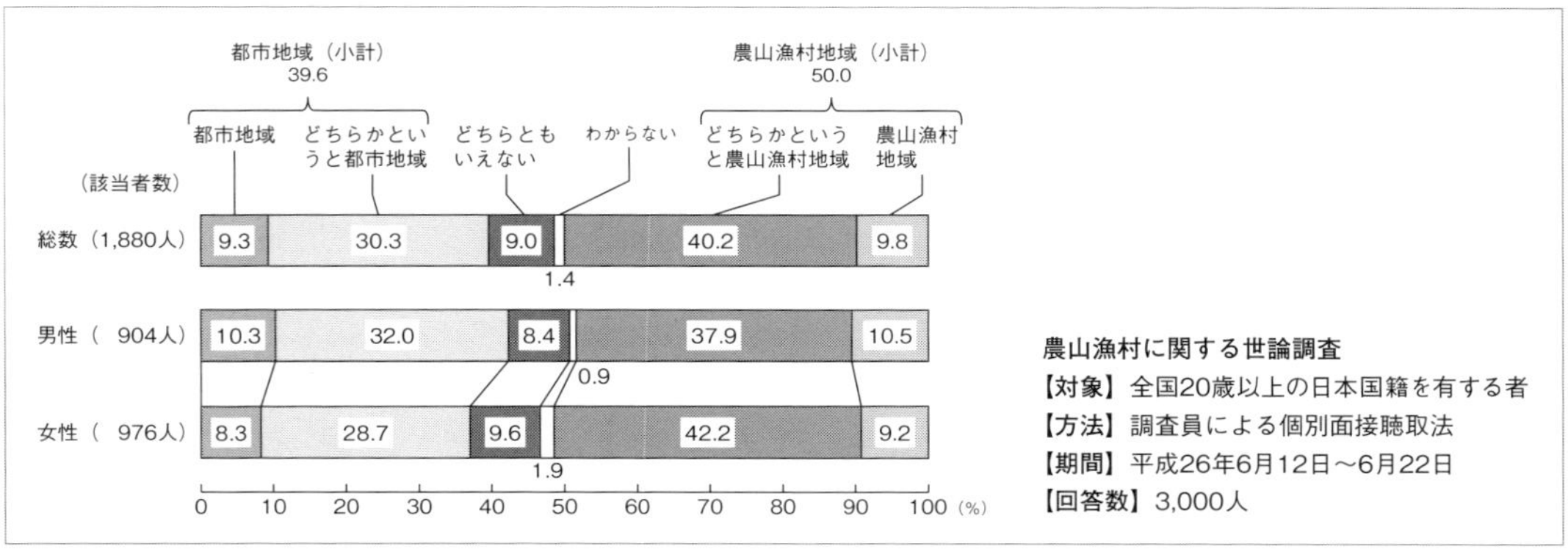

のどちらが子育てに適しているかに関して調査が行われました。その結果、全体では「都市地域」とする回答者の割合が39・6％、「農山漁村地域」とする回答者が50・0％を占め、女性はより「農山漁村地域」とする回答がより多い傾向が見られました（**図表2‐3**）。さらに年代別の傾向では、20〜29歳は「都市地域」との回答の割合が38・6％、「農山漁村地域」とする回答は55・8％にもなっており、若年世代の方がより「農山漁村地域」を志向する傾向が見られました。

これまでの移住施策を概観すると、男性の移住の動機に関連するような地域の求人情報の紹介・斡旋や一次産業への就労支援、住居の紹介等の支援策が多くみられています。他方、若年女性が関心のある、子育て環境の変化に対応した移住施策、特に都市部ではなく地方ならではの子育て環境の魅力を紹介した取組は、余り見られなかったと言えます。

こうしたことから、若年女性の移住の動機に合わせて、地方が有する豊かな自然を活かした子育て環境の魅力を紹介する象徴的な取組として、「森と自然を活用した保育・幼児教育」への注目が高まったといえるでしょう。

③子育て世代の自然体験・移住へのニーズ（NTTデータ経営研究所「都市地域に暮らす子育て家族の生活環境・移住意向調査」）

さらに、地方が有する豊かな自然を活かした子育てへの関心の高まりを踏まえて、都市地域に居住する子育て世代の細かなニーズ等を把握するために、首都圏や政令指定都市に居住し、未就学児のみを抱える子育て世代を対象として、NTTデータ経営研究所により「都市地域に暮らす子育て家族の生活環境・移住意向調査」（2016年）が実施されました。

都市部での子育てで抱えるストレス

首都圏や政令指定都市などの都市部に暮らす子育て世代の親の、約75％は子育てによるストレスを感じていました。そして、子育てにおけるストレスや不安の要因としては、「子育ての時間的拘束が大きい」（43・3％）、「子育てに係る経済的な負担が大きい」（39・2％）、「子育てと仕事の両立が難しい」（28・9％）など、

図表2-4：地方への移住・転職を考えるきっかけ

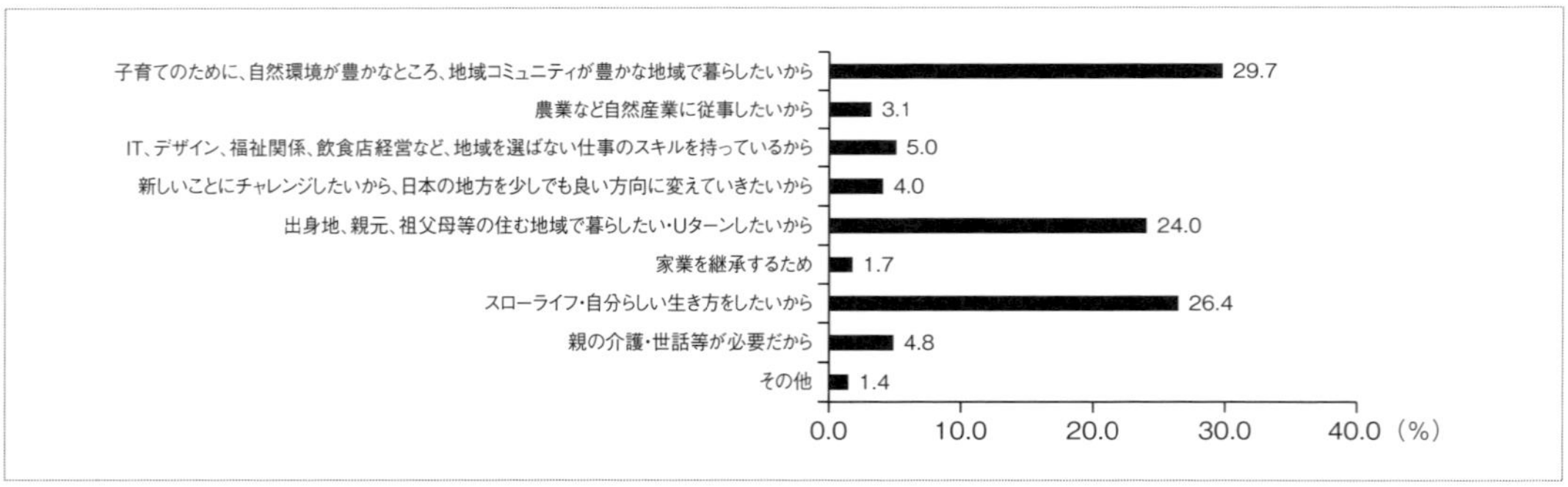

図表2-6：子どもの“自然体験”の実施状況

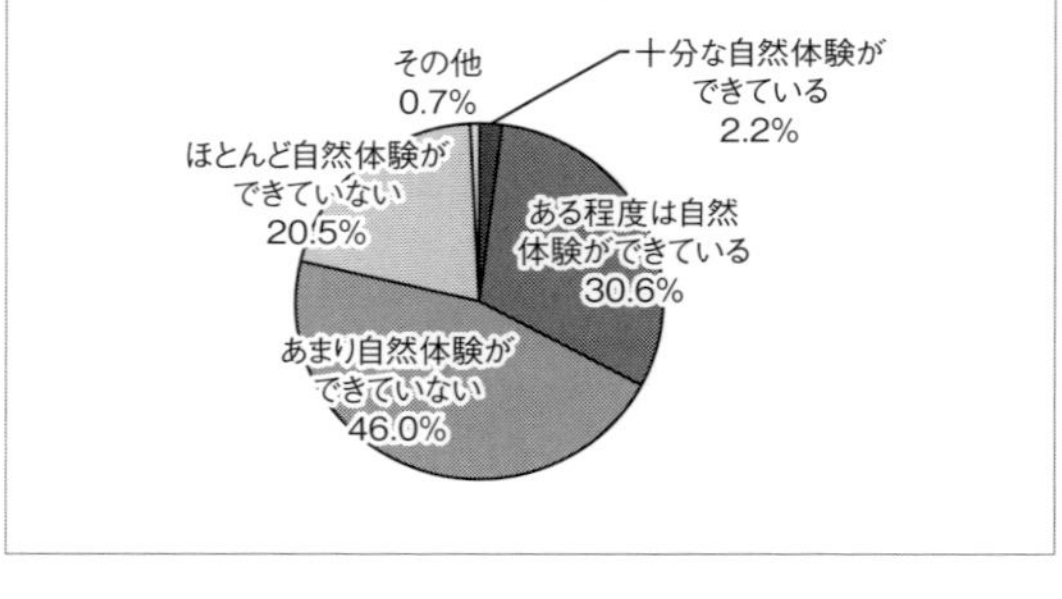

図表2-5：自然体験が子どもの成長に良い影響を及ぼすことへの認知度

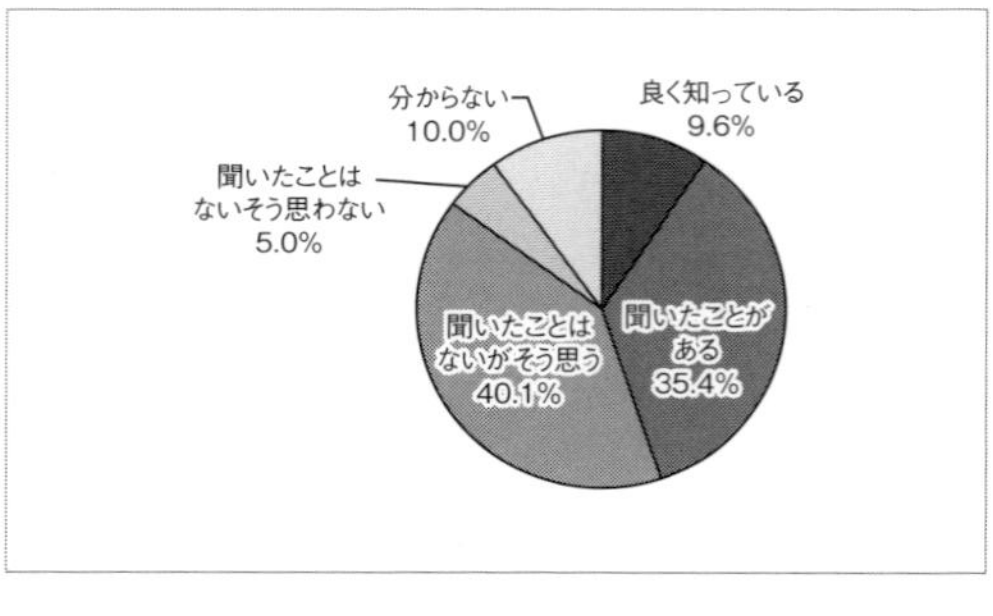

長時間勤務が多く、通勤時間が長い都市部の就労環境に起因すると想定されるストレスが多い状況が見受けられました。また、「外遊びが少ない」（15・9％）、「テレビ・ゲーム等への依存が大きい」（13・2％）、「物音への配慮が必要」（10・9％）といった子どもの遊び環境にも関連するストレスも少なからず見られました。

地方への移住・転職を考えるきっかけ

地方への移住・転職については、前述の内閣府の調査と同様に、約4割に関心がありましたが、地方への移住・転職を考えるきっかけとしては、「子育てのため、自然豊かなところ、地域コミュニティが豊かな地域で暮らしたい」（29・7％）が最も多く、次いで「スローライフ・自分らしい生き方のため」（26・4％）、そして「出身地、親元、祖父母等の住む地域で暮らしたい・Uターンしたい」（24・0％）という傾向が見られました（**図表2・4**）。子育て世代の意識として、子育てのために自然豊かなところなどで暮らしたいというニーズが浮かび上がりました。

子どもの自然体験の影響の認識と実態

自然体験が子どもに良い影響を及ぼすことについての認知度については、約85％の子育て世代が「聞いたことがある」または「聞いたことはないが、そう思う」と回答しており、多くの子育て世代が自然体験の意義を認識していました（**図表2・5**）。

一方、子どもの自然体験について「実施できている」と答えた子育て世代は約3割にとどまり、約7割は「できていない」と回答するなど、自然体験がよい影響を及ぼすことはわかっているものの、実際には子どもに自然体験の機会が設けられていないことへの課題がある状況がわかりました（**図表2・6**）。

移住先の幼稚園・保育園等にあると良いもの

こうしたことから、地方へ移住・転職を行った場合、移住先の保育園・幼稚園にあると魅力であるものについては、「自然環境を活かし、子供の五感、生きる強さ、主体性を育成する保育・教育のある

図表2-8：“森のようちえん” への関心

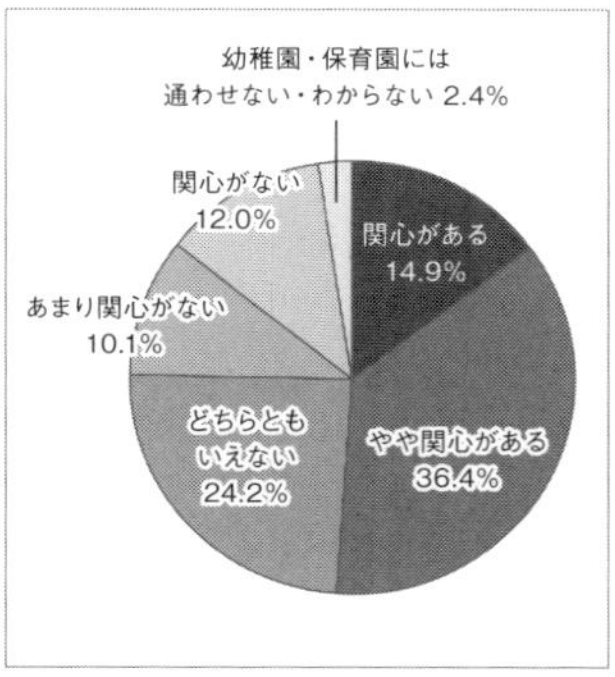

図表2-7：移住先で魅力ある保育・教育と思うもの

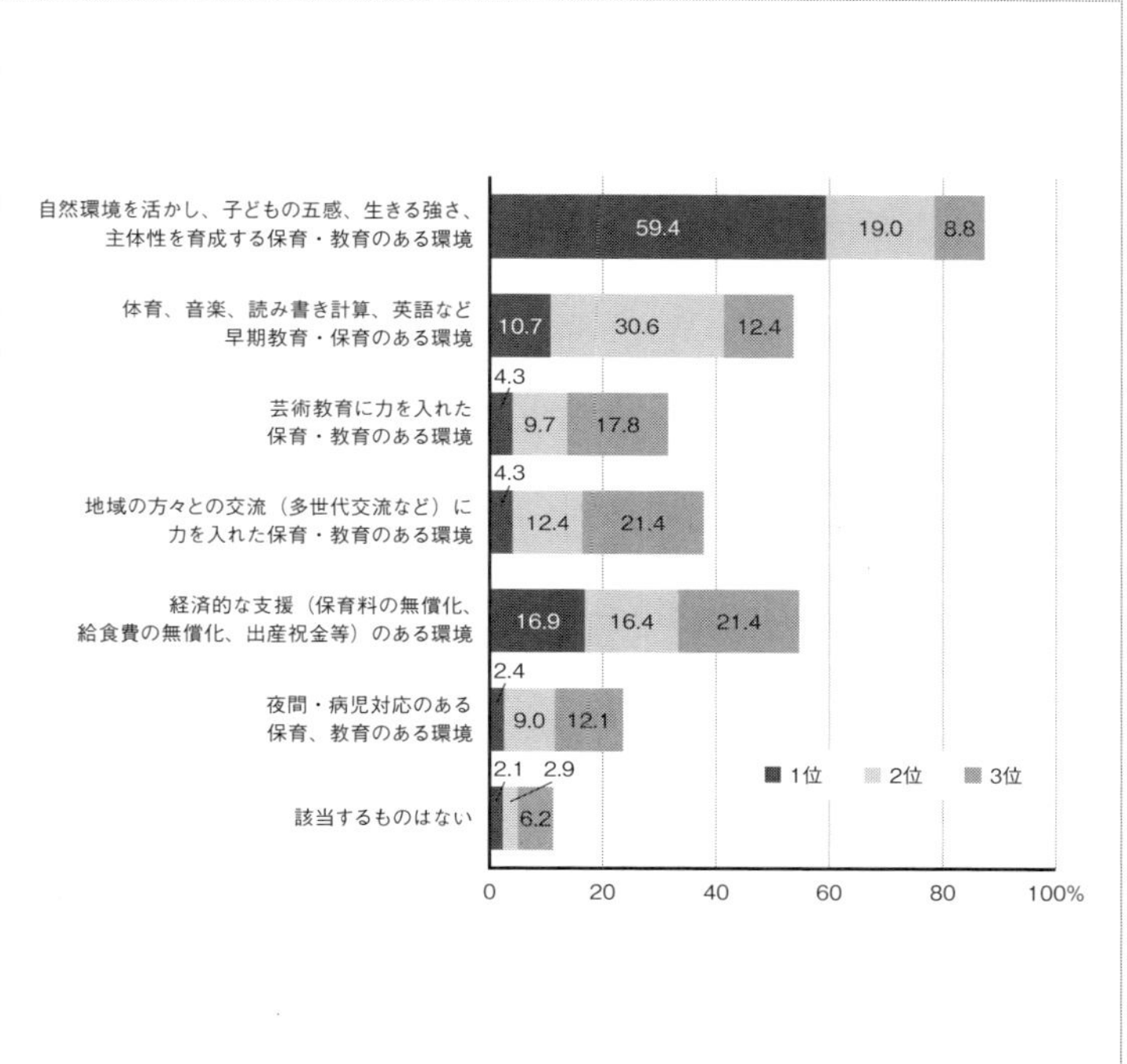

都市地域に暮らす子育て家族の
生活環境・移住意向調査（図表2-4〜8）
【対象】 首都圏及び全国の政令指定都市に居住する
0歳〜6歳未満の子供のみを持つ男女
【方法】 非公開型インターネットアンケート
（NTTコム リサーチ）
【期間】 2016年1月26日〜2016年1月29日
【回答数】 1,023人

環境」が最も多い結果となり、約9割の子育て世代が自然環境を活かした保育・教育を求めていることが明らかになりました（**図表2-7**）。現在は、「幼児教育無償化」が全国レベルで導入されることになりましたが、調査当時には移住施策として、「保育料無償化」等の経済的な支援を特色として挙げている自治体も散見されました。しかし、第1位で比較すると、「経済的な支援」が16・9%である一方、「自然環境を活かした保育・教育」が59・4%と約4倍の訴求力があり、「早期教育」や「芸術教育」等と比較しても、各段とニーズが高いことが明らかになりました。

また、現在の居住地又は移住・転職したいと思っている地域に〝森のようちえん〟がある場合、子どもを通わせることへの関心については、半数以上が「関心がある」「やや関心がある」という傾向にもありました（**図表2-8**）。

地方への移住・暮らしを紹介するイベント等で、参加してみたいもの

現在、全国の自治体が、都市部で地方への移住促進に向けたイベント等を開催していますが、それらの中で参加してみたいものを聞いたところ、「地方（現地）で開催される〝自然の中でのあそび体験会〟〝子育て環境の体験会〟」（46・8%）が最も多く、次いで「地方で開催されるおまつりなど」（34・3%）、「地方で開催される農業体験、自然体験会」（29・7%）となっており、より具体的なイメージを体感できる現地開催イベントへの参加意向が高い傾向が見られました。そして、特にその中でも、約半数の子育て世代が、子育て環境としての自然環境の良さを体験する行事が最もニーズが高いことが示されました（**図2-9**）。

今後の出産の意向

今後の出産の意向について、「現在の環境の場合」と「地方に移住した場合」で聞いたところ、「もう1人子供がほしい」、「もう2人子供がほしい」、「もう3人以上子供がほしい」という回答者はそれぞれ増加しており、合わせると約1割の子育て世代が地方に移住することで、子供を増やしたいという意向がありました。また、「子供を増やすことを望んで

図表2-9：参加してみたい地方移住・暮らし紹介イベント

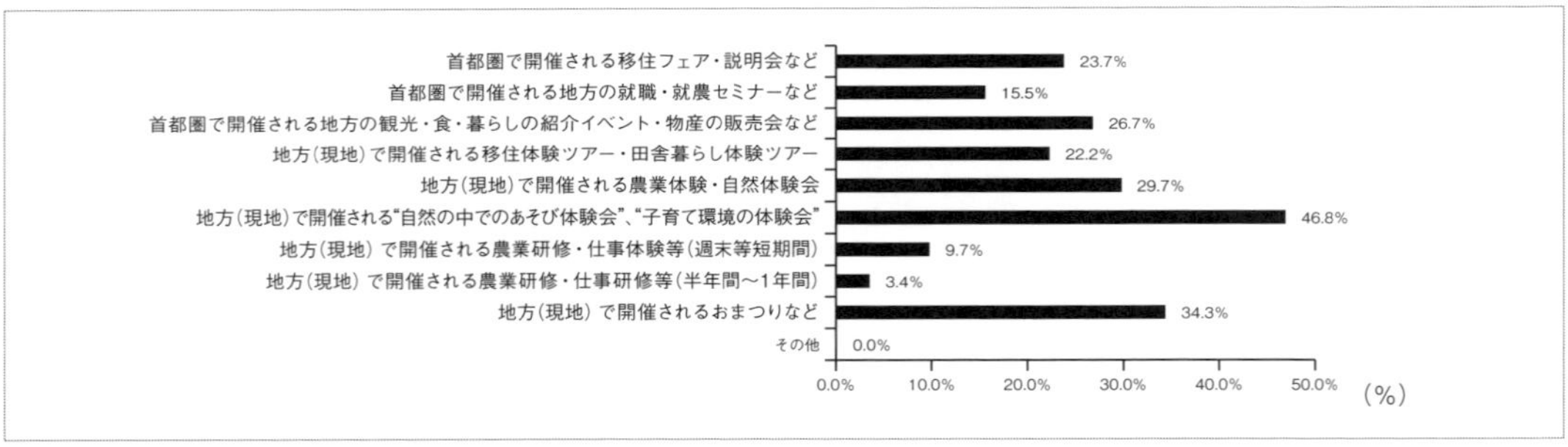

図表2-10：現在の環境および移住した場合の出産希望

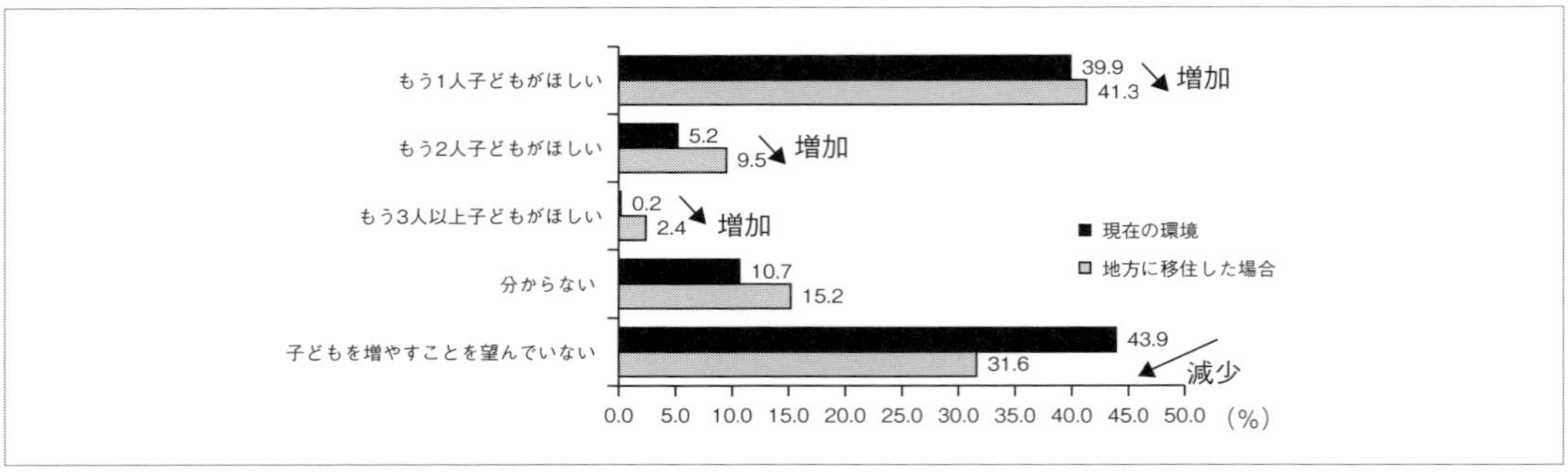

いない」という割合も、現在の環境では43・9%であるのに対し、地方に移住した場合には31・6%と1割以上も減少しており、都市部より地方での暮らしの方が、多子意欲が高まる傾向にありました。（図2-10）

地方創生・移住促進に寄与する多様な取組事例

このように、都市部に暮らす子育て世代が地方に移住を検討する際には、自然豊かな環境での子育てを行いたいと考える割合が高まっており、「森と自然を活用した保育・幼児教育」の促進が、子育て世代の移住促進の誘因になる可能性が高いことが、調査結果からも伺うことができました。

実際にも、2009年から活動を開始した「智頭町森のようちえん まるたんぼう」（参照 事例編P・188）では、これまで37家庭57名の園児が移住しており、家族含め100名を超える世帯の移住を果たしていることが報告されています。そして、同様に子育て世代の移住促進の効果は、事例編の中でも多くの事例が紹介されています。

なお、「森と自然を活用した保育・幼児教育」の促進を通した地方創生等の効果は、その他にも様々な可能性が考えられます。

農山漁村地域では、女性の就業機会が少ないことが指摘されています。こうした中で、医療・福祉或いは教育・学習支援業は、女性の就業比率が高い業種であり、「森と自然を活用した保育・幼児教育」による移住促進を図り、園児を増やすことで、農山漁村地域における女性の就業機会を拡充させる可能性があります。

また、農山漁村地域への移住者にとって、地域の集落のコミュニティに馴染み、溶け込んでいくことが何よりも重要です。そうした際に、乳幼児期においては、保護者は送迎で幼稚園・保育園等に通うことから、保護者同士が日常的に交流しやすく、また同世代同士ということもあり、様々な子育ての悩みや日常の生活の情報交換を行うなどで、移住者が地域住民等と関係性を深め合いやすい層とも言えるでしょう。こうしたことから、都市住民にニーズがありつつ、移住者が地域コミュニティに馴染み、溶け込んでいく潤滑油としても、「森と自然を活用した保育・幼児教育」は可能性を秘めているといえます。

さらには、事例編でも幾つかの事例で紹介されていますが、「森と自然を活用した保育・幼児教育」を取り組む保育園・幼稚園等は、園外の地域の森林や自然等を訪れたり、農林業等の地場産業を営む方々や地域住民ともふれあうことが多いことから、地域のにぎわいとともに、地域住民等のエンパワーメントにも寄与する可能性もあると言えます。

2 保育所・幼稚園等の持続的な運営（園児・保育士等の確保）

事例編等の取組を概観すると、「森と自然を活用した保育・幼児教育」に取り組むことで、保育所・幼稚園等の持続的な運営を図る動きも見受けられます。

移住促進による園等の休園・廃園等の回避および復活

全国の農山村地域において、過疎化・少子化の進展によって、やむを得ず保育所・幼稚園等を閉園・休園したり、統合するケースが散見されます。さらに、過疎化が進展する集落の子育ての核である保育所・幼稚園等が無くなることで、子育て世代の人口流出に繋がったり、さらには学校の統廃合に繋がってしまうケースも見受けられます。

そのような農山村地域の例に漏れず、長野県伊那市の「高遠第2・第3保育園」（参照 事例編P・187）は、定員割れによる休園の危機に直面していましたが、長野県が創設した「信州型自然保育認定制度」の認定を受け、特色ある「森と自然を活用した保育・幼児教育」を取り組むとともに、地域住民とも連携した移住促進の取組を行ったことで移住者を獲得でき、現在では園児の約6割は移住者となる中で、保育所を継承することができています。

また、鳥取県智頭町の「智頭町森のようちえん　まるたんぼう」や、島根県津和野町の「山のこども園　うしのしっぽ」（参照 事例編P・170）などは立地する集落の保育所が閉園・統合されてしまった中で、改めて当該集落に保育施設を復活させた事例でもあります。

特色ある保育・幼児教育による園児の確保

また、比較的都市部に近い地域においても、少子化と共働き世帯の増加等の影響もあり、閉園となってしまう幼稚園も散見されます。

北海道恵庭市の「恵庭幼稚園」（参照 事例編P・178）は、かつては設定保育を中心に早期教育に取り組んでいましたが、園児数は減少傾向にあったことから、保護者へのアンケート調査を行いました。そうしたところ、早期教育より自然体験等を通して培える資質・能力へのニーズが高かったことから、園庭の改良や近隣の森林の借り受けをして、「森と自然を活用した保育・幼児教育」に取り組み、保護者が自然の中での子どもの主体的な成長を感じられるようになったことで、園児数の増加が実現できています。

また、高知県高知市の「認定こども園もみのき幼稚園・めだか園」（参照 事例編P・167）は、地域の森林や農地等の自然を活かした特色ある保育・幼児教育に取り組むことで、多くの園児の入園を実現して、少子化のため廃園寸前であった私立幼稚園の運営を継承することができています。

特色ある保育・幼児教育による保育士・教師の確保

近年は、農山村地域の保育所・幼稚園等では、園児の確保とともに、保育士・教師が確保できないことで、定員を縮小せざるを得ないケースも散見されます。

山梨県北杜市の「清里聖ヨハネ保育園」（参照 事例編P・183）は、「森と自然を活用した保育・幼児教育」を明確に打ち出した保育をはじめることで、移住者の園児を確保できるようになるとともに、山梨県北杜市内では、保育士不足に悩まされる保育所等が多い中で、保育士の約7割を移住者から確保できているなど、スタッフの確保の観点でも効果を発揮しています。

事例編で紹介している他の保育所・幼稚園等でも、同様の傾向は見受けられますが、長野県が定期的に東京等で開催している「信州やまほいくセミナー」には、移住して我が子を預けたいと思う保護者とともに、「信州型自然保育認定制度」の認定園への転職・就職を目的に保育士が参加するケースも少なくないと言われており、都市部から長野県内の認定園への転職・就職したケースも増えています。

3 森林整備・保全活動の推進

国民参加の森林づくりの推進

森林は、国土の保全、水源の涵養、生物多様性の保全、地球温暖化防止等を通して、国民が安全で安心して暮らせる社会の実現に貢献するとともに、森林とのふれあいや体験活動・教育活動の場などを提供するなどの多面的機能の発揮を通じて、私たちの暮らしを支える大切な存在です。そのため、我が国の森林の整備・保全は、森林所有者や農山村地域に暮らす人々、林業関係者や行政関係者だけでなく、多面的機能の受益者である国民や企業・NPO等などを含めて、社会全体で日本の森林を支えていくことが必要となります。

こうした中で、林野庁や国土緑化推進

機構では、戦後から「全国植樹祭」や「全国育樹祭」等の緑化行事や、「緑の募金」等の活動を通して「国土緑化運動」を取り組んできましたが、1986年からは、国民一人ひとりが森林を自分のものとして考え、それぞれの立場で、可能な方法で、森林づくりに参加するという「国民参加の森林づくり」を推進しています。

学校・青少年団体・NPO・企業に拡がる森づくり

このような取組を通して、現在では全国に「学校林」が約2，500箇所設定され、緑と親しみ、愛し、守り育てる活動を行う「緑の少年団」が約3，330団、市民等による自発的に森づくりを行う「森林NPO・ボランティア団体」が約3，000団体結成され、企業のCSR等の一環として取り組む「企業の森」が約3，550箇所設定されるなど、大きな広がりになっています。

しかしながら、「学校林」や「緑の少年団」は、その多くは森林が所在する農山村地域で設置・結成されているため、少子化の影響で統廃合が進む中、減少傾向にあります。また、「森林NPO・ボランティア団体」や「企業の森」も、1995年の「ボランティア元年」、2003年の「CSR元年」から一定期間が経過する中でブームが過ぎ去り、停滞したり伸び悩んだり、その担い手の高齢化や固定化・マンネリ化等の課題が見られます。

「学校林」・「緑の少年団」×「森と自然を活用した保育・幼児教育」の可能性

こうした中で、近年これらの「学校林」「緑の少年団」や「森林NPO・ボランティア団体」「企業の森」の活動の活性化に向けて、各地で「森と自然を活用した保育・幼児教育」と組み合わせた活動が台頭しています。

これまで「学校林」や「緑の少年団」は、主に小学校等の義務教育における取組として推進されてきましたが、第1章でもご紹介したように、幼児期の保育・教育においては、外遊びや自然とのふれあいの重要性が示されてきたことを鑑み、幾つかの都道府県や都道府県緑化推進委員会では、保育所や幼稚園等の取組も支援対象とすることで、取組に拡がりが見られています。

「森林NPO・ボランティア団体」・「企業の森」×「森と自然を活用した保育・幼児教育」の可能性

また、「森林NPO・ボランティア団体」については、会員の高齢化が進んでいることから、林野庁が定期的に実施している「森林づくり活動についての実態調査」においては、「資金調達」より「会員獲得」が重要課題であることが明らかになっています。

こうした中、北海道苫小牧市の全国植樹祭跡地で「和みの森づくり」の活動を行う「いぶり自然学校」は、近隣の「ひかりの国幼稚園」（参照▶事例編P・182）による裏山を活用した「森と自然を活用した保育・幼児教育」の実施に際し、指導員を派遣して関係構築することで、「和みの森づくり」の活動に幼稚園児とその保護者の参加を促進しています。

また、奈良県明日香村で森づくり活動を行う「Forest River」は、同地域で活動をはじめた「森のようちえんウィズ・ナチュラ」（参照▶事例編P・185）に活動フィールドを貸し付けすることで、「Forest River」が行う多様な森づくり活動や週末イベントに、森のようちえんの園児や保護者が参加して、非常に賑わいのある活動に発展させています。

同様に、「企業の森」の活性化に向けても、岐阜県美濃加茂市（参照 事例編Ｐ・１５８）は、「森のようちえん」のためのフィールド整備という観点から企業協賛を得て森づくり活動を行ったり、群馬県前橋市の自社工場の周辺を「サンデンフォレスト」として整備しているサンデンホールディングス（株）は、未就学児を中心とした子育てグループと連携して「森のhahako園」（参照 事例編Ｐ・１８６）を行うことで、平日を含めた社有林活用の裾野を拡げています。

このようなことから、これまでの「学校林」や「緑の少年団」、「森林ＮＰＯ・ボランティア団体」「企業の森」の活動フィールドにおいて、「森と自然を活用した保育・幼児教育」に関わる取組を組み合わせることで、活発な活動を生み出すことが可能になると言え、今後、全国でこのような連携・協働が拡がっていくことが期待されます。

図表2-11：「国民参加の森林づくり」の状況と「森と自然を活用した保育・幼児教育」との連携・協働の可能性

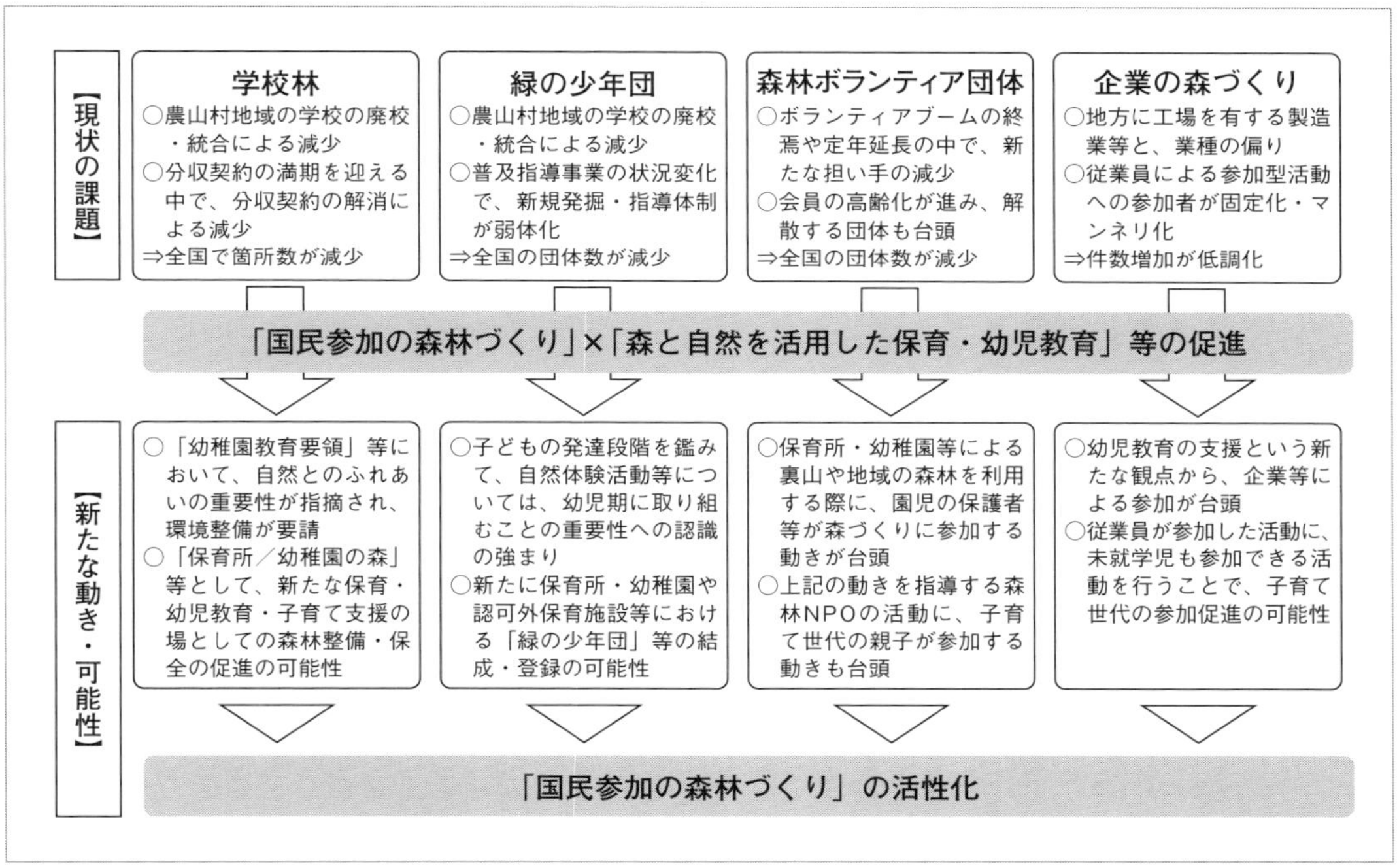
【現状の課題】
学校林
○農山村地域の学校の廃校・統合による減少
○分収契約の満期を迎える中で、分収契約の解消による減少
⇒全国で箇所数が減少
緑の少年団
○農山村地域の学校の廃校・統合による減少
○普及指導事業の状況変化で、新規発掘・指導体制が弱体化
⇒全国の団体数が減少
森林ボランティア団体
○ボランティアブームの終焉や定年延長の中で、新たな担い手の減少
○会員の高齢化が進み、解散する団体も台頭
⇒全国の団体数が減少
企業の森づくり
○地方に工場を有する製造業等と、業種の偏り
○従業員による参加型活動への参加者が固定化・マンネリ化
⇒件数増加が低調化
「国民参加の森林づくり」×「森と自然を活用した保育・幼児教育」等の促進
【新たな動き・可能性】
○「幼稚園教育要領」等において、自然とのふれあいの重要性が指摘され、環境整備が要請
○「保育所／幼稚園の森」等として、新たな保育・幼児教育・子育て支援の場としての森林整備・保全の促進の可能性
○子どもの発達段階を鑑みて、自然体験活動等については、幼児期に取り組むことの重要性への認識の強まり
○新たに保育所・幼稚園や認可外保育施設等における「緑の少年団」等の結成・登録の可能性
○保育所・幼稚園等による裏山や地域の森林を利用する際に、園児の保護者等が森づくりに参加する動きが台頭
○上記の動きを指導する森林NPOの活動に、子育て世代の親子が参加する動きも台頭
○幼児教育の支援という新たな観点から、企業等による参加が台頭
○従業員が参加した活動に、未就学児も参加できる活動を行うことで、子育て世代の参加促進の可能性
「国民参加の森林づくり」の活性化

4 森林環境教育・森林ＥＳＤの推進

ＯＥＣＤ「生徒の学習到達度調査（ＰＩＳＡ）」における森林に関する認識

ＯＥＣＤ（経済協力開発機構）は、義務教育修了段階（15歳）の生徒の知識や技能を、実生活の様々な場面で直面する課題にどの程度活用できるかを測る「生徒の学習到達度調査（ＰＩＳＡ）」を3年に1度実施しています。２０１５年調査には、世界72か国・地域から約54万人、日本からは約6，６００人が参加するとともに、２００６年以来、9年ぶりに環境問題に関する調査が行われ、森林についての質問もなされました（**図表2-12**）。

その結果、質問「土地開発のための森林伐採の影響」について、「よく知っており、詳しく説明することができる」と回答した日本人生徒の割合は8・8％に止まり、ＯＥＣＤ平均（29・3％）を大きく下回り、調査国中で最下位でした。さらに、２００６年の前回調査では13・8％であったことから、5％低下する状況になっています。

その一方で、「土地開発のための森林伐採」の問題が、今後20年間で「改善される」と回答した生徒の割合は19・1％で、ＯＥＣＤの平均（13・4％）を上回って上位3分の1にランクインしており、２００６年の前回調査（16・1％）より上昇していました。

これらの傾向は、同時に調査された大気汚染、動植物の絶滅、水不足、核廃棄物等においても同様の傾向にありました。

これらの結果を見ると、日本の生徒たちは森林等の社会課題について、知識を持ち合わせていないにも関わらず、将来は誰かが解決してくれるというように、他人事になっていたり、科学技術への過信等がある状況がうかがえます。

生物多様性への愛着と保全意欲を高める体験活動

森林等の生物多様性への愛着と保全意欲を高めるためには、自然体験活動を行うことが重要であることを示す研究成果も出てきました。

２０１６年に東京大学の研究グループは、東京都内の約４００人の小学生を対象としてアンケート調査を行い、自然体験の頻度と生物多様性に対する親近感・保全意欲の関係を調べました（＊1）。この調査では、直接的な自然体験（緑地での散策や虫取りなど）の頻度のほかに、テレビや本などで生き物を目にする頻度、親や友達と自然について話す頻度、性別などさまざまな項目を調査しました。こ

＊1　花木 啓祐ほか、Both direct and vicarious experiences of nature affect children's willingness to conserve biodiversity「International Journal of Environmental Research and Public Health」2016年5月25日電子版

れらの結果と、5種類の生物（鳥、テントウムシ、チョウ、ダンゴムシ、ヤモリ）に対する子どもの反応を基に親近感と保全意欲を分析したところ、緑地など地域の自然環境に高頻度で行く子どもは、そうでない子どもに比べて高い生物多様性の保全意欲を持つことがわかりました（**図表2‐13**）。

また、事例編でも詳細に紹介されていますが、三重県が県内の全保育所・幼稚園・認定こども園（636園）を対象に行った「野外体験保育有効性調査」においても、野外体験保育の実施頻度が高い園ほど、園児が「自然の中のできごとに興味がある」割合が高い傾向にありました（**図表2‐14**）。

このように、「森と自然を活用した保育・幼児教育」を取り組むことは、子どもたちに森や自然等に対する親しみを抱かせ、森林や自然環境等の保全意識を高めていくことにつながっていくといえます。

図表2-12：PISA2015　環境問題の知識・今後

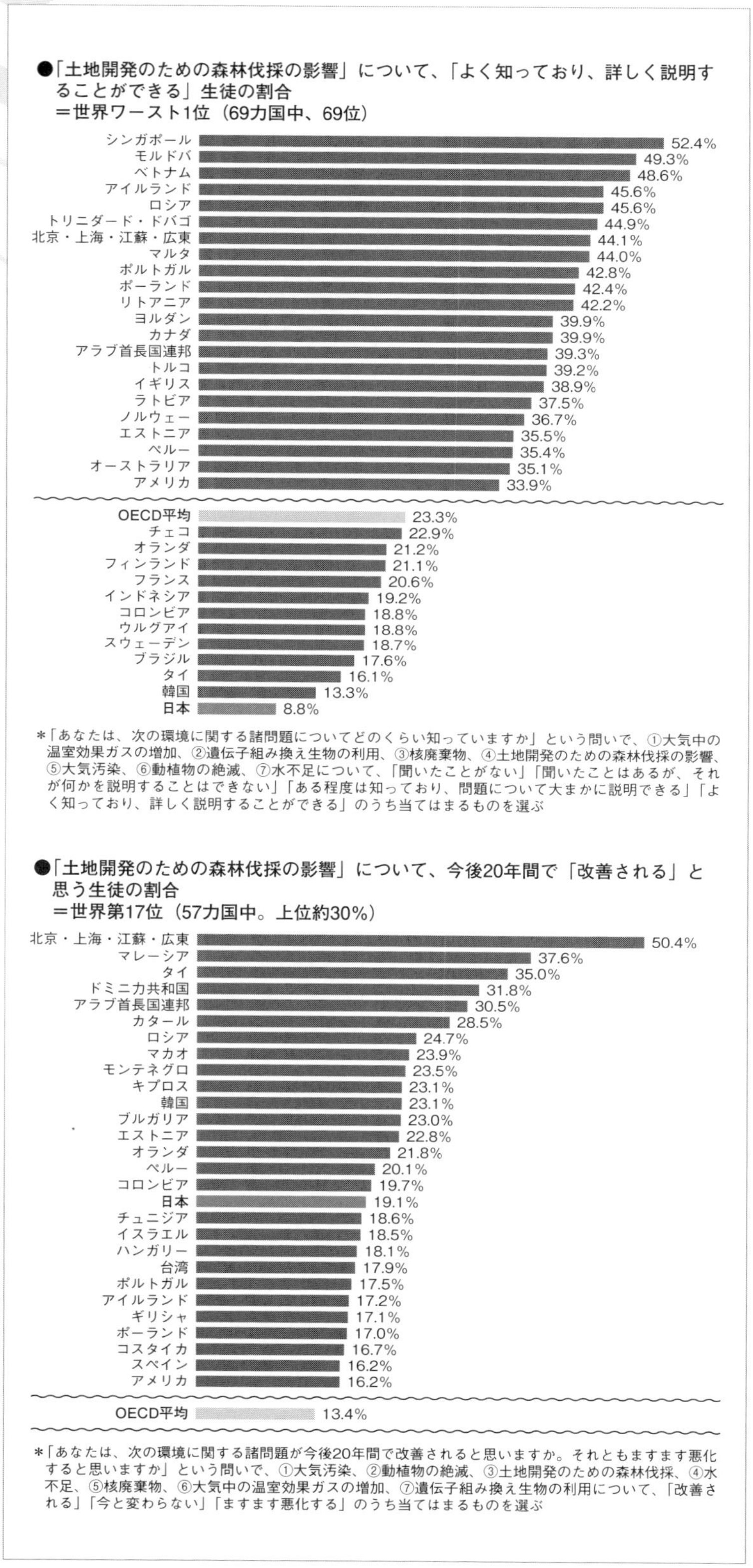

＊「あなたは、次の環境に関する諸問題についてどのくらい知っていますか」という問いで、①大気中の温室効果ガスの増加、②遺伝子組み換え生物の利用、③核廃棄物、④土地開発のための森林伐採の影響、⑤大気汚染、⑥動植物の絶滅、⑦水不足について、「聞いたことがない」「聞いたことはあるが、それが何かを説明することはできない」「ある程度は知っており、問題について大まかに説明できる」「よく知っており、詳しく説明することができる」のうち当てはまるものを選ぶ

＊「あなたは、次の環境に関する諸問題が今後20年間で改善されると思いますか。それともますます悪化すると思いますか」という問いで、①大気汚染、②動植物の絶滅、③土地開発のための森林伐採、④水不足、⑤核廃棄物、⑥大気中の温室効果ガスの増加、⑦遺伝子組み換え生物の利用について、「改善される」「今と変わらない」「ますます悪化する」のうち当てはまるものを選ぶ

これまでの「森林環境教育」の状況

　これまで、森林・林業分野における青少年を対象とした教育活動は、戦後は国土緑化運動の一環として「学校林」の設置や「緑の少年団」の結成を通して、林業体験や環境教育、レクリエーション活動、奉仕活動等が推進されてきました。

　1980年代中盤以降には、森林・林業の普及啓発や後継者育成の観点から「森林・林業教育」が、2000年代以降は「総合的な学習の時間」が創設されたり、学校教育法・社会教育法が改正されて体験活動が規定されたりしたこと、さらには森林空間利用の促進の観点から、フィールドでの体験学習を重視した「森林環境教育」が推進されてきました。

　しかしながら、小学校以降の義務教育段階の教育課程は、「学習指導要領」に細かく授業内容が規定されていることから、森林・林業を題材にできる教科等は限られるといった「時間」の問題、学校から離れた森林へはバス等の移動手段（経費や時間等）を要するなどの「場所」の問題、さらに、かつては林業普及指導事業の一環としても行われていた行政による指導体制が縮小する中での「担い手（指導者）」の問題、さらには学校は外部の専門家の派遣や各種資材等の調達に係る予算が限られているなどの「資金」の問題から、小中学校において、フィールドを活用した「森林環境教育」を推進する際には様々な課題があり、幅広い学校等への普及は限定的になっている状況にあります。

子どもの発達段階を鑑みた、幼児期からの「森林環境教育・森林ESD」の推進

　しかしながら、子どもの発達段階を鑑みると、体験学習は幼児期から行うことが重要であることから、（公社）国土緑化推進機構では、「学習指導要領」改訂に対応して提唱している「森林ESD」においては、幼児期から体験学習を行うことを呼びかけています（**図表2-15**）。

　さらに、保育所や幼稚園等をはじめとして、幼児期を対象にして「森と自然を活用した保育・幼児教育」を推進することは、学童期と比較して障壁が少ないと言えます。

　まず、「時間」の問題については、「幼

図表2-13：自然体験頻度と生物多様性に対する親近感・保全意欲の関係

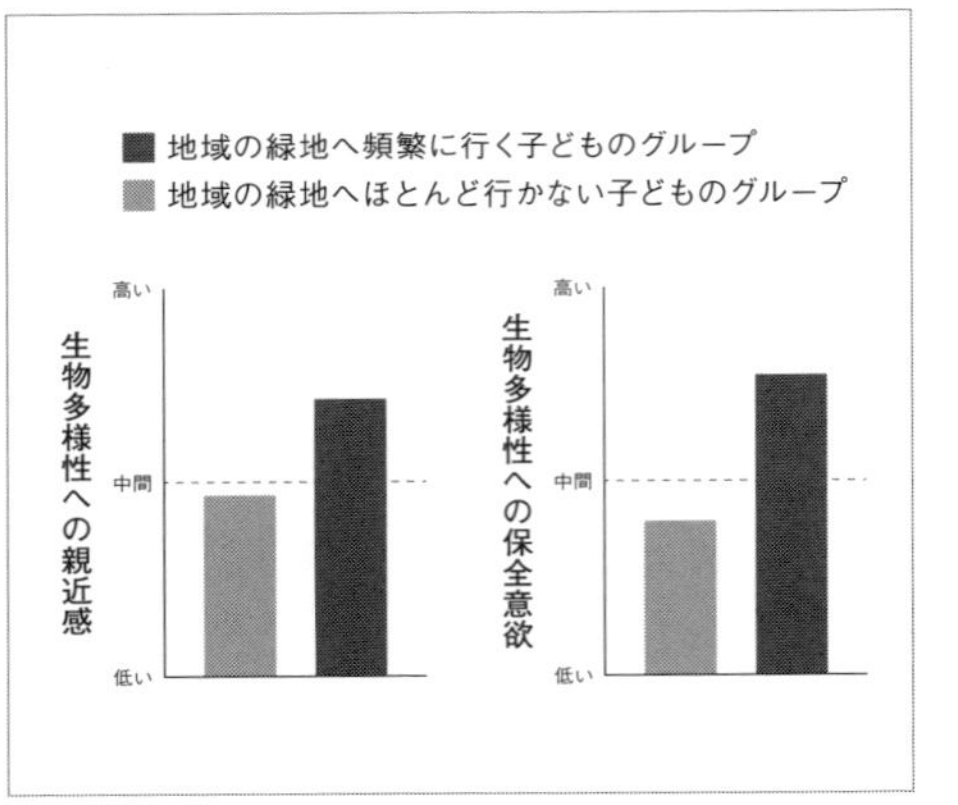

出典：東京大学工学部「日常的な自然体験は子供の生物多様性保全意識を向上させる」（2016年5月26日）

図表2-14：野外体験保育の実施頻度と自然への興味

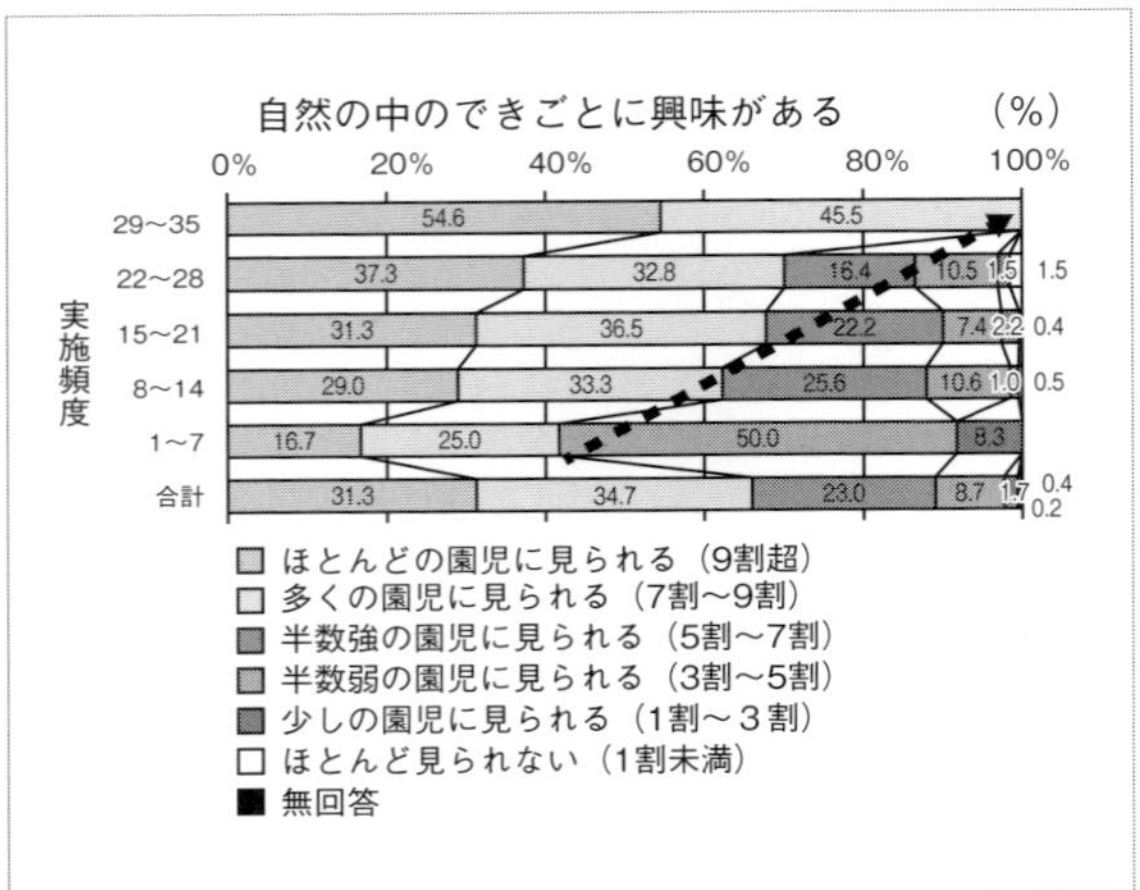

出典：三重県「野外体験保育有効性調査 報告書」（2016年3月）

稚園教育要領」等においては教科等や授業時数は定められておらず、5領域を育む観点から外遊びや自然とのふれあいを取り組めば、「時間」の制約は限定的といえます。その為、事例編の多くの実践が示すように、頻繁的に森林や自然等のフィールドを訪れた保育・幼児教育は行いやすいと言えます。

また、「場所」の問題についても、第1章でも紹介したように、外遊びや自然とのふれあいの重要性が高まっていることから、園庭を緑化する園なども増えてきています。さらに、幼児期は教科等の授業時数が定められていないことから、園外保育で訪れる場所を、少し離れている自然の豊かな公園・緑地・樹林地、さらには森林・里山に行くことも比較的行いやすいと言えます。幼稚園・認定子ども園等の中には、送迎用のバスで移動している場合もあります。さらに、園自体を緑地が隣接する土地に移転した東京都八王子市の「東京ゆりかご幼稚園」（参照 事例編P・177）や、新たに民間から借り受けて里山を園の活動フィールドにした北海道の「恵庭幼稚園」（参照 事例編P・178）などのように、積極的に森林・里山のフィールドを確保している事例も台頭してあります。

さらに、「担い手」の問題についても、例えば森林所有者が30haの森林を「健康の森」としてフィールドを開放している秋田県の「秋田森の会・風のハーモニー」（参照 事例編P・154）や、国立青少年交流の家を拠点に保育所・幼稚園等の

図表2-15：子どもの発達段階を鑑みた段階的な「森林ESD」の推進

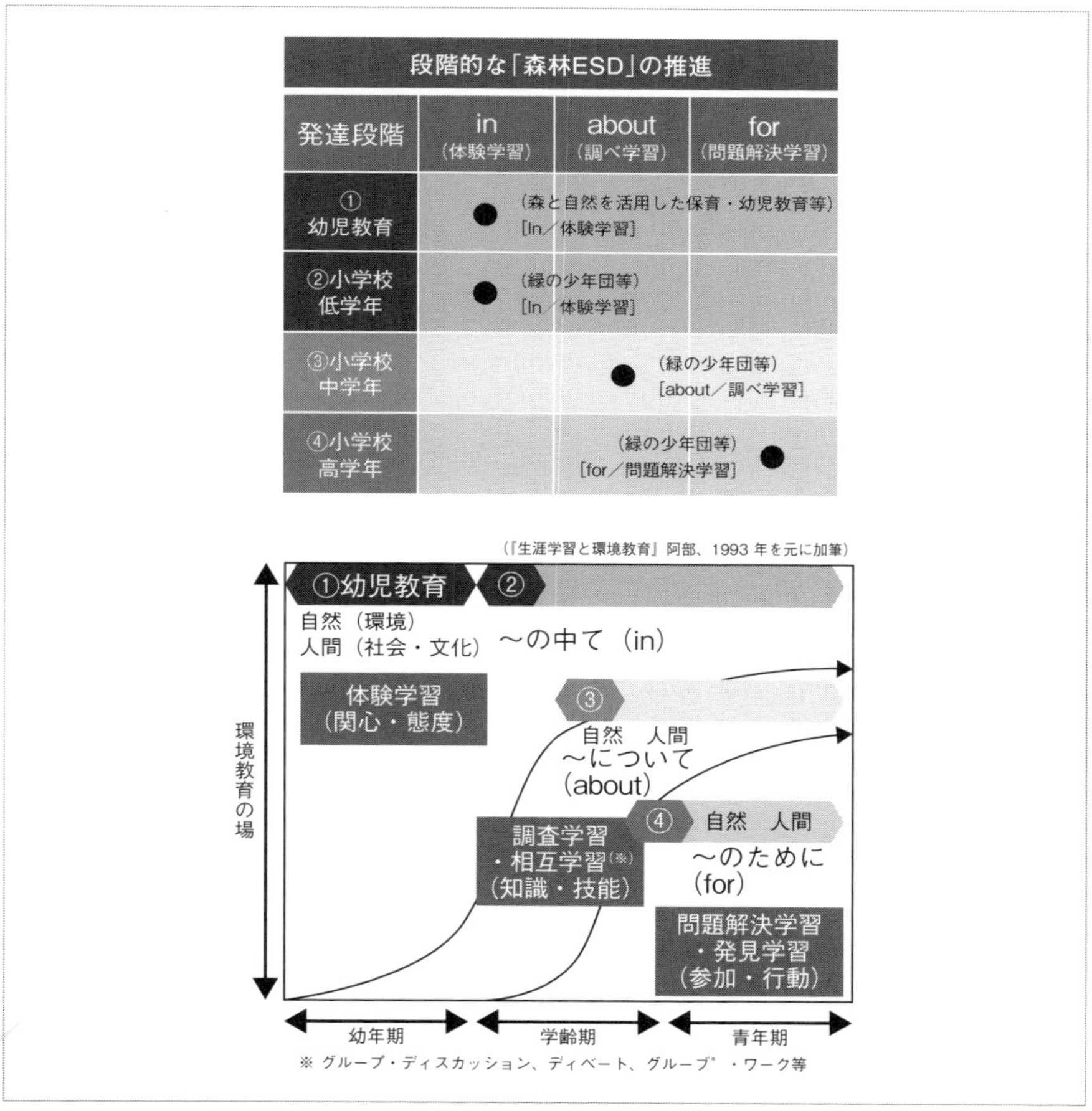

段階的な「森林ESD」の推進
発達段階
in（体験学習）
about（調べ学習）
for（問題解決学習）
①幼児教育
（森と自然を活用した保育・幼児教育等）[In／体験学習]
②小学校低学年
（緑の少年団等）[In／体験学習]
③小学校中学年
（緑の少年団等）[about／調べ学習]
④小学校高学年
（緑の少年団等）[for／問題解決学習]
（『生涯学習と環境教育』阿部、1993年を元に加筆）
①幼児教育
②
自然（環境）
人間（社会・文化）
～の中て（in）
体験学習（関心・態度）
③
自然　人間
～について（about）
調査学習・相互学習(※)（知識・技能）
④
自然　人間
～のために（for）
問題解決学習・発見学習（参加・行動）
環境教育の場
幼年期
学齢期
青年期
※ グループ・ディスカッション、ディベート、グループ゜・ワーク等

出典：（公社）国土緑化推進機構 業務資料

受け入れを行っている群馬県の「あかぎの森のようちえん」（参照▶事例編P・162）などのように、地域の森林等で活動する団体が受け入れ体制を整えて、フィールドを解放しているケースもあります。

また、保育所・幼稚園等は比較的非常勤職員を雇用しやすいことから、北海道苫小牧市の「ひかりの国幼稚園」（参照▶事例編P・182）のように、森づくり活動を行うNPOのスタッフを非常勤職員として雇用しているケースもあります。

さらに、「資金」の課題についても、年間で一定の非常勤職員の経費や教材費等を措置している園も少なくありません。また、保育所・幼稚園等は社会福祉法人や学校法人、特定非営利活動法人などの非営利団体が運営しているケースも多いことから、行政サイドからの助成金による支援が行いやすいケースもあります。

また、社会教育の位置付けにおいても、森林・林業行政において、これまで主に学童期を対象に推進してきた森林環境教育を、子どもの発達段階も鑑みて、幼児期を対象にした「森と自然を活用した保育・幼児教育」とすることも重要といえるでしょう。

図表2-16：「森林環境教育」の状況と、幼児期における取組による活性化の可能性

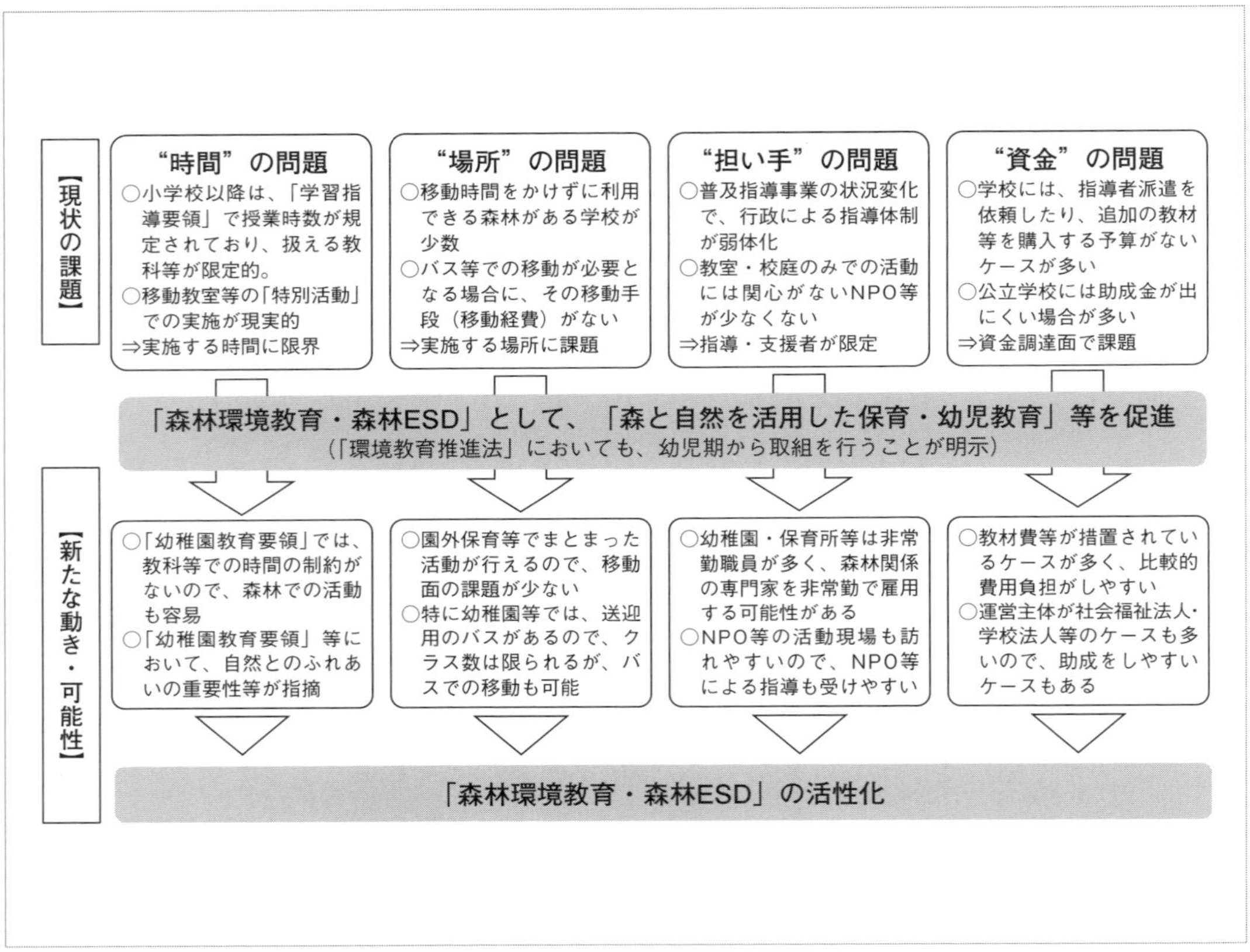
【現状の課題】
“時間”の問題
○小学校以降は、「学習指導要領」で授業時数が規定されており、扱える教科等が限定的。
○移動教室等の「特別活動」での実施が現実的
⇒実施する時間に限界
“場所”の問題
○移動時間をかけずに利用できる森林がある学校が少数
○バス等での移動が必要となる場合に、その移動手段（移動経費）がない
⇒実施する場所に課題
“担い手”の問題
○普及指導事業の状況変化で、行政による指導体制が弱体化
○教室・校庭のみでの活動には関心がないNPO等が少なくない
⇒指導・支援者が限定
“資金”の問題
○学校には、指導者派遣を依頼したり、追加の教材等を購入する予算がないケースが多い
○公立学校には助成金が出にくい場合が多い
⇒資金調達面で課題
「森林環境教育・森林ESD」として、「森と自然を活用した保育・幼児教育」等を促進
（「環境教育推進法」においても、幼児期から取組を行うことが明示）
【新たな動き・可能性】
○「幼稚園教育要領」では、教科等での時間の制約がないので、森林での活動も容易
○「幼稚園教育要領」等において、自然とのふれあいの重要性等が指摘
○園外保育等でまとまった活動が行えるので、移動面の課題が少ない
○特に幼稚園等では、送迎用のバスがあるので、クラス数は限られるが、バスでの移動も可能
○幼稚園・保育所等は非常勤職員が多く、森林関係の専門家を非常勤で雇用する可能性がある
○NPO等の活動現場も訪れやすいので、NPO等による指導も受けやすい
○教材費等が措置されているケースが多く、比較的費用負担がしやすい
○運営主体が社会福祉法人・学校法人等のケースも多いので、助成をしやすいケースもある
「森林環境教育・森林ESD」の活性化

5 その他に期待される社会的効果

子育て支援・少子化対策としての可能性

「森と自然を活用した保育・幼児教育」は、子育て支援や少子化対策の観点からの可能性も秘めていると考えることができます。

先述の「都市地域に暮らす子育て家族の生活環境・移住意向調査」（NTTデータ経営研究所）においても、都市に暮らす子育て世代は育児ストレスを多く抱えている傾向にあることが明らかになっています。これは、建築家の仙田 満先生（参照 コラムP・63）も指摘しているように、都市化が進展することで地域に子どもの遊び場が無くなるとともに、車中心の社会となることで、自宅の周辺で子どもたちを自由に遊ばせることが難しくなっていることも大いに影響しています。

また、都市部の子育て支援施設においても、遊び方が規定された玩具が中心であったり、空間も狭小で制約がある場合が少なくない中で、保護者は常に子どもから目を離すことができない場合が少なくありません。

さらに、街路や公園等のみどりについても、大人の鑑賞用を中心とする花壇等が少なくなく、「花や葉っぱを摘んではダメ」、「木登りしてはダメ」、「枝を振り回したらダメ」など自然環境でも、常に子どもを規制・指示をしなくてはいけない環境も少なくありません。

一方で、森林等の自然環境においては、多様な植物や変化に富んだ地形の中で、子どもたちは枝葉や土、石、水などを自由に使って、創造的に遊び込むことができます。その際に、事故につながる危険性や、子どもが判断不可能な危険性といった「ハザード」（参照 コラムP・48）を取り除いておくことができれば、保護者は子どもたちを過剰に規制や指示をしなくても、子どもたちの遊びを〝見守る〟ことができ、ストレスを抱えにくくするということもできるでしょう。何より、森林は〝森林浴〟に代表されるように、五感を通した癒し効果を有しているため、保護者自身もリラックスすることができる環境でもあります。

こうしたことも鑑みて、森林や自然をフィールドにして、子どもが主体となった自由な遊びができるような子育て支援拠点を設定する動きも各地で始まっています。新潟県新潟市には、里山が豊かに残る公園内に「akiha里山子育て支援センター「森のいえ」」（参照 事例編P・174）が設置され、北海道登別市でも自然豊かな公園内に「富岸子育てひろば」

（参照）事例編P・175）が設置されています。

また、地方移住による就労環境や生活環境が変化することで、子育て世代の家族にとっては、様々なプラスの効果も期待できます。例えば、住職近接による働き方（ワーク・ライフ・バランス）の改善や、男性の育児参加等による母親の育児ストレス軽減のほか、過度に住宅が密集せず、広い居住空間があることでの育児ストレス軽減も期待されます。また、車通りも限られており、農地などが多く見通しが利き、地域住民が目配りしたり声をかけたりしてくれる地域などであれば、子どもたちの外遊びもさせやすくもなるでしょう。

こうしたことも想定されることからか、先述の「都市地域に暮らす子育て家族の生活環境・移住意向調査」（ＮＴＴデータ経営研究所）においても、都市部から農山村地域に移住した方が多子意欲は高まるという傾向もみられており、少子化対策としての可能性も考えられるのではないでしょうか。

待機児童対策等の可能性

現在、都市部においては、待機児童問題が大きな課題となっています。しかしながら、その実態を概観すると、保護者が通勤途中等に通わせやすい駅周辺の保育所等はニーズが高い一方で、駅から離れた郊外の保育所等には定員の余裕があるケースも散見されます。

また、２０１４年以降「地方創生」に向けた多様な施策が展開されていますが、依然として東京一極集中の傾向は改善されていません。

しかしながら、先述の「都市地域に暮らす子育て家族の生活環境・移住意向調査」（ＮＴＴデータ経営研究所）においては、子育て世代は「自然体験が子どもに良い影響を及ぼすこと」を認識しており、保育所・幼稚園等に対して「森と自然を活用した保育・幼児教育」へのニーズは潜在的にはありました。

こうしたことから、都市の郊外にある、或いは地方にある保育所・幼稚園等が、「森と自然を活用した保育・幼児教育」を重視して取り組み、それを子育て世代にアピールすることで、子育て世代の都市部への集中が緩和される可能性も推察されます。

地域のにぎわいづくり・高齢者の生きがいづくりの可能性

「森と自然を活用した保育・幼児教育」を取り組み、地域の森林や里山等の自然環境を訪れることは、併せてその恵みを活かした生業に従事する農林業の関係者とふれあい、またその恵みを生かした暮らしを営む地域住民との関わりを生み出すことにつながります。

そうして、子どもたちが地域社会を舞台にして、外遊びや自然とのふれあいを行うことで、地域ににぎわいが生まれ、それらに携わる高齢者等のいきがいづくりにもつながる可能性もあると言えます。

鳥取県鳥取市にある「いきいき成器保育園」は、まさにそのような観点から設立された園です。鳥取市の市街地から約12㎞離れた山間地である鳥取市国府町の成器地区は、他の農山村と同じく過疎化・高齢化が進展し、保育園は廃園してしまいました。しかしながら、地域から子どもの声が失われたことを落胆した地元住民は、協議会を設置して、廃園となった保育所を市から引き継ぎ、「いきいき成器保育園」を設立しました。同園は、里山の恵みを活かした自然・ふるさと体験型の里山保育を特徴としており、鳥取県の「とっとり森・里山等自然保育認証制度」の認証も受けることで、運営費の補助等も得ています。

島根県益田市の中心部から車で20分でありつつも、中山間地域に位置する波田町の「真砂保育園」（**参照** **事例編P・190**）は、地域から保育園が無くなれば、子育て世代が市街地へと移り住んでしまうことへの危機感から、農山村地域だからこそできる保育として「里山保育」に取り組んでいます。毎日地域に出かけて地域住民と遊ぶことで、毎日どこかの集落で子ども達の笑い声が響いています。また、地域住民の居宅や集落を「1日保育園」として1日過ごし、一緒に給食を食べたり、住民の意向で野菜の収穫や釣りをしたりするなどもしており、「里山保育」を通して、子どもたちの心身の育ちだけでなく、地域のにぎわいと地域住民の生きがいづくりにもつなげています。

今般の「学習指導要領」改訂では、「地域に開かれた教育課程」を掲げています。そして、これまで取り組まれてきた「学校支援活動」等を、地域住民や高齢者、NPO・企業等の協力を得て行うだけでなく、「地域社会における地域活動」や「学びによるまちづくり」にも児童生徒が参画していくなどとして、地域社会と双方向で連携・協働する「地域学校協働活動」を促進することとされています。

他方、「人生100年時代」の到来をふまえると、「生涯現役」を前提とした経済社会システムの再構築が求められており、定年退職後の「第二の社会活動」においては、「ゆるやかな就労」と「社会貢献活動」、「農業・園芸活動」を中心に行っていくことも想定されています（**図表2・18**）。そして、東京大学高齢社会研究機構が50・60歳代に行った調査では、65〜79歳において参加に関心のある活動としては、「雇用されて働く」、「健康づくりの活動」に次いで「自然と触れ合うことができる活動」が、高いニーズがありました（**図表2・19**）。「教育活動」や「次世代、子供と交流できる活動」、「子育て・育児サポート活動」も少なからずニーズはあることから、「森と自然を活

図表2-17：生涯現役社会のイメージ

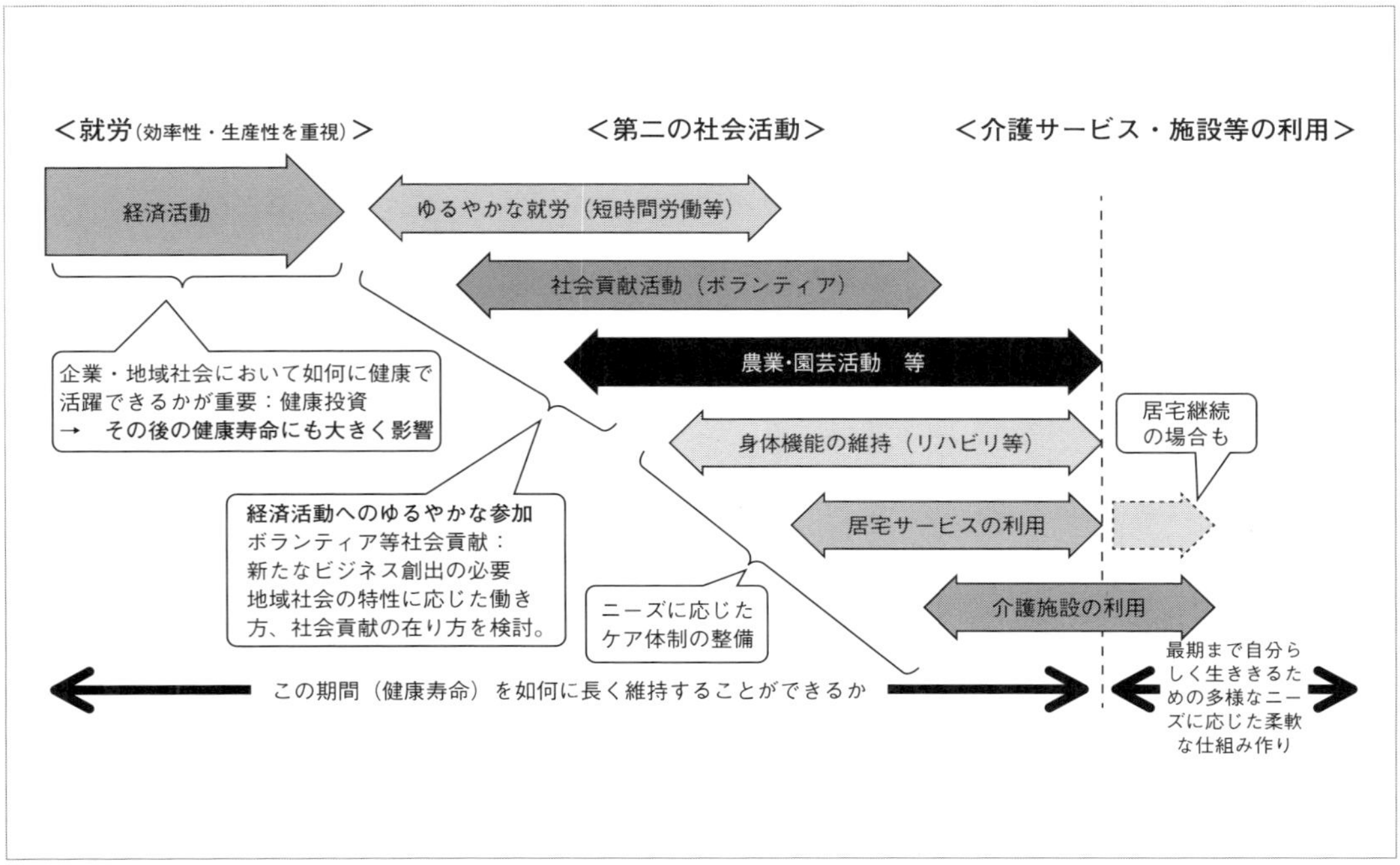

資料：経済産業省「次世代ヘルスケア産業協議会（第7回）配布資料」

用した保育・幼児教育」のための森林や自然環境の整備等には、ニーズがあるといえます。

こうした状況を踏まえて、今後、「森と自然を活用した保育・幼児教育」は、地域のにぎわいづくりや高齢者の生きがいづくりとしても、取組への期待も高まっていくと考えられます。

新たな森林空間を活用した観光・交流の可能性

近年、観光・交流分野においては、自然とのふれあいやアウトドアへの志向性を高まっていますが、未就学児を抱える子育て世代を対象とした取組も拡がりを見せています。

山梨県北杜市の（公財）キープ協会が設置する「聖ヨハネ保育園」（参照 事例編P・183）が「森と自然を活用した保育・幼児教育」をはじめる契機となったのが、「キープ自然学校」が2003年から、ほぼ月に1回、年間を通して週末に開催するプロジェクト「キープ森のようちえん♪」が盛況であったことからです。キープ協会では、それまで小学生以上を対象としたプログラムを多くを行っていましたが、子育て世代を対象とした同プロジェクトは、開始して既に15年が経過していますが、毎年申し込み多数で抽選になるほど人気のプログラムとなっています。

また、星野リゾートグループのリゾートホテル「リゾナーレ八ヶ岳」（山梨県北杜市）では、ホテル敷地内にある森林で、五感を通して植物や樹木にふれることで、子どもたちに自然の中で過ごすことの楽しさを知ってもらうことを目指したオリジナル託児プログラム「森いく〜森の探検隊〜」を提供しています。

また、首都圏周辺のキャンプ場やアウトドア施設の管理・運営を手掛ける「PICA」でも、キャンプを通して子供たちが本来持っている発想力や行動力を最大限に引き出し、成長していくことを応援するプログラム「ピカ　プレーパーク」を開始しています。

このようなことから、今後、森林空間を活用した観光・交流を促進し、特に子育て世代の誘客を促進する際には、子育て世代は「自然体験」の意義を認識している世代が多いことから、未就学児向けの「森と自然を活用した保育・幼児教育」の体験プログラムは、今後拡大の余地があると言えるでしょう。

図表2-18：50-60歳代の65-79歳における諸活動への参加関心度（抜粋）

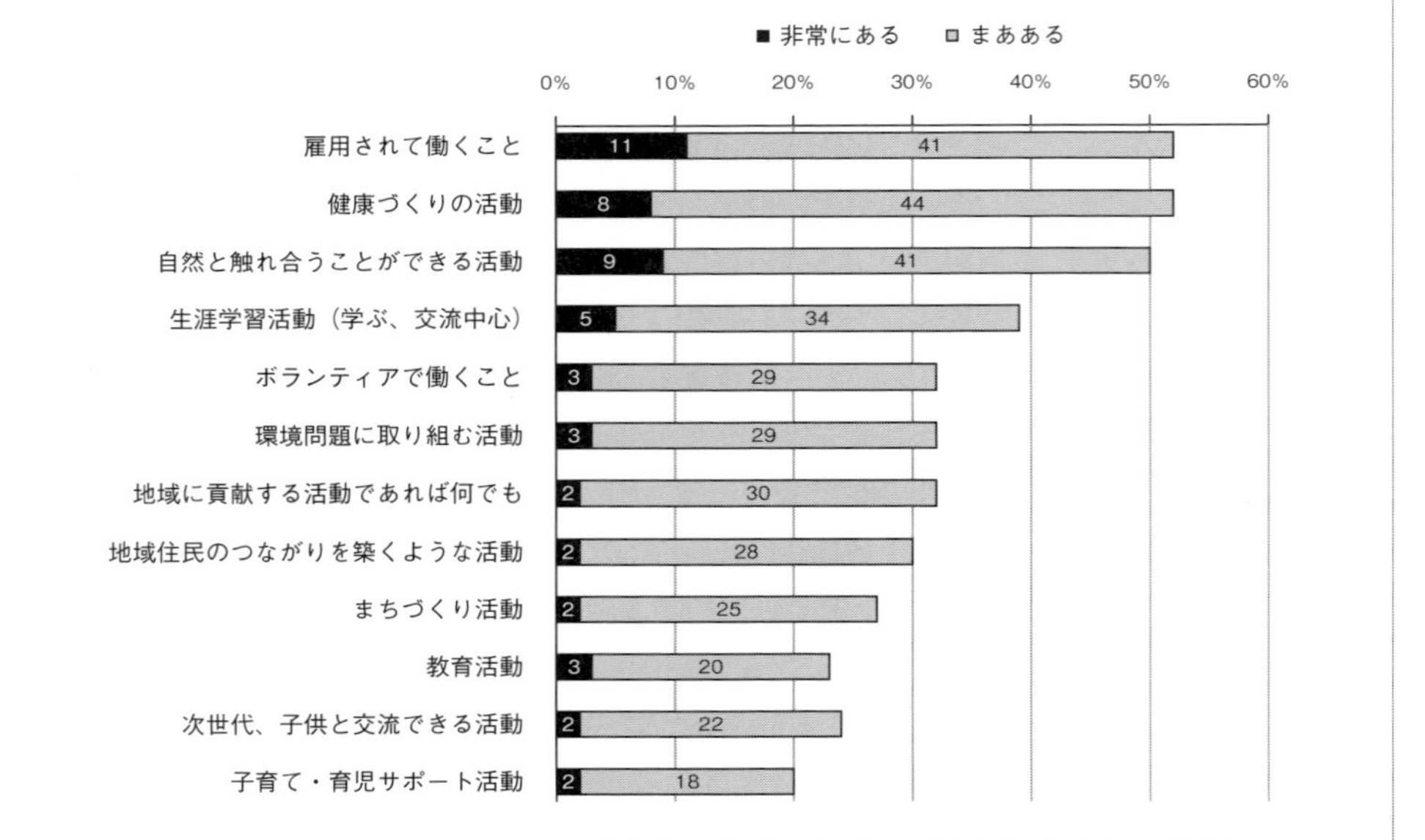

※平均得点は、「非常にある」5点、「まあある」4点として算出した

出典：東京大学高齢社会総合研究機構「（厚生労働省委託調査）高齢者のニーズと実態を踏まえた社会参加促進策の開発と社会参加効果の実証に関する調査研究報告書」（2014年3月）

6 総括——「森と自然を活用した保育・幼児教育」が有する教育的効果・社会的効果を複合的・重層的に活かして「地方創生（持続可能な社会づくり）」を

現在、多くの農山村地域は、過疎化・高齢化により集落機能が低下したり、農林業等の地場産業が停滞して耕作放棄地や放置林が増加したりしており、様々な課題を抱えています。

こうした中で、「森と自然を活用した保育・幼児教育」は、これまでに述べたように、子どもたちへの教育的効果と併せて、地方創生・移住促進から森林整備・保全の推進をはじめとして、地域社会に対して多面的な社会的効果を生み出すことができる可能性が見出されています。

さらに、地域の多様な関係者や行政の関係部署間で対話をして、認識の共有を行い、推進体制と促進策を整えることで、本章で紹介した多面的な社会的効果は、同時に複合的・重層的に発揮することができると言えます。

奇しくも、「まち・ひと・しごと創生基本方針２０１７」では「地方公共団体における持続可能な開発目標（ＳＤＧｓ）の推進」が盛り込まれ、ＳＤＧｓの17目標を鑑みて、複眼的な視点から多様な社会課題の解決を図りながら、経済・社会・環境の3つの領域の持続性を担保した「持続可能な社会づくり」を促進することが目指されています。

また、２０１９年から地球環境や国土の保全等のために、市町村が実施する森林整備等に充てる国税版「森林環境贈与税（仮称）」の地方公共団体への配分もはじまることとなっており、森林を基盤とした新たな動きが各地で芽生えていくことが推察されます。

農山村地域の大きな課題である人口減少問題に対して、次代を担う子育て世代の流出を抑制するとともに、新たな子育て世代の移住促進を図る観点からは、農山村地域の特色ある「森と自然を活用した保育・幼児教育」を促進することは、一つの有効な手法であると考えられます。

そこで、「森と自然を活用した保育・幼児教育」の推進を通して、「地方創生・移住促進」を図ることや、地域の未来を担う子どもたちへの「保育・幼児教育の質の向上」という教育的効果を発揮させていくことはもちろんのこと、「森林整備・保全の推進」、「子育て支援・少子化対策」、「地域のにぎわいづくり・高齢者の生きがいづくり」、「新たな森林空間を活用した観光・交流の推進」等といった社会的効果を複合的・重層的に発揮させて、効果的・発展的に「地方創生（持続可能な社会づくり）」を図っていく地域が、今後各地に拡がっていくことが期待されます。

図表2-19：「森と自然を活用した保育・幼児教育」の教育的効果・社会的効果を活かした地方創生

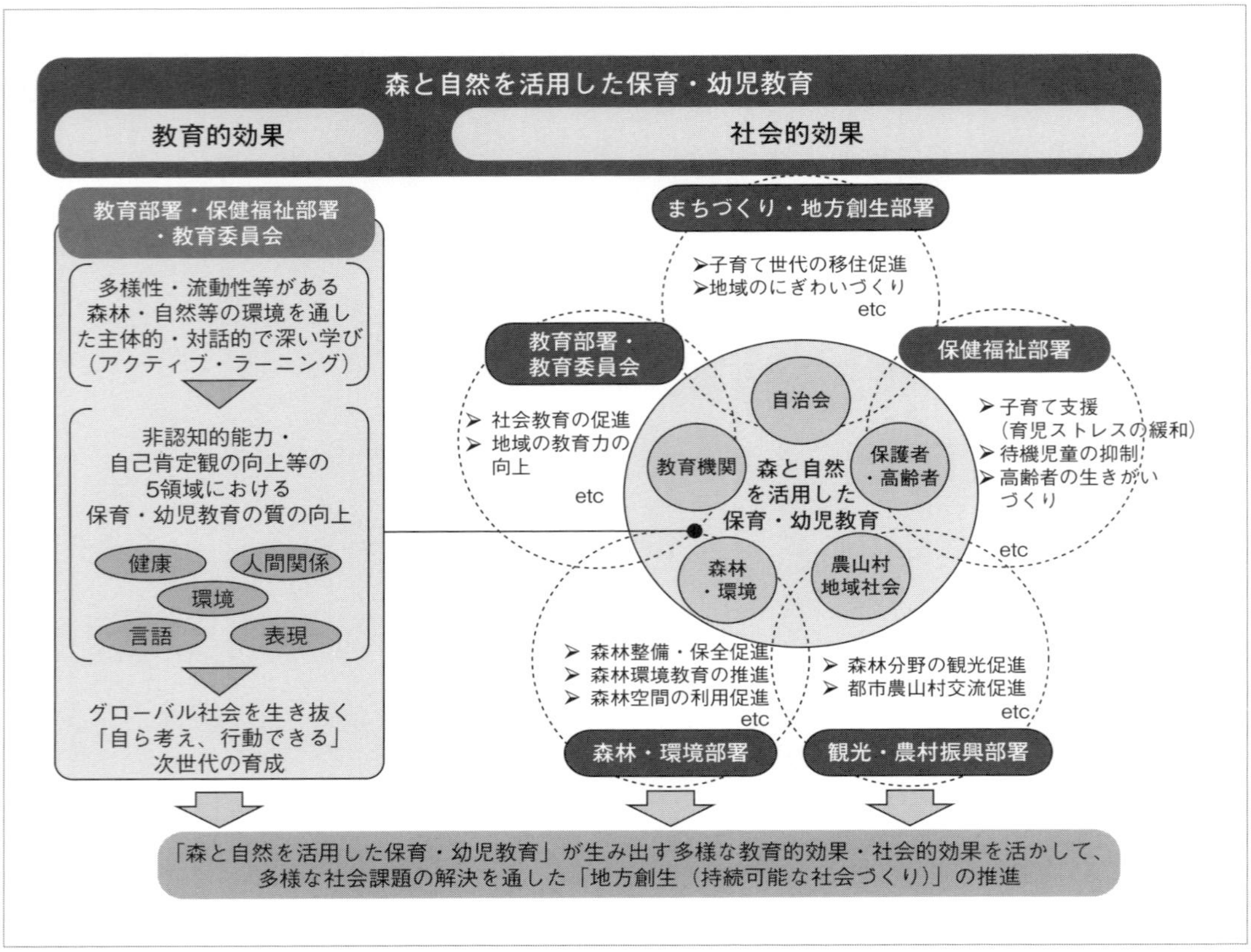

幼児期の子どもと自然との関わり

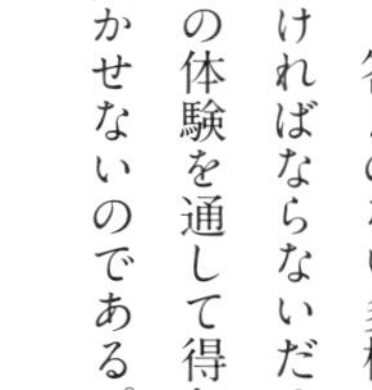

井上美智子
Michiko Inoue

大阪大谷大学教育学部教授。1958年兵庫県生まれ。幼児期の環境教育、幼児と自然、人間と自然の関係などを研究テーマとする。著書に『幼児期からの環境教育』昭和堂（2012年）、『むすんでみよう　子どもと自然』北大路書房（2010年）などがある。

世界で初めての幼稚園を設立したドイツのフレーベルは幼児と自然との関わりの重要性を指摘していた。世界中の幼稚園に園庭があり、そこに花壇や菜園があるのはこのフレーベルの影響である。外遊びや自然との関わりの重要性は幼児教育の歴史において長らく認められてきたのであり、今も各国の幼児教育の指針に記載されている。

フレーベルの時代から2世紀たった現在、子どもと自然との関係が問い直され、幼児期の外遊びや自然との関わりが再評価されるようになってきた。国を問わず、子どもと自然の関係を取り上げる書籍が続々と出版され、幼児教育の国家指針は外遊びや自然との関わりの重要性を明確に記載するようになっている。デンマークで始まり、ドイツで広がったとされる森の幼稚園活動もその一つの表れであり、イギリスやオーストラリア、ニュージーランド、カナダ、日本でも広がりを見せている。これらの理由として考えられるのが、20世紀後半の激変した社会が子どもの育ちを変化させているのではないかという危惧だろう。子育てが保護的になって子どもの自由な外遊びが抑制され、身近な自然環境が劣化して自然との関わりが減少し、あふれるモノとデジタル化が大人と子どもの両方を室内と仮想世界に引き留めている。その結果、現代人は自然について情報、あるいは、教科書的知識を持ってはいても、自然を経済活動のためのただの資源とみなし、水や食べ物を生存の基盤である自然の恩恵だと実感していない。地球規模にまで拡大したさまざまな環境問題は人間が生み出したものであり、そうした自然観が根底にある。

幼児期からの体験を通して得た自然観や問題解決能力は人間に欠かせないもの

本来、教育はこれらの現代的課題に応えなければならないが、日本の保育現場で外遊びや自然との関わりの再評価が進んでいるとはいいがたい。親たちは目に見えやすい成果や過度の安全を期待する。森の幼稚園活動も少数派にとってのオルタナティブな保育の選択肢の一つに過ぎない。しかし、深刻化する地球環境問題や異文化の衝突にみるように、今の子どもは人類が過去に経験してこなかった困難な時代を生きていくことになる。特に、「自然」をキーワードに、どうすれば人間の活動が持続するのかを考え、答えのない多様な問題を自ら解決しようとしなければならないだろう。その基盤として幼児期からの体験を通して得た、自然観や問題解決能力が欠かせないのである。

第3章

世界の「森と自然を活用した保育・幼児教育」の社会化の潮流

「森と自然を活用した保育・幼児教育」は、近年欧米諸国では拡がりを見せていますが、様々な系譜があります。こうした中、特に我が国への拡がりに影響を与えているのは、デンマークにおける制度を参考に創設された、ドイツにおける「森の幼稚園」の認可制度といえます。ドイツでは、近年1，500を超える「森の幼稚園」が開設されていると言われていますが、その潮流はスイスやオーストリア等の欧州、韓国等のアジア諸国やカナダ・アメリカなど世界各国へ広がっていきました。グローバル社会を生きる子どもたちを育む「森と自然を活用した保育・幼児教育」は、福祉・教育部署と森林部署が連携した制度・政策の構築により、社会化へ向かいつつあります。

本章では、ドイツ、韓国をはじめ、特色ある取組を行っている英国、カナダ、米国における制度化の動きを紹介します。

1 ドイツにおける「森の幼稚園」の制度化

法制度等の創設の背景

　ドイツでは、デンマークにおける「森の幼稚園」の支援制度をモデルとして、1990年代から「森の幼稚園（Waldkindergarten）」或いは「自然幼稚園（Naturkindergarten）」を認可する仕組みがつくられました。そして、これらが既存の幼稚園等の代替施設として位置付けられる中で、全国的な拡がりを見せています。1996年には「ドイツ自然と森の幼稚園研究会」が、2000年には「ドイツ自然と森の幼稚園連合会」が設立される中で、現在では、バーデン・ヴュルテンベルク州だけでも200超、ドイツ全土ではおよそ1500の施設が運営されています。

　このような拡がりの背景には、日本の待機児童問題と同じように、幼稚園等の供給率を大幅に高めなくてはならない行政事情がありました。1990年に東西ドイツが統一された際、「妊娠中絶法」が統一されました。このことが契機となって、3～5歳児を受け入れる幼稚園の供給率を、当時3割から1998年（当初は1995年）に9割にする目標が掲げられ、また「妊婦及び家族援助法」の「社会法典第8編（児童青少年援助）」が制定され、努力義務として幼稚園・終日保育・昼間保育が規定されました。

　さらに、1992年には同法が改正・強化され、州法の規定を基準にして3～5歳児の幼稚園への入園請求権および必要がある3歳未満児の昼間保育の提供義務が規定されました。その後も、まずは幼稚園の対象となる3～5歳児に関連する規定が、次いで保育所の対象となる0

図表3-1　ドイツの保育制度の変遷

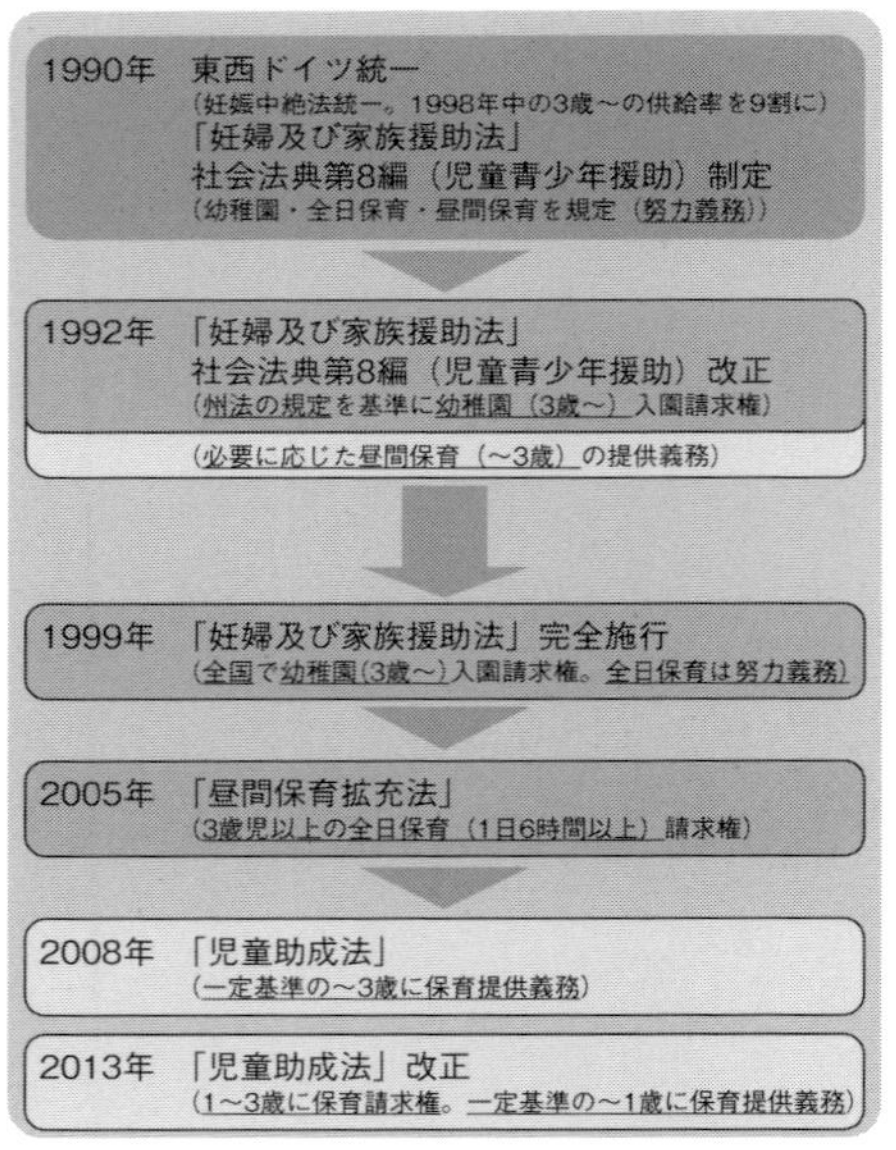

出典：齋藤純子「ドイツの保育制度―拡充の歩みと展望―」『レファレンス』（2011.2）を元に作成

～2歳児に関連する規定が拡充・強化されてきました（**図表３・１**）。

こうした中で、ドイツは地方分散型の国づくり・まちづくりが進められてきたことから、農山村地域に多くある集落においても小規模な保育施設への要請があるという社会の状況や、森林等の自然空間こそが子どもたちの身体的な発達や感情の安定、社会的関係の構築などの観点から有効であると考える保育者や保護者たちによる精力的な取り組みがあったこと、そしてそれを支える仕組みとして「森の幼稚園」を独自に運営許可する法制度等の社会基盤が整備されたことが、ドイツにおける「森の幼稚園」の社会化に大きく寄与したといえます。

「森の幼稚園」に関わる法制度と要件

ドイツにおいて、「森の幼稚園」が広がった大きな理由の1つとして、連邦政府および各州における法制度の整備が挙げられます。

連邦法である「児童青少年援助法（Kinder-und Jugendhilfegesetz; KJHG）」では、保育施設を〝子どもたちの養育、教育、世話をするための青少年援助の施設である〟とし、保育を行う施設の運営者は運営許可を得る必要があると規定しています。

例えば、バーデン・ヴュルテンベルク州においては、１９９４年に州内に最初の「森の幼稚園」が設立されましたが、その際に、そのコンセプトや運営組織、従事者、対象人数、施設などが青少年援助施設の要件と合致するかどうかの議論が行われ、固定の建物を持たない「森の幼稚園」でも、シェルター等の設置によって幼稚園施設と認めることは可能との判断が下されました。これにより、保護者等らが主体となって社団を立ち上げて運営される「森の幼稚園」でも、法律に基づく要件を満たせば認可施設として許可されることになりました。

実際の運営許可は、KJHGに基づき、各州の青少年局に委ねられることになっています。バーデン・ヴュルテンベルク州では、「児童昼間保育法（Kindertagesbetreuungsgesetz）」及び「児童昼間施設規則（Kindertagesstätten-verordnung）」が制定されています。これに基づき、通常の保育施設と同等の保育者配置等の規定を満たすと同時に、「森の幼稚園」に必要な自然環境や施設、保育者の要件、定員といった施設・組織面の要素、目的や内容などのコンセプトや規定、持参物や資機材等の教育内容面、森林管理者や関係省庁との連絡や衛生管理等の安全衛生管理などの運営許可基準を満たす必要があります（**図表３・２**）。

特筆すべきなのが、日本の保育所・幼稚園では、一定の保育室・遊戯室の配置が求められますが、同州の「自然幼稚園」の許可基準では、森林等の自然環境を所管する行政機関の届け出が受理され、かつ所有者の使用許可を得た特定の自然環境があることと、軽微なシェルターもしくはトレーラーハウス等の施設があることで認可対象になる点です。

なお、「森の幼稚園」として森林を利用するにあたっては、地域の森林を管理する森林管理局が、連邦および州森林法などに基づき、森林所有者に対する損害賠償義務の免除の明確化や利害関係者との調整、林業への配慮、責任者の指定などの義務を課すこともあります。

（注釈）ドイツの保育制度

ドイツでは、乳幼児期の保育施設としては、年齢別に「保育所」（0歳以上3歳未満）と「幼稚園」（3歳以上6歳未満）と区別されており、いずれも連邦レベルの「青少年援助法」に基づいた青少年援助施設です。また、保育所・幼稚園で担う機能については、州レベルで制定されている法律（例えば、バーデン・ヴュルテンベルク州では「児童昼間保育法」及び「児童昼間施設規則」）に基づいていますが、いずれにおいても、基準を満たせば半日保育（最低3時間の午前もしくは午後保育）、通常保育（昼食の中断をはさみ、午前及び午後保育）延長開園保育（最低6時間の通しの開園時間）終日保育（7時間以上の通しの開園時間）の機能を担えるように設定されており、機能を組み合わせて複合的に運営している保育施設も多く見られます。

なお、前述の通り、ドイツでは3歳児以上を受け入れる幼稚園の供給率を高めていく政策が進められたことから、ドイツにおける取組は「森の幼稚園」として紹介されていますが、3歳未満の子どもを受け入れている施設もあります。

図表3-2　バーデン・ヴュルテンベルク州における「自然幼稚園」の運営許可基準

分野	要素	解説
Ⅰ．施設・組織	自然環境利用許可	•森林管理または自然保護を所管する行政機関への届け出が受理され、かつ所有者に使用許可を得た特定のエリアに区切られた自然環境があること。
	施設整備	•適切な建築基準及び消防許可を受けた、暖房施設のあるシェルターもしくはトレーラーハウスがあること。 •終日保育の場合は、暖房可能な施設、衛生設備があり、温かい昼食が提供され、邪魔されずに睡眠できる施設があること。
	保育者数	•実施時間中は、規則に定められた資格を持つ専門保育者名及び特定の監督者をつけること。 •3歳児から就学前の子どもたちのグループは、2名の保育者が担当し、監督者1名の追加が推奨される。 •終日保育の場合は、最大20名の子どもに保育者2名と監督者1名が終日つくこと。
	定員	•3歳児から就学前の子どもたちのグループの大きさは最大20名。 •特別な配慮が必要な子どももしくは2歳児が加わる場合は、最大15名とし、2歳児は最大5名まで、かつ6時間以下の保育時間とする。2時間の睡眠時間を設けること。
	保育時間	•特別な配慮が必要な子どももしくは2歳児が加わる場合は、6時間以下の保育時間とし、2時間の睡眠時間を設けること。
Ⅱ．教育内容	教育コンセプト作成	•目的、子どもへの支援内容、一日の流れ、自然活動、悪天候時の代替プログラムなどを記した教育コンセプトを作成すること。
	規定策定	•自然幼稚園の特性に配慮し、幼稚園規定を策定すること（例えば、保護者への情報伝達や事故リスクの増加などについて） •集合場所、森の幼稚園の開始と終了、お迎え場所、代行や保護者の協力などを規定すること。
	持参物の明確化	•天候や季節に合わせ、目的に沿った衣服（原則は重ね着）、替えの衣服、硬い靴、リュックサック、座るときの敷物（小さい断熱材の物）、適切な食べ物、小さなハンカチを用意させておくこと。
	資機材の確保	•ウォータータンクとアウトドアワゴン、石鹸、鋤（“大”を埋める用）、トイレットペーパー、飲み物の入った魔法瓶、ナイフ・鋸・虫眼鏡、図鑑などの道具を準備すること。
	監督範囲の明文化	•自然における監督範囲を明文化すること。
Ⅲ．安全衛生管理	森林管理者等との連絡調整	•森林管理局や土地所有者と継続的に連絡を取り、必要に応じて対応を取り決めること。（例えば、樫に発生するガ、暴風雨後の枝割れ、森林作業、天候による地形の変化など）
	関係省庁との連絡	•必要に応じて、さらなる関係官庁、環境保護庁や家畜庁と連絡を取ること。
	衛生措置	•健康のための予防方法や衛生措置の遵守を各担当の保健所に明らかにすること。（例えば、予防接種、ダニ防止、有毒植物、排泄物の除去、手洗いなど）
	緊急・応急対応	•緊急用携帯電話、緊急電話番号、保護者の電話番号、応急処置具を準備すること。

参考：Ingrid Miklitz ;Der Waldkindergartenを元に作成

「森の幼稚園」の様々な運営・実施形態

前述のような許可基準が定められることによって、保育施設の供給率の向上に向けた代替施設としての役割を担いながら、定員20名の小規模な「森の幼稚園」が拡がってきました。また、「森と自然を活用した保育・幼児教育」の意義への認知も拡がる中で、一般的な幼稚園においても、多様な形態で取組が拡がっています（**図表3-3**）。

「森の幼稚園」の主たる運営形態としては、定員20名の小規模施設として、すべての保育時間を森や自然空間で過ごす典型的な「森の幼稚園」が挙げられます。

他方、一般的な幼稚園においても、毎日或いは週・月ごとに「森へ行くグループ」を形成する取組や、午前中は「森の幼稚園」で過ごして、午後は一般的な幼稚園で過ごす「統合型森の幼稚園」とも称することができる取組も拡がっています。また、一般的な幼稚園が、「森のプロジェクト週間」を設定したり、定期的な「森の日」を設定するケースも見られ、一般的な幼稚園においては、少人数を対象とした短時間の活動から、段階的に活動を拡大・発展させていくケースが多く見られます。

「森の幼稚園」の設立までの流れ

ドイツにおける「森の幼稚園」は、その多くが保護者らによって運営されています。一般的には、「森の幼稚園」の活動を行いたい保護者、保育者や支援者が集まり、運営母体として社団を設立しています。社団は、保護者や保育者らでも設立しやすい法人形態となっており、個人に左右されることなく継続的に運営できると同時に、組織への信頼性を確保しながら保育・教育がしやすくなることから、選ばれています。

社団設立後、その社団が幼稚園施設として公的な認可を受けるためには、「児童青少年援助法」に基づく児童青少年福祉のための施設の民間運営者として認められなければなりません。承認を受けるためには、連邦法で定められた要件（**図表3-4**）に加え、各州の青少年局による、財政状況や継続的な教育活動の可能性、また法の目的に合致したコンセプト

図表3-3　ドイツにおける「森の幼稚園」の多様な運営・実施形態

典型的な（小規模）森の幼稚園	独自基準で認可され、通年で森林・自然に滞在	•定員20名の小規模施設。 •幼稚園の時間帯は、基本的に季節や気候に関係なく特定の森林・自然空間で過ごす。 •固定の建物の代わりに、シェルター・トレーラーハウス等を設置。
統合型森の幼稚園	一般的な幼稚園内で「森へ行くグループ」を設定	•毎日森へいくグループが形成され、行きたい子どもは参加する。 •もしくは週・月ごとに特定のグループが交代で森へ行く。
	一般的な幼稚園と典型的な（小規模）森の幼稚園が協力	•午前中は、森の幼稚園で過ごし、午後は一般的な幼稚園で過ごす。
一般的幼稚園による取組	一般的な幼稚園が「森のプロジェクト週間」を設定	•たとえば1〜3週間、森や自然体験を活動テーマとしたプロジェクトを実施する。
	一般的な幼稚園が定期的に「森の日」を設定	•たとえば週に1回、必ず森へ行く日を設ける。

参考：Ingrid Miklitz ;Der Waldkindergartenを元に作成

図表3-4　ドイツ社会法典第75条　青少年援助の民間運営者としての承認要件

1. 青少年援助の民間運営者として、法人や個人による組織が承認されるのは、以下の場合においてである。
   1. 第1条の意味における青少年援助の分野で活動している。
   2. 公益目的を追求している。
   3. 専門性と職員の条件に基づき、青少年援助の任務の達成に貢献があると期待される。
   4. 基本法の目標に貢献する活動を保証する
2. 第1項の前提条件の下、青少年援助の分野で少なくとも3年間活動した者は、青少年援助の民間運営者として承認請求権を持つ。

出典：Ingrid Miklitz ;Der Waldkindergartenを元に作成

内容などの審査を受けなければなりません。場合によっては、審査により承認拒否や期限付きの承認となる可能性もあります（**図表3-5**）。

ドイツにおける「森の幼稚園」の認可までの手続きは、運営者にとっては煩雑で、厳しい条件となる場合もありますが、一方で、認可制度によってこそ、幼稚園自体の継続的な運営や保育の質、安全の確保を可能にし、ドイツにおける「森の幼稚園」の社会化に貢献しているといえるでしょう。

図表3-5　ドイツにおける「森の幼稚園」設立の流れ

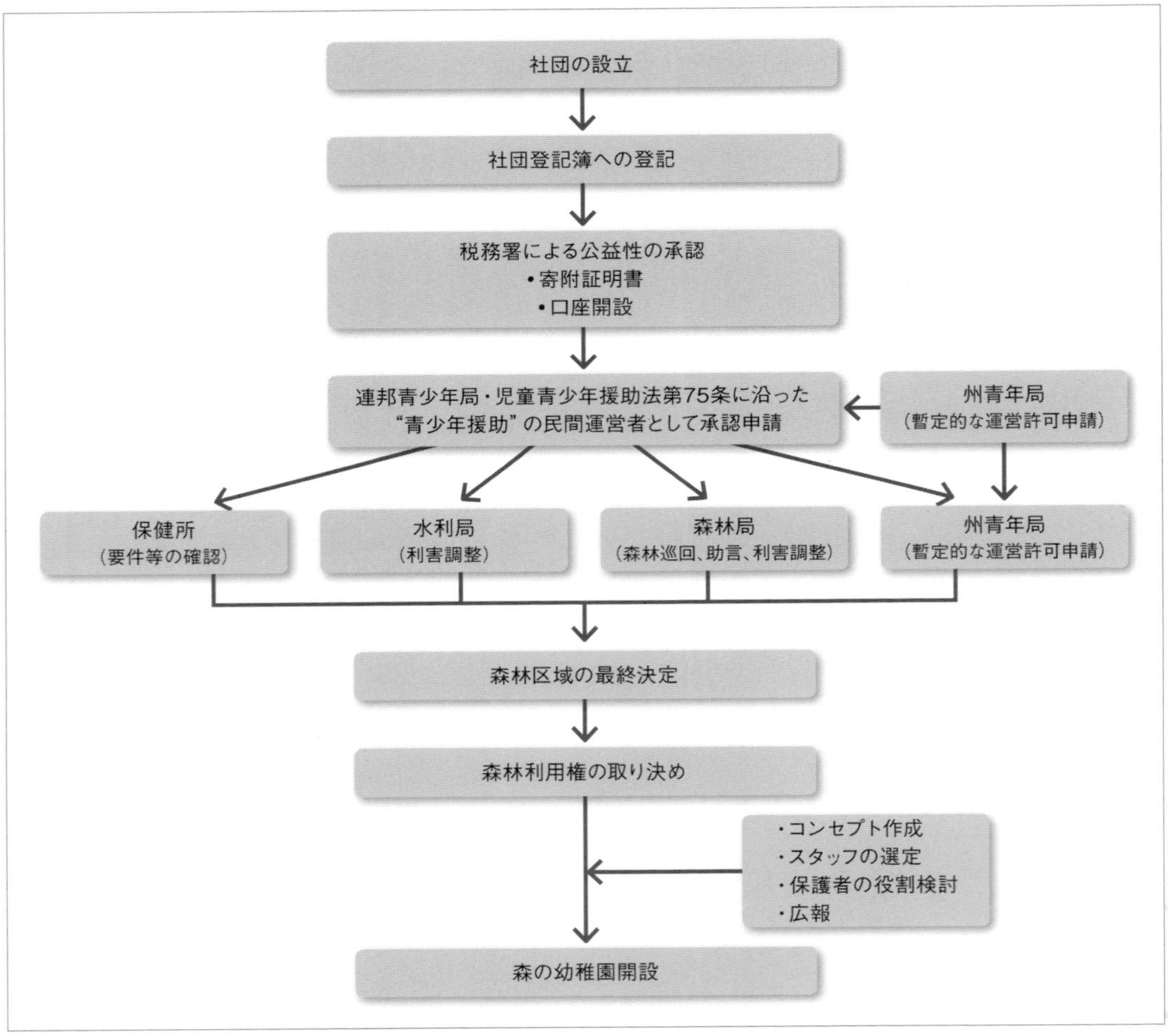

出典：Ingrid Miklitz; Der Waldkindergartenを元に作成

【参考文献】
Ingrid Miklitz著『Der Waldkindergarten Dimension eines pädagogischen Ansatzes』Cornelse, 2015年
Kommunalverband fur Jugend und Soziales Baden-Wurttemberg『Der Naturkindergarten Konzeption,Grundung und Betrieb』2017年
齋藤純子「ドイツの保育制度―拡充の歩みと展望―」『レファレンス』（2011. 2）

2 韓国における「森の幼稚園」の制度化

法制度等の創設の背景

韓国において「森と自然を活用した保育・幼児教育」の取組が促進されることになった背景には、様々な要因があります。都市部の過密化が著しく、子どもの遊び場や自然環境の確保が難しくなったことに加え、共働きの増加によって、長時間保育施設内で過ごす子どもが増え、屋外において体を動かす時間が減少していました。近年では、受験戦争に加えて、早期教育も過熱しており、遊ぶ場所も時間も残されていない子どもたちの現状が懸念されていました。

さらに、OECDの幸福度調査によると、韓国の18歳以下の子どもたちの生活満足度は、加盟国中最下位レベルに位置し、加えて親子間のコミュニケーション不足、学校のテストや大学入学への過度のプレッシャーなども指摘され、教育環境の改善が社会的な課題となっていました。

教育施策における屋外遊びの重要性の明記

このような状況を受け、子どもの幸福と心の健康のためには、遊び、特に屋外での遊びが重要であるとの認識が政府内でも高まり、2013年、子どもを中心に据えた遊びを基本としたカリキュラムが策定されました。これがすべての3～5歳児を対象とした統一教育カリキュラム「Nuri Curriculum」です。

さらに、本カリキュラムは自然環境における体験と、その体験を通した健全な成長の重要性についても掲げており、毎日1時間の屋外活動を推奨しています。悪天候の際には、屋内での遊びや身体的活動が代替策となりますが、保育施設の3～5歳児のほとんどが1日に5時間以上を施設で過ごすことから、屋内活動と屋外活動のバランスを定期的に評価すべきだとしています。

さらに「Nuri Curriculum」に記載された学びの5領域においても、「身体的活動／健康」、「コミュニケーション」、「芸術体験」、「社会的関係」と併せて「自然の探求」が位置付けられています。また、特別な場合を除き、自由に体を動かすことによる、リラックスおよび総体的な運動技能の開発の機会が毎日与えられるべきとされました。

「森の幼稚園」の広まりと国有林における「幼児のための森林体験園」創設

韓国では、1990年代から2000

【参考文献】

Forest Education Promotion Act.2011年

Korea Institute of Child Care and Education『KICCE Policy Breif Issue2: Nuri Curriculum』2013年

OECD『Child Well-Being Data Portal Country Factsheet Korea』2017年

Waller, Tim『The SAGE Handbook of Outdoor Play and Learning』（Kindle版）SAGE Publications、2017年

杉山浩之、牧亮太.『受託研究「森の幼稚園」報告書ー諸外国および日本における「森の幼稚園」の実態と保育環境の考察』2015年

杉山浩之『森の幼稚園の現状と課題―デンマーク・ドイツ・スイス・韓国における事例を中心にして―』広島文教女子大学紀要（第50巻）、2015年

※本稿の作成にあたっては、広島文教女子大学・杉山浩之教授に資料および情報の提供をいただきました。

年前後にかけて、自然における体験と学びに重点を置いた「生態学的幼児教育(Ecological early childhood education)」が重視した取組が拡がっていましたが、2003年、Myung Han Lee氏がドイツの「森の幼稚園」を紹介し、取組みが広がっていきました。

韓国における「森の幼稚園」の拡大には、国有林等の教育利用を促進した山林庁の取組が大きく影響しています。それは、気候変動と持続可能な開発に対する森林利用の必要性から、山林庁が、子どもを含むあらゆる年代の人々が森に入れるよう、国有林を一般に開放したことによります。

2008年に、山林庁は研究プロジェクトの報告書「森の幼稚園のプログラム開発と効率的な運営に関する研究」において、韓国型の「森の幼稚園」の教育理念や設立・運営に関するマニュアルを取りまとめました。また、同年から北部地方の山林庁の6つの国有林事務所では、一般の幼稚園・保育所を対象に、専門指導者の下で「森の幼稚園プログラム」を提供する取組をはじめました。その取組が各地域に拡がっていき、これを契機に、韓国では「森の幼稚園」への関心が高まったと言われています。また、ソウル市においても、2010年から区立保育園の園児を対象とした「森の幼稚園」の模範的な取組が始められました。

さらに、2009年から山林庁は「森の幼稚園」の国際フォーラムを開催するとともに、2010年からは「森の幼稚園」の多様な運営方法と効果を分析する長期研究プログラムを開始しました。

図表3-6 「幼児のための森林体験園」の登録基準(森林教育の活性化に関する法律 第13条第1項関連)

区分	基準	細目	内容
1. 立地条件	イ. 幼児森林体験園では、森の植生が多様であり、森の健全性を維持することができる森づくりを実施し、進入が便利でなければならない。		
	ロ. 幼児森林体験園は、危険施設(「住宅建設基準等に関する規定」)第9条第3項各号の施設を指す)から水平距離50m以上離れた場所に位置しなければならない		
	ハ. 車両で接近できる地域から300m以内の距離に位置し、徒歩で接近しやすい地域でなければならない。		
2. 規模および施設	イ. 幼児森林体験園の規模は、2万㎡以上(特別市・広域市・特別自治市の場合は、1万㎡以上)であり、その境界から半径100m以内に登録された幼児森林体験センターがあってはならない。		
	ロ. 幼児森林体験園は、参加した幼児が便利に利用できる構造で、立地の特性に合わせて次の施設を設置する。	(1) トイレ	参加人数の使用に不便がないように学習場の周辺に設置し、自然にやさしい簡易トイレを設置する。ただし、隣接距離100m以内にトイレがある場合は、トイレが設置されたことと見なす。
		(2) 野外体験学習場	森林体験・生態遊び・観察学習等ができる空間は全体規模の30%以上でなければならない。
		(3) 待避施設	雨・風等が避けられる施設として、規模が100㎡以下の簡易木材構造施設または仮設施設を設置しなければならない。
		(4) 安全設備	危険地域には木材の安全フェンス等の安全設備を設置しなければならない。
		(5) 休憩施設	自然の素材を利用した椅子、テーブル等を設置することができる。
3. 運営プログラムおよび教具等	イ. 季節ごとに運営できる体験プログラムを保有していなければならない。		
	ロ. プログラムの運営のための多様な教具が適切に備わっていなければならない。		
	ハ. 応急措置のための非常薬品および簡易医療器具、消火器等の非常災害に備えた器具等が備わっていなければならない。		
4. 運営教職員数	イ. 幼児森林体験園の効率的な運営のため、次の区分による人数の幼児森林指導者を常時配置する。	(1) 幼児の常時参加人数が25名以下の場合	幼児森林指導者1名
		(2) 幼児の常時参加人数が26名以上50名以下の場合	幼児森林指導者2名
		(3) 幼児の常時参加人数が51名以上の場合	幼児森林指導者3名
	ロ. 幼児の安全のための幼児森林指導者のほか、補助教師が選定・配置されていなければならない。		
5. その他の事項	国または地方自治体の幼児森林体験園の運営基準および方法等、その他必要な事項は山林庁長官が別に定めることができる。		

出典:杉山浩之教授(広島文教女子大学)による資料を元に作成

図表3-7 「幼児森林指導者」専門課程のカリキュラム

区分	教育科目	教育内容	時間		
			合計	講義	実習
			210	104	106
森林教育論 (15時間以上)	森林概論 林学概論	森林の経営・利用・造成 森林環境概論 森林景観および美学	4	4	
	森解説概論	森解説の理解および原則 森解説の適用過程	3	3	
	森林教育概論	森林教育の理解 社会環境教育論 環境倫理および哲学	4	4	
	森林人間	森林と人間の歴史 森林文化、休養	4	4	
森林生態系 (45時間以上)	森林生態学	森林生態系の構造と特徴	6	6	
	植物の理解	樹木分類の基礎および図鑑活用法	18	6	12
	野生動物の理解	野生鳥獣生態学および図鑑活用法	10	4	6
	昆虫の理解	国内主要生息昆虫の理解および図鑑活用法	6	2	4
	森林土壌学	森林土壌の構造と環境	5	2	3
コミュニケーション (15時間以上)	コミュニケーション技法	幼児意思疎通方法の理解 意思疎通技法の実習	5	5	
	マルチメディア活用法	幼児森活動記録法 動画製作および活用法	10	3	7
幼児教育 (22時間以上)	幼児教育概論	幼児教育および保育の理解 幼児教育の歴史および世界の動向	6	6	
	幼児発達論	胎児・嬰児発達理論 幼児発達理論	8	8	
	森幼稚園と特殊児童指導	特殊教育の理解・指導 森でのリハビリ、治癒等の事例	8	6	2
幼児森林生態教育 およびプログラム開発 (63時間以上)	幼児森林生態教育概論	幼児森林教育の理解 幼児森林体験園の理解と必要性 幼児森林指導者教育課程の理解	10	6	4
	幼児森林体験センター運営・管理	幼児森林体験園の運営・管理	5	2	3
	森のようちえんの運営事例	先進国の事例 年齢別・場所別の事例	3	3	
	森クラスづくり	森クラスの規律 森クラスの注意事項	3	3	
	幼児森林生活指導	幼児基本生活習慣の理解 森での幼児生活理解・指導	6	4	2
	幼児森林指導者論	幼児森林指導者の素養および資質 幼児森林指導者の役割および業務	6	4	2
	幼児森林生態教育プログラム開発	幼児森林生態教育プログラム企画 幼児森林生態教育プログラム開発	10	4	6
	幼児森林生態教育プログラムの運営および実習	幼児森林生態教育プログラム運営(生態絵本、生態科学、生態美術、動植物交感、瞑想、自然健康等) 幼児森遊び指導(自然の物を活用した幼児森遊びの理解、年齢別・季節別・場所別の森遊び指導)	20	5	15
安全教育および 安全管理 (20時間以上)	応急処置	応急処置および心肺蘇生法等	12	4	8
	野外活動指導	野外活動の特性　教育施設および危険要素 モニタリング	4	2	2
	児童安全管理	幼児自然生活健康の理解　幼児健康生活と安全教育	4	4	
教育実習 (30時間以上)	国家・地方自治体および森林教育を目的に設立された法人・団体等にて30時間以上 補助教師等として活動		30		30

1) 教育課程の教育は210時間以上でなければならない。
2) 幼児森林指導者専門課程は、幼児森林体験園等にて幼児森林生態体験活動を指導する森林教育専門家を養成する教育課程であり、森林教育専門家養成機関として指定を受けようとする者の実情に合わせて、必要な内容を追加することができる。

出典:杉山浩之教授(広島文教女子大学)による資料を元に作成

このように、多くの山林庁や地方機関及び地方自治体による精力的な取組と、前述のような野外での遊び、自発的な参加や学習、創造的な体験活動を重視したりする教育分野の潮流が、「森の幼稚園」の取組を加速させていきました。

こうした潮流の下で、2011年には、持続可能な森林保全および森林に関する知識と正しい価値観を育てる森林教育を行い、国民生活を向上させることを目的として、「森林教育の活性化に関する法律(Forest Education Promotion Act)」が制定されました。「森林教育の活性化に関する法律」では、森林教育の質を確保するために、施設および指導者に関する基準を設けています。国有林に設定される一般的な幼稚園・保育所を受け入れるフィールドである「幼児のための森林体験園」については、幼児が森林の多様な機能を体験することによって情緒をかん養し、総体的な成長ができるように指導・教育する施設として、フィールドの立地条件や施設、用意すべきプログラムや配置すべき指導者数等の基準が設定されています（**図表3-6**）。また、それらのフィールドでの指導を担う「幼児森林指導者」については、210時間以上の教育課程（**図表3-7**）が定められるとともに、その養成機関の指定も行っています。

「森の幼稚園」のタイプとその特徴

韓国における「森の幼稚園」は、多様な運営者により運営されており、政府、大学もしくは財団、保護者の大きく3つに分類されています（**図表3-8**）。

さらに、「森の幼稚園」は、実施方法により体験型と毎日型に分類されています。「体験型森の幼稚園」は、通常の保育所・幼稚園が国有林を利用して行うタイプで、子どもたちは定期的、または週に1~2回、もしくは不定期に森を訪れます。「毎日型森の幼稚園」は、通常の保育施設の代替として設置されているものが多く、子どもたちは毎日森へ行き、ほとんどの時間を森で過ごします。

なお、「森林教育の活性化に関する法律」の制定以降は、国有林で受け入れている「森の幼稚園」は「幼児のための森林体験園」と呼ばれています。

図表3-8　韓国における「森の幼稚園」の実施タイプ別分類

実施タイプ	運営者	特徴
体験型 森の幼稚園 （幼児のための 森林体験園）	ほとんどが 政府主導	• 通常の幼稚園・保育所に通う子どもたちが週に1、2回訪問。 • 決まった施設はなく、国有林内に生態園（ecological park）を設定し、そこでアクティビティを実施。 • 「森林教育の活性化に関する法律」に基いて、森林及び幼児教育の両分野の側面から育成され認定された「幼児森林指導者（Forest guide for Little children）」が指導する。
毎日型 森の幼稚園	保護者団体、 大学、財団、 民間企業	• 大学運営の施設を除き、ほとんどの森の幼稚園は、通常の保育施設に代替施設として認知される。 • 運営者の方針が軸となるため、国の基準には合致せず、ほとんどの施設が保育施設の認可を受けていない。 • 大学に付属した森の幼稚園は、一般的に通常の保育施設として認可されており、森の幼稚園と通常の施設を部分的に使い分けながら運営。
森クラス	通常の 幼稚園・保育 所	• 子どもたちや保護者の要望により、一時的なクラスとして森の幼稚園を実施する。 • 特別な教育配慮が必要な子どもたちのためのクラスとして実施されることもある。 • 認可を受けた毎日型森の幼稚園（ほとんどが大学付属）タイプ及び森のクラスだけが、政府の基準に則って補助を受けながら、通常の保育施設の範囲内で、森の活動を提供できる。

出典：Waller, Tim. The SAGE Handbook of Outdoor Play and Learningを元に作成

3 各国における「森と自然を活用した保育・幼児教育」の制度化

英国：「Forest School」

「Forest School」の創設とその定義

英国における、「森と自然を活用した保育・幼児教育」に関連した取組は１９９０年代初頭に始まり、一般的にForest School（以下、「ＦＳ」という。）と呼ばれています。当初は、デンマークにおける「森の幼稚園」の活動を踏まえてイングランド地方に導入され、その後、ウェールズ地方やスコットランド地方にも広まりました。２０１２年にはネットワーク化やカリキュラム開発、実践者の養成などを目的として、全国組織Forest School Associationが設立され、ＦＳは「地域の森林や樹木のある自然環境での学習体験を通して、あらゆる学習者の自信・自尊心を高める定期的な機会を提供するインスピレーションのプロセス」として明確に定義されています。

「Forest School」を支える仕組み

英国におけるＦＳの拡大には、政府機関であるForestry Commission（森林委員会：以下、「ＦＣ」という。）が重要な役割を果たしました。２００３年、ＦＣは「樹木および森林が地域住民に対し質の高い、持続的な利益をもたらすことをひろく認知させる」としたビジョンを掲げた「Woodland for Life」と呼ばれる地域戦略を作成しました。この中で、ＦＳの重要性を指摘し、以降、ＦＣの下部組織であるForest Education Initiative（森林教育イニシアチブ：以下、「ＦＥＩ」という。）が、各地域の教育機関と連携しながら地域のニーズ等に合わせたＦＳの立ち上げ支援を行なうようになりました。

さらには、独立系シンクタンクのNew Economics Foundation（ＮＥＦ）と連携し、Foundation Stage（基礎段階：０～４歳）の子どもたちに与えるＦＳの効果に関する調査を行うなど、ＦＥＩは教育分野と森林分野をつなぐ役割を担い、実践と研究の両側面からＦＳを支えています。

スコットランド地方における政策

英国全土でのFSの広がりを受け、スコットランド地方政府は「森と自然を活用した保育・幼児教育」を政策の中に位置付けています。2004年、21世紀に必要な知識、スキル、および特質を子どもや若者が享受できるように育成することを目的として、新たな教育カリキュラムCurriculum for Excellenceが制定されました。これは、3~18歳を一貫して対象とするもので、子どもたちを「成功する学習者、自信あふれる個人、責任ある市民、効果的な貢献者」に育てることを目指しています。その実践の指針の一つとして、政府は、屋外学習を通してこのカリキュラムを実現するためのガイドライン「Curriculum for Excellence through outdoor learning」を作成しました。同ガイドラインでは、屋外学習に特徴的な直接体験、計画的な屋外学習がもたらすスキル、様々な関係性の構築などが同カリキュラムの目的に資するとされ、(**図表3-9**)のようなビジョンを掲げています。

一方、「Curriculum for Excellence」や2009年に策定された幼児教育改革のフレームワーク「The Early Years Framework」等の教育政策を受け、森林政策の側からも学習を支援する仕組みが構築されました。スコットランドのFCは、地域内の自然環境、特に樹木や森林を屋外学習の場として提供することを目的に、戦略「Woods for Learning」を策定しました(**図表3-10**)。この戦略では、保育施設や小中学校等における活動を促進させるための施策がまとめられており、数年ごとに評価と見直しが行われています。

図表3-9 「Curriculum for Excellence through outdoor learning」におけるビジョン

ビジョン

- すべての子どもと若者は、カリキュラムの一部である、進歩的で創造的な屋外学習体験に参加する
- 学校やセンターでは、定期的かつ頻繁に、楽しく、挑戦的な機会を提供する
- 教員および教育者は、屋外学習をカリキュラムに組み込み、屋外環境での学習をすべての子供や若者にとって現実のものとする

図表3-10 「Woods for Learning 行動計画2015-2017」(一部抜粋)

目的	行動計画
1. 若者は成功した学習者、自信あふれる個人、責任ある市民、効果的な貢献者となる	• スコットランドの環境(樹木、森林を含む)を教育全体で確実に活用するために、環境・森林理事会と教育部の連携を強化する。 • エジンバラ市議会及びスコットランド森林委員会・中央スコットランド保護委員会による3~18歳向け森林学習のパイロット実施 • 持続可能のための教育のモデルとして、樹木や森、地域の緑地を用いた屋外学習を開発するため、教員養成大学やスコットランド一般教育協議会と協力する • 教員及びその他の教育者のため、スコットランド屋外・森林学習協会を通して専門研修シリーズを開講する。
2. 子どもたちが人生の最良のスタートを切り、成功するための準備をする	幼少期に屋外で学ぶための方法として、中央ベルト地帯(スコットランド南部のエジンバラからグラスゴーにかけての地域)に森のようちえんを設置する。森のようちえんの開発と拡大にむけた持続可能な方法として、幼児教育実践者の訓練と、経験豊富な森のようちえんの指導者のためのトレーナー養成訓練を行う。

【参考文献】(英国)

Learning and Teaching Scotland『Curriculum for Excellence through outdoor learning』2010年

Murray, R. および O'Brian, L.『Such Enthusiasm – a Joy to See; an evaluation of Forest School in England』NEFレポート、2005年

Sara Knight.『Forest School and Outdoor Learning in the Early Years』2013年

Forestry Commission Scotland『Woods for Learning Strategy』

Forestry Commission Scotland『Woods for Learning Action Plan 2015-2017』

カナダ：屋外における活動的な遊びを促進する法改正

法改正の背景

カナダでは、ケガ等を過剰に予防するための学校や家庭における屋外遊びの制限や、都市化による遊び場所の減少などにより、子どもたちが屋外で自由に遊ぶ機会が激減し、子どもたちの健康状態に悪影響を与えているとして、２０１５年、多様な分野の有識者が参画して「Position Statement on active outdoor play」（野外での活動的な遊びに関する意見書）がとりまとめられ、公表されました。この意見書では、屋外における活動的な遊び（リスクのあるものも含む）の影響を根拠に基づきながら示したもので、自然および屋外での活動的な遊びが子どもの健全な発達には重要であり、家庭、学校、保育施設、コミュニティおよび自然などあらゆる場所において、子ども主導型の遊びの機会を増やすことを提言しました。

また、子どもたちの健康のためには身体活動の実施だけではなく、座っての活動時間や睡眠時間とのバランスも重要であることから、２０１７年に、政府は乳幼児の24時間における行動ガイドライン「Canadian 24-Hour Movement Guideline for the Early Years（0-4years）」を作成し、年齢別の推奨時間を公表しました。

ブリティッシュ・コロンビア州における法改正

活動的な遊びの重要性の高まりを受け、カナダの各州では、保育に関する法律等において、身体的活動や屋外での遊びの要件を明記するための改正が行われました。

ブリティッシュ・コロンビア州では、法改正により、保育施設に関する認可要件を定めた「Community Care and Assisted Living Act」の実施基準において、活動的な遊びの時間を明記しました（**図表３-11**）。

可能な限り、活動的な遊びと身体運動を、毎日のルーチンや活動を通じて合計１２０分間、保育環境に組み込むことを推奨しました。さらに、運営者には、毎日の活動的な遊びを確保するための指針を、施設ごとに作成するとともに実践するよう義務付けています。

図表3-11　ブリティッシュ・コロンビア州の保育施設における要件

施設	滞在時間	屋外における活動的な遊びの時間
保育所	1日あたり	最低60分 ※15分を1回として実施してもよい。
幼稚園	1～2時間	20分
	2～3時間	30分
	3～4時間	40分

※室内での活動的な遊びは、悪天候もしくは、屋外における遊びのスペースが制限される場合のみ可能である

【参考文献】（カナダ）
LM.Vanderloo および P. Tucker『Physical activity and sedentary behavior legislation in Canadian childcare facilities; an update』BMC Public Health,2018 18:475
Mark S.Tremblay他『Position Statement on Active Outdoor Play』International Journal of Environmental Research and Public Health,2015,12,6475-6505
Province of British Columbia『Community Care & Assisted Living Act』2018年
Government of Canada. 24 Hour Movement Guidelines for Children and Youthウェブサイト
https://www.canada.ca/en/public-health/services/health-promotion/healthy-living/physical-activity/24-hour-movement-guidelines-children-youth.html
（2018年6月25日閲覧）

米国：ワシントン州における アウトドア幼稚園のパイロット事業

新州法の制定

ワシントン州においては終日保育の需要は高く、待機児童が多くいます。その一方で、既に40もの「アウトドア幼稚園」が開設・運営されていますが、無認可であるため、終日保育ができないことや、「低所得者層のための保育支援プログラム」による補助も受けられないなどの課題がありました。

こうしたことから、２０１７年春、ワシントン州において新たな州法「アウトドアにおける幼児教育及び保育プログラムを認可するパイロット事業の実施」が成立しました。この法律は、ワシントン州の幼児教育省（Department of Early Learning）が推進したもので、今後4年間の事業において、いわゆる「アウトドア幼稚園」のモデルを分析し、必要に応じて、「アウトドア幼稚園」の運営に必要な法制度の整備を図ることを目的としています。

パイロット事業の概要

一年目のパイロット事業には、14の「アウトドア幼稚園」が参加し、州全域の22箇所でプログラムを実施しています。運営組織は民間や非営利団体が含まれ、山や海岸、さらに公園や大学のキャンパス内、または既存の認可保育施設などの様々な場所で実施されています。この事業のプログラム参加者は７２９名の子どもと７２１家族で、さらに３，６８５名の子どもたちのプログラムへの参加が予定されています。

14の「アウトドア幼稚園」のうち、7園のプログラム運営者はImplementer（実践者）として、「アウトドア幼稚園」におけるリーダーシップ、プログラム構成、アプローチ方法、データ収集、成果物などの資料を幼児教育省に提出します。また、同省のプロジェクトチームは、各「アウトドア幼稚園」への視察や、スタッフへのインタビュー、プログラム見学を行いながら、各園の子どもの発育へのアプローチ、教育理念、健康・安全指針、緊急時対応計画などを分析します。２０１８年8月には、同省が「アウトドア幼稚園」の現状に沿った許可規則を公表する予定で、同事業では、次年度以降はこれらの規則に則って選ばれたパイロット事業者をアウトドア幼稚園の認可を受けた施設として扱い、補助等の対象とする予定です。

同省は、２０２１年までに指導者専門教育や技術支援、モニタリング、データ収集・分析を行い、その結果を受けて、最終的な法制化の判断をすることにしています。

【参考文献】（米国）
Washington State Department of Early Learning『Report to the Legislature Outdoor, Nature-Based Early Learning and Child Care Pilot Project』2018年
Washington State Department of Early Learning.Outdoor Preschool Pilotウェブサイト https://del.wa.gov/Outdoor-Preschool（2018年6月25日閲覧）
Forest School Association ウェブサイト（https://www.forestschoolassociation.org/）

森や自然は可能性を無限に秘めた最高の保育環境～「見守る保育」より

人類は長い間、進化し続けてきた。われわれホモサピエンスが生き延びてきた背景には、旺盛な好奇心と、協力する力、共感する力、分け合う力を持っていたことがある。子どもにはこれらの生存戦略能力が生まれながらに備わっていることが最近の研究で明らかになった。

これら能力を引き出すために私達の園では「見守る保育」を提唱している。つまり、子どもを大人より劣った未熟な生き物と捉えるのではなく、太古からの遺伝子に刻み込まれた豊かな能力を持つ主体と捉え、教え込むのではなく本来の能力を引き出す（エデュケートする）ことに意味を見出している。「見守る保育」では、子どもが求めなければ手出しをしない。すなわち大人は、子どもが遊んでいる時にはあえて遊びに介入しない。後ろで構え、子どもがいつでも利用可能できる存在になり、見守る（Watch & Wait）。その際、先回りをして子どもの好奇心や発想を摘み取らないことが肝要だ。これらは、発達心理学において「情緒的利用可能性」という考え方で整理されている。例えば、子どもが森でままごとをする場合、当然葉っぱをお皿に、枝を箸にしてご飯を食べる。学術的には象徴機能を使った見立て遊びと言い換えられるが、こういった遊びが将来の創造性の基盤となる。しかしながら、子どもが葉っぱや木で遊んでいると、多くの親は往々にしておままごと用のお皿や箸を準備してしまう。おもちゃは子どもが試行錯誤しながら遊べることが最も重要である。その点で森の素材のおもちゃとしての可能性が無限であることは言を俟たない。また、ドイツの森の幼稚園では、松ぼっくりや葉っぱを用いて大きさの比較・分類をさせ、葉っぱの切れ込みの数などを使って数の概念を伝えている。

フレーベルも園庭には起伏や草木を残すことを重視していた。私も、森や自然には人類が必要としてきたものがすべて揃っていると考える。森や自然を通した活動というと、現状ではアスレチック活動のように思われることが多い印象だが、保育室でのすべての活動は〝見立て〟であり、見立ては、森や自然の中でより豊かに展開することが可能である。昨今、環境を通しての保育が謳われている。森や自然は可能性を無限に秘めた最高の保育環境であり、森と自然を活用した保育の取り組みが全国に拡がることを切に望む。

藤森平司

Heiji Fujimori

新宿せいが子ども園園長。保育環境研究所ギビングツリー代表。1949年東京生まれ。1979年、建築学と小学校教員の経験をもとに東京都八王子市に省我保育園を開園。1997年、多摩ニュータウン（八王子市）にせいがの森保育園を開園。2007年、新宿せいが保育園を開園。「見守る保育」を提唱。著者に「見守る保育」学研、「食育」「0・1・2歳の保育」「保育における行事」ともに世界文化社、などがある。

子どもの育ちに良い環境と子育て支援

武田信子
Nobuko Takeda

武蔵大学人文学部教授。東京大学大学院教育学研究科教育心理学専攻博士課程満期退学。臨床心理士。日本プレイワーク協会理事。専門は臨床心理学・教育心理学・教師教育学・コミュニティワークなどを通した子どもの養育環境の改善。近著に「保育者のための子育て支援ガイドブック」中央法規（2018年）「子どもの放課後にかかわる人のQ&A50」学文社（2017年、共著）がある。

大人は子どもが発達できる環境と成長のきっかけを用意し、子どもの遊びの邪魔をせず、子どもたちが自分で遊びながら工夫し育つのを見守るのがよい。また、子どもは、0歳の時から五感のセンサーが育つ環境、つまり外気と土に触れ、風と日の光の明るさと闇の暗さを感じ、木々の匂いに包まれ、水の流れる音と大人の歌うような優しい声を聴きながら育つのがよい。

私がカナダから帰国して「子育てひろば」を紹介した際、そのひろばには広い外遊びの場がセットでついていることも紹介したのだが、そこの部分が省略された形で、あっという間に室内型の子育て支援の場が全国に広がった。十数年以上前のことだ。土を触るとばい菌がつくから触りたくないという親もいる。しかし、子どもが満面の笑顔を見せれば、親たち自身も楽しくなり真剣に子どもたちの遊ぶ環境を考えるようになる。親子でいきなり自然の中に出て行くのは難しい時代だ。まずは室内の子育て支援の場に来てもらい、そこから公園や自然の中に誘導していくという流れを作ることが必要かもしれない。また、保育所や幼稚園には園庭がある。この園庭も是非活用してほしい。子どもたちの身体や脳や心は、まず戸外の様々な刺激の中で働き始め、発達する。その環境を保障したい。

東京都練馬区のNPO法人あそびっこネットワークでは、乳幼児親子が集まる室内ひろばの近くに広い都立公園がある。乳幼児たちはそこで一日を過ごすことができる。子どもたちが健やかに過ごせる場を保障することも子育て支援である。地域に子育ての場のモデルがあれば、親子はそういった子育てを知る。同区立の「こどもの森」でも、自然豊かな環境での〝遊び〟を支援している。

プレーパークも森のようちえんと同様、デンマークが発祥だ。デンマークは北欧ということもあり、子どもを外の風と光にあてようと、ベビーカーが外にずらっと並んでいるような国だ。アウトドアエデュケーションや冒険遊び場も国をあげて取り組んでいる。また、イギリス、ウェールズの市長は市長自身がプレイワーカーであり、子どもの外遊びを保障するために法律も変えた。実はニューヨークの富裕層をはじめ世界の最先端をいく人たちは、自身の子どもを自然豊かなところで育てており、テレビやゲームにかじりついているのはむしろ、それ以外の世界を知らない層の子どもたちだ。今の日本の子どもたちの育つ環境が、少しでも自然な学びや幸せな心理発達が可能な方向に向かっていくことを切に願う。

終章

「森と自然を活用した保育・幼児教育」の社会化に向けて

近年拡がりを見せている「森と自然を活用した保育・幼児教育」は、産官学の多様なセクターと多様な部署が連携協働して、推進体制や施策のさらなる充実を通して、社会化を図っていくことが期待されています。

ここでは、今後の社会化に向けてポイントとなると考えられる視点等をご紹介したいと思います。

制度改正等のタイミングに合わせた取組の促進

今後、全国各地に「森と自然を活用した保育・幼児教育」を普及・定着させていく際には、保育・幼児教育行政や森林・環境行政の関連制度が改正されるタイミングを見据えて、取組を促進していくことが有効と考えられます。

鳥取県・長野県は、２０１５年に全国に先駆けて認証・認定制度を創設しました。この前年の２０１４年9月には、政府が「まち・ひと・しごと創生本部」を設置して「地方創生」の取組に着手し、地方への若年女性の移住促進への要請が高まった時期でした。そして２０１５年から「子ども・子育て支援新制度」が開始され、地域の実情を踏まえて、地域が主体的に保育・幼児教育・子育て支援策を取り組みやすくなった時期でもありました。

また、２０１７年度には広島県・埼玉県秩父地域で認証制度が創設されました。この時期には、２０１６年度に「幼稚園教育要領」「保育所保育指針」等の改訂・改定がなされるとともに、文部科学省も地方公共団体における幼児教育のさらなる質の向上に向けた推進体制を強化するために「幼児教育の推進体制構築事業」を創設して、各施設等を巡回して助言等を行う「幼児教育アドバイザー」の育成・配置や、地域の幼児教育の拠点となる「幼児教育センター」の設置等の促進が開始された時期でもありました。

今後、保育・教育行政では、平成30年4月から導入された新「保育所保育指針」「幼稚園教育要領」等を踏まえた保育・幼児教育の質の向上への機運を活かしつつ、２０１９年10月から開始される「幼児教育無償化」、そして２０２０年からはじまる「第2期　市町村子ども・子育て支援事業計画」を見据えて、地方公共団体の計画・施策に、「森と自然を活用した保育・幼児教育」の促進を通した保育・幼児教育の質の向上を位置付ける取

図表終-1　「森と自然を活用した保育・幼児教育」の社会化に向けた今後の展開

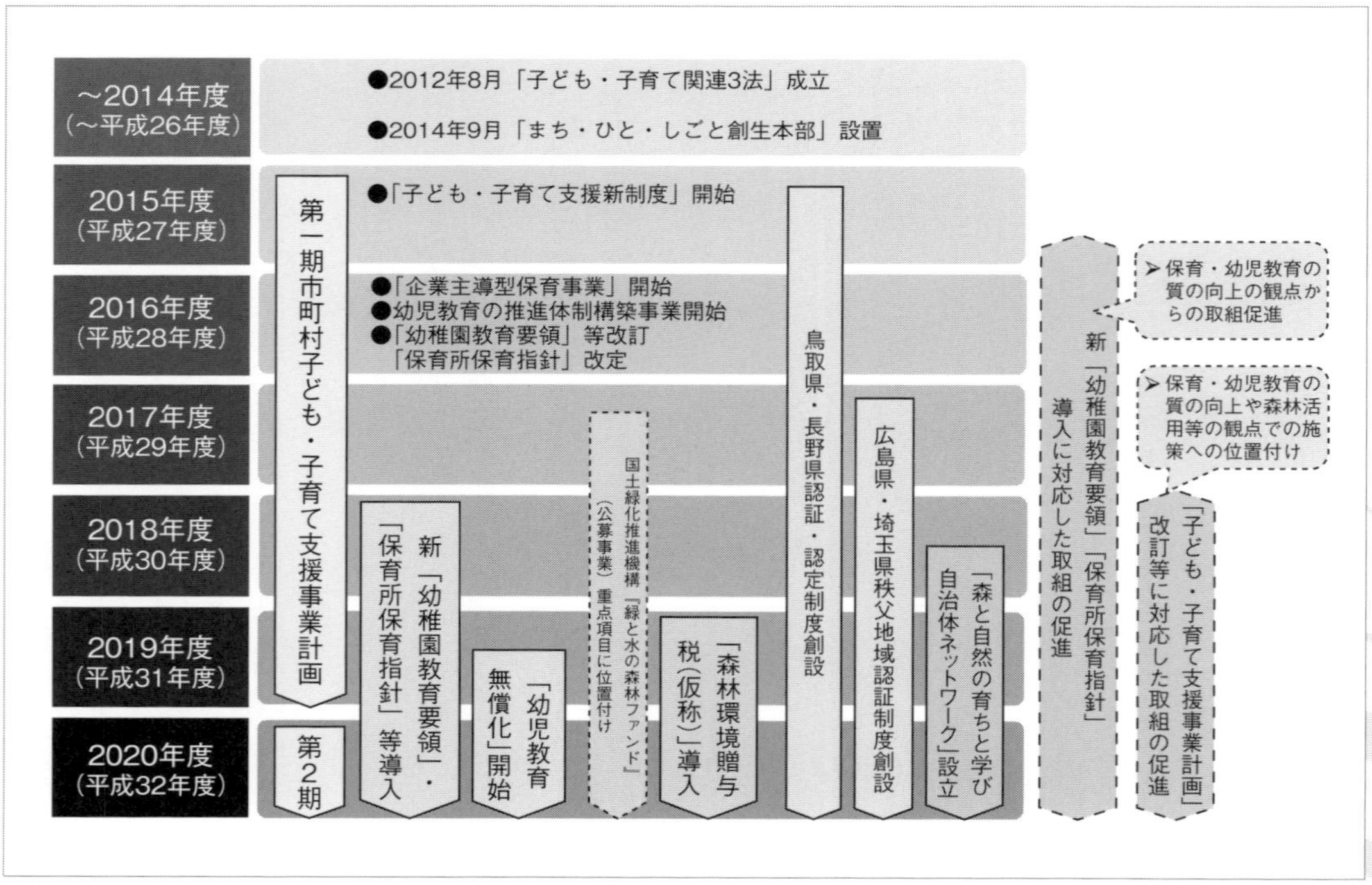

組が拡がることが期待されます。

さらに、森や自然のフィールドを所管する森林・環境行政においては、２０１７年度から国土緑化推進機構は「緑と水の森林ファンド」の公募事業の重点項目に「森と自然を活用した保育・幼児教育」を位置付けました。また、各都道府県においても、県税版の森林環境税において、これまで小学校以上の義務教育に重点を置いていた「森林環境教育」を幼児期まで拡張して「森と自然を活用した保育・幼児教育」を支援する取組が各地で芽生えています。さらに、２０１９年からは、国税版の「森林環境税（仮称）」に対応した「森林環境贈与税（仮称）」も導入予定となっています。当該税は、「人工林の森林面積（5割）」、「林業従事者数（2割）」とともに「人口（3割）」に応じて按分されることから、都市部の自治体にも配分されることになっています。その使途としては、地方公共団体が主体的に判断することとなりますが、普及啓発として森林環境教育等の実施も想定され得ることから、これも「森と自然を活用した保育・幼児教育」への支援策を拡充する一つの契機になることが想定されています。

官学民の連携・協働によるＰＤＣＡサイクル確立による取組のさらなる充実

第1章で紹介してきたように、近年、ジェームズ・ヘックマン教授の研究をはじめとして、幼児教育が最も投資対効果が高い時期の教育であるとする研究成果や、ＯＥＣＤ（経済協力開発機構）による乳幼児期の教育とケアの重要性を指摘したレポート、さらには脳科学の研究の進展もあり、幼児教育の重要性が広く認識されるようになってきています。

こうした中で、行政セクターにおいては、２０１４年9月に政府が「まち・ひと・しごと創生本部」を設置して取組を始めた「地方創生」に向けて、特に若年女性の移住促進への要請が高まりました。また、２０１５年から開始された「子ども・子育て支援新制度」が、地域の実情を踏まえて、地域が主体的に保育・幼児教育・子育て支援策を取組やすくなり、さらには２０１８年4月から導入された新「保育所保育指針」「幼稚園教育要領」等を踏まえた保育・幼児教育の質の向上への機運の高まりもあり、地方が有する豊かな森や自然を活用して保育・幼児教育に取り組む自治体が拡がっています。

他方、学術セクターにおいては、２０１５年には、自然保育に関心を持つ保育実践者、研究者、保護者や、「自然保育」を推進する各種団体や自治体など、多様な立場の関係者の人々が交流し、それぞれの知見を蓄積していく知のプラットフォームとして「日本自然保育学会」が設立されました。また、青少年教育のナショナルセンターである（独）国立青少年教育振興機構では、幼児期から自然体験の重要性に関する調査研究等を充実するとともに、東京大学発達保育実践政策学センターも園庭・屋外環境を調査するチームを立ち上げて、全国の保育園・幼稚園・認定こども園等における園庭や地域資源の活用に関する大規模な実態調査を実施し、園庭改善に向けたツールガイドの制作等を行っています。

さらには、民間セクターにおいても、2005年から「森のようちえん全国交流フォーラム」が開催されるとともに、2009年に「森のようちえん全国ネットワーク」（現「森のようちえん全国ネットワーク連盟」）が設立されて以降、欧米で定着している「森の幼稚園」を参考にした取組が拡がってきています。そして、本書の事例編でも紹介しているように、保育所・幼稚園・認定こども園とともに、小規模保育事業所、家庭的保育事業所、事業所内保育事業所、さらには子育て支援センター・子育てひろばや認可外保育施設など、多様な運営形態の保育・幼児教育・子育て支援施設において、多様な取組が拡がっています。

このように、行政セクター・学術セクター・民間セクターそれぞれにおいて、「森と自然を活用した保育・幼児教育」の推進に関わる先導的な取組が台頭するとともに、プラットフォームが組織されるなどによって、セクター内での取組を深めたり、裾野を拡げたりしていく条件が整ってきたと言えます。

こうしたことから、各セクター内での情報共有や連携・協働を通した取組の活性化とともに、セクター間の連携・協働も促し、PDCAサイクルを確立することで、保育・幼児教育の質の向上とともに、地方創生・移住促進、森林環境教育・森林活用の促進等がなされ、多様な教育的効果から社会的効果を生み出しながら、取組の裾野が拡がっていくことが期待されます。

保育・教育分野と森林・環境分野の連携による推進体制・施策のさらなる充実

「森と自然を活用した保育・幼児教育」の取組を促進する際には、保育・幼児教育・子育て支援施設の認定・認可・確認・届出等を所管する保育・教育部署と、森や自然等のフィールドを所管する森林・環境部署が連携・協働を図ることで、さらなる取組の充実・発展を図ることができると考えられます。

図表終-2　官学民の連携・協働による取組の活性化（イメージ）

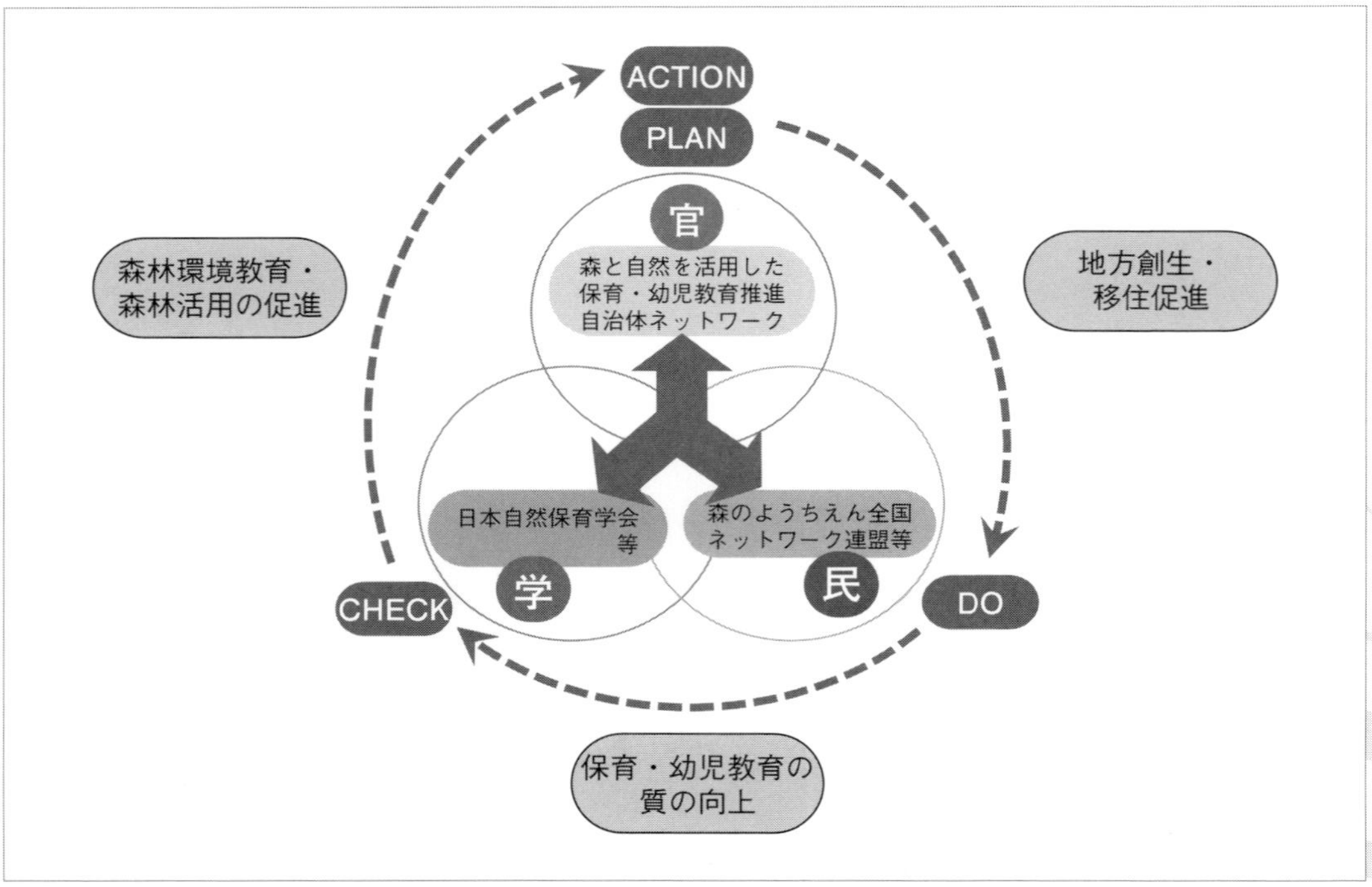

「森と自然を活用した保育・幼児教育」の推進体制のあり方を検討する際には、1890年代に文部省による呼びかけが始まり、戦後には文部省と農林省の呼びかけで全国的に広がった「学校林」運動の取組が一つの参考になると考えられます。

我が国においては、戦後の国土緑化運動の一環として、学校の基本財産形成や児童・生徒への教育活動や体験活動の促進を目的に、当時の文部省と農林省が連携して「学校植林」の呼びかけが行われ、地域の国有林や公有林等に「学校林」が造成されるとともに、校庭での「学校環境緑化」も促進されてきました。都道府県レベルでは、教育部署と森林関係部署、さらには都道府県緑化推進委員会も連携して取組が進められることで、現在はその数は2，492校、3，253箇所（2016年現在）となっています。このように、学童期以降においては教育部署と森林関係部署が緊密に連携して、学校林の整備や学校環境緑化がなされてきていることから、それらに倣って、幼少期においても園庭の緑化や「保育所・幼稚園等の森」の整備を、福祉・教育部署と森林・環境部署が連携して促進する体制が構築されることが期待されます。

一方で、保育・幼児教育・子育て支援施設が、森や自然等のフィールドの活用を希望する際には、援用可能な枠組みとして様々な制度が構築されています。

国有林においては、教育機関等と森林管理署が協定を締結することで、様々な体験活動や学習活動を行うフィールドとして国有林を継続的に利用できる「遊々の森」制度が設定されています。

公有林（都道府県有林・市町村有林等）においても、同様に協定制度や利用申請の制度を設けている地域もあります。

また、都道府県や市町村では、住民が森林に親しむことができるように「県民の森」や「市民の森」といった森林総合利用施設を整備している地域もあります。そこでは、指導者を配置したり、体験プログラムを整備したりして、森林での子どもたちの体験活動の受入体制を整備している施設も多くあります（全国で420施設）。

さらには、国土緑化運動の一環として造成された「学校林」（3，253箇所）や、育成された「緑の少年団」（3，333団）、「森林NPO・ボランティア団体」（3，005団体）の活動地、「企業の森」

図表終-3　教育・福祉部署と森林・環境部署の連携・協働による「森と自然を活用した保育・幼児教育」の促進（イメージ）

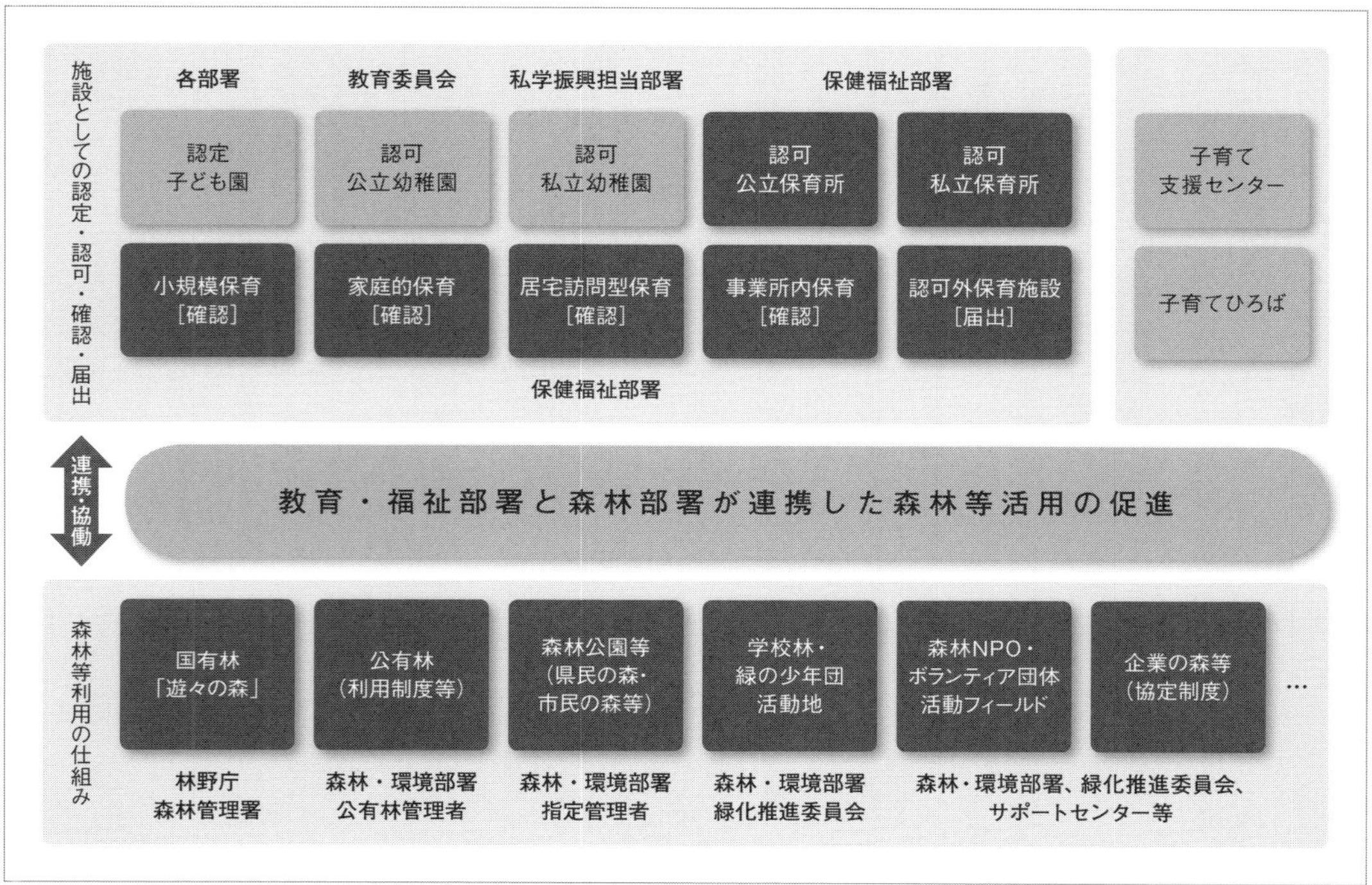

（1，554箇所）なども、「森と自然を活用した保育・幼児教育」の活動フィールドとして活用できるケースもあります。特に、第2章や事例編でも紹介しているように、これらの活動は、近年低調になっている組織も少なくないことから、新たなフィールドの利用主体が増えることを歓迎する組織も多いと考えられます。

また、森林等を活用した教育活動に対しては、都道府県の森林・環境部署や都道府県緑化推進委員会においても、様々な支援策を講じるとともに、様々な仲介・調整等を行っている都道府県もあります。そして、県税版の森林環境税等を活用して「森づくりサポートセンター」等を設置している県もありますので、それらの支援体制を活用することも可能です。

さらには、教育分野においても、全国レベルでは（独）国立青少年教育振興機構が、全国の森林・自然等が豊かなフィールドの中に「国立青少年自然の家」「国立青少年交流の家」を28箇所設置するとともに、都道府県や市町村においても、「少年自然の家」等の青少年教育施設を設置している地域も多いことから、これらの施設を活用することも考えられます。

このようなことから、今後、「森と自然を活用した保育・幼児教育」の促進に向けては、森林・環境分野と保育・教育分野が連携することで、推進体制・施策のさらなる充実を図っていくことが効果的であるといえます。

その際には、①近隣で利用可能な森林・自然等における体験的な取組の実施から、②園庭の緑化の促進、そして、③一定の森林・自然等を借り受けするなどで「保育所の森」「幼稚園の森」等を設定するなどといった多様な形で、そして、ステップアップできるように、推進体制・施策を段階的に構築することも有効と考えられます。

「森と自然の育ちと学び自治体ネットワーク」を活かした、推進体制・施策のさらなる充実を

このように、各種制度改正のタイミングを活かした取組や、官学民のセクターを越えた連携・協働、さらには保育・教育分野と森林・環境分野の連携・協働の促進を図っていく際には、それらの推進役とともに調整役として、地方公共団体の役割は高まっていくものと考えられます。

こうした中で、2018年に「森と自然の育ちと学び自治体ネットワーク（正式名称：森と自然を活用した保育・幼児教育推進自治体ネットワーク）」が設立されたことは、大変時宜にかなった取組であると言えます。特に、当該ネットワークは、活動内容として「森と自然を活用した保育・幼児教育」に関連して、①地方自治体や民間団体等との交流と連携の拡大、②認知度向上のための情報共有・発信、③調査研究・人材育成、④国への政策提言・要望を行うことが掲げられています。

こうしたことから、今後当該ネットワークに様々な情報やノウハウが集積され、地方公共団体間の情報交換を通した連携・協働が促進されることで、多くの地方公共団体における推進体制・施策のさらなる充実が図られ、「森と自然を活用した保育・幼児教育」の裾野の拡大と質の向上等が図られていくことが期待されます。

事例 1

自治体・団体による取り組み事例

【包括的な取り組み事例】

【出前支援・拠点整備等の取り組み事例】

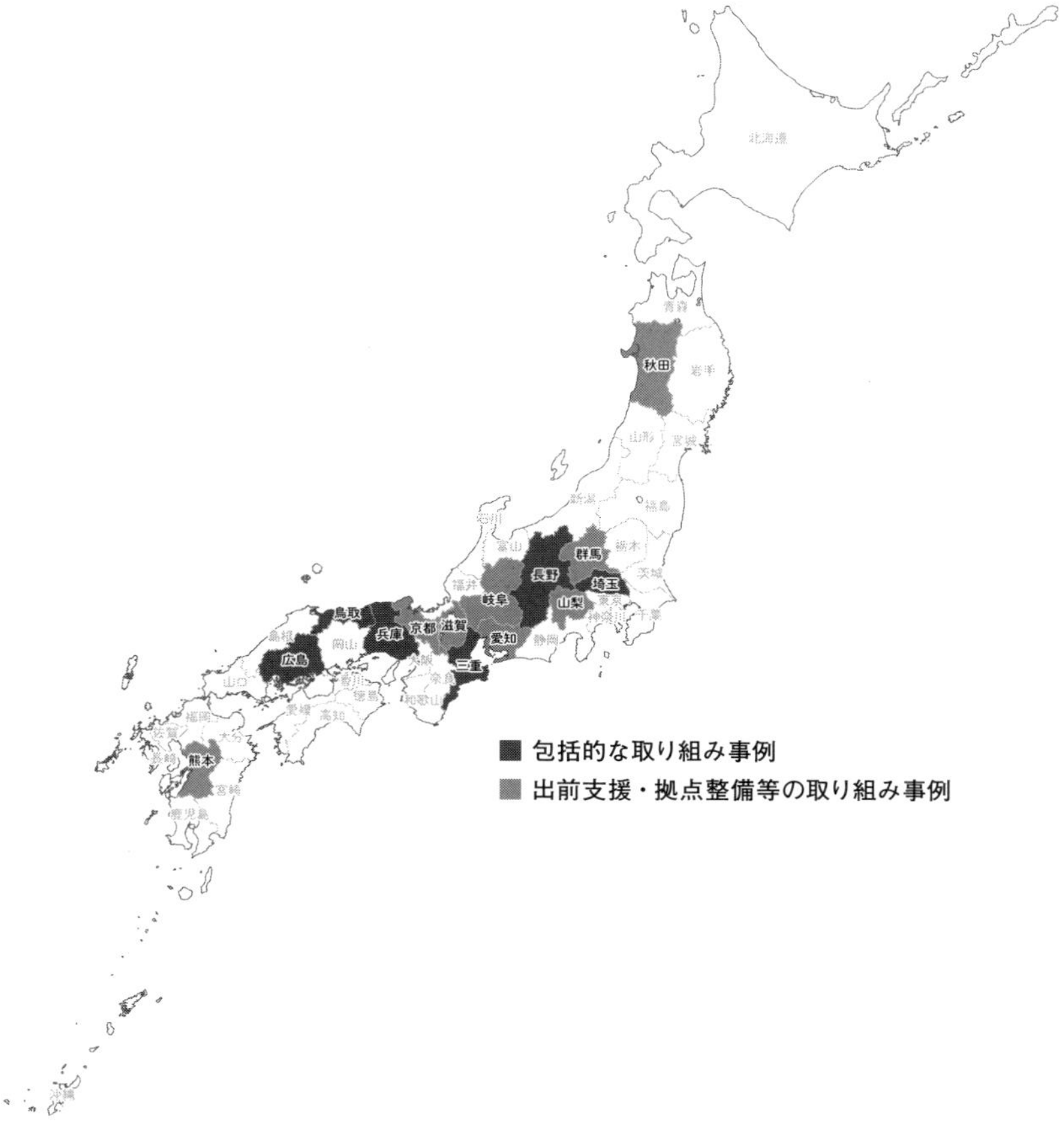

県事例

鳥取県

担当部署名：鳥取県福祉保健部子育て王国推進局子育て応援課／連絡先：〒680-8570 鳥取市東町1-220
電話：0857-26-7148／E-mail：kosodate@pref.tottori.lg.jp
ホームページアドレス：https://www.pref.tottori.lg.jp/kosodate/

とっとりの豊かな自然を活用した保育・幼児教育の推進

森のようちえんの認証

鳥取県では、2010年に「子育て王国とっとり」の建国を宣言し、第3子以降の保育料完全無償化や在宅で育児する世帯に対する経済的支援等、全国トップクラスの少子化対策の取組を実施し、子育て環境日本一を目指している。

その「子育て王国とっとり」の建国に先駆けて、2009年に鳥取県東部の智頭町に県内初の森のようちえん「まるたんぼう」が認可外保育施設として運営を開始した。「まるたんぼう」は、他の森のようちえんと同様、園舎が無い等国の基準を満たさない施設であるため、国の補助対象とならず、当初は、地元の智頭町の全面的なバックアップ（保育士の人件費や園バスの運行費に対する助成）により運営されていた。

2011年からは、県としても新たな森林の利活用や移住支援の施策と組み合わせて運営を支援してきたが、保育・幼児教育の観点から支援するため、官民協働で地域課題の解決を図る〝アドボケイト・プランニング制度（地域課題に対して官民協働で解決策を検討し、官民共同で事業実施する制度）〟を活用して新たな支援の方策を検討することとした。

これにより、運営当事者の思いで作成した森のようちえんの運営基準を官・民・学による「森のようちえん認可制度検討会議」により議論し、鳥取県独自の運営基準に基づく認証制度及び運営費等の助成制度が2015年3月に全国で初めて創設された。この認証制度は「とっとり森・里山等自然保育認証制度」といい、県が定めた基準を満たす森のようちえんを「自然保育を行う園」として認証し、その園に対して運営費等を助成するものである。

なお、各園の活動内容等については、「とっとり森のようちえん会議」公式サイトを御確認頂きたい。

http://tottori-morinoyouchien.org/

2009年～2010年	智頭町が基金や交付金により、「まるたんぼう」の保育士の人件費と園バスの運行費を助成
2011年～2013年	「まるたんぼう」のスタッフ増員分、園バス運行費、フィールドの整備費などを助成（鳥取県、智頭町、園がそれぞれ1／3ずつ負担）
2013年7月	県の協働提案・連携事業の一つとして「官民学で模索する！森のようちえん認証制度～全国に先駆けて鳥取県を森のようちえん王国にするために～」が採択され、県独自の認証制度の検討がスタート
2014年	新設した「森のようちん等に対する運営費助成モデル事業補助金」により「まるたんぼう」を含めた4園の運営費を助成
2015年3月25日	先進地視察や検討会議を経て「とっとり森・里山等自然保育認証制度」を制定
2015年4月1日	認証した“森のようちえん”の運営費等を助成する「とっとり森・里山等自然保育事業費補助金」を創設
2015年9月1日	「とっとり森・里山等自然保育保育料軽減事業費補助金」を創設し、第3子以降の保育料軽減の助成を開始
2016年4月1日	「とっとり森・里山等自然保育保育料軽減事業費補助金」を拡充し、第3子以降に加え、第1子と同時在園する第2子（所得制限あり）の保育料軽減の助成を開始

制度創設の経緯

○目的　1年を通して野外での保育を中心に行う園を鳥取県が設けた基準に基づき認証し、支援することで、鳥取県の豊かな自然を活かして子どもたちが健やかに育つことを目的とする。

○施行　2015年3月25日

○内容
- 県が定めた基準を満たす園を「自然保育を行う園」として認証
- 認証された「自然保育を行う園」に対して、その利用児童数に応じて運営費を補助。
- 2016年度には、有資格者が2人いる場合の「有資格者加算」、同時在園時の第2子・第3子以降の保育料の無償化（所得制限あり）を拡充。
- 認証基準とは別に、「保育内容」「保護者への対応」「健康・衛生」などの日々の運営に関する要領を策定

認証制度の概要

活動時間	•原則、週5日、年間39週活動すること。 •1週間の自然フィールドの活動時間は、概ね10時間以上とすること。
対象年齢	3歳児（年度中に満3歳となる児童を含む）から就学前児童
人員配置	•保育者は児童6人に1人以上配置し、最低でも2人は配置すること。 •保育者のうち1名以上は、保育士又は幼稚園教諭であること。 •緊急時の医療的対応、定期健康診断等を行う嘱託医を置くこと。
設備	•活動を行うための自然フィールドが複数あること。 •大雨・大雪や冷温から避難でき、または拠点となる施設を備えること。
安全対策	安全対策マニュアル（予防、緊急対応両面）を作成し、それに基づき活動すること。

主な認証基準

所在市町	実施者	認証した園の名称	開設年度	利用者数(うち移住者)
智頭町	特定非営利活動法人 智頭町森のようちえん まるたんぼう	智頭町森のようちえん まるたんぼう	2009	16人(7人)
		空のしたひろば すぎぼっくり	2012	11人(8人)
鳥取市	いきいき成器保育園 運営協議会	いきいき成器保育園	2013	14人
	NPO法人鳥取・森の ようちえん・風りんりん	鳥取・森のようちえん・ 風りんりん	2014	17人(3人)
	特定非営利活動法人 ハーモニィカレッジ	空山ぽくじょう ようちえん　ぱっか	2016	15人
倉吉市	自然がっこう旅をする木	自然がっこう旅をする木	2016	10人(8人)
伯耆町	森のようちえんmichikusa	森のようちえんmichikusa	2014	16人(1人)
計		7園		99人(27人)

認証園（2018.8現在）

このような森のようちえんへの支援と認証制度創設により、以下のような効果があった。

・森のようちえん主催者会議が契機となり、認証園のほか、自主保育サークルから構成される「とっとり森のようちえん会議」が立ち上げられ、認証制度等について継続して検討する体制ができた。

・保護者からは子どもが「風邪をひかなくなった」「感性が豊かになった」「自分で何でもやるようになった」などと好評で、評判が評判を呼び東京、大阪、広島や海外などから子どもを森のようちえんに通わせたい人が移住。

（2018・8時点27人在園）

なお、本県は2007年度から移住定住施策を本格的に開始し、市町村と連携して移住定住促進の取り組みを充実させており、鳥取県の子育て環境の充実を含めた住みやすさと併せて都市圏への情報発信を強化することにより、移住先として人気を集め2017年度の移住者数は過去最多の年間2，127人となっている。

また、とっとり森のようちえん会議が主体となり、自然を活用した保育や幼児教育の普及を促進するためのイベントを実施し、2016年には「子どもの育つ森を作ろう！」（県と共催した植樹イベント）や「自然を活かした子育てフォーラム」を、2017年には「とっとり森のようちえんフェスタ」を開催し、森のようちえん関係者のみならず県内外から多くの保護者等が参加された。

「第14回森のようちえん全国交流フォーラム2018inとっとり」ポスター

そして、鳥取県内で森のようちえんが誕生してからちょうど10年目の2018年11月には、県西部の大山を舞台に「第14回森のようちえん全国交流フォーラムinとっとり」が開催される。このイベントは全国で森のようちえん活動を行っている関係者のみならず、森のようちえんや自然を活用した保育・幼児教育に興味関心を持つ子育て中の保護者や幼児教育・保育関係者、研究者、学生、行政関係者などが一堂に会し、基調講演、分科会、パネルディスカッション、子どもの自然体験プログラムなどの様々なプログラムにより、森のようちえんや幼児の自然体験の素晴らしさや必要性、可能性について学び合い、交流するものである。

保育所、幼稚園等が実施する自然体験活動の認証

鳥取県内での森のようちえんの広がりと併せて、保育所、幼稚園、認定こども園等のいわゆる一般の保育・幼児教育施設における自然体験活動を推進するため、豊かな自然を活用し、自然体験活動を行う施設を認証する「保育所、幼稚園等とっとり自然保育認証制度」を2017年3月に創設した。

この制度は、県の目指す幼児の姿「遊びきる子ども」を目指し、子どもたちの「体力の向上」「感性」「探究心」「集中力」「自ら考える力」などを育成する場の一つとして鳥取県の豊かな自然を活用し、自然体験活動を行う保育所、幼稚園等の施設に対し、県が定める基準に基づき認証し、その活動を支援するものである。

制度の創設にあたっては、学識経験者、児童福祉・教育関係者、市町村行政関係者等で構成する「とっとり型の保育のあり方研究会」を設置し、県内の保育所・幼稚園・認定こども園やその保護者に対して2回のアンケート調査を実施するなど認証制度の内容について検討を行い、認証に係る要件・基準案が取りまとめられた。

県として、研究会の検討結果を踏まえ、認証の基準を制定するとともに、認証施設の実施する自然体験活動に必要な経費を助成することとした。

2018年8月時点では、県内の22園を認証し、各園の実施する自然体験活動を支援している。

自然保育のスキルアップ

上記のような自然を活用した保育・幼児教育の質をより向上させるため、県では各認証園に対し運営費等の支援だけではなく、子どもたちが安全に豊かな自然の中で〝学び、遊びきる〟ことができるよう保育施設等の職員向けに研修会を行っている。

2014年から、「自然保育研修会」として有識者の方を招いた自然保育の在り方等についての講演会や自然保育の事例発表を行い自然保育全般に対する理解を深める研修会を実施している。

また、2015年からは、「自然保育安全対策研修会」としてリスクマネジメントに関する講義や救急法の演習、野外での危険予知トレーニングなど自然保育

実施者	県内において、保育所、幼稚園、認定こども園及び届出保育施設を運営している団体
活動計画	園の活動方針、指導計画等に自然体験活動に関する事項を入れ、計画的に実施すること。活動に当たっては、地域資源を活用し、地域住民の協力を得られるよう努めること。屋外の活動する場所は複数確保し、園外に最低1箇所確保すること。
活動時間	3歳以上児に係る自然体験活動の時間が、園あたり平均して週6時間以上とすること。 (例：3歳児クラス週1時間、4歳児クラス週2時間、5歳児クラス週3時間)
活動内容	県内での自然体験活動（森の中の散策、生き物観察、川・雪遊び、農業体験等）
活動時の職員体制	保育所等の配置基準によるものとする。自然体験活動を行う場合は、子どもの人数にかかわらず保育者は最低2人以上とする。
質の担保	県等が実施する自然体験活動に関する研修を受講すること。自然体験活動に関する内部研修を実施すること。
安全対策	県等が実施する安全対策研修を受講すること。自然体験活動における安全対策マニュアルを作成し、かつ、保育者と保護者に周知すること。避難又は危険回避ができる措置、けがや事故への迅速な体制を確保すること。

主な認証基準

園種	認証園数	内訳
保育所	13	鳥取市6、倉吉市4、三朝町1、米子市2
幼稚園	4	鳥取市3、米子市1
認定こども園	5	倉吉市2、琴浦町1、米子市2
合計	22	

認証園（2018.8現在）

事業実施主体	保育所、幼稚園等とっとり自然保育認証制度により認証された園の事業者
補助対象経費	利用者が負担すべき経費を除き、認証事業者が自然体験活動を実施するために必要な経費。（報償費、旅費、消耗品費、印刷製本費、通信運搬費、保険料、手数料、使用料及び賃借料、委託料）【基準額】1施設当たり200千円（2018年度）
補助率	1／3

助成内容

- 園庭のビオトープ化など、身近に自然を感じ、五感を育む活動
- 地域の方々の協力による菜園活動と収穫した野菜などによる食育活動
- 春は新緑に触れ、夏は海や川遊び、秋は落ち葉やどんぐりを拾い集めての創作、冬は雪遊びなど
- 四季の変化を体感する活動

認証園の主な自然保育活動

を安全に行うための職員のスキルアップの場も設けている。

これらの研修会は各認証園のみならず県内全ての保育施設等へも参加を呼びかけており、県全体での自然保育に対する理解や関心の高まりも目的の一つである。

今後の課題

森のようちえんの運営ノウハウを確立させ、それを共有化するために、「とっとり森のようちえん会議」により、認証園、認証園以外の保育活動グループ、行政が定期的に情報を共有することが必要であるとともに、保育・幼児教育の質の向上のため、保育士確保や保育士のスキルアップが必要である。

また、現状では、県内の森のようちえんの設置地域は偏在（東部5園、中部1園、西部1園）しているため、自然を活用した保育・幼児教育の有用性を様々な機会で情報発信や普及啓発することにより、より多くの地域で森のようちえんの活動や自然体験活動を取り入れる保育園等を増やしていくとともに、市町村による支援の充実も求められる。

長野県

担当部署名：長野県県民文化部次世代サポート課／連絡先：〒380-8570 長野県長野市大字南長野字幅下692-2
制度施行日：2015年4月1日／電話：026-235-7207（直通）／FAX：026-235-7087／E-mail：jisedai@pref.nagano.lg.jp
ホームページアドレス：http://www.shizenhoiku.jp/

豊かな自然と温かな地域の中で、子どもたちの「人生の根っこ」を育む信州型自然保育（愛称：信州やまほいく）認定制度

制度創設までの道のり

長野県には、当制度創設以前より、自然環境を活用した屋外を中心とする様々な体験活動を積極的に取り入れている野外保育団体（以下、森のようちえんと総称）が全国で最も多く存在しているが（注1）、本県の阿部守一知事は知事就任以前から森のようちえんに注目し、信州ならではの特徴的な保育・幼児教育環境として県が積極的に支援すべきという考えを持っていた。

２０１２年4月、阿部知事が長野県野外保育連盟（注2）、並びにＮＰＯ法人森のようちえん全国ネットワーク連盟の理事長である内田幸一氏と懇談した際に、内田氏から森のようちえんの現状説明と社会的認知を高めるための県の支援について要望が出され、その場で阿部知事が「県内の森のようちえんに対する支援策を検討する」と発言したことにより、森のようちえんとの連携模索と具体的な支援策の検討が、県として開始されることとなった。

森のようちえんに対する支援策の研究は、企画部（当時）次世代サポート課と健康福祉部（当時）こども・家庭課が連携して取り組むこととなり、まず２０１３年までの2年間は、森のようちえんへの理解を深めるための国内外の現状把握と海外諸国における支援制度等の研究が進められ、２０１４年より「信州型自然保育検討事業」が実施された。（担当は県民文化部（組織改編）次世代サポート課）

検討事業は、保育士や幼稚園教諭を養成する大学の教員、国内外の森のようちえんを研究する有識者、長野県保育園連盟代表者、長野県私立幼稚園協会代表者（注3）、長野県内の森のようちえん代表者、市町村代表者からなる12名の委員で進められたが、議論にかなりの時間を要したために、当初２０１４年度内の制度創設の予定が実現できず（注4）、翌２０１５年4月1日、内田氏と阿部知事との懇談から丸3年の歳月を経て施行となった。

（注1）　２０１８年8月31日現在で22団体

（注2）　長野県内の森のようちえん9団体が加盟し、自然とのつながりを持った生活を基軸にした保育・幼児教育（野外保育と総称）の普及と推進を連携して行うことを目的に設立された任意団体。

（注3）　現在の法人名は長野県保育連盟並びに長野県私立幼稚園・認定こども園協会

（注4）　同事業の検討委員であった山口美和上越教育大学准教授（現在）が、２０１６年に「東京大学大学院教育学研究科基礎教育学研究室紀要　第42号」に投稿した、「森のようちえん」をめぐるポリティーク：「信州型自然保育」検討委員会の議事録分析をして、に議論の過程がまとめられている。

制度が目指すもの

自然保育の社会的認知、信頼性、質の向上を目指すと共に、以下の目的を実現するためのプラットフォームとなる。

- 子どもに生来備わっている「自ら学び成長する力」が十分発揮できる育ちの環境が、保育・幼児教育において保障されること。
- 子どもの「人生の根っこ」に例えられる「非認知的能力（自己肯定感、主体性、創造性、コミュニケーション力、忍耐力、自立心等）」が、全ての子どもの幼児期に日常生活の中での遊びや直接体験を通して育まれ、小学校以降の学びの礎となること。
- 「子どもをまんなか」に保育者、保護者、地域住民、行政等全ての大人たちが立場を越えてつながり、自然保育の基本理念や実践を学びあうことを通して、子どもの幼児期の育ちと学びの重要性についての理解を深める機会が拡充されること。
- 従来行われている各園の多様な保育実践を尊重しつつ、「信州の豊かな自然環境と多様な地域資源を活用した、屋外

を中心とする様々な体験活動を積極的に取り入れる保育・幼児教育」としての質を、より豊かに高めることができる環境を整備すること。

制度の特長

● 「自然保育は子どもの幼児期の育ちと学びにおいて有益である」という考えに基づき、森のようちえんのような野外保育団体のみならず、認可幼稚園、認定こども園、認可保育所、認可外保育施設等の県内すべての保育・幼児教育施設を認定の対象とする。

● 「非認知的能力の向上には幼児期からの豊かな体験活動が有効である」という考えに基づき、自然の素材や要素を活用する「自然体験」と生活力の習得等につながる「生活体験（調理、掃除、修繕、裁縫、地域交流等）」の両方を大切にする。

● 子どもの主体性や自己肯定感を大切にし安全に配慮された自然保育であれば、実践内容については、各園の方針や保育者の主体的な学びあいや創意工夫に任せ、行政は多様で豊かな地域性を最大限に尊重しつつ、保育の自由が疎外されないように配慮する。

特化型認定 （質、量ともに自然保育に重点を置いて取り組んでいる団体） **24項目の認定基準のうちの主なもの** ★1週間で合計15時間以上、屋外を中心とした体験活動が行われている。 ★通算2年以上の自然体験活動の指導経験がある常勤保育者が半数以上いる。 ★安全管理の専門講習を受講した常勤保育者がいる。	**2つの区分に共通する主な認定基準** ★屋外での子どもの自然体験活動が、毎月計画的に実施されている。 ★子どもの自然体験活動に使用できる場所が園庭以外にあり優先的に使用できる。 ★屋外での体験活動時には、安全管理に十分配慮した保育者の配置体制をとっている。
普及型認定 （他のプログラムと一緒に自然保育にも積極的に取り組んでいる団体） **22項目の認定基準のうちの主なもの** ★1週間で合計5時間以上、屋外を中心とした体験活動が行われている。	

認定区分と認定基準（保護者と保育者が選べる2つの認定区分と自然保育の質を重視する24の基準を設定）

申請できる団体は、認可保育所、認可幼稚園、認定こども園、野外保育団体含む認可外保育施設等（法人格の有無は問わない）

1 団体は、運営形態や保育内容の違いに応じて2つの認定区分から選んで申請を検討。
2 団体は、所定の申請書類を作成して知事に提出。
3 県は、申請受理した園の現地調査を行い、審査する。
4 特化型または普及型の認定証を知事が交付。

認定を受けた団体は

★県の自然保育研修や関連事業に積極的に参加する。
★自然保育のPRに努める。
★活動報告書を毎年度提出する。
★保育実践の記録と公開に努め「保育の見える化」を推進する。
★5年ごとに認定更新することができる。

認定の手続き（認定交付手続きは年1回）

制度の実績

毎年度着実に認定数が増え、制度創設4年目の２０１８年度の認定総数は１８８園となる見込み。（認定園が所在する市町村は全77のうち33市町村に広がる。）認定数１８８は本県の保育・幼児教育施設全体の約４分の１にあたり、２０１９年度末までに２３０園程度（全県の約３分の１）の認定を目指す。

園の種別	特化型	普及型	計
公立 （保育園・幼稚園・認定こども園）	1	134	135
私立 （保育園・幼稚園・認定こども園）	1	36	37
認可外保育施設 （森のようちえん等）	13（地方裁量型認定こども園2園を含む）	3	16
計	15	173	188

認定園内訳（2018年度認定見込数を含む、2018年10月31日時点のもの）

長野県の主な支援施策

「人材育成、情報発信、財政支援」の3つの柱で、自然保育の質の向上と認定園の運営安定化等を積極的に支援。

人材育成	情報発信	財政支援
●自然保育研修交流会の開催（園の種別を越えた保育者同士の学びあいと交流が目的） ●自然体験活動等の専門指導者を派遣（日常の保育の中で専門的研修が可能）	●自然保育ポータルサイトの運営（現時点のアクセス総数は70万超） ●認定園を県内外に積極的に広報（首都圏で自然保育セミナー等も開催） ●SNSや各種メディアを活用した広報	●公的支援のない認定園（認可外保育施設の森のようちえん等）の人件費助成 ●自然保育の活動フィールド等の整備費を補助（長野県森林づくり県民税を活用）

長野県の主な支援施策

自然保育の実践例

自然保育ポータルサイト「信州やまほいくの郷」が運営されており、県が発信する自然保育に関する各種情報と併せて各認定園が多様な保育実践を自由に紹介することができる。２０１５年12月開設以来２年半で、９００以上の多様な地域性を生かした日常の保育実践が、認定園ごと写真と保育者のメッセージが添えられ紹介されている。また、自然保育の紹介動画を観ることもでき、保護者、保育者等、自然保育に関心ある方々に幅広く活用されている。

信州やまほいくの郷TOPページ（http://www.shizenhoiku.jp/）
ポータルサイトの保育実践例については、茶谷智之氏（帯広大谷短期大学）はじめ、学術的観点からも分析されつつある。
茶谷智之 「自然環境と幼児理解の視座 ―自然保育ポータルサイトの実践例の分析から―」帯広大谷短期大学地域連携推進センター紀要（第4号）2017年10月

タイトル	かちわたり（凍みわたり）		
テーマ	水／空・天気	対象年齢	4、5歳児
ねらい	雪原で好きな遊びを見つけて楽しむ		
活動内容	戸隠名物かちわたり！（おそらく、方言）、凍みわたりとも言う地方もあるようですが、降雪した雪が凍って丈夫になり、その上を歩けるようになった様子のことです。特に子どもは体重が軽いので雪の中に沈むことなく、雪原を自由に走りまわれます。でも、大人が油断すると、ズボッと足が埋まってしまいます。そんな穴も子どもたちの工夫で楽しい遊びに変身します。「お風呂、いい気持ち！穴に落ちないように、飛び越えよう！穴を大きく掘って工事しよう。」一つの穴からたくさんの楽しい遊びが発展していきました。		
子ども達のきづき	こういう時の雪ってよく滑ることを子どもたちは知っています。「フードを被って、頭を付ければ良く滑るね。」表面は固まっているから、表面を叩いて取れば重ねていくこともできます。自分の周りに枯れた枝を雪に刺して、その周りに凍った雪を立てていけば、まるで家のようになりました。枯れている枝は、雪の中からすぐに抜くことができます。雪の下70センチくらいの根元が、まっすぐ引き出すときれいに折れることなく抜き取れます。そんな枝を弓矢に見立てて遊ぶ年長児。子ども達の発想は無限です。雪がたくさん積もった後の木登りは、いつもより高いところまで登ることが出来て楽しそう。木の上に一人子どもが登っています。木の家なんですって。そして、寒いからたき火で温まるように、薪を集めてたき火ごっこが始まりました！		
事例に対する保育者の思い	とがくし保育園の保育目標の一つに、「好きな遊びを見つけられる子ども」とあります。今日の雪原での子どもたちの次から次へと出てくる楽しい遊びを見ていて、子ども達の発想力の豊かさに驚かされました。こうやって今まで自然の中で遊んできたことにより、既成の玩具ではなくても、自分で工夫して道具を作ったりイメージをふくらませてごっこ遊びをしたりすることができるように成長しました。自分で発見して考えて、もっともっと好きな遊びを見つけていきたいですね。		

「信州やまほいくの郷」から引用した保育実践の一例（長野市立 とがくし保育園：長野市戸隠豊岡1541）

子どもにとって	保育者にとって	地域社会（自治体）にとって
●非認知的能力（自己肯定感、社会性、創造性等）が向上 ●主体的な遊びを通じて「学びに向かう力」が向上 ●幼児期の外遊びにより学童期の体力が向上 ●発達に様々な特性を持つ子どもの成長にも有益	●仕事のストレスが軽減され保育意欲が向上 ●保育者として資質や保育スキルが向上 ●保護者とのコミュニケーションが広がり信頼関係づくりに効果 ●自然保育に関心ある学生の県内就職や県外から保育者が移住するなど、保育者人材の確保につながることを期待	●子育てを楽しむ保護者が増える（自然増期待） ●子育て世代の移住促進（社会増期待） ●保育園や幼稚園等と地域住民との交流が広がり地域が活性化 ●地域に対する子どもの愛着が高まる ●幼保小の連携が進み、特色ある初等教育が展開（特に過疎地域の小規模校）

自然保育に期待される主な効果

自然保育の展望と課題

自然保育の普及推進に関しては、本県以外に鳥取県と広島県でも支援制度が創設されている。

鳥取県「とっとり森・里山等自然保育認証制度」（2015年3月施行）

広島県「ひろしま自然保育認証制度」（2017年10月施行）

また、岩手県、秋田県、茨城県、山梨県、岐阜県、静岡県、三重県、滋賀県、兵庫県、徳島県、大分県、宮崎県はじめとする自治体にも、自然保育に関心を持つ行政担当者、地方議員、保育者、保護者等による情報発信や勉強会等が広がっており、2018年4月17日、長野県、鳥取県、広島県の3県知事の共同によって、自然保育の普及と質の向上を目的とする「森と自然の育ちと学び自治体ネットワーク」（正式名称：森と自然を活用した保育・幼児教育推進自治体ネットワーク）の設立が宣言された。

8月31日現在、同ネットワークには全国から107の自治体（15県、37市、33町、22村）が参加表明しており、豊かで質の高い保育・幼児教育の実現を目指す自治体間の情報共有や学びあいの場づくり、保育者人材の確保や育成に対する支援施策の研究、地方の子育て、保育・幼児教育の環境充実、少子化対策や地域活性化等に資する取り組みを、国の関係省庁はもとより、「NPO法人森のようちえん全国ネットワーク連盟」（2007年設立、2017年法人化）や「日本自然保育学会」（2015年設立）等の民間団体との連携も図りながら積極的に推進している。

全国的に自然保育への関心が高まる一方で、行政には自然保育を施策として推進するための客観的な根拠（エビデンス）が求められており、自然保育の効果等について幅広い観点から研究されなければならない。近年、保育・幼児教育分野を中心に自然保育に関する学術的研究が増えつつあるが、自然保育が子どもの成長発達に与える影響や、保育者の資質やスキル、そして保育全体の質の向上に関する研究が今後さらに発展することを期待している。長野県としても「信州型自然保育認定制度検証事業」を2018年からスタートさせ、制度の認定基準や運用の見直しと併せて、自然保育が子ども、保育者、保護者、さらには地域社会に及ぼす効果影響等について幅広い視点から研究する予定である。

自然保育がより深く理解され、保育現場のみならず、家庭や地域にも浸透するためには、保護者や地域住民の理解と協力が不可欠である。また幼児期を自然保育で育った子どもが、小学校入学以降も「主体的で対話的な深い学び」を進め、将来の自立的な社会生活を得るためには、学校教育との価値観の共有や保育者と教師との現場連携も十分に図られる必要がある。

自然保育には少子化対策や移住促進など、過疎化する地域社会を活性化させる観点からも大いに期待が高まっているが、そのためにはすべての大人が「子どもがまんなか」の意識を共有し続けることが不可欠であり、子どもが育つための「遊び」を大切にした豊かな地域環境が実現されるまで、全国の自治体との連携を深めつつ、長野県としても自然保育のさらなる充実と発展に貢献したい。

信州やまほいく

広島県

担当部署名：広島県健康福祉局安心保育推進課／連絡先：〒730-8511 広島市中区基町10-52
電話：082-513-3179／E-mail：fuhoiku@pref.hiroshima.lg.jp
ホームページアドレス：https://www.pref.hiroshima.lg.jp/soshiki/244/shizenhoiku.html

「ひろしま自然保育認証制度」創設にむけて

広島県は、北に中国山地、南に瀬戸内海という、豊かな自然に囲まれている。県内の多くの幼稚園や保育所では、豊かな自然環境を生かした体験活動を日々の教育や保育に取り入れており、また、「森のようちえん」と呼ばれる取組も広がりをみせている。このような状況の中、広島県では、2017年度にひろしま自然保育認証制度を創設した。長野県・鳥取県に続いて、都道府県としては全国で3番目の制度創設であった。制度創設のきっかけは、2014年の湯﨑広島県知事による鳥取県の森のようちえんの視察。豊かな自然の中で子どもたちが活動する様子を見た湯﨑知事の「ぜひ、広島県でも同様の制度創設を」という意向を受け、先進県の視察や県内関係者との意見調整を進め、2016年度末に制度創設に向けた「ひろしま型自然保育検討会議」を設置した。

検討会議における議論

「ひろしま型自然保育検討会議」は、幼児教育の学識経験者、県内の幼児教育・保育施設の各団体の代表者、自然保育の実践者、地方自治体関係者をメンバーとした。会議設置当初、すべての団体が自然保育の認証制度創設に積極的ではなかったが、まずは議論のテーブルについていただけたことは、大きな一歩であった。

2017年4月に開催した第1回検討会議では、「そもそもなぜ認証制度が必要なのか」、「この制度にどういう意味があるのか」といった基本的な部分で様々な意見が出て、事務局としては正直、「まとまるのだろうか」と不安を抱えた中でのスタートであった。結果として、約半年という短期間に4回の会議を経て、認証制度創設に至ることができた。このように短期間で議論がまとまったのは、1つは長野県・鳥取県という先例があったこと、そして、検討会議での議論を通して各団体がお互いのことをよく理解できたことが大きな要因と思っている。2017年6月に開催した2回目の会議において、「森のようちえん」として広島県内で実践されている2つの団体に、日頃の保育の様子を説明していただいたが、この回を経て、会議の雰囲気が変わったと感じた。第1回の会議は、認可園と森のようちえん、お互いに、自分たちの活動とは違う、異質なもの、という感覚があったように感じた。第2回の会議の中で、雨の中子どもたちが雨合羽を着て外を歩いている森のようちえんの写真を見て、ある認可園の代表の方が「こんなことをしたら、うちの園の保護者に怒られる。ここまでできる、親御さんとの信頼関係はうらやましい」という趣旨の発言をされた。お互いの活動内容を知り、子どもにとって自然の中でのよい保育とは、という議論をする中で、「子ども」を中心に考えることがもっとも大切なことで、認可園であっても、森のようちえんであっても同じように考えているという思いに委員のみなさんが至ったことが、議論を進める中で大きな一歩であったと感じた。

それでも、制度創設に向けては、議論はさまざま錯綜した。一番、時間がかかったのは「自然保育」という言葉についてである。「自然保育＝放任保育」というイメージがあるという懸念から、「しぜんほいく認証制度」というひらがなで記載する案が有力な時期もあった。最終的に、ひらがなでは分かりにくいということで、今の制度名に決着した。また、認証基準とする時間数はどのくらいか、安全管理についてどこまで求めるのか、といった点は、前例となる2県の基準はあるものの、熱心に議論していただいた。

認可の保育所・幼稚園・認定こども園という種別をこえて、また認可外保育施設である森のようちえんの設置者も含めて同じテーブルで、子どもにとってのよい保育とは何か、という議論を行っていただいたことが、今回の検討会議のもっとも大きな意義と考えている。

事務レベルでも、先行する2県から多くのアドバイスをいただいた。もともと、湯﨑知事の思いで創設に向けて動いた認証制度であるが、会議を進める中で迷った部分も多くある。制度を検討している中で、長野県の担当の方から「自然保育の制度ができて、保育士のみなさんが「保育が自由になった」と喜んでいる。保育士としてはもっと外で遊ばせたいと思っても、怪我をするとか、服が汚れるとか、保護者からの声に遠慮していた。認証制度ができて、現場の保育士さんがやりたい保育ができるようになった点が一番よかったと思います」という話をお聞きして、現場の保育士さんがやりたいことができる制度なら、ぜひ実現したいと強く思った。

あわせて事務局としての認証基準案の作成にあたっては、今回の認証制度をいわゆる「森のようちえん」に特化したものにならないよう留意した。広島県の自然を活用して多くの認可施設が行っている幼児教育・保育を、認証制度として取り上げることができる基準とし、自然を活用した活動がより多くの施設で行われることを目指したものとした。

認証制度創設

検討会議設置から半年後、2017年10月にまずは1つの類型だけで「ひろしま自然保育認証制度」をスタートさせた。現在「I型」と呼んでいる、自然体験活動の時間が長い類型である。よりゆるやかな「II型」は、2018年1月にスタートさせた。

	I型	II型
対象	広島県内に所在する幼児教育・保育団体（公私立を問わず、すべての団体）	
位置づけ	日々の保育等において充実した自然体験活動を実施している団体	日々の保育等において自然体験活動を積極的に取り入れている団体
自然体験活動	屋外を中心とした自然体験活動が平均して週10時間以上	屋外を中心とした自然体験活動が平均して週5時間以上
屋外での活動場所	自然フィールドが園庭以外にあること	自然フィールドが園庭以外にあること ※ただし、園庭において多様な自然体験活動が実施できる場合は、この限りではない。

「認証区分及び主な基準等」

2017年10月の最初の認証団体募集では、どれだけ応募があるか不安であったが、我々の予想を大幅に超える数の団体から申請書が提出されたことは非常に驚いた。幼稚園・保育所・認定こども園といった認可施設からの申請も多く、私たちが思うよりずっと、自然保育に対する関心は高く、多くの団体で実践されていることを、遅ればせながら我々が知った形となった。

認証団体には、広島県産材でつくったプレートを配布したが、このプレートが非常に好評で、県内の保育施設が一堂に会する保育士採用のためのガイダンスで、ブースの正面に置いてPRしたところ、興味を示した学生が多数いた、という話もお聞きした。認証という制度に限らず、自然保育は広がりを持つ取組であると感じている。

(注) 2018年4月現在、認証団体は23団体（I型21団体、II型2団体）。内訳は幼稚園6、保育所6、認定こども園5、認可外保育施設6。

今後に向けて

認証制度創設にあたって、認証団体に人材育成は重視していただきたいと思い、そのための補助制度をあわせて創設した。また、2年目である2018年度から、県主催の安全管理研修やアドバイザーの派遣事業などを実施することとしている。保育に関わる各団体の人々に学んでいただき、人材を育てていただくことはよい保育のために重要なことであり、県としてもできるだけの支援は行いたい。

また、認証団体の横のつながりも重要であり、さまざまな機会をとらえて交流ができる場を作っていきたい。検討会議の議論の中で、認可の有無にかかわらず、保育をしている団体のみなさんは、お互いの「保育」の内容を案外知らないものだと思った。お互いの実践を知ることで参考になることは非常に多く、それは自然保育に限らず、保育全体に当てはまると思う。まずは、自然保育の認証団体が、自らの保育の内容を伝えあい、意見交換する場があることで、「質の向上」が図られるのではないかと考えている。

広島県の自然保育認証制度はまだまだ始まったばかりであるが、本県の幼児教育・保育全体の質の向上につながるよう、豊かな自然をいかした魅力的な幼児教育・保育環境づくりを進めていきたい。

担当部署名：三重県子ども・福祉部 少子化対策課／連絡先：〒514-8570 三重県津市広明町13
電話：059-224-2269／E-mail：shoshika@pref.mie.jp
ホームページアドレス：http://www.shoshika.pref.mie.lg.jp/

三重県における野外体験保育の推進

三重県では、「結婚・妊娠・子育てなどの希望がかない、すべての子どもが豊かに育つことのできる三重」をめざすため、「希望がかなうみえ子どもスマイルプラン」を平成27年3月に策定した。めざすべき社会像の実現に向けた重点的な取組内容の一つとして、子どもの豊かな育ちを基本とした子育てを推進しており、「野外を中心に、地域の自然を活用し体験活動を取り入れた保育や幼児教育」を「野外体験保育」と定義し、普及を進めている。

独立行政法人国立青少年教育振興機構が行った「自然体験」と「子どもの育ち」に関する調査では「子どもの頃の自然体験が、その子の将来にも影響している」「子どもの頃、自然体験が豊富な青少年ほど自己肯定感が高い傾向にある」などの調査結果が示された。

この結果が、自己肯定感の向上を含め、子ども自らが考え、主体的に行動し、また他者とのかかわりの中で共に支え合う「生き抜いていく力」を育む「野外体験保育」を三重県で推進するきっかけとなった。

三重県で野外体験保育を実施するにあたり、課題とニーズを把握するため、県内全ての幼稚園、保育所、認定こども園に対し実態調査を行い、また同時に保護者へのアンケートも行った。

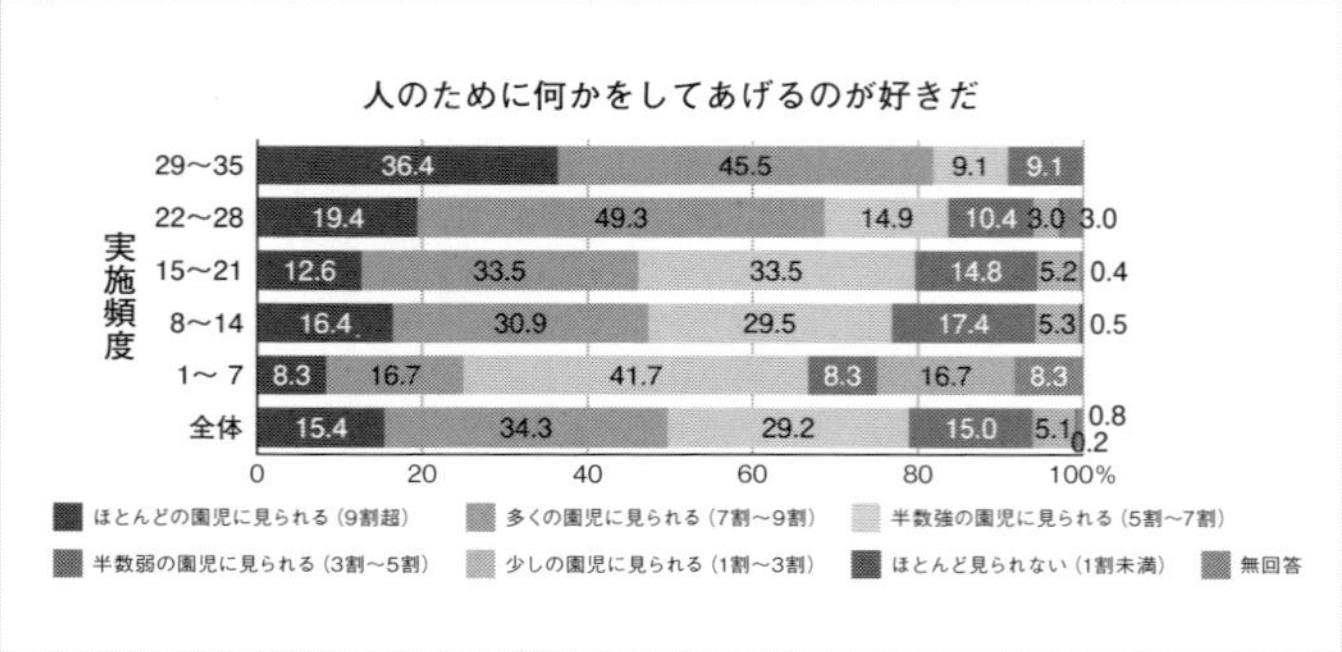

三重県 野外体験保育有効性調査「野外体験保育の実施頻度」と「子どもたちの様子」

その結果、野外体験保育の頻度が高い施設ほど、多くの園児に「自分からすすんで何でもやる」、「人のために何かをしてあげるのが好きだ」などの様子が見られると回答した施設の割合が高いことがわかった。

さらに、約半数の園が、「野外体験保育をもっと取り組みたい」と考えていること、実施頻度が低い園ほど、野外体験

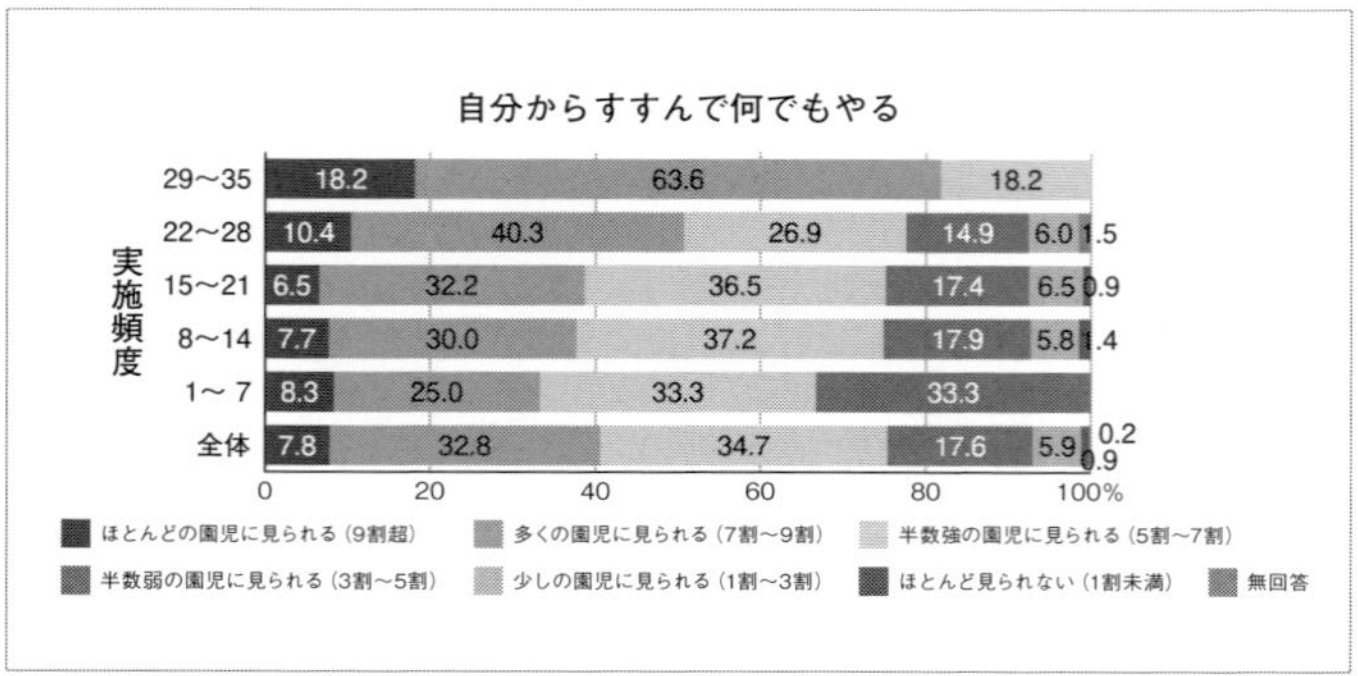

三重県 野外体験保育有効性調査「野外体験保育の実施頻度」と「子どもたちの様子」

保育に対するニーズも高い傾向にあることもわかった。

また、野外体験保育に積極的に取り組む保育施設に子どもを通わせる保護者は、今の子育てと自分の生き方に肯定的な感情を持っていることがわかった。

各保育施設が野外体験保育を実施するうえでの課題は、「安全性の確保が困難」が最も高く、次いで「職員の負担が大き

い」「体験を行うフィールドが少ない」「職員もスキルがない」と続く結果となった。

このことから、野外体験保育を普及させるためには保育関係者だけでなく、行政、保護者、地域の人々が互いに理解し、連携しながら課題に取り組んでいくことが重要と考え、平成28年度から○野外体験保育実践のための取組支援、○野外体験保育を主体的に行うことができる人材育成支援、○広報・啓発を柱として進めている。

野外体験保育実践のための取組支援

野外体験保育に取り組もうとする幼稚園、保育所等を募集しアドバイザーを派遣。

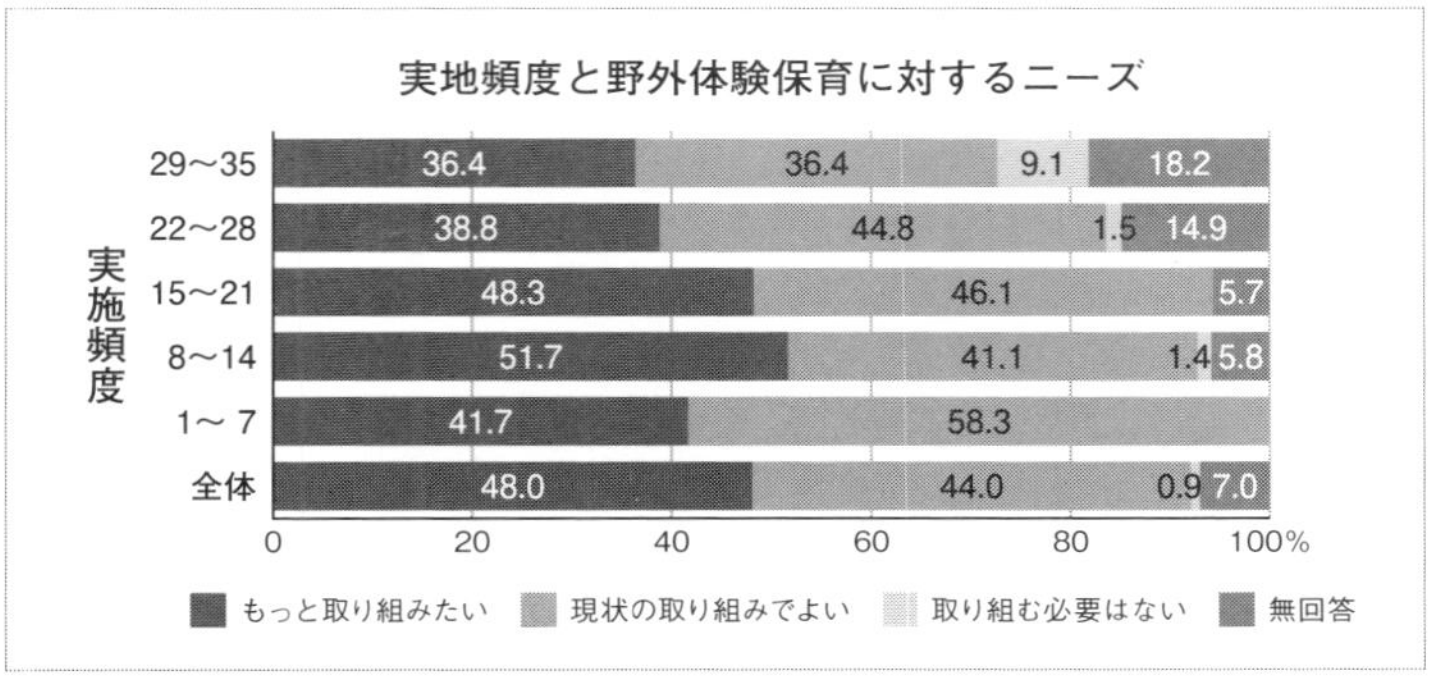

三重県 野外体験保育有効性調査

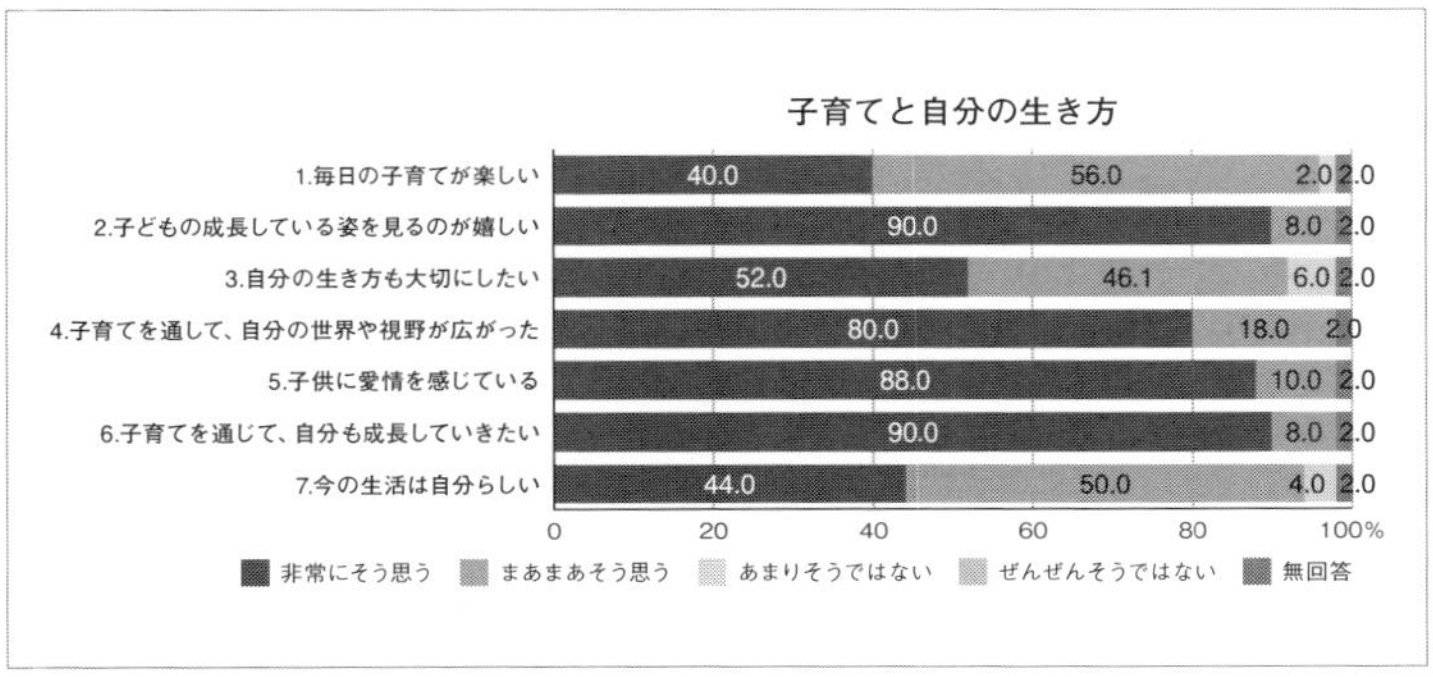

三重県 野外体験保育有効性調査 保護者向け意識調査

日常の保育に野外体験を取り入れ、保育者が子どもたちとどう関わって行けばよいのか、安全管理も含めた実践を行う。アドバイザーは、野外体験保育の計画、実践、振り返りまで各園の状況に応じてアドバイスを行う。

野外体験アドバイザー派遣実施園の感想

子どもが野外活動を心から楽しんでおり、皆で協力する姿が多く見られるようになった。自信がつき、自分の意見を言えるようになった子もおり、まさに自己肯定感が高まったと感じた。

余分な言葉がけや手助けは極力避け、子どもたちの力を信じることが大切だと感じた。

野外体験保育を主体的に行うことができる人材育成支援

アドバイザー派遣を受けた園での取組事例の報告や専門性の高い講師から野外体験保育の有効性の説明を受け、基礎知識を得ることで、保育者が自園で野外体験保育を実施する際のヒントやスキルアップにつなげる。

また、平成30年度には、より高度な知識の習得や実践を行う研修を実施し、野外体験保育の指導者となる人材の育成支援も行っており、次のことが期待できる。

○保育関係者が主体的に野外体験保育を実践できる人材となることで周辺地域の園へ波及していくこと。

○野外体験施設で野外体験保育の実施が可能になることで、野外体験保育フィールドの確保につながり、三重県の子どもたちが自然と触れ合う機会が増えること。

広報・啓発

保育関係者等だけでなく、広く県民の皆さんに三重県が進める野外体験保育を知っていただくため、さまざまなイベント会場で野外体験アドバイザー派遣での臨場感あふれる写真を展示したり、内容をわかりやすく説明したリーフレット「野外体験保育のすすめ」を作成し、広報を行っている。

今後の展開としては、三重県内の地域の自然を豊かに活用し、それぞれの施設に応じたやり方で野外体験保育が実践されること、また指導者となる人材を活用し、三重県内どこでも広く野外体験保育が取り組まれている状況をめざしていく。

岐阜県

担当部署名：岐阜県林政部恵みの森づくり推進課／連絡先：〒500-8570 岐阜県岐阜市薮田南2-1-1
電話：058-272-1111（内線3031・3035）／E-mail：c11513@pref.gifu.lg.jp
ホームページアドレス：http://www.pref.gifu.lg.jp/sangyo/shinrin/shinrin-kankyo/megumi/index_47266.html

「ぎふ木育」を通した森林環境教育の推進

はじめに

岐阜県では、「木育・森林環境教育の推進」という視点から、林政部が自然保育・森のようちえん等の活動支援を行っている。全国的には、子育て支援等の福祉部署が担うことが多い中、珍しいケースであると考える。

これまで県主催による自然保育・森のようちえん実践者（以下、「実践者」という。）を対象とした、リスクマネジメント研修や交流の場づくり、県内の森のようちえん・プレーパークを紹介するマップ作成といった活動支援を行っており、岐阜県での取組事例を通じて、実践者の皆さんが、どのように行政にアプローチしたら良いか、逆に行政の立場として、どう施策に位置づけ、また、連携して自然保育を推進していけば良いか、いけるのか、それらの参考になれば幸いである。

ぎふ木育30年ビジョン

岐阜県では、平成25年3月に「ぎふ木育30年ビジョン」を策定した。その中で、「ぎふ木育」を「岐阜県の豊かな自然を背景とした森と木からの学び」と定義づけしている。「森」だけでなく、また、「木」だけでなく、「森と木」その両方からアプローチしていること、そして「30年」という長期的かつ継続的な施策であることが、このビジョンの重要なポイントである。「自然保育」というと森や公園といった野外での活動と思われがちであるが、「木のおもちゃは掌の中の小さな森」という言葉のとおり、木のおもちゃを通じて、身近な木に触れ、森を感じ、自然と繋がることも「自然保育」の一つと考えている。

「ぎふ木育」の取り組みが子育て世代の癒しの場づくり、コミュニティづくりにも繋がっていくとの視点から、子育て支援行政とも連携を図っている。２０１２年からは、木のおもちゃで自由に遊ぶイベントとして「ぎふ木育キャラバン」を毎年開催し、親子で木に触れ合い親しむ機会を設けている。２０１５年度からは、「いつでも、だれでも木育を」をキャッチフレーズに、児童館・子育て支援センター・図書館などを対象に、木に囲まれた空間で、木に触れ、木のおもちゃで遊ぶことができる場所を「ぎふ木育ひろば」として認定し、２０１９年度までに県内１００箇所の設置を目指している。なお、設置にかかる経費については、木製品の導入費40万円、木のおもちゃの導入費10万円の合計50万円を「清流の国ぎふ森林・環境税」から助成している。

また、こうした「ぎふ木育」を推進する総合拠点施設「（仮称）木のふれあい館」について、２０２０年春のオープンに向けて準備を進めている。

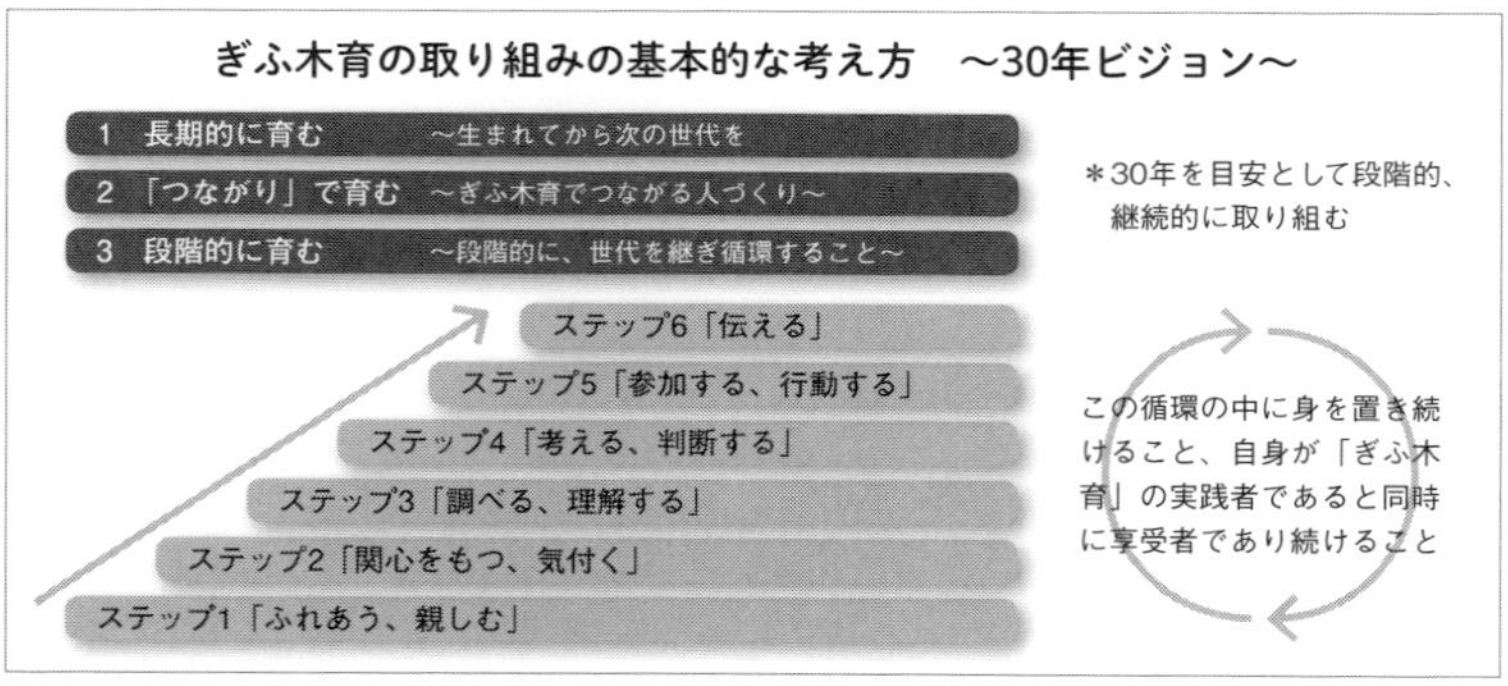

30年ビジョン

「ぎふ木育」でつなぐ人と人のネットワーク

岐阜県には、森林づくり活動や木育などの活動を支援する「ぎふ森林づくりサポートセンター」があり、活動支援用具や木のおもちゃの貸出、イベント情報の発信のほか、活動団体を取材しブログやメルマガを通じて情報発信している。岐阜県林政部が、森のようちえんの存在を知るキッカケとなったのは、「ぎふ森林づくりサポートセンター」による取材である。県内の森のようちえんを取材する中、実践者から「県内の実践者が集まる場がほしい」との要望があり、それに応える形で2015年9月に「ぎふ木育大交流会」を開催した。県内の「森のようちえん」及び「プレーパーク」の実施団体に声をかけたところ、その情報がSNSを通じて県外にも拡散していき、県内32市町村、県外からは愛知県、三重県、長野県、奈良県といった11都府県から、2日間で延べ700名を超える参加者があった。

これを契機に県内の実践者がつながり「ぎふ森のようちえんネットワーク」が設立された。それ以降、2016年からは毎年、県主催による「ぎふ木育交流会」を開催している。リスクマネジメント研修や救命救急法研修、自然保育の社会化に向けた勉強会等を開催し、森林空間を活用・活動する上で必要な知識や技術の習得及び実践者同士の交流を行っている。

その中で心がけているのは、「遊び心」を忘れないことである。例えば、2017年7月7日に開催した「ぎふ木育交流会」では、七夕にちなみ、森のようちえんに関わる方の想いや行政に期待することなど、短冊に書いた。今、その願いをゆっくりではあるが、着実に実現している。2019年秋に開催が内定した「森のようちえん全国交流フォーラム」もその一つである。また、一品持ち寄りのランチ交流会も定番である。テーブルには参加者数と同じ数の料理が並び、美味しい食事を食べながらのお喋りタイムも重要な交流の場となっている。

参加者の多くは子育て中のお母さんであるため、その配慮も欠かせない。交流会では参加者の状況に応じて、託児やプレーパーク、森のようちえん体験などをセットで開催している。参加者にとっては、お子さんと一緒に参加できることも気兼ねなく参加できる魅力の一つとなっている。

県主催で開催した「ぎふ木育交流会」は、2015年から2018年（8月現在）までに8回開催し、述べ1，197名（うち子ども459名）が参加している。

森林文化アカデミーの取り組み

岐阜県において、「自然保育・森のようちえん」を語る際、森林文化アカデミーの存在抜きでは語ることができない。地域が抱える森林・林業の問題を、地域の人々とともに取り組み、解決を図る「地方自治型自由学校」であり、100人以上収容可能な施設、駐車場完備、一歩外に出たら森が広がる恵まれた環境の中に、岐阜県で最初に活動を始めた森のようちえんの一つ「野外自主保育　森のだんごむし」の活動拠点がある。個性豊かな教員の中、ひと際異彩を放つ萩原・ナバ・裕作氏は、「森のだんごむし」の発起人であり、自由な遊び&自由な学びを提唱するインタープリターとして、森のようちえんの実践教育を行っている。

また、森林文化アカデミーでは自治体との連携事業にも取り組んでいる。公立の保育園や小学校への自然体験の支援、森の空間を活かした企業研修や生涯教育、教員研修を実施しており、連携協定を締結している美濃市、美濃加茂市、揖斐川町においては、森のようちえんの勉強会や体験会が開催されるなど、県内への普及が徐々に進んでいる。さらに、森林文化アカデミーでは今、「すべての人と森をつなぎ、森と暮らす楽しさと、森林文化の豊かさを次世代に伝えていく」ことをコンセプトとした実践教育・研究施設「（仮称）森林総合教育センター」の2020年春のオープンに向けて準備を進めている。自然保育・森のようちえん等の指導者養成も重要な柱の一つであり、実践者や市町村関係者からの期待も大きい。

最後に

ここまで紹介した取組みの多くは、「清流の国ぎふ森林・環境税」を活用して実施している。2019年からは、都道府県・市町村への国税版「森林環境譲与税（仮称）」の配分が開始される予定であり、森林行政としては大きな転換期を迎える。森林・林業を所管する部署としては、「ぎふ木育」の中で、自然保育・森のようちえん等のために何ができるのかを常に問い続け、森を想う人、森が必要な人全てをおおらかに支援する取り組みが全国に広がることを期待したい。

基礎自治体広域連携事例

埼玉県秩父地域（1市4町村）

担当部署名：ちちぶ定住自立圏 事務局（秩父市 地域政策課）／連絡先：〒368-8686 埼玉県秩父市熊木町8-15
電話：0494-22-2823（直通）／E-mail：seisaku@city.chichibu.lg.jp
ホームページアドレス：http://www.city.chichibu.lg.jp/4711.html

定住自立圏の枠組みを活用した自然保育認証制度の構築

埼玉県北西部に位置する秩父市、横瀬町、皆野町、長瀞町及び小鹿野町の秩父地域1市4町は、面積892・62㎢（埼玉県の約4分の1）に約10万人の人口を有する。昔から文化的・経済的な結びつきが強く、生活圏を一つにしている。また、東京・埼玉の都市部から近い位置にありながら、豊かな自然に恵まれた地域である。

２００９年度から、国が推進する定住自立圏構想（中心市と近隣市町村が相互に役割分担し、連携・協力することにより、圏域全体として必要な生活機能を確保し、地方圏における定住の受け皿を形成する仕組み）に基づき「ちちぶ定住自立圏」を形成し、一丸となって圏域行政サービスの向上を進めている。医療、保健福祉、産業振興など、幅広い分野（10分野20項目）にわたって、定住自立圏事業を展開している。

今回、その一環として、「ちちぶ定住自立圏自然保育認証制度」を設け、皆野町に所在する「花の森こども園」を第１号として認証した。本稿では、その経緯について紹介する。

「花の森こども園」について

「花の森こども園」は、皆野町のムクゲ自然公園内にある「森のようちえん」（認可外保育施設）である。秩父市内の幼稚園に子どもを通わせていた保護者の皆さんが、園の経営体制及び教育方針が大きく変わったことをきっかけに、自然保育に特化した教育を目指して２００８年4月に設立した。

代表の葭田あきこさんを中心に、保護者やボランティアの皆さんの協力も得ながら、秩父の豊かな自然を活かした教育の実践を積み重ねている。秩父地域内から通う園児だけでなく、地域外から通園したり、県内外から移住したりといったケースもある。また、２０１０年にＮＰＯ法人化したほか、不登校や引きこもりの子どもの居場所づくりなどにも取り組んでいる。

認証までの経緯

「花の森こども園」設立当初は運営に様々なご苦労があったようだが、その教育理念や真摯な取組が段階的に浸透し、地域に理解が広がっていった。その流れの中で、地域内の首長から「定住自立圏の枠組で何らかの支援ができないか」という意見が出て、２０１７年度から定住自立圏として本格的な検討が始まった。

行政としては、秩父の豊かな自然環境を活かした自然保育に対するニーズが一定数あり、子育ての選択肢の一つとして評価すべきものと認識していたほか、圏域外からの移住・定住につながる要素も持っているのではないかという判断もあった。

先進事例（鳥取県、長野県など）の研究、「森のようちえん全国交流フォーラムｉｎ東京」への参加など、職員も学びを重ねつつ、関係者間相互の協議、調整を進めた。具体的には、1市4町の担当者間による事務調整、定住自立圏共生ビジョン（中長期計画）への位置付け、定住自立圏推進委員会（各市町の首長・議長等で構成する、定住自立圏の意思決定機関）における協議などである。その結果、２０１７年10月に定住自立圏推進委員会において、「ちちぶ定住自立圏自然保育認証制度」が承認された。その後、申請・審査を経て、２０１８年3月2日に「花の森こども園」を第1号として認証した。また、認証を受けた園を対象として運営経費の一部を補助する制度（最長3年間を予定）も創設し、２０１７年度から交付を開始した。認証を機に、これまで以上に園との連携の機会が増え、今後の展開に向けた相談対応等、可能な限りの支援に努めているところである。

ちちぶ定住自立圏自然保育認証制度

【目的】

秩父の豊かな自然環境を活かし野外での保育等を行う園を認証する基準等を定めることにより、
認証を受けた自然保育を行う園において児童が健やかに育つことを目的とする。

【対象】

自然保育（森、川、里山、畑等の自然環境を活かして行われる自然体験を中心とした保育等であって
所定の認証基準を満たすもの）を行う園

【主な認証基準】

実施者	• 秩父圏域内に活動の本拠地を有し、継続的に保育等を行うことのできる運営体制を有する団体であること。 • 団体設立及び保育開始から2年以上経過していること。 • 幼稚園、保育所若しくは認定こども園又は認可外保育施設としての届出を行っている施設であること。
保育等の内容	• 原則として週5日、年間39週活動すること。 • 毎月計画的に実施されていること。
人員体制	• 在籍児童数が6人以上であること。 • 保育者と在籍児童数の人数比率および保育者の資格が基準を満たしていること。 • 外部研修等への参加や内部研修を実施していること。 • 自然保育の記録を、広報紙やウェブサイト等で公開していること。
設備	• 複数のフィールド、拠点となるフィールドがあり、常に維持管理がされていること。 • 大雨、大雪等から避難できる拠点施設を有すること。
安全対策	• 十分な安全管理に配慮した保育者の配置体制をとっていること。 • 事故予防及び緊急時対応を定めた安全対策マニュアルを作成し、保育者と保護者に周知していること。

認証制度の内容

認証制度は、先行事例である鳥取県及び長野県の制度を参考に策定を進めた。両県の担当者様に電話で質問するなどして、良く言えば「良いとこどり」の制度となるよう腐心した。

今後の展望

今回の取組は、市町村の広域連携による制度創設が、おそらく国内で初めての事例と思われることもあり、地域内外で大きな反響があった。

「花の森こども園」の取組は、これまで数多くのメディアで取り上げられるなど、各方面から注目を集めているほか、秩父の豊かな自然を活かした教育活動は、子育ての選択肢の一つとして大いに評価すべきものと考えている。また、人口減少が続く秩父地域にあっては、移住・定住へ寄与することも期待している。

今後も、定住自立圏として1市4町が連携し、身の丈に合った支援を続けていく所存である。

基礎自治体事例

兵庫県多可町

担当部署名：兵庫県多可町定住推進課／連絡先：〒679-1192 兵庫県多可郡多可町中区中村町123
電話：0795-32-4776／E-mail：teijyu@town.taka.lg.jp
ホームページアドレス：https://www.town.taka.lg.jp

森のようちえんへの支援による移住・定住の促進

多可町は、兵庫県の内陸部に位置し、中国山地の山々に囲まれた人口約２１，０００人の町である。総面積１８５・19㎢のうち１４９・65㎢、約80%が森林で、民有林１４９・05㎢のうち61%が杉・ヒノキの人工林である。典型的な中山間地の町で、財政的に豊かとは言いがたいが、２０１７年度から森のようちえんを対象に、助成金の交付を行っている。

多可町の目指す子ども像の実現に向けて

本町と森のようちえんのつながりは、２０１０年に町教育委員会が設置した「多可町就学前教育・保育検討委員会」から始まる。多可町をフィールドに２００９年に兵庫県下で初めて「森のようちえん にじの子」が活動を開始しており、委員会は就学前教育・保育のあり方への提言検討にあたって、その活動に学び、活かすことが町の目指す子ども像「豊かな心をもち、多可町の自然にふれ、ひたり、主体的に遊ぶ子ども」の実現に繋がると考えた。これを受けて、「多可町就学前教育・保育に関する基本計画」（２０１１年・町教委策定）には、「森のようちえん」について、「町内の就学前教育・保育の施設においても、その保育の精神を活用することが求められる」と明記されている。なお、町教委では２０１２年度から２０１５年度まで「森のようちえん」等の考え方に学ぶ「自然体験研修事業」を実施した。

多可町の補助制度と課題

現在本町には「森のようちえん にじの子」と２０１４年開設の「森のようちえん こころね」の2グループが活動している。補助の対象は、主に野外での幼児教育等を行い、かつ就学前児童が5名以上通園し、町内に活動の本拠地を置く組織となっており、ここに週4日以上通園する町内の幼児1人につき年間20万円を交付する。鳥取県智頭町を参考に、本町をフィールドに大勢の子どもたちに駆け回ってもらえればと、移住定住を勧める手立ての一つとして支援が始まった。豊かな自然環境を求める子育て世帯の移住を想定してのことである。

補助額の上限はグループあたり１００万円を上限とするが、制度を開始して２年、2グループの合計額は年１００万円となっている。今後は各グループの協力を得ながらターゲットとする都市部住民への周知を行う必要があると考えている。

なお、「にじの子」のフィールドは、町内のキャンプ場や自然公園周辺となっており、拠点は集落所有の施設を借りている。「こころね」は集落所有林を中心に自然公園、個人所有林を利用し、拠点は２０１８年春、元播州織工場の一部を借り受ける話が整った。これらの借り受けについては、本町の各担当課が所有者等につないだケースも見受けられる。フィールド整備や森林での環境教育には、国の森林・山村多面的機能発揮対策交付金や兵庫県の住民参画型里山林再生事業などを利用することもあるが、特に整備の分野において、保育スタッフと保護者のみでの事業実施はなかなか難しいとの悩みを抱えている。実現の可否はともかく、林業者との連携などの手立ても検討する余地がある。

２０１８年8月現在、高齢化率34・75%の本町において、野山で遊ぶ子どもたちの光景は、大変こころが温まるもので、子どもたちの元気な姿が増え、本町の魅力の一つとして広く認識されれば、森のようちえんへの活動支援の目的は達成されるのではないかと考えている。

県事例

山梨県

担当部署名：山梨県庁 福祉保健部 子育て支援課／**連絡先**：〒400-8501 甲府市丸の内1-6-1
電話：055-223-1456／**E-mail**：kosodate@pref.yamanashi.lg.jp
ホームページアドレス：http://www.pref.yamanashi.jp/

ゆたかな自然環境を生かした 幼児期における自然体験活動の推進

幼児期における自然体験活動の推進について

山梨県では、平成二十九年十月に議員提案条例として制定した「やまなし子ども・子育て支援条例」において、自然体験活動の推進に関する条文が規定された。

条例制定の趣旨について前文で、「私たち県民は豊かな自然や県民相互の強い絆を生かし、子どもの健やかな成長が最大限に実現される社会の構築を目的とする」（抜粋）とし、第十一条第3項において、「県は、豊かな自然環境を生かしながら、子どもに自然と触れあう機会を提供するために必要な施策を推進するものとします。」と規定している。

これを受け、平成二十九年十二月、本県における森や自然を活用した保育・幼児教育について、県内の保育園、幼稚園、認定こども園に対し、自然体験活動の実施に関する課題等についてアンケート調査を実施したところ、「安全性の確保」や「職員の負担」、「職員にノウハウがない」、「保護者の理解」などが課題として挙げられた。また、平成三十年五月に活動の実態についても調査を行ったところ、回答いただいた園の90％以上が頻度や内容の違いこそあれ、何らかの自然体験活動を実施しており、園の裏山や森を活用し、フィールド作りを地域の森林組合や製材所と連携したり、地域の休耕田を活用し、もち米や麦の栽培を行い、収穫した餅米や麦で地域のボランティアとともに郷土食を作るなど食育や世代間交流につなげたり、所在地が中心市街地であっても、身近な公園を活用し、四季を感じながら様々な発見に感動するといった自然体験活動を行う園など様々な取り組みがなされていることが分かった。

平成三十年六月に学識経験者、実践者、保育・幼児教育団体の代表者、保護者代表者、県緑化推進機構からなる幼児自然体験推進検討会を設置し、条例の趣旨やアンケート調査の課題を踏まえ、委員から意見をいただくこととした。検討会は第2回目が終了したところであるが、県としては、検討会で出された意見を参考に、安全で効果的な自然体験活動の推進策について検討していくこととしている。

森林環境教育の推進について

県森林環境部では、県土の約八割を森林が占める全国有数の森林県である特色を生かし、本県の森林・林業に係る具体的な施策の方向を示した「やまなし森林・林業振興ビジョン」に基づいて、児童・生徒が、森林の役割や木材を利用することの大切さについて理解を深める、森林環境教育の推進に取り組んでいる。

具体的には、県教育委員会や山梨県緑化推進機構とともに、森林環境教育の副読本「くらしと森林」を作成し、県内すべての小学校で活用しているほか、約七千三百人の小中学生で結成される緑の少年少女隊による森林体験活動などを支援している。また、県森林総合研究所に設置されている普及啓発施設「森の教室」や山梨県立「武田の杜」森林公園などにおいて、自然観察会や木工教室等、森林・林業について学ぶ様々なイベントを開催。加えて、どんぐりを集めてきた児童に、会員証発行、緑化樹苗木の贈呈、会報発行などを行う「どんぐりクラブ育成事業」を実施し、集まったどんぐりから育てた苗木を、希望する保育園や小学校等に配付し、環境教育等に役立ててもらっている。

更に、森林環境教育の指導者を養成するため、県森林総合研究所及び県総合教育センターの研修プログラムとして、教職員を対象に、「教職員森林・林業研修」「教職員木工作研修」を実施している。

県事例

秋田県

担当部署名：秋田県農林水産部森林整備課調整・担い手班／**連絡先**：〒010-8570 秋田市山王4-1-1
電話：018-860-1750／**E-mail**：forest@pref.akita.lg.jp
ホームページアドレス：http://common3.pref.akita.lg.jp/mizumidori/

森と自然を活用した保育・幼児教育

秋田県では、平成20年に創設した「秋田県水と緑の森づくり基金」を契機に、児童生徒等を対象とした森林環境教育に取り組んでおり、小中学校への学習支援のほか、「総合的な学習の時間」の授業に活用してもらうための副読本の作成や、小中学校の教員を対象とした指導者養成研修の開催など、教育現場で実践しやすい環境を整えている。

また、森林や木に親しむためには、幼少期からの取組が重要と考えており、幼稚園等で実施する自然とのふれあい活動や、小学校低学年を対象として木育への支援にも取り組んでいるところである。

さらに若い林業の担い手確保に向けて、平成27年度に「秋田林業大学校」を開講したほか、平成30年度からは、中学生を対象とした林業体験学習をスタートしている。

こうした森林環境と林業体験の学習を通じて、子ども達が森林と人々の生活や環境との関係について理解を深めるとともに、将来、本県の豊かな森林資源を守り育てる担い手として活躍できるよう総合的な施策を講じていく。

水と緑の森づくり推進事業
（森林環境教育推進事業）

森づくりの市町村、小・中学校、幼稚園等を対象に、次代を担う幼児、児童・生徒等を対象とした森林環境教育活動を支援している。

補助内容：1件50万円を上限とし、森林環境学習活動及び森林・林業作業体験活動、木育活動に対し助成。（幼稚園・保育園関係は、平成29年度9団体実施）

幼稚園等の活動内容は次のとおり様々である。

- 秋田スギものづくり親子ワークショップの開催（曲げわっぱづくり体験）
- 小枝・木の葉等を使った森のクラフト教室や自然の材料を使った楽器の音楽会
- 佐藤清太郎氏所有林「健康の森」での森林散策や炭焼き体験
- きのこの植菌・収穫体験等々…

また、森林環境教育の指導者を養成するため、小中学校等の教員や森林ボランティア団体会員等を対象として研修会を開催している。

平成30年度からは、未就学児に対する木育活動や自然体験活動を実践できる「森の保育士」を養成し、県内の幼稚園・保育所に自然の良さや木育の重要性について普及啓発を行い、森づくりの人材育成を推進することとしている。

佐藤清太郎さんの取組
（秋田森の会・風のハーモニー）

平成3年、人間の健康と共に森の健康を考え、人と森を結びつけようと県内の医師らと「秋田森の会・風のハーモニー」を結成。所有する里山約30haを「健康の森」と名付けて会員に開放した。平成6年から、保育園や幼稚園児を対象として始めた「森の保育園」には、子どもの声が響き渡る。森で遊びながら子ども達の「生きる力」、「戦う力」、「助け合う力」、その場その場で「対応する力」など、潜在能力などを引き出したいと考えている。年間約3，000人の園児が訪れる。

年間を通して幼児から高齢者まで幅広い年齢層が訪れては森林浴や炭焼きなどを楽しんでいる。

平成7年：朝日森林文化賞受賞
平成20年：緑化功労者農林水産大臣賞受賞
平成30年：みどりの文化賞受賞

滋賀県

担当部署名：滋賀県琵琶湖環境部森林政策課／連絡先：〒520-8577 大津市京町4-1-1
電話：077-528-3918／FAX：077-528-4886／E-mail：dj00@pref.shiga.lg.jp
ホームページアドレス：http://www.pref.shiga.lg.jp/d/rimmu/kouryu/300727.html

「協働提案制度」による森のようちえんの普及

「協働提案制度」とは

滋賀県では、協働の推進を図るため、民間等が提案するモデル的な協働の取組を事業化する「協働提案制度」を実施している。協働提案制度とは、県民やNPO、団体等の多様な主体と県が対等な立場で対話・協議し、課題や目的を共有できたテーマについて、民間等から協働の提案を受け、事業化する制度。

「山で育つ『森のようちえん』普及事業」は、この制度を活用した事業である。県内の「森のようちえん」関係者から提案があり、関係団体、市および県との対話や協議を経て実現した。

滋賀県では、子どもたちの森林への理解と関心を深めるため、小学4年生を対象に森林環境学習「やまのこ」事業を平成19年度から実施しており、年間約14,000人の子どもたちが森林での体験学習を経験している。こうした中、数年前に県内で「森のようちえん」に取り組む団体が生まれ、子どもたちが自然の中で心と体を動かし、自分で考えて行動するとともに、友達と関わり生きる力を育むことができる体験活動の機会が提供されるようになり、その輪は次第に広がりつつある。しかし、県内における「森のようちえん」の認知度はまだまだ低いことからその取組を広く知ってもらい、「森のようちえん」の活動を普及・啓発する目的で当事業を実施している。

「森のようちえん」体験イベントの開催

平成30年度事業の内容は、大きく分けて次の2つ。

1 「森のようちえん」体験イベント（県内3か所）

2 「森のようちえん」の保育やその育ちについて伝える、大人を対象にしたフォーラム

を実施する。

平成30年8月20日に実施した「森のようちえん」体験イベントでは、0～2歳児の未就園児を対象とした「おやこクラス」に13組、「ようちえんクラス」では年少11名、5歳児7名、6歳児12名、また、園児の兄姉を対象に設けた「しょうがっこうクラス」では12名、親子を含めて計64名の参加があった。

はじめの会では、スタッフが森には危険な生物がいることを写真で教え、出会ったときの対処方法等について、わかりやすく子どもたちに説明を行った。「おやこクラス」や「ようちえんクラス」では、公園や森林の中を散策したり、木の葉や松ぼっくり、小枝など公園に落ちているもので遊び、「しょうがっこうクラス」では山登りなど子どもの主体性を大事にした体験活動が行われた。

また、午後からは主催者から参加した親を対象に、自然の中で子どもが自分で考えて行動することが今後の成長にいかに重要であるかのレクチャーが行われた。

今後は、子ども達が森林公園等自然の中で遊び、豊かな経験をすることや、親子で森の散策をする親子散歩などが、イベントやフォーラムの開催日に限らず日常的に行われることを期待したい。

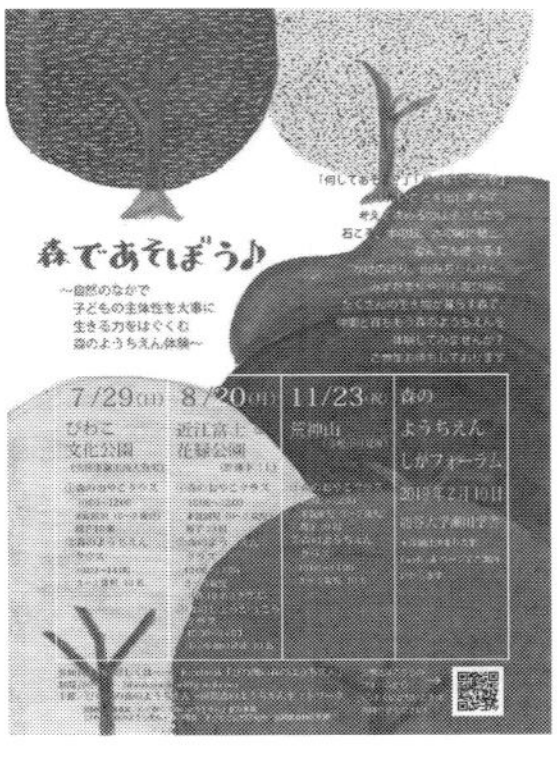

「森のようちえん」体験イベントのポスター

担当部署名：愛知県農林水産部農林基盤局森林保全課／連絡先：〒460-8501 愛知県名古屋市中区三の丸3-1-2
電話：052-954-6453／E-mail：shinrin@pref.aichi.lg.jp
ホームページアドレス：http://www.pref.aichi.jp/shinrin/

あいち海上の森センターにおける保育・幼児教育の取組について

１．あいち海上の森センターの概要

「あいち海上（かいしょ）の森センター」は森林や里山に関する学習と交流の拠点として設立された。２００５年に開催された愛・地球博の原点である海上の森を、博覧会の理念や成果を継承した「愛知万博記念の森」として将来にわたって保全するとともに、人と自然の関わりを探求する場として活用している。

２．海上の森保全活用計画

海上の森保全活用計画は、海上の森の果たす役割や取組の内容をまとめたものである。「あいち海上の森条例（２００６年３月）」に基づき、２００７年３月には２０１５年度を目標年度とする「海上の森保全活用計画」を、２０１６年３月には目標期間を２０１６年度から２０２５年度とする「海上の森保全活用計画２０２５」を制定した。「海上の森保全活用計画２０２５」は、「『つづける・つなげる・ひろげる』〜人と自然が共生する社会の実現を目指して〜」をコンセプトとし、「愛知万博記念の森としての保全」と「森林や里山の学習と交流の拠点づくり」を基本的事項としている。

３．海上の森保全活用計画に基づく取組

①幼児森林体験マニュアルの作成・公開

森林体験プログラムを開発し、２００８年度に「海上の森幼児森林体験マニュアル」としてとりまとめ、関係先に配布した。あいち海上の森センターのウェブページからダウンロードが可能である（図１）。

②幼児森林体験フィールドの整備

森林体験プログラムを体験できるように、また幼児森林体験フィールドの整備モデルとして、２００８年度に海上の森の一区画に整備した。あいち海上の森センターで行われるプログラムのほか、近隣の幼稚園や小学校等が利用している（表１）。

③森の楽校

自然の森の楽しさやおもしろさを、子供と大人が同時に体験・共有して学び、実践できるプログラムである。小学生向けの「森の楽校」と、4歳以上の幼児向けの「森のようちえん」があり、２０１８年度は春と秋に1日ずつ行われる予定である。運営はあいち海上の森センターから民間委託し、センターと協働により実施している。

④人材の養成

里山など身近な森林環境を活用し、子どもに自然と触れ合う機会を提供するための知識・技術を身に付け、実践してもらうことを目的として開催されるプログラムである。子ども（幼児から小学校低学年）の自然教育に関心のある方を対象とし、２０１８年度は全5回の日程で開催された。

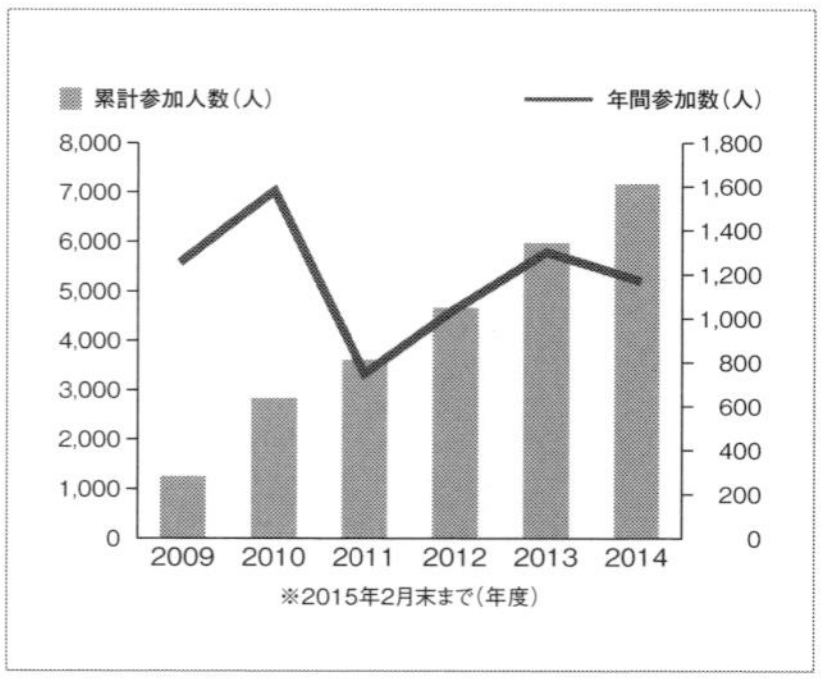

表1　海上の森幼児森林体験フィールド累計利用者数

図1　幼児森林体験マニュアル表紙

市町村事例

山梨県都留市宝の山ふれあいの里ネイチャーセンター

担当部署名：山梨県都留市役所産業建設部産業課商工観光担当／**連絡先**：〒402-0045 山梨県都留市大幡5108
電話：0554-45-6222／**E-mail**：takarano-yama@city.tsuru.lg.jp
ホームページアドレス：http://www.city.tsuru.yamanashi.jp/（都留市役所HP内施設ページ）
Blog：banchou.tsuru-kankou.com/（ネイチャーセンターブログ）

園に出張して野外体験活動を広め、ますますの普及をめざす

平成5年環境省いきものふれあいの里事業にて、自然保護思想を普及することを目的に市域北部旧宝鉱山跡地を活用し建設。都留市直轄運営を行い、14・5haの広大な奥山地形・森林形態の中、森と野生動植物と人間がつながるワークショップ・観察会・キャンプ活動・小中学校林間学校や校外学習の受入、市域のみならず県内外への出張での講演・ワークショップ・植生調査活動などを行っている。地域課題を抽出したプログラムの企画・実施・運営を得意とする。

平成16年より、市の方針により、東京都渋谷区から宿泊体験学習受入をはじめ現在も継続している。さらに平成23年の東日本大震災をきっかけにセンターのコンセプトをワーキンググループにて再考、「人と自然がつながり、里の資源を使った生活など昔の知恵や技術を受け継ぎ、今の技術を融合させ、自分自身の力で自然の持続可能な暮らしをつくろう」をコンセプトとし、森を舞台にしたプログラムを展開している。

幼児期における自然体験活動の社会的効果と関わり

都留市は、市域にある幼稚園・保育園での森林体験活動のサポートを全面的に行っている。市内13園中の7園をサポートしているが、各園の活動目的・取組内容・保育士の関わりのスタンス・外部機関の活用の仕方の形態はそれぞれである。自園で森を所有している場合については、年間を通じて活動を行い、園児たちや保護者、地域さらには隣接する森をも変化させてしまうような効果を発揮している。こうした形態は保育士ならびに園児や森、プログラムにおいて行動社会化教育を学ぶための規律・規範を学び知る上で、保育活動に比較対象が必要になってくるが、規律・規範を形成する保育の受入先のひとつとして当センターが機能している。主に、森、自然、公園、道端での体験活動の出張依頼を受ける。その際、関係者間のコンセプト共有を重要視し、大学・森林組合・製材所・寺・地主・園・都留市・山梨県などからなる核組織「整備委員会」を発足し、森林整備計画からゾーニング・管理計画までをその組織で行っている。自園に森を所有しない園は当センターでの施設での受入から活動ははじまる。最初、森との距離感は非常に縁遠いので、まずは園児・保護者・保育者の距離感を縮めることから始まり、プログラムの達成度、理解の速度感、ストレス具合をはかりながら企画立案を行い、幼児期における体験活動の必要性を説いている。

山梨県幼児のための自然体験活動研究フォーラムを開催

２０１６年より市域社会福祉法人格を有する4園、公立大学法人都留文科大学と連携し、機関のつながり、情報交換、ネットワーク構築、スキルアップを目的にして、山梨県下の幼稚園・保育園・認定こども園・森のようちえん・自主保育を対象としたフォーラムを年1回、都留市において開催している。園と園の交流活動も実施されており、園児にとっても森を介してあそびの価値観の交換・交流がなされている。

課題は自然体験が希薄な保育士・幼稚園教諭のスキルアップと、研修制度の確立が急務と考える。指導者（大人）の感性が子どもたちの感性を育んでいく時代となった。これからの幼児期における自然体験活動普及、安全第一、自己肯定感の醸成、森林作業の複合的な森林活動の鍵は、大人の価値観磨きであり、当センターはそのプログラムを充実のラインナップで対応できる強みを持っている。

市町村事例

岐阜県美濃加茂市

担当部署名：岐阜県美濃加茂市産業振興部農林課里山再生係／**連絡先**：〒505-8606 岐阜県美濃加茂市太田町3431-1
電話：0574-25-2111／**E-mail**：nousei@city.minokamo.lg.jp
ホームページアドレス：http://www.city.minokamo.gifu.jp/shimin/

「里山千年構想」を実現する森林空間活用の推進

美濃加茂市は２０１５年８月に市の北部に位置する里山全体をフィールドとして『里山整備』『里山活用』『資源活用』『森づくり』の柱で里山再生を推進する「里山千年構想」を掲げている。

里山再生のきっかけは有害鳥獣被害対策である。美濃加茂市の里山は、人が入らなくなったことにより荒廃が進み竹林が繁茂しイノシシの住処となってしまったのである。美濃加茂市は岐阜県の中でもイノシシの農作物被害額が多い自治体の1つであり、年間の被害額が５０００万円を超えた時期もある。

『里山整備』においては、岐阜県の森林・環境税を有効的に活用し、計画的に里山整備を実施しているが、竹林の整備には高額な整備費用が必要なため、整備する面積がなかなか進まず、また、整備後の維持管理も課題となっている。

そこで「企業協働の森づくり」と題し、現在は2つの企業と地域住民が連携し地域の課題解決となる里山整備を進めている。1つの企業は費用支援、もう1つの企業は作業支援である。作業支援の企業は、年に数回、地域住民とともに竹林整備を実施しており、企業と連携して整備を実施することで地域住民に維持管理の必要性を自覚するきっかけとなっており、良い相乗効果が生まれているのである。企業連携で整備した後の里山は、こども達の「遊びの場」「学びの場」となっている。

『里山活用』では新しい森林空間活用として、美濃加茂市では行政が実施する「森のようちえん」をイベント的に年6回の開催、また、市立山之上こども園では園舎の裏山を園庭代わりにした「里山あそび」を実施している。これは、幼児期に里山の中で過ごす機会を設けることで、美濃加茂市の里山が「里山の大切さを知り心豊かな子が育つ場」にしたいと考えているからである。こども園の「里山あそび」が始まったのは、こども園の近隣で整備後の里山で遊ぶ機会が増え、園舎の裏山も「遊び場」になることを知ったことがきっかけである。ボランティアの方々が始めた裏山の整備に保護者にも関わってもらう事にした。最初からとても協力的な保護者もいれば、裏山で遊ぶことに躊躇する保護者もいた。

最後に多くの保護者が理解を示してくれたのは、保育士が何回も何回も森の中で楽しく遊ぶこども達の姿を保護者に見せたことである。こども達の「笑顔」は何にも勝るものはないのである。今では、里山の中にロープで遊具を作るなど、保護者も自ら楽しんでいる姿を見るようになったのである。現在は、地域、保護者、保育士の連携で「里山あそび」を実施している。

また、こども園の卒園時の多くが入学する市立山之上小学校においても『里山資源』の活用として「アベマキ学校机プロジェクト」を実施し、里山でアベマキ伐倒体験や学校机天板制作体験、竹林被害で失ってしまったアベマキの森を復活させるためアベマキ苗木を植樹する『森づくり』体験を通して「地域の里山資源を守り活用する」ことを森の中で学んでいる。

「里山千年構想」を進めていく上で、美濃加茂市全体の森の中がこども達のいろいろな形の「居場所」となることを目指している。こういったこどもの頃の森の中の体験は、美濃加茂市の里山再生の将来の担い手育成に繋がってくれることを期待している。

市町村事例

滋賀県高島市

担当部署名：滋賀県高島市子ども未来部子育て支援課／**連絡先**：〒520-1592 滋賀県高島市新旭町北畑565
電話：0740-25-8136／**E-mail**：jido@city.takashima.lg.jp
ホームページアドレス：http://www.city.takashima.lg.jp

「たかしま『心育む』ぬくもり事業」を通した「郷土愛と誇りを育むひとづくり」の推進

高島市では、「やさしく、強く、心豊かに『ヒトが人間』に育つ保育・教育をめざす」を保育・教育目標として、２００９年に「高島市乳幼児保育・教育共通カリキュラム」を策定し、市内の保育園、幼稚園、認定こども園、また公私立園共通に取り組んでいる。

また市の施策としては、少子高齢化に加え、人口減少社会への課題対応を図るため、２０１７年度から10か年のまちづくりの方向性を示す「第２次高島総合計画」を策定し、『住みたい、住み続けたいまち』の実現に向け取り組みを進めている。子育て・教育分野では施策の１つとして「郷土愛と誇りを育むひとづくりの推進」を掲げ、自然や人とのふれあいによる保育・教育を推進している。

これらのことを踏まえ、高島市の豊かな自然の中で、自分のあるがままを受けとめてくれる自然に身を委ね、心を揺さぶられたり、自分の思い通りにはならない自然の力を感じながら、自分で気持ちを起こして乗り越えようとしたりする体験は、将来の「学びの意欲・態度」や「生きる力を育む」ことにつながると考え、２０１７年より市の単独新規事業として「たかしま『心育む』ぬくもり事業」を実施し、市内の森林体験ができる施設や園周辺にある森林等において年長児を対象に、各園年間２回程度里山あそびを実施している。初年度は公立全園（10か園）を対象とし、高島市森林公園くつきの森等において、生き物探しや粘土探し、崖登りや山道探検、焚火などを楽しんだ。２０１８年度からは、「たかしま『心育む』ぬくもり事業補助金」を交付し、私立園においても取り組みを広げた。

実施に際しては、安全で生き生きとした活動となるよう、「つながる子育てたかしまおさんぽ会」里山スタッフの参画・活用を行っている。豊かな自然を生かし、子どもが自分の力で判断し行動する力を育むことを願った活動となるよう、里山スタッフと園（保育者）は事前・事後の協議を行いながら進めている。また、実施記録表を作成し、子どもの姿や思いを「見える化」して共有し次回へ繋げるとともに、日々の保育においても、自然の中での子どもの姿を目の当たりにした保育者自身の新たな気づきや子どもの内面の読み取りが、「子どもの気持ち起こし」を大切にした保育・教育の質の向上へと繋がっていくことを期待している。

ねらい	心からダイナミックに遊び、自信をつける
子どもの姿	・大人の言葉など必要なく吸い込まれていくように、一人一人が心からしたいこと楽しんだ。 ・汚れも気にせず夢中で遊んだ。全身を使っての崖のぼりを繰り返し楽しみ、友達同士手を差し伸べ助け合う姿や、生き生きとした言葉が飛び交った。
里山さんの話	・自然の中で子どもたちの声が響き、飛び交っていた。 ・繰り返し挑戦する姿から、たくましさを感じた。 ・大きな声から自信がみなぎっていた。「面白い！やってみたい！」その気持ちが声の大きさに表れていた。
振り返り	・実体験の中で子どもの心が動いていた。ダイナミックに繰り返し挑戦し、自信いっぱいであった。 ・子どもたちのたくましさに気付き、子どもの力を信じ見守ることの大切さを感じた。
その他	・帰宅後すごい勢いで森での出来事を話したようである。 ・次回、季節が変わった森の中でどんな姿が見られるか楽しみである。

園実施記録表（一部抜粋）

<table>
<tr><th>ねらい</th><th colspan="2">心からダイナミックに遊び、自信をつける</th></tr>
<tr><td>時間
10：05
10：15
10：30

11：15
11：50</td><td>フィールド・予想される子どもの姿
くつきの森到着
はじまりの会（自己紹介・注意事項）
崖のぼり、沢登り下り、探検隊、
滝水遊び
終わりの会
くつきの森発</td><td>事前打ち合わせにおいてのリスク予見・配慮
・汚れることに抵抗なし
・体幹が弱い
・A児：集中力に欠ける、水が好き、語彙が少ない
・B児：痛みや血が苦手、新しい環境が苦手、虫好き
・C児：初対面の人苦手、友だち同士は問題なし、失敗ができない子</td></tr>
<tr><td colspan="2">活動・子どもの姿
・全身泥だらけになったが、誰一人泣いたりぐずったりせず、たくましさを感じた。
・土管の中に粘土が詰まっていることを発見した男児数名。棒を使って粘土をかき出す作業に集中。滝壷をめがけて小枝や葉っぱの投げ入れ遊びをしていた子がいたが、それらがかすめても、気付かないほどの集中力には驚いた。</td><td>今後に向けて
・先生からA児がいつもより大きな声がでていた。言葉数も多く、意外な一面であった。身体を動かすと出るのかな……という話があった。とても嬉しい視点。生き生きと必死になって頑張る気持ちが起こり感じた思いは、誰しもみんなに伝えたいもの。林の中で子どもたちの歓声が響いていたが、まさに子どもたちの心の叫びだったのかな？と思う。</td></tr>
</table>

里山スタッフ報告書（一部抜粋）

団体事例

八瀬野外保育センター

担当部署名：公益社団法人京都市保育園連盟 八瀬野外保育センター／連絡先：〒601-1254 京都府京都市左京区八瀬野瀬町200
電話：075-791-1117／E-mail：yaseyagai@renmei.email
ホームページアドレス：http://www.yaseyagai.com/

利用者主体型自然保育の推進

八瀬野外保育センター（以下センター）は、（公社）京都市保育園連盟が運営する野外保育施設である。自然環境が豊かでない京都市内の子どもたちのために自然の中で遊べる場所をという想いを込めて1969年に設立された。比叡山の麓に位置し、京都市内でありながら豊かな自然に囲まれている。近くにはバス停や鉄道の駅もあり、比較的交通の便も良い。また、所有している幼児バスが、利用園の送迎に稼働している。

主に京都市内の保育園や幼稚園が年間を通して遠足や宿泊保育で利用している。最近では府外から足を運ぶ利用園もおられる。利用者数はここ数年増加傾向にあり、2017年度は14，000人以上の子どもたちが訪れた。

京都市より借り受けた約7，000坪の土地は比叡山の斜面地にあり、フェンスで囲むことにより、シカやイノシシなどの害獣は侵入できないようになっている。敷地内は宿泊棟や事務所棟が並ぶ庭園ゾーンとその上に広がるお山ゾーンに大きく分けられる。庭園ゾーンは利用園が使用しやすいように整備しており、山ゾーンは逆に自然のままを重視している。ただし、危険がないように草刈りや木の伐採、剪定などは行い、幼児でも安心して利用できるよう管理している。

敷地内には多種多様な植物が植えられ、花や木の実、虫や動物など季節ごとに違った顔を見せてくれる。センター内には近くの川からの引水を利用した池があり、毎年梅雨前にはモリアオガエルが産卵に訪れる。

活動内容

主な活動内容は利用園の受け入れで、センターに来た子どもたちにその時期に見られる動植物や自然物を使った遊び、山での注意事項などを説明する。センターがプログラムを提供することはせず、利用園の自由に活動してもらう。利用園同士が楽しく利用できるよう調整したり、補助についたりするのも大事な活動である。その他には、保育士を対象とした研修や親子行事の開催、一般開放日の設定、広報などがある。

ここ数年は、HPのリニューアルやセンターだよりの発行、SNSによる情報発信など広報活動を積極的に行い、利用園数、利用者数ともに増加している。

利用の仕方

センターは幼児の為に特化した施設であるため、保育園や幼稚園など幼児の団体しか利用できない。利用するには予約が必要で、日帰り利用の場合、利用日の3か月前に行う抽選に参加しなければならない。前述した送迎バスの予約もこの抽選で行う。

宿泊利用の場合も、前年度の年末に次年度の宿泊日程を決める抽選会を行う。宿泊できる期間は決まっており、夏期は6月～9月、冬期は12月～2月となっている。それ以外の月は日帰り利用の予約しか受け付けていない。

センターの運営

センターは（公社）京都市保育園連盟に加盟している会員による運営委員会とセンター職員4名で運営している。運営資金は京都市からの補助金と利用園からの利用料金、連盟からの事業活動費により賄われている。

運営委員は皆、京都市内の保育園の園長で構成されており、月1回の運営委員会では利用者側に立った意見が反映され、常に利用者が利用しやすく楽しめるセンターを目指している。

立田山野外保育センター

担当部署名：一般社団法人 熊本市保育園連盟 立田山野外保育センター雑草の森／連絡先：〒861-8005 熊本市北区龍田陳内1-5-66
電話：096-348-7300／FAX：096-339-7123／E-mail：zassou-no-mori@world.ocn.ne.jp
ホームページアドレス：http://www.kumashiho.jp/zassounomori/info

肥後っ子の健全な育成に重要な役割を果たす

立田山野外保育センターは、平成14年に発足し、今年度で17年目を迎える児童厚生施設である。

設立の経緯と運営状況

昭和50年代後半に、前身の熊本市保育園協会において、「幼児の里」構想が持ち上がり、熊本市に対して予算計上を陳情する。その後進展はみられず、平成10年に熊本市と現在の熊本市保育園連盟の懇談会の中で、就学前児童のための施設を建設しようという機運が盛り上がる。平成11年に仮称「子どもの森」構想準備委員会が発足し、その後、仮称を「雑草の森」に変更し、熊本市の市有地を提供してもらい平成14年に立田山野外保育センター雑草の森としてオープンする。

設置主体者は熊本市保育園連盟である。連盟に加入している園は121園。それらの園が優先的に利用しているが、それ以外の無認可園ほか、子育て団体等も、ホームページの利用状況を確認いただき、空いている日であればいつでも利用することができる。たくさんの人に利用してもらうという方針により、設立当初から利用料は値上げせずに運営することが決まっている。連盟加入園の利用料は園児も先生も一律一人あたり1日70円。一般利用は100円。宿泊は連盟加入園が500円、一般利用は700円。食事は施設内の設備を使って自炊の形で利用いただいている。

利用者数は22万人超。肥後っ子のたくましい育成を目指す

昨年度までの利用人数は22万人を超えているが、主な事業内容は、保育・幼稚園・子育てサークルの日帰り、宿泊活動とセンター主催のイベント活動になる。熊本市北区に位置しているため、北区にある24園の中には日帰り宿泊含め、年間5回も利用する園もある。宿泊は年長クラスが行い、お泊り保育を自然の中で体験することができる。

日帰り、宿泊活動は、それぞれの団体が事前に計画表を提出し、その計画に沿ったものが展開される。子どもたちが安全で安心できる環境の整備を行っている。自然の中での遊びが多いが、与えられた遊びではなく、自分たちで遊びが発見できるようにしたい。固定の遊具もあるが、子どもたちは木の枝一つで遊びを工夫することができている。木の花や草遊びも楽しんでいる。斜面にロープを下げただけでも、そのロープを使って何度も何度もチャレンジして登っている。何度も失敗を重ねるたびに上れた時の喜びは大きなものがある。

イベント活動は、季節毎の自然楽校とまごマゴキャンプ・親子キャンプを実施。事前にイベント内容を市政だよりや園の掲示板、ホームページ等で案内し参加を募っている。自然楽校が親子40組、キャンプが20組の家族連れで行う。秋の自然楽校が「わんぱくまつり」と名打って大規模で行っている。大学生のオペレッタ鑑賞、自転車紙芝居、いろいろな体験活動、自然工作活動、ゲームが入った「おもしろかー」での遊び、それにパン焼き等の食バザーもある。豊かな自然の中で、親子で楽しいひとときを過ごすことができている。

職員は4名。これとは別に保育園連盟に加入している園の園長、副園長等合計12名が運営に協力。通常の運営以外でも、イベント時には園から1名ずつ、協力者を派遣いただいている。子どもが自然の中でのびのび遊び、心のふれあいを通して、思いやりと人間的豊かさ、さらに生きる力と知恵を持った「たくましい肥後っ子」の育成を目指す。開設17年目を迎え、施設設備等に不備や修理等もみられる。日常の安全点検は元より、長期的な整備計画が必要と考える。

あかぎの森のようちえん

担当部署名：特定非営利活動法人あかぎの森のようちえん／**連絡先**：〒371-0805 群馬県前橋市南町3-44-5 プラトン白亜605-1
電話：090-9006-8711（代表：榺島）／**E-mail**：info@akagi-moriyou.com
ホームページアドレス：https://akagi-moriyou.com/

「森のようちえん体験プログラム」を活用した、地域の園へ対する自然保育の提供事例

活動の概要

「NPO法人あかぎの森のようちえん」では、2012年より群馬県内の幼稚園、保育園、こども園などに対して「森のようちえん」体験を提供している。「国立赤城青少年交流の家」を会場として、現在では年間に50件以上の活動を展開中である。

「森のようちえん」が持つ教育効果や意義を「1人でも多くの子どもたちに届ける」という目的を果たすため、社会教育の一環として活動を始めたことがきっかけとなった。

まずは県内の園が在籍する園長会へ活動の提案を行い、問い合わせをいただいた園から活動実施に向けて打合せを重ねていった。現場の先生との打合せで「森のようちえん」の説明を行うも、群馬県内では認知度が低く、ほとんどの先生が知らない状況だったため、自然の中で遊ぶことが子どもたちにとってどんな価値になるのか、という観点で話をしていく必要があった。現場の先生の多くは「自然の中で思いきり遊ぶこと」の価値や意義に共感してくださり、具体的な活動内容についての相談に移ることができた。

現場の先生方との打合せ

打合せの中で特に大切にしていることは、各園の方針と各クラスの子どもたちの現状に合わせた内容で提供することである。先生が考える子どもたちの良さや課題、育ってほしい姿などを丁寧に聞き取り、その一助となるよう内容を作成している。引っ込み思案な子が多い場合は「挑戦」をテーマに木登りに挑戦したり、運動会を控えた年長組であれば「協力」をテーマにして合同で秘密基地を作ったりする、などである。また、自然を感じることを大切にしたいと考える園・クラスであれば、プログラムは用意せず、ただ森の中で自由に遊べるよう環境構成を行っている。

活動の方針として、各園・各クラスの先生方の「保育を応援・後押し」する形での提供でなければ意味がないと考えている。

活動を始めるにあたって

活動を行うための「企画書」を作成した。大まかな活動の流れ、どんな教育効果が期待できるか、交流の家を会場として活動することのメリットなどを盛り込んだ企画書である。2011年末、当時の櫻井所長に同行していただき、前橋市内の幼稚園長会、保育園長会にプレゼンをさせてもらうため出席する。

代表の榺島が社会教育のボランティア活動をする中で当時の園長会長と面識があったことがキッカケとなり、国立施設の所長が「自然体験活動を行うことの重要性」を説明してくださり、「森のようちえん」がいかに幼児に良い教育効果をもたらすか、を園長先生方に感じていただくことができた。今までのボランティア活動の実績を認められ、国立施設所長の太鼓判をいただき、園からの活動希望をいただけるようになった。

交流の家との関係

代表の榺島がもともと交流の家の施設ボランティアとして長い期間活動しており、会場の特徴や使い方をよく知っていることもあり、利用させてもらっている。

予約に関しては多くの園からの活動依頼があるため、他団体の活動に支障がない限り調整をしてくださっている。安定的に会場を利用できることも、プログラムをご利用いただく園からの信頼へと繋がっている。

事例 2

保育所・幼稚園・認定こども園等による取り組み事例

【多様な枠組みにおける取組事例】

【本格的な森林活用事例】

【地方創生・拠点整備・地域活用事例】

※ここでは事例のタイプを省略して表示してあります
なお、これらの事例では、取組を開始する「企画段階」と「実施段階」において、「森と自然を活用した保育・幼児教育」の内容と、その環境整備に関わる関係者を体制図で図解しています。

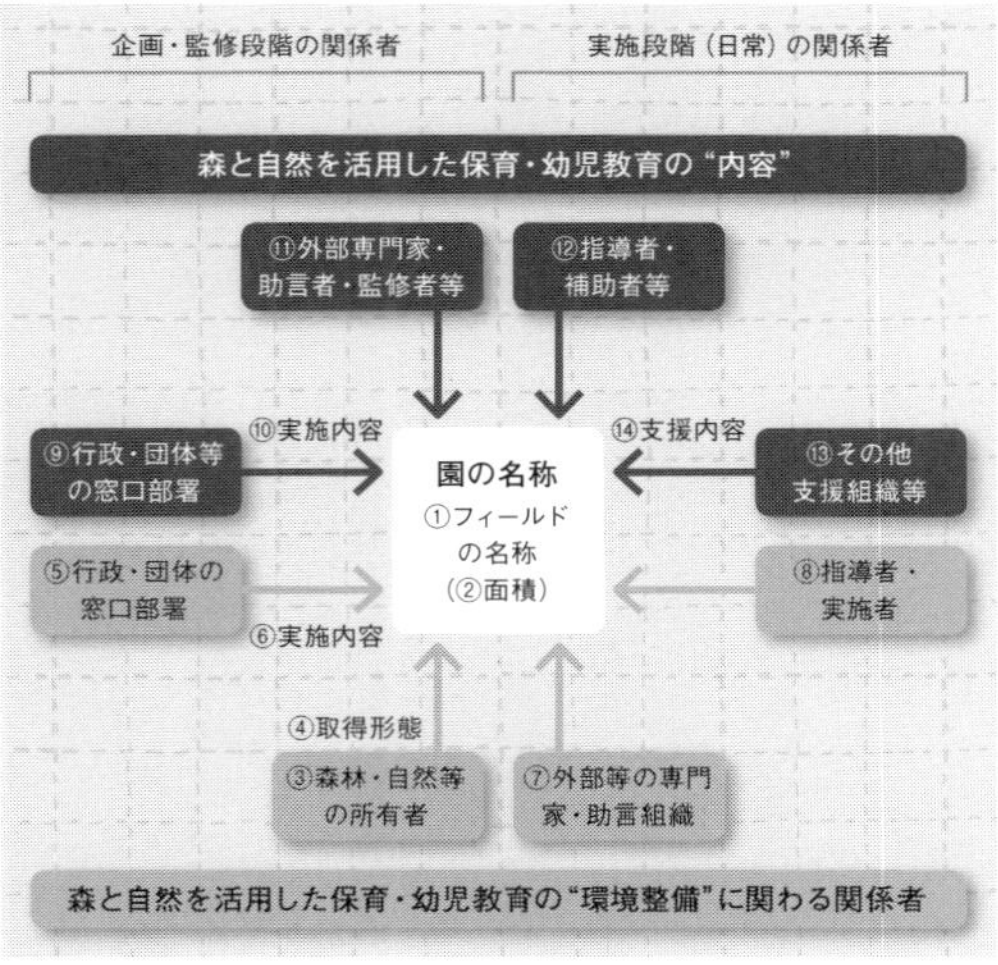

体制図サンプル

①フィールドの名称
②面積
③森林・自然等の所有者
④取得・利用契約等の形態
⑤森林・自然等の取得・利用に際しての行政・団体の窓口部署
⑥⑤で実施した内容
⑦森林・自然等の利用に向けて、初動期に整備等に関して支援を得た外部等の専門家・助言組織
⑧森林・自然等の利用に向けた、環境整備・保全等の実施時の指導者・実施者
⑨「森と自然を活用した保育・幼児教育」の実施における行政・団体等の窓口部署
⑩⑨で実施した内容
⑪「森と自然を活用した保育・幼児教育」の実施において関係がある外部専門家・助言者・監修者等
⑫日常の「森と自然を活用した保育・幼児教育」における指導者・補助者等
⑬その他、森林・自然等を利用した取組実施時の支援組織等
⑭⑬の具体的な支援内容

おひさま保育室

法人名：NPOおかげさまのめぐみ舎／**園児数**：0歳児2名、1歳児2名、2歳児5名、3歳児7名、4歳児8名、5歳児8名
職員・スタッフ数：13名（うち有資格者9名）／**連絡先**：〒240-0111 三浦郡葉山町一色1531-11／**電話**：046-876-3277
E-mail：chiho0411@gmail.com

設立の背景・経緯

私（園長・森田氏）は東京新宿育ち。森や山が好きな父や叔父の影響を受け私も自然が大好きになった。3歳頃から八ヶ岳や蓼科山などへの登山、テント生活を送る中で、否定されることのない世界で心ゆくまで自分の時間を過ごすことができた。その影響で子育てをするなら自然の多い場所でと思い、葉山に越してくる。自分の子どもも自主保育で海や山遊びのなかで育てていた。そんな中、少人数制の保育園を作って欲しいという要望があり、自分が体験してきた、自然の中で大家族のように暮らすことを大切にした保育園を2004年4月に設立することとなった。

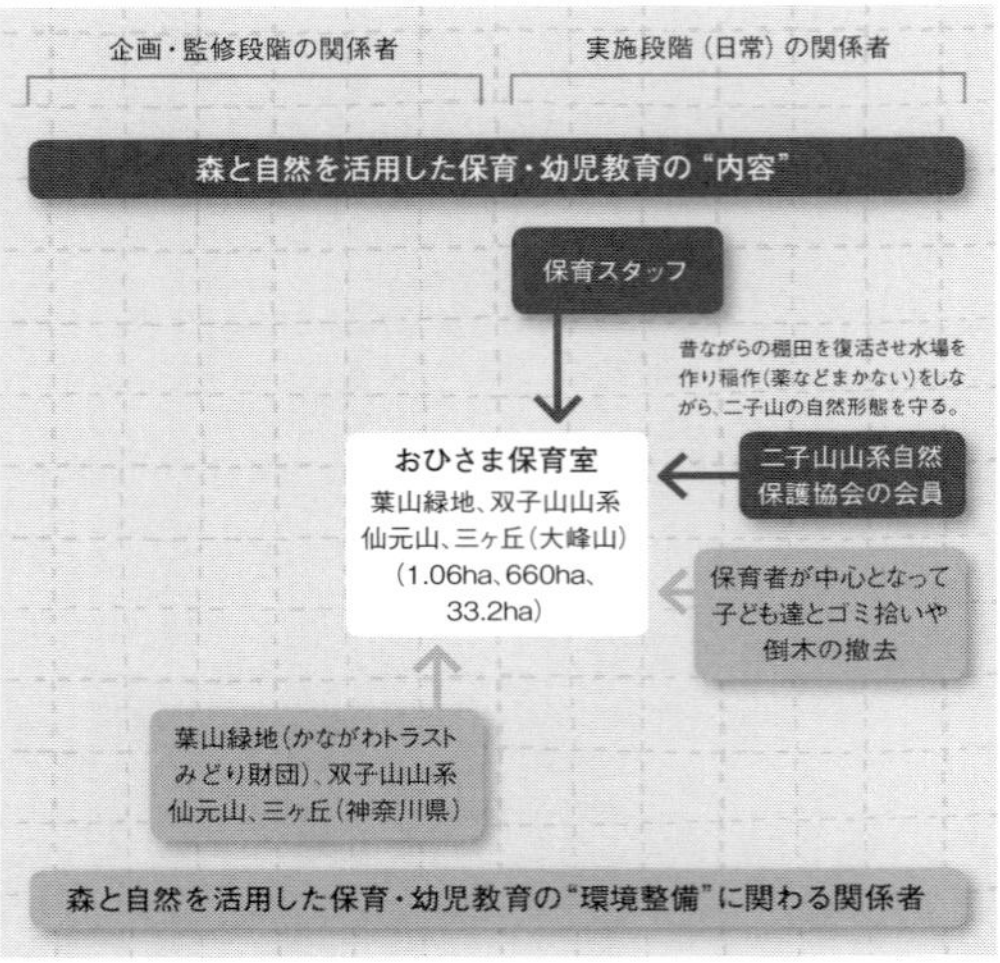

認可・認証等の経緯

認可外保育室（神奈川県認定保育室）だったが、子ども子育て三法の改正に伴い市町村が認可すれば、NPOでも認可園になれるようになったこと及び待機児童を抱えていた町からも相談があったこともあり、それまでの保育内容を変えないことを念頭に置き認可を目指した。障壁となった安全面の確保については、園の安全マニュアルをより充実させることや、専門家による野外活動のリスクマネジメント講習をスタッフ全員で受講するなどして安全管理のさらなる具現化に努めた。また行政とのやり取りの中では、幼少期の自然体験の大切さを文章でお伝えした。2015年8月に認可保育所となる。

森林・自然等の概要・特色

神奈川県葉山町は山と海に囲まれた自然豊かな環境にある。林野率は51％で海辺の森は常緑樹が多く一年を通して緑が多い。子ども達はハイキングコースや公園より、整備されていない山の中で遊ぶ方が好きなようだ。保育者は年齢や季節でどのフィールドが今の子ども達にぴったりかを見極める。遊び場所は独自の名前をつけられ、その場所ならではの遊びが展開される。例えば「秘密基地」では子ども達の中でも遊びが伝承されていて、年上の子は基地作り、それより小さい子は基地の装飾係、さらに小さい子は大きい子の周りで遊びながらも必要な材料を集めるという役割分担ができている。季節によっても「木いちご摘み」「むかご畑」「枯葉ジェットコースター」など同じフィールド内でも色々な遊びが広げられている。おままごとも季節によって変化に富んでいる。また「Aちゃんの好きな場所」「Bくんが集中して遊ぶ場所」のような子どもの特性や好きなことも日々の保育の中で大切にしたいので、自然事象だけでなく子どものその時の様子も含めた活動計画を立てている。

社会的効果・評価等

保護者の中でも葉山に越してきたのに外遊びが出来ないとおっしゃる方が、おひさまで行く散歩道や遊び場をお子さんを通して知っていただき、休日に行ってくださるご家庭が増えた。また園行事や保育参観を通して自然の中で遊ぶ子ども達の中に入っていただく。その中で子ども達が穏やかに遊ぶ様子や遊びを発見し、集中して楽しんでいることに気がついてくださった。家にいるときと違う明るい表情をしているとおっしゃったりする保護者もいらした。子ども達の本来の姿を感じていただけていると思っている。

こどもの森幼稚園

法人名：学校法人いいづな学園／**園児数**：年長19名、年中18名、年少16名／**職員・スタッフ数**：11名（うち有資格者7名）
連絡先：〒380-0888 長野県長野市大字上ヶ屋2471-2554／**電話**：026-239-3302／**E-mail**：kodomonomori@iizuna-gakuen.ed.jp
ホームページアドレス：https://www.iizuna-gakuen.info/

設立の背景・経緯

東京渋谷の幼稚園で10年近く勤めた内田幸一・明子が「都市化によるコンクリートジャングルの中の保育」ではなく、「人間の原点である自然・森の中での保育」を求めて幼児教室の開室を決意。1983年、冬の積雪量が1mになり、四季が明確で豊かな自然環境を有す飯綱高原に「子どもの森幼児教室」を開室。6名の子どもを預かって、実体験を柱とした幼児教育を開始。

認可・認証等の経緯

自然保育に続く自然教育を目指して、小学校の開校を決意。長野県教育委員会私学課の支援を頂き、教育特区の申請を行った。その結果、①20年に及ぶ幼児教室での自然保育の実践　②「子どもの育ちに自然環境が大切」という世論の高まりによる内田幸一への自然保育に関する講演依頼の増加　③写真集「長靴をはいた天使たち」の出版や写真展の開催、同名の地元テレビ局ドキュメンタリー番組が文部大臣賞を受賞するなどの活動実績　④幼児教室における安定した約50人規模の在籍数と運営などの点が行政機関に評価され、2004年12月に学校法人いいづな学園、こどもの森幼稚園、グリーン・ヒルズ小学校が認可された。翌2005年4月にこどもの森幼稚園の開設、グリーン・ヒルズ小学校の開校に至った。

森林・自然等の概要・特色

【園庭】標高1,050m、面積約6,200㎡の斜面に草原や森・沢・畑がある。園児は日常的に自然の中で自由に遊び、自分たちで主体的創造的に活動を作り上げていく。春は一気に芽吹く木々や草、開花する花々を使っての見立て遊び。ハルゼミやカネチョロなどの命との出会い。初夏は田植えや畑作り、でこぼこした坂道園庭での鬼ごっこ。夏は泥遊び・水遊び、畑の収穫。秋はかかしづくり、稲刈り、木の実などの秋の恵みを使った制作。冬の3カ月間は雪の斜面でそり遊び、クロスカントリースキーで森探検、近くの飯綱高原スキー場にてアルペンスキー（年長児）で、半日たっぷり雪遊び。

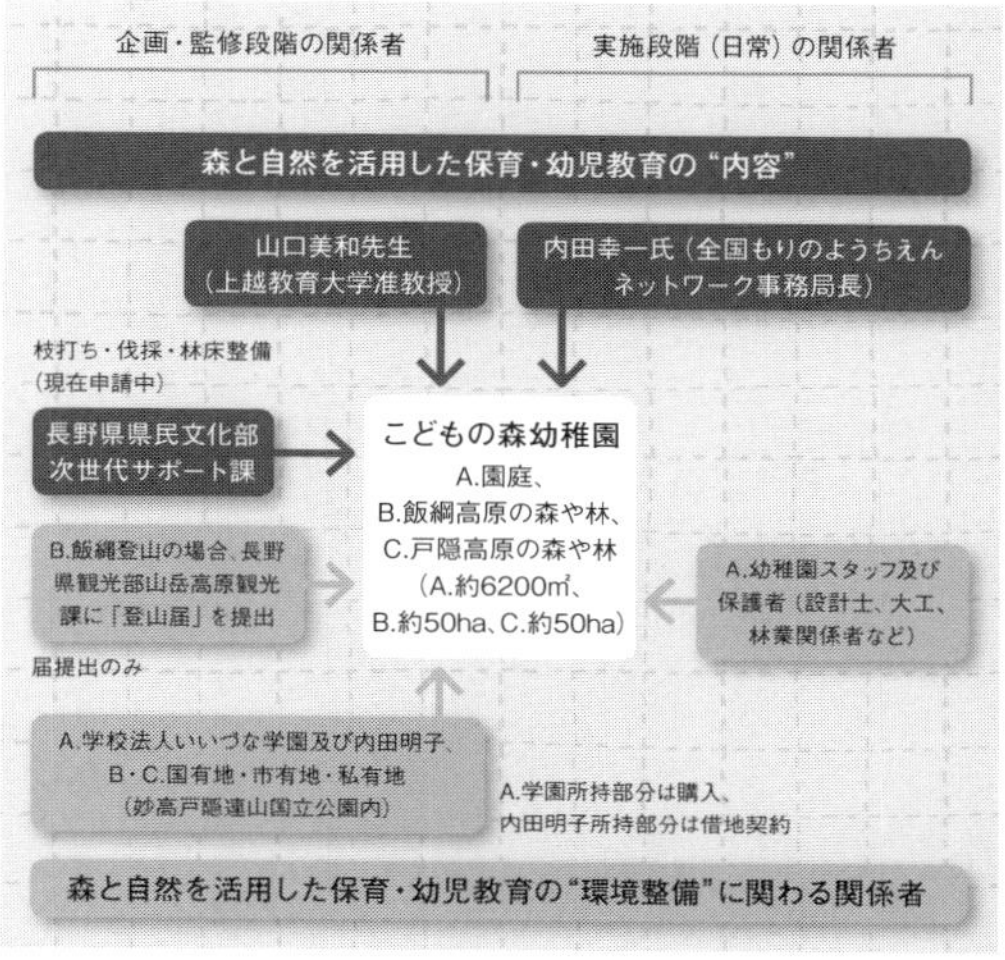

園舎内では季節にあわせた料理、歌、読み聞かせ、語りが行われる。　【飯綱・戸隠の森や林】国立公園という豊かな自然環境を利用し、週に1～2日ほど一日かけて主に森や林の散歩・散策を行う。道草をしながら、木登り・川遊び・動物の活動痕や植物に出合うなどの様々な遊びと不思議を発見して楽しむ。また、春から冬までの四季を、五感を通して体感する。

社会的効果・評価等

当園への入園を目的に都会から移住される場合もあり、少なからず移住促進に寄与していると考える。飯綱のフォレストミュージアムや一の鳥居苑地、戸隠の森林植物園などを積極的に利用しており、地域の森林活用も行っている。保護者も伐採した木を使った遊具作り、人形やフェルト遊具の手作りなど、園の運営に参加、「園児のために何かを作ることの大切さや楽しさを学んだ」などの声を頂いている。こうした活動から、保護者同士もキャンプなどの野外活動やサークル活動などを楽しんでいる。園児は、自然の中で心豊かに仲間や教職員と実体験を積み重ね、「生きる力」を手に入れて幼稚園を巣立つ。園児・保護者・地域・教職員などが共に育つ「共育」の効果が考えられる。

札幌トモエ幼稚園

法人名：学校法人 創造の森学園／**園児数**：80名／**職員・スタッフ数**：10名（うち有資格者6名）
連絡先：〒005-0021 札幌市南区北ノ沢1963／**電話**：011-572-3920／**E-mail**：tomoe@sapporo.email.ne.jp
ホームページアドレス：http://www.ne.jp/asahi/tomoe/forest/

設立の背景・経緯

社会が物質的に豊かになるにしたがって、人間が自然から離れ、このままの生活環境では子どもたちの豊かな感性が養われないという危機を感じたこと、また、核家族化の進行で子どもの育ちに親が与える影響が大きくなり、親子が大自然の豊かさの中で共に育ち合う場をつくることの必要性を感じたことから、毎日保護者も参加できる生活環境の幼稚園を設立。前身の2つの園での16年間の実践をより具体的に表現し、幼児にとっての自然環境の重要性を証明することを目指した。

認可・認証等の経緯

1986年に無認可の幼稚舎として設立。幼児の育ちと自然の関係の重要性を訴え、認可を求めて父母も共に署名運動や陳情をする。市街化調整区域のため認可を受けなければ建築物の設置が認められないためビニールハウスを園舎としていたことが話題となり、テレビや雑誌などでの紹介や、著名な方々からの応援をいただいた。徒歩圏に定員を満たす幼児が居住していないなど通常の幼稚園設置基準に合致しない部分があったが、自然教育を推進する機運の高まりもあり、学校法人認可申請2年目の1988年に北海道より新基準・自然体験型特認幼稚園として認可を受けた。

森林・自然等の概要・特色

市街地から離れた、三方を山に囲まれた傾斜地にあり、鉄骨造りでオープンスペースの園舎を拠点としている。園舎内、園の敷地、隣接する民有林、国有林が子どもたちの活動の場で、小川が流れ、野生動物も多くみられるなど豊かな自然環境にある。冬季間には降雪が多くあることから、地域の気候を生かした雪遊びも楽しんでいる。子どもの主体性を重視する考えから、先生の指示による一斉保育ではなく、子どもが自ら遊びを選択し、共感や受容を中心とした関係性の中でやりたいことにいつでも没頭できる環境を保障している。多様な自然環境があり、季節や気象、時間帯によって常に変化する自然に出会えることで、様々な遊びが展開されている。

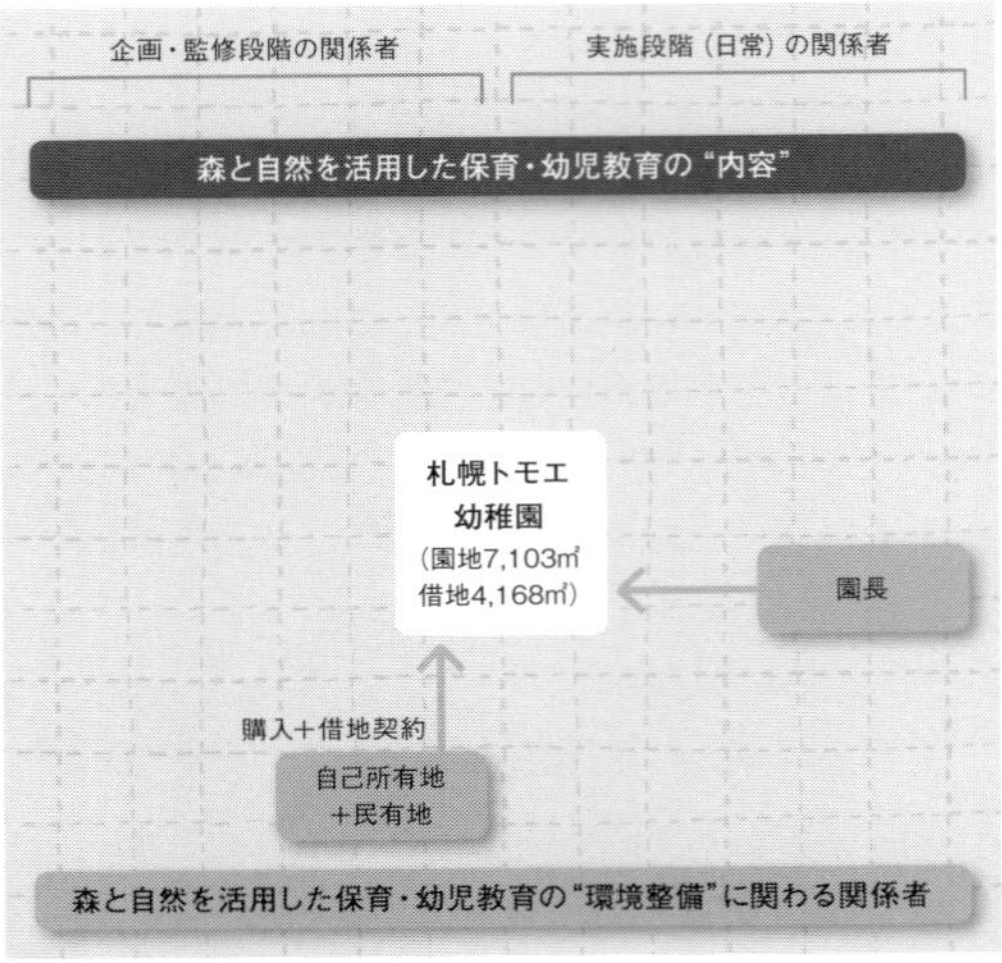

社会的効果・評価等

自律的に生活する体験をベースに、自分の好きなことに集中することや、自分のありのままを認められる安心感で満たされる快の感情を起点に、各自のペースで集団での生活に溶け込むようにしていくことで、まず自己肯定感を育むことを目指している。

遊びの中で試行錯誤しながら小さな成功体験を積み重ねていくことで学びに向かう力、集中力や目標に向かう粘り強さ、豊かな発想力、多様性を受け入れる感性が培われていく。園の生活を保護者にも毎日開放し、子どもたちの成長を間近で感じられるようにしていることで、子どもの育ちの「自然」を保護者が理解し、ひとりひとりの個性・育ち方に違いがあること、子どもが遊びの中で学び、自ら育つ力があることを理解し受容的に関わることで、安定した親子関係を作ることにつながっている。卒園生（15歳～22歳）の追跡調査では同地域・同年齢の学生と比較して卒園生のグループの方が自己肯定感・主体性がともに高い傾向にあるという結果が出ている。

認定こども園 もみのき幼稚園・めだか園

法人名：学校法人 日吉学園／**園児数**：0歳児（30名）1歳児（30名）2歳児（30名）3歳児（35名）4歳児（35名）5歳児（35名）
職員・スタッフ数：70名（うち有資格者42名）／**連絡先**：〒780-0949 高知県高知市鳥越40-15
電話：088-844-5180／**E-mail**：info@mominoki-y.com／**ホームページアドレス**：http://mominoki-y.com

設立、認可・認証等の経緯

脳神経外科医である当園理事長内田泰史が行っていた院内託児所をベースにし、少子化で園児数が少なくなった地域の私立幼稚園の運営を引き受け、平成22年より認定子ども園に移行。かねてより、乳幼児期における自然体験が子どもの育ちに有益であるとし、活動をしていた。移行時期より3歳以上の活動にも取り組み、森のようちえんとして毎日自然体験を行う、0歳児から5歳児までの認定こども園となる。

森林・自然等の概要・特色

「森」＝山・川・田んぼ・畑・公園・農園等、子ども達がワクワク、ドキドキする場所。

田んぼでは、どろんこ遊びから始まり、田植え、稲刈り、脱穀、もみすり（玄米）、精米と収穫まで行う。収穫後にはそのお米を使って、飯盒炊爨や羽釜でお米を炊いて食べる経験をしている。米作りを通して「食といのちの大切さ」を子ども達は感じている。畑では、鍬を使い、畝作りを体験。苗や種を植えて収穫するまでの生長過程を大切にし、世話することはどういうことかを考え、野菜が育っていく様子を観察していく。時間をかけて収穫できた時のうれしさはひとしお。収穫した食材を使い、食育活動につなげている。農園では不安定なカーゴネットの上で揺れる感覚を楽しんだり、転がったりしながら自分の手足を使って登り降りを繰り返すことで体幹が鍛えられバランス感覚が育つ。斜面のぼりでは、ロープを持って足で踏ん張り手足をどう使えば登れるか、ロープを使わずに登るにはどうすればよいか、試行錯誤し学んでいく。農園での遊びの中で自然と足腰が強くなり、転びにくくなる。斜面の下から上に登りきった時には達成感にあふれ自信や意欲につながる。農園は当初、患者様がいきいきと毎日を過ごせるように畑を作り収穫する喜びを味わうためのものだったが、今は、お年寄りと子ども達が共に自然にふれあい、おだやかな時間を過ごせる憩いの場となっている。

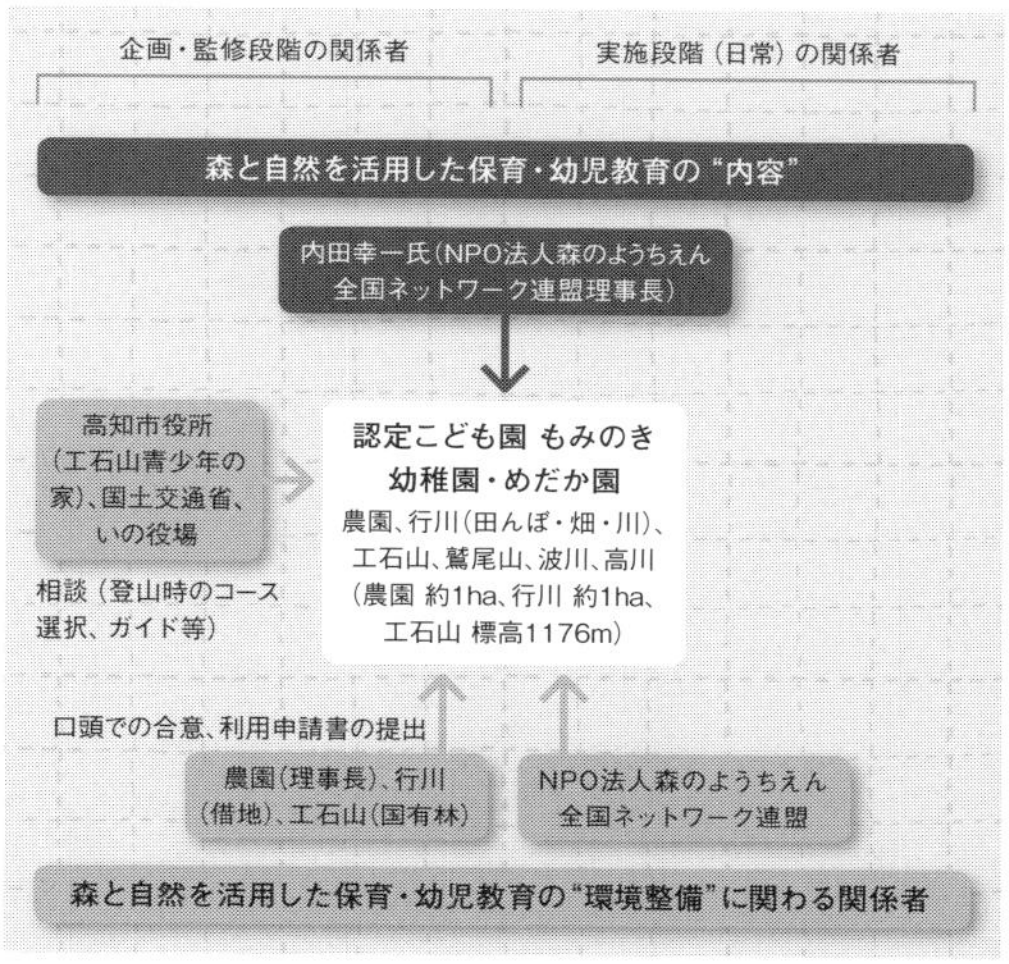

社会的効果・評価等

医療法人・社会福祉法人等、関連施設が多くあり、七夕、よさこい祭り、敬老の日、ひな祭り等の行事には園児が各施設に慰問に行き交流。園での行事（運動会、クリスマス会、発表会等）には年長児が手作りの招待状を渡し幼稚園に招待している。お米作りは、地域のお年寄り達と一緒に田植え・稲刈りをし、できたお米を使って調理し、共に収穫祭を楽しんでいる。地域に密着した幼老連携が行われている。自然体験活動する園に子どもを入園させたい保護者、仕事をしたいという職員がIターン、Uターンしてくるなど移住促進に寄与している。平成30年4月開校予定の小学校（森の小学校とさ自由学校）でも、入学希望者、就職希望者の問い合わせが多く、自然の中で生活したいという方が増えていることを実感している。自然を大事にする活動の中でも、10年後20年後を見据え桜の苗木を植樹し、地域の方や子ども達が集う場を作ろうとしている。（森林活用等）。

認定こども園　Fujiこどもの家バンビーノの森

法人名：株式会社バンビーノの森／**園児数**：3歳児12名、4歳児12名、5歳児11名／**職員・スタッフ数**：10名（非常勤含む、うち有資格者7名）
連絡先：〒401-0310 山梨県南都留郡富士河口湖町勝山3407-1／**電話**：0555-72-9995／**E-mail**：info@bambino-mori.co.jp
ホームページアドレス：http://www.bambino-mori.co.jp

設立の背景・経緯

2007年1月、運営者2家族の子ども（当時3才）の通っていた認可外保育施設（次年度より私立保育園になることが決定していたモンテッソーリ教育の園）が、園児不足により閉園することを知らされ、その後の幼児教育の場として、賛同のあった家族の子ども7名で2007年4月にスタート。共通点が多く、それぞれ補完し高めあう教育となると考え、森のようちえんとモンテッソーリを主体とする園を設立。運営者が自然学校を行っていたので、その建物の一部を教室に、所有森林内を外遊びの場所として利用。

認可・認証等の経緯

2007年認可外保育施設設置の届出（任意団体）、2011年運営母体として株式会社バンビーノの森を設立。2012年認可外保育施設の基準をすべて満たすことの証明書発行をうける。2015年地方裁量型認定こども園申請するも、県と調理設備基準の理解相違が解決できず（その後内閣府がQ&Aで回答し当園の主張通りで可となる）一旦取り下げ、2016年4月認定予定で手続きを進めていたが、開発行為許可や消防設備等改善の指摘を直前に受けたためずれ込み、8月に認定をうける。富士河口湖町の担当者は、園への理解があり、全面的に協力、後押ししてくださった。自らの子どもが通う園がなくなるという経験をきっかけに設立しているので、この事業を始めるときに、「始めたら止めてはいけない。存続できない状況を作ってはならない」という、覚悟をもってスタートしている。そのためにすることは、直接的には「継続的に園児を集めること」であるが、そのために、「地域に知ってもらうこと」「地域の信頼を得る事」が大切であると考え常に行動してきた。

設立時より、認可外保育施設の届出をし、行政の監査を受け、アドバイスをもらうなど良好な関係を築いてきたことが、認定こども園申請時の信頼につながったと感じている。

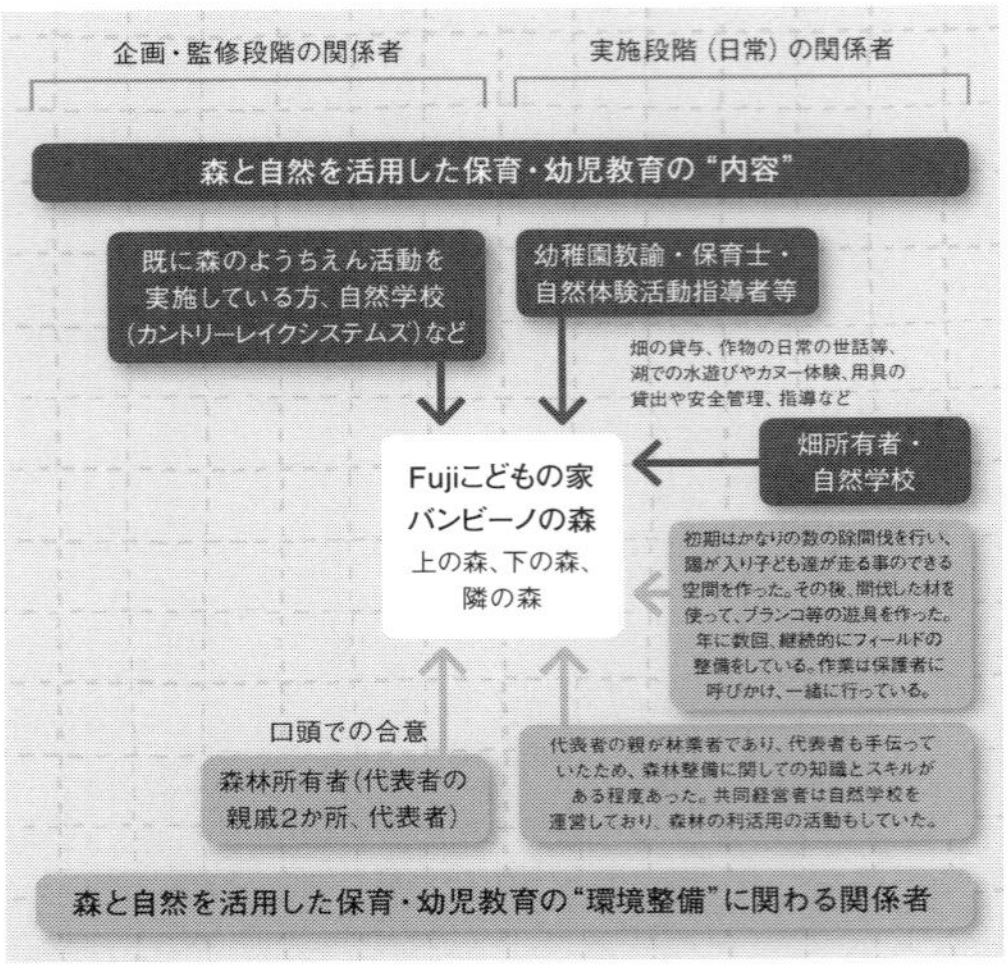

森林・自然等の概要・特色

富士山の裾野に位置し、赤松、スギ、ヒノキを中心とした、私有林を当園が整備をするという形で無償利用させていただいている。木漏れ日がさす程度まで、除間伐している。平地と斜面があり、子ども達の活動場所としては非常に恵まれていると感じている。除間伐した木を使って、保護者有志と一緒にやぐら状の遊具やブランコを作った。たき火も行っている。年間を通し、不定期であるが保護者と一緒にフィールド整備も行っている。隣地にゴルフ場跡地があり、そこも適宜利用させていただいている。花摘み、虫取りなどには、こちらの方が適している。

社会的効果・評価等

都市部からの移住はそれ程多くはない。県内近隣の市町村から、自宅の新築転入は多い。介護施設等との連携は現在施設と内容等について話し合い中。利用している森林は子どもが遊ぶことにより、下刈りの必要がない状態を保っている。近年入園希望者が増加し、抽選で入園者を決定する状況となっている。

響育の山里くじら雲

法人名：NPO法人響育の山里くじら雲（家庭的保育事業）／園児数：1歳児2名、2歳児3名
職員・スタッフ数：3名（保育士資格1名、子育て支援員2名）／連絡先：〒399-7104 長野県安曇野市明科七貴6695-2
電話：0263-62-6337／E-mail：baleia@mti.biglobe.ne.jp／ホームページアドレス：http://www7a.biglobe.ne.jp/~kujiragumo/

設立の背景・経緯

2006年設立。前年に長野県のコモンズ新産業創出事業に採択され、設立準備を始めた。理想の幼児教育を求める中で、デンマークの森のようちえんやスウェーデンの野外保育に出会った。子どもたちの本来の育ちを保障していくためには、安曇野に伝わる昔ながらの暮らしの中にその要素があると考えた。長野県に、保育所はたくさんあるが、幼稚園が少ない。子どもを長時間預かるニーズは満たされても、子育てを楽しむニーズが満たされない現状があった。また、自然豊かな環境であっても多くの既存の保育は園庭や園舎内で行われ、もっと自然の中で子育てをしたいと思って安曇野へ移住してくる保護者のニーズもあった。そのような中で、押野山の中腹にある元養蚕農家の建物を拠点に1日5時間、年間200日3～5歳児20名の異年齢の集団で活動し、保護者も参加したい時にいつでも参加できる保育の拠点を作った。

認可・認証等の経緯

2015年長野県が信州型自然保育認定制度を始め、くじら雲も特化型に認定された。それと同時に安曇野市は、市内の認可外保育施設に児童処遇向上事業補助金を始めた。すべての子どもたちを平等に支援しようとする考えからである。また、安曇野市は3歳未満児の待機児童が出てきたことで家庭的保育事業に取り組むことにした。以前から、卒園児が小学校へ入学すると、小学校の教員から、自分の子どももくじら雲に入れたかったが、保育時間が短く、できなかったという声が度々聞かれた。3歳未満児の保育をくじら雲で単独で行う経済力はなかったが、家庭的保育事業を行えば、ニーズに答えることができるという思いで、安曇野市に申し出た。

森林・自然等の概要・特色

安曇野市明科にある押野山（標高600m程）の中腹にある古い養蚕農家を拠点としている。そこには300㎡程の畑が隣接している。拠点から6km離れた場所には、

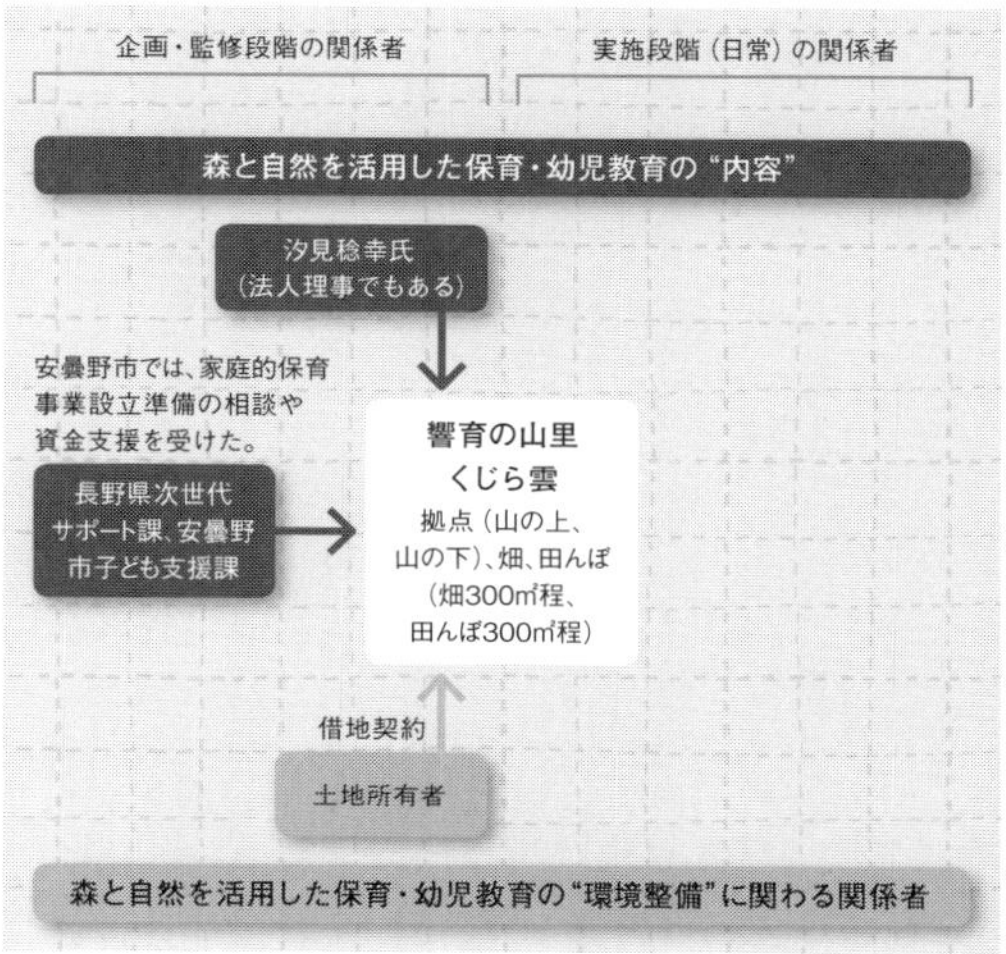

300㎡程の田んぼがある。子どもたちや保護者らと米や野菜を作り、週に1回、焚火で料理をしている。押野山は、車の走行が少なく、子どもたちのペースで自然観察をしながら歩くことができる。

社会的効果・評価等

くじら雲の保護者は、県外出身者が多い。HPを見ての問い合わせも年々増えている。子どもと同様、保護者の世代も、里山生活の経験が少ない。子どもと一緒に経験することで、自分の生活を見直す機会となっている。保護者同士で使われなくなった田んぼを借りて米作りを始めることもある。また、薪ストーブを使い始めることもある。月に1回父親たちが薪作りをしている姿を見て、地元の人から、荒れた山林の整備を頼まれ、徐々にその範囲が広がっている。保護者は、保護者同士助け合う姿が見られる。自分の子ども以外の子どもと関わる機会を持ち、心にゆとりができ、子育てを楽しいと感じるようになる。4～5人出産する家庭も複数あり、10年間通う家庭もある。

山のこども園うしのしっぽ

法人名：NPO法人さぷみの／**園児数**：19名定員（現在17名在園）／**職員・スタッフ数**：11名（うち6名保育士資格者、1名看護師資格者、2名子育て支援員取得、1名調理士資格者）／**連絡先**：〒699-5202 島根県鹿足郡津和野町左鐙1476／
電話：0856-76-0180／**ホームページアドレス**：http://ushinoshippo.com/

設立の背景・経緯

地元のへき地小学校の児童数減による廃校問題から保護者達で左鐙の将来を考える会を立ち上げ、ここにある豊かな自然や人という資源を教育に活かし、移住者を呼び込みたいと、児童中心に宿泊体験や、教育ファーム事業を10年近く続けてきた。その中で指示待ちの姿勢や、体験不足の児童たちの姿に接し、もっと日常的に低年齢から関わっていく事が必要と思った。そんな折、2012年春智頭町のまるたんぼうのドキュメンタリーを見てこれだと思い、5月には仲間たちとまるたんぼうを視察。11月に森のようちえん全国フォーラムへ参加し、やりたい!!という思いが膨らむ一方。運よく一緒に始めようという仲間や応援者と話し合いを重ねる。不安や課題より、やりたい思いがうわまわり、ほぼ見切り発車で2013年4月に仲間3人と子ども二人ではじめの一歩を踏み出す。

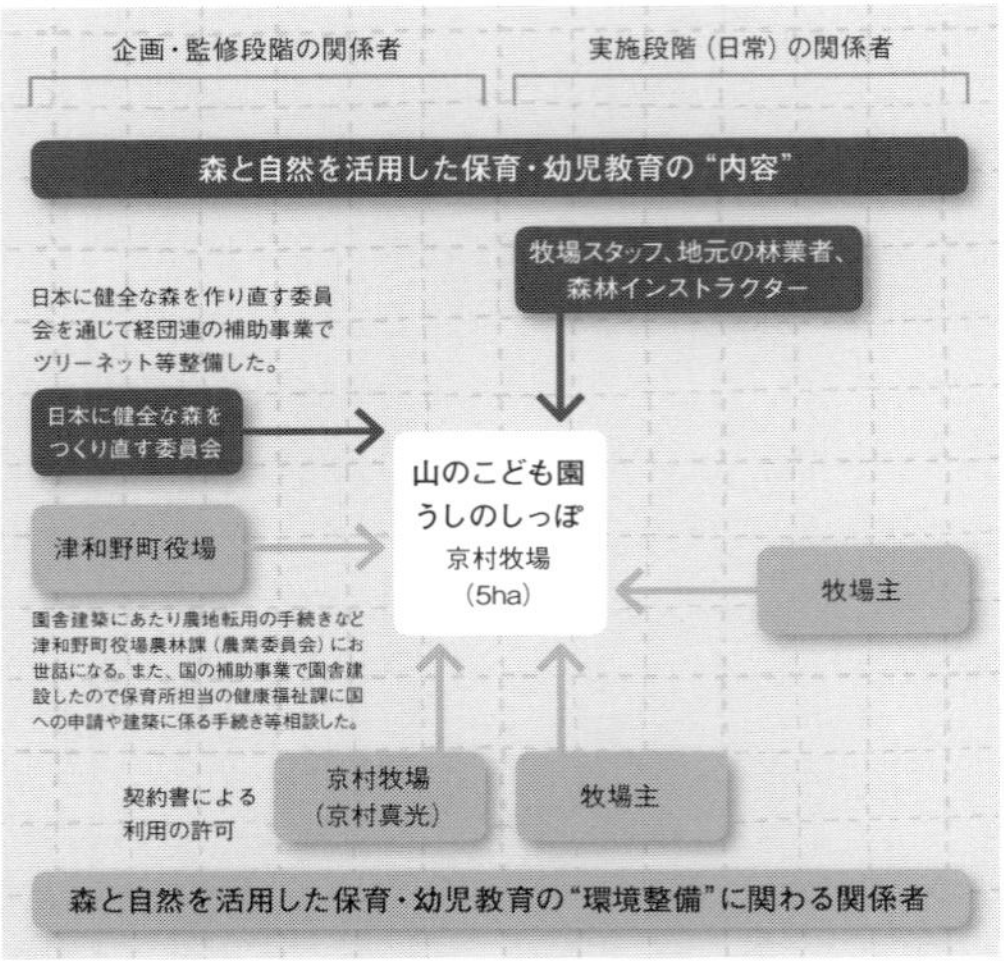

森林の利活用等に際した取組等

2015年から子ども子育て新3法が施行され、市町村の認可で小規模保育所という制度ができるという事を視野に入れ、津和野町の担当課へ、新制度での認可を目指していることを公言し、2014年策定の市町村計画に組み込んでもらえるように、運営母体として前身の左鐙の将来を考える会からNPO法人さぷみのを設立し、2013年4月、我が牧場内の山小屋を拠点に認可外保育所として2名の園児でスタートした。そして2015年4月、旧左鐙へき地保育所を津和野町より賃貸契約し、地域型小規模保育所Ｂ型、12名定員の認可を同町より受ける。翌2016年、保育士資格者が増えたのでＡ型に認可変更、2017年夏に国の保育所整備事業により、牧場内に念願の地域材を活用した木造の新園舎竣工。2018年3月に、定員を12名から19名へ変更。2018年8月時点で園児数17名。

森林・自然等の概要・特色

標高450メートルの雲海に浮かぶ畜産牧場（京村牧場）が主なフィールド。牛、ヤギ、ポニー、にわとりなどの家畜や、キツネ、猪、タヌキ、野鳥など野生動物たちとの共存、広大な牧場の敷地内の森や林、牧草地など、大自然の中で四季折々の生き物や植物、田畑の恵みを食べること通して日々体感している。夏には、車で10分ほど下った清流高津川本流で、ほぼ毎日川遊びを満喫。冬は急斜面しかない牧場はまさに天然スキー場。季節ごとの豊かさも厳しさも体にしみこむ体験をしている。又、年長児は週に1回クッキングの日に、かまどでご飯とみそ汁を作る。卒園式の日に家族の方にごちそうするのが目標。自然体験と生活体験。2本の柱を絡ませながら毎日を過ごしている。

社会的効果・評価等

「さぷみ」で子育てをしたい！と町外から移住してきた園児8名（卒園児含む）。また、小さな地域内で大きな雇用の場となり、パート、アルバイト職員を含め現在13名が働いている。そのうち8名は、UIターン者で、津和野町の定住促進に貢献していると自負している。又、今まで放置されていた牧場内の竹林などに子ども達が日々足を踏み入れれるようになって、適度に整備されつつある。

横浜市認定保育室

もあな保育園

法人名：NPO法人もあなキッズ自然楽校／**園児数**：34名／**職員・スタッフ数**：25名（うち有資格者14名）
連絡先：横浜市都筑区中川中央1-38-10 1F／**E-mail**：info@moanakids.org
ホームページアドレス：http://www.moana-nursery.com/

設立の背景・経緯

2011年4月開園。2009年よりはじめた認可外保育施設（3歳児〜5歳児）森のようちえん・めーぷるキッズの実践からより小さな子どもから森のようちえんへの興味・関心が動機である。また、乳児における自然体験と本来子どもがもつ資質と現在の乳児保育におけるギャップ（子どもはもっとしたいことがある）を感じ、実践として立証していく思いから設立に至る。子どもの人口増加率が全国でも上位にはいる横浜市都筑区である一方、子どもが、ニュータウン内の緑道を利用し親子がピクニックをしたり、放課後に小学生が遊んでいる姿が極めて少なく、商業施設の室内利用や早期教育施設のめだつ傾向にある。そのような環境の中、ニュータウン計画で、車両の接触事故が抑制され、自然豊かな環境である公園資源を有休資源から、日常的な遊環境に再構築するべく、活動をスタートした

認可・認証等の経緯

地域のニーズを検証する中で、子育てに困難を抱える課題から乳幼児一時預かり事業を受託した。しかし一般的には託児のイメージから逸脱すべく、森のようちんの活動を推進していった。

その後、1歳児からの保育園入所のニーズの増加傾向から、横浜保育室の申請に至る。横浜保育室を選んだ理由として、直接契約であることは法人の進歩的に思われる保育理念に対して相互的な信頼関係を構築できると考えたのが大きな理由であった。また、一時保育同様に従来の乳児保育の室内を中心とした保育の概念から逸脱すべく、森のようちえんの保育園の開園に至った。都筑区における実績（横浜保育室めーぷる保育園、乳幼児一時預かり事業、認可外保育施設）と待機児童対策におけるニーズから、横浜市との事前協議を交わし申請を行っていった

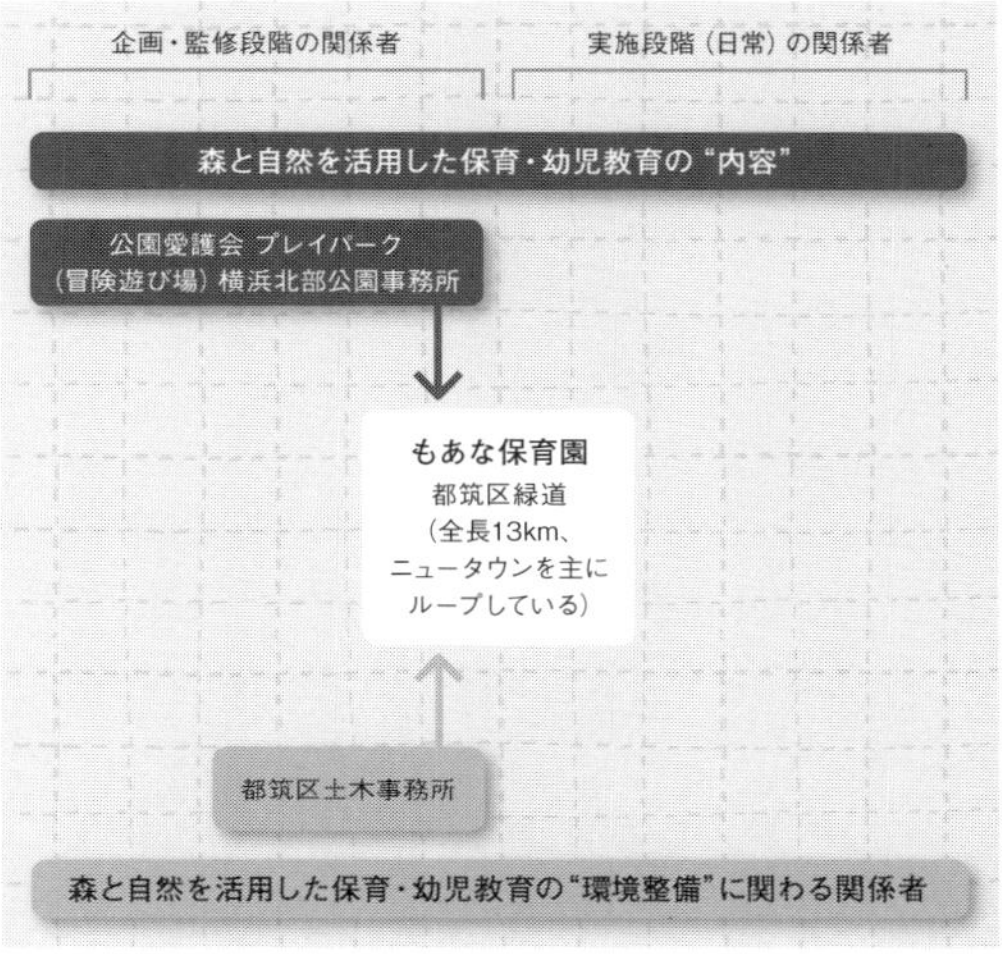

森林・自然等の概要・特色

横浜市都筑区にある港北ニュータウンにある自然公園（園から徒歩5分）を保育資源とした活動を行っている。この公園は、生態系に詳しい有識者により、緑道内のせせらぎには、生物多様な世界を感じることができる。乳児でも毎日（1年中）午前中と夕方以降の時間で自然公園を利用し保育をしている。

社会的効果・評価等

いわゆる園庭の無い保育園であるが、都市部において園外での保育と地域の資源利用として注目をあびている。また自然環境だけでなく、文化的地域資源の活用も行っており、「まち保育」という概念をもった保育を実現している。

2018年11月に企業型保育施設、ちがさき・もあな保育園が開所。http://chigasakimoana.com/
2019年4月に小田原市国府津駅近くに認可小規模保育施設が開所予定。ともに森のようちえん。

牧場のこども園スーホ

法人名：厚生労働省認可事業所内保育施設 及び内閣府企業主導型保育事業助成事業 （株）どさんこミュゼ 農業生産法人流山連携事業
園児数：1歳2名、3歳2名、5歳2名／職員・スタッフ数：6名（保育スタッフ4名、有資格者2名）
連絡先：〒041-1351 北海道亀田郡七飯町東大沼294-1／電話：0138-67-3339／E-mail：suho@paardmusee.com
ホームページアドレス：facebook 牧場のこども園スーホ

設立の背景・経緯

遊休農地の利活用として、和種馬どさんこの保護のため、生産と育成を行う牧場を運営していた。またその馬を使い、セラピーや乗馬事業も展開していた。一方でJR北海道所有の森林管理の委託を受け、その中でイベント型のもりの幼稚園も実施していた。6次産業化として観光事業も実施することとなり、従業員の確保も課題となるなか、今まで行っていた森の暮らし、牧場の暮らし、農的な暮らしを保育資源とした、いのちに寄り添う新しい形の事業所内保育施設をオープンさせた。

森林の利活用等に際した取組等

自社の農地、牧場施設、管理している森林を活用し、無認可の事業所内保育をスタートさせた。園舎を持たず活動していたが、スマートモジューロ（木のトレーラーハウス）を園舎として設置することでハード要件がクリアーできるのではないかと考え、従業員の保育費負担の軽減、経営の安定化、地域社会からのニーズもあり、厚生労働省管轄の事業所内保育施設の認可を受けることにした。認可された平成27年度から28年度についてはちょうど制度の移行の時期でもあったため最終的には現在の企業主導型保育事業の助成を受けることとなった。この二つの制度は共通点も多く、事業所内保育施設の制度から企業主導型事業への移行というとらえ方が一般的である。実際に現在は事業所内保育施設の制度は募集をとめている。そのため行政との事前の関係構築も当初は厚労省の担当者とのやり取りから始まった。具体的には役場職員の方と設置の確認、管轄の支庁への認可外保育施設としての手続きなどを進めた。行政との関係性の構築を具体的にあげると、子育て支援課への相談はもとより、建設課への建築物設置の確認、保健所への給食施設の相談、消防署への防災対策の確認などであった。作業の後半になると助成金についてなど内閣府とのやり取りになり、ホームページや電話、メールでのやり取りが主となった。結果6月の申請後、最終的な承認が下りたのは翌年の2月

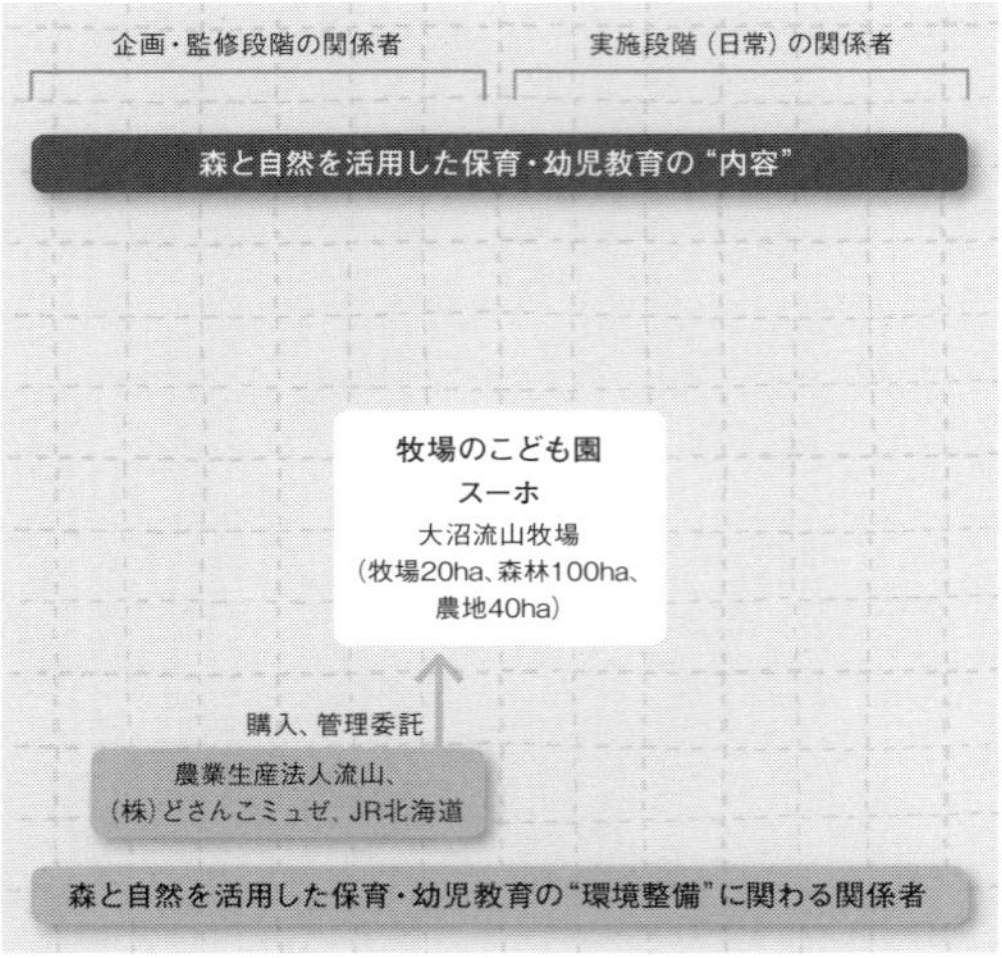

であった。そして現在に至っている。

森林・自然等の概要・特色

自社が管理の委託をうけている森林があり、林産物なども自由に使うことができる。また牧場施設があり、馬、ヤギ、ウサギを飼育しているが、その世話をすることが活動のルーチンとなり、命によりそう活動になっている。乗馬を含む馬を活用した活動はセラピー効果が高い活動となっている。専用の農園があり、収穫した作物で給食をつくっている。

社会的効果・評価等

現在、定員以上の申し込みがあり、増床をする予定。同様にスマートモジューロを園舎として導入し、認可を得ようとする森のようちえんがでてきており、そのお手伝いも行うようになった。入園を希望しての移住や入社もあり、雇用の確保につながっている。農福連携事業としても注目され、視察なども多くなっている。

わくわくbase亀戸

法人名：わくわくbase株式会社／園児数：0歳児5名、1歳児7名、2歳児4名、3歳児1名／職員・スタッフ数：11名（うち有資格者8名）
連絡先：〒136-0071 東京都江東区亀戸1-43-7 コープ野村亀戸東棟1階／電話：03-6753-9551／E-mail：hoiku@bornrex.com
ホームページアドレス：http://wakuwakubase.com/

取組開始の背景・経緯

幼児教育に携わるにあたり、“子どもたちにとって本当に良い環境とは何か？”という問いを持ち、日本と世界7カ国約50か所以上の幼児教育現場視察を行った。その結果、素晴らしいと感じた園に共通していたのが自然を活用していた点であった。自然の中では、自然と助け合いが生まれたり、自然物を活用して創造的に遊びを生み出す姿があった。また不安定な土の上を歩いたり、木に登ったりすることで身体のバランス感覚も養われる環境でもあった。自然の中で保育をすることは子どもにとってだけでなく、保育を行う大人にとっても心地よく、保育者の精神的負担も軽減するように感じた。そういったことから、自然を活用した保育に魅力を感じ、コンセプトの一つに“自然で遊ぶ”というキーワードを取り入れ、2017年7月東京都江東区亀戸に第1園目をオープンした。継続的に子どもたちに場を提供するためには安定的な運営を行う必要があると感じ、保育ニーズの高いエリアで、かつ自然に近い公園がある場所を条件に物件を探し、企業主導型保育事業制度という内閣府の助成金制度を活用し設立した。都内でも自然を感じながら生活できるような場を目指し、都市公園を活用して、ほぼ毎日朝と夕方外に出て活動をしている。0歳児の子どもも外で自然の風や土や葉っぱの感触を感じながら過ごしている。

森林の利活用等に際した取組等

平成28年度より内閣府主導で始まった企業主導型保育事業制度に初年度で申請し採択を受けた。ベンチャー企業の設立支援を行っている会社に今後自社の従業員の為に保育所を設置したいというニーズがあり、共同設置という形をとった。申請にあたっては、事前に区の保育課に問い合わせ、その地域の保育ニーズを把握したり、設計の部分で認可に近い基準で設置する為、担当部署と協議を行ったりした。

森林・自然等の概要・特色

近くの大きな都立公園を活用して活動している。高低差のある小さな丘や、広々とした芝生の広場には遊具はあまりなく、キノコや蛇イチゴなどの植物が生え、池にはカエルや鳥、小さな魚なども生息していて動植物と触れ合う機会がある。春には、お花を摘んだり、たんぽぽの綿毛を吹くのを楽しみ、夏にはじゃぶじゃぶ池で水遊びを楽しんだり、虫を観察したりする。秋冬には沢山の落ち葉に埋もれて遊んだりする。年齢やその時の興味によって遊ぶ場所を選択できる環境がある。

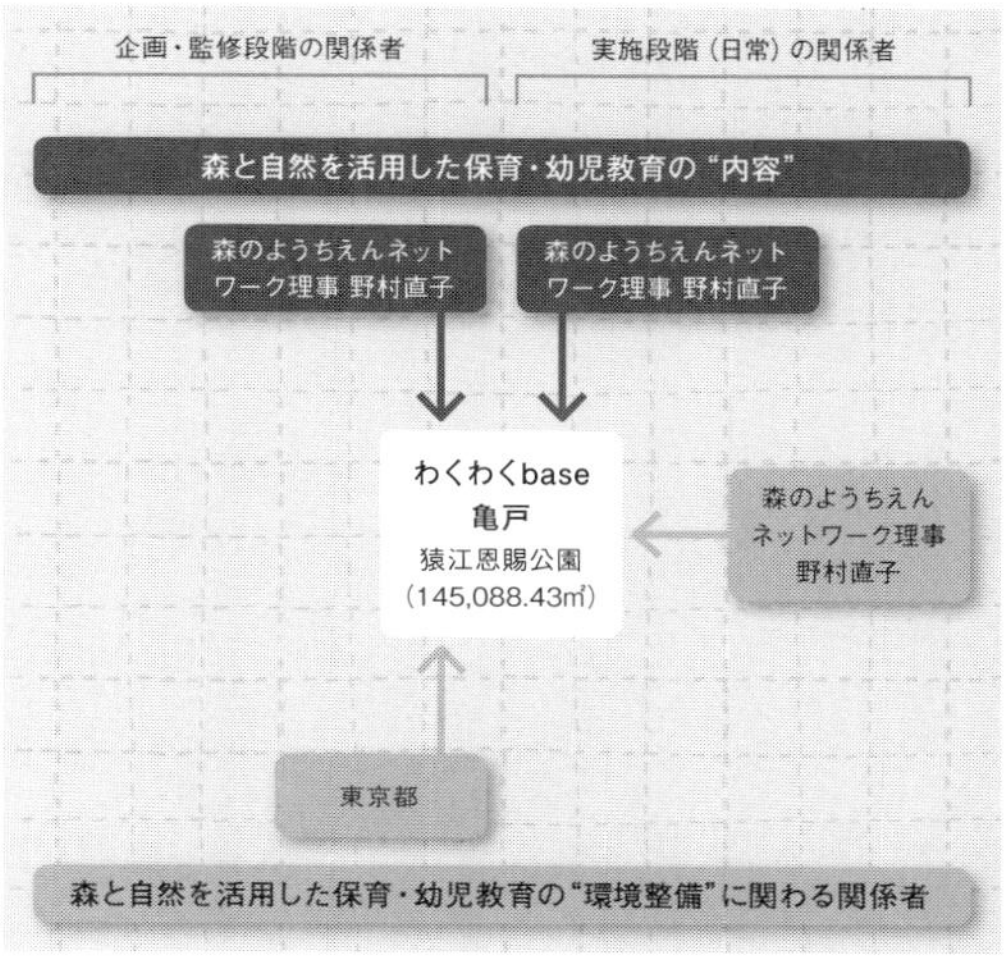

社会的効果・評価等

保護者の方からは、外でたくさん遊ぶことについて評価を頂いている。都内の保育所の多くは外での活動時間が短く、集団保育の中で遊びも制限されることも多いため、少人数で思いっきりどろどろになりながら遊びつくせる環境は喜んで頂いている。また、毎日公園に出掛けている為、顔見知りになる近所のおじいちゃん・おばあちゃんも多く、地域の人との交流も生まれている。企業主導型保育事業制度の特性上、多様な働き方をしている人を受け入れることが出来るため、幅広い対象の人たちに身近な自然を活用した保育に触れる機会を提供することが出来る。

Akiha森のようちえん／Akiha里山子育て支援センター「森のいえ」

法人名：NPO法人アキハロハス／園児数：3歳9人、4歳10人、5歳12人
職員・スタッフ数：5人（うち有資格者5人）／連絡先：〒956-0836 新潟市秋葉区田家3丁目7439（NPO法人事務所）
E-mail：mail@ala.or.jo／ホームページアドレス：http://www.ala.or.jp/

設立の背景・経緯

園長である私自身（原氏）が造園業を営んでいる事もあり昔から環境問題に意識があった。そしてわが子の誕生を機に特に地球温暖化に強い危機感を感じ、自然環境問題に対応するにはまず自然環境への愛着形成が土台だと確信し、自然の中でこども達が自由に遊べる場所をつくろうとボランティアで里山整備をスタート。数年後に縁あってドイツに環境の研修に行く機会を頂き、森のようちえんを実際に体験した。このドイツの森のようちえんは私に大きな衝撃と直感を与え、「これだ」と思った私は開園を宣言し、準備を始め、2011年春にAkiha森のようちえんを開園する。そして2年後の2013年春、乳児期から自然の心地よさを親子で気軽に体験できる、全国でも初めての野外活動を主としたAkiha里山子育て支援センター「森のいえ」を、その当時内閣府が行っていた「新しい公共の場づくりモデル事業」を活用し開設（自治体担当部署は秋葉区健康福祉課）した。

森林の利活用等に際した取組等

Akiha森のようちえんは無認可であるが、新潟市から後援を頂き、公園施設（秋葉公園）も利用させていただいている。そしてAkiha里山子育て支援センター「森のいえ」は新潟市保育課からの委託を受け運営している。室内施設も基準を満たす設備・面積を備えることにより認可を受けているが、あくまでも主は野外環境であることを新潟市にもしっかりと認識して頂いており、そのように広報もして頂いている。施設の利用料は基本的に無料である。

森林・自然等の概要・特色

私達が活用している森は、約53haの広大な秋葉公園の中にあり、「森のようちえん」と「森のいえ」は隣接している。森の基地と呼ばれる拠点を中心に、様々な特色あるフィールドと公園施設を使わせて頂きながら、四季折々の新潟の自然を存分に体感できる。ようちえんの公園利用にあたっては、都市公園使用許可証を新潟市に申請し、子育て支援センター「森のいえ」は市の事業であるため、公園の利用区画を市にお伝えする形で利用させていただいている。森のいえは公園に隣接した場所にあり、この土地は民地を購入した。

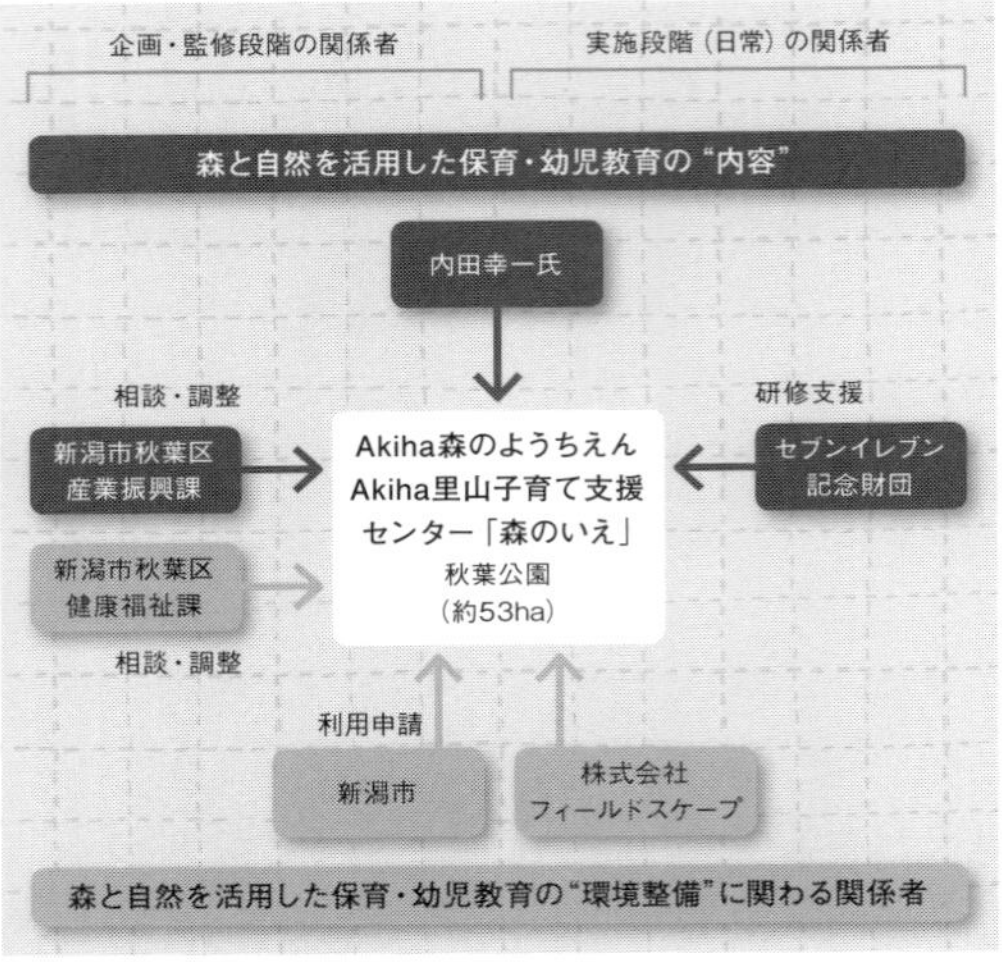

社会的効果・評価等

私達NPO法人では「Akiha森のようちえん」（平日毎日）、Akiha里山子育て支援センター「森のいえ」（月～金開所）、毎週土曜日開催の自分の責任で自由に遊ぶ「Akihaマウンテンプレーパーク」（市からの委託事業）、そして平成30年春に開校した小学1～4年生を対象に放課後毎日、森遊び、畑仕事、少し勉強もする「Akiha放課後里学校」（自主事業）も行っている。森のいえの0歳から放課後里学校のおおよそ10歳までの時期に、こども達が日常的に存分に自発性そして主体性を発揮できる環境を提供できるようになったところだ。このことで実際に県外や市内外から秋葉区に移住してくる人も年々増加。現在新潟市秋葉区が進めている移住促進事業「アキハスムプロジェクト」の核の事業とされ、区の強みとして評価を頂いている。保護者からも大きな後押しを頂き、区との良好な関係のもと認定こども園化に向け前進しているところである。

富岸子育てひろば

法人名：NPO法人登別自然活動支援組織モモンガくらぶ／**園児数**：特定ではない。来館すれば利用できる
職員・スタッフ数：富岸子育てひろば7名（うち有資格者2名）、組織全体では28名／**連絡先**：北海道登別市鉱山町8-3
E-mail：momonga@npo-momonga.org、tonco@npo-momonga.org／**ホームページアドレス**：http://npo-momonga.org/

取組開始の背景・経緯

富岸子育てひろばは、登別市ネイチャーセンターの指定管理者であるNPO法人登別自然活動支援組織モモンガくらぶがその運営母体である。モモンガくらぶでは、森のようちえんや小学生を対象とした様々な体験プログラムを用意し子育て支援事業及び環境教育に力を入れ取り組んでいる。富岸子育てひろばの前身の活動は、このネイチャーセンターで2006年より開始した未就園児を対象としたプログラムである。2008年には、月1回の体験活動の他に、週1回自然とふれあえる機会を提供する子育てサロンを開始。同時に、地域資源を保育資源に転換した活動や、支援者のネットワーク化・人材育成開始から現在に至る。

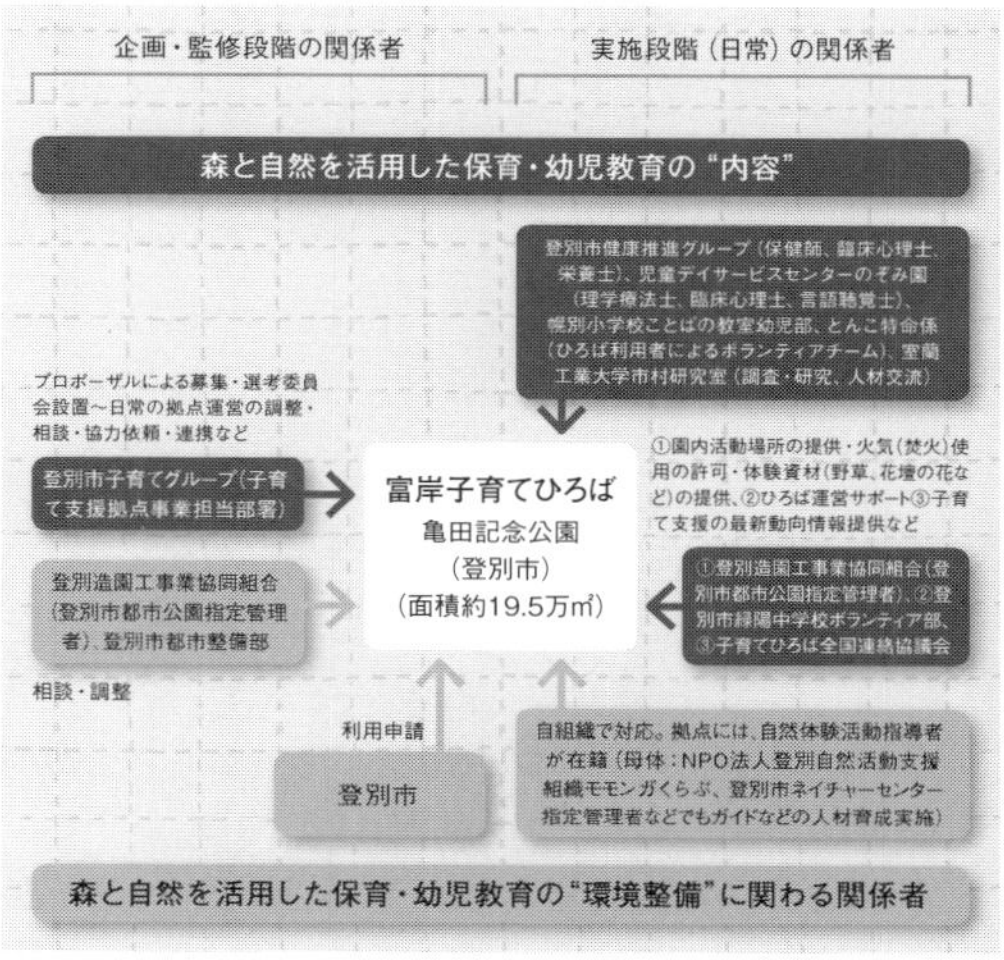

森林の利活用等に際した取組等

厚生労働省「地域子育て支援拠点事業（ひろば型）」について登別市に事業提案し、これまで森の中で行っていたものを街の環境に合わせて展開（開設当初の実施場所は、町内会施設）することとなり、ひろば周辺のわずかな緑環境を利用した活動がスタート。3年の契約の区切りを目途に、かねてより希望していた緑豊かな都市公園園内での開設が決定。実施にあたっては、登別市都市公園指定管理者の登別造園工事業協同組合の協力により、登別市都市公園条例に基づいた行為許可申請を得て実施している。

森林・自然等の概要・特色

亀田記念公園は、日本庭園や芝生広場など公園らしいゾーンが中心にあるが、面積の大半は起伏に富んだ森が多くを占める。エゾシカやエゾリス、オオルリなどの野生動物、北海道を代表する植物や生き物たちの暮らしが身近に見られ、小さな子どもたちが遊ぶのには最適な水量の自然河川が流れる。旬の山の恵みを味わい、夏の川での涼、冬の雪とのふれあいなど四季を通じ多様な体験活動を提供してくれる。この環境を活かして、日常的にひろば開設時の午前と午後に外遊びを行う他、月1回は焚火を熾し季節に応じた体験ができるプレーパークの日を設けている。

社会的効果・評価等

次世代育成として、中学校ボランティア部の受け入れを行い、子育て支援×異年齢交流×次世代育成×自然体験の場を提供している。また、地域の大学である室蘭工業大学ランドスケープ研究室（市村研究室）に協力をいただき、緑環境を活かした子育て支援の活動に対する評価として学術的な調査・研究を行っていただくと共に、人材交流を図るなどしている。利用者のボランティアチームが結成され、自然体験活動のサポートを行っている。活動場所のアクセスの良さ、知名度を生かして、独自事業として森の保育事業（主に2歳時の預かり保育）も展開している。

これまで実施してきた「自然とのふれあい活動の展開」が「富岸子育てひろば」の特色として仕様書に明記された。自然や地域の資源を生かした子育て支援について一定の評価を受け、地域へよりよく発信する土台も築かれてきている。

認可園による森林活用事例
（大正新教育運動時代に移転し、自然と親しむ教育を実施）

成城幼稚園

法人名：学校法人成城学園／**園児数**：120名（3年保育各学年40名）／**職員・スタッフ数**：17名（うち有資格者13名）
連絡先：〒157-0072 東京都世田谷区祖師谷3-52-38／**電話**：03-3482-2108
ホームページアドレス：http://www.seijogakuen.ed.jp

取組開始の背景・経緯

成城幼稚園の園庭は、開設当時（1925年）の姿を維持しながら、子どもたちの貴重な成長の場として活用され、東京23区内では優れて自然豊かな園庭として高い評価を得ている。成城学園創設100周年（2017年）記念事業の一環として、学園の教育理念「自然と親しむ教育」を深めることを目的に、2014年から「園庭再生計画」に着手した。子どもたちは木々の間を駆け巡り、小さな森の四季の変化を、全感覚を通して感じ取る。幼稚園では、自然と向き合いその厳しさを知り、心身共に鍛えるという教育理念「自然と親しむ教育（剛健不撓の意志の教育）」が日々実践されている。

森林の利活用等に際した取組等

2014年度から東京農業大学の支援を得て、大学教員・学生と幼稚園教員との協働作業が始まった。現地調査・ヒヤリング・ワークショップを重ね、園庭の自然の中で活動する子どもたちの望ましい成長について討論と研究を深め基本計画を練った。さらに、日建設計（株）（ランドスケープ設計担当）、法人管財課スタッフが加わり基本設計をまとめた。2017年度夏季3ヵ月ほどを要して、土壌改良、樹木養生を含む園庭施設設置などの工事を行い、10月1日より園庭活動を再開した。11月には新設の屋外ステージでギター・コンサートが行われ、深まる秋を背景にした演奏が子どもたちと保護者を魅了した。

森林・自然等の概要・特色

園庭は東西に細長く、中央部より西側へ傾斜があり、中央傾斜部分を占める小さな森を境にして「上の庭」と「下の庭」に分かれる。この形状は武蔵野の雑木林であった学園創設当時からの地形であり、樹齢100年を超える高木群が小さな森を形作っている。この豊かな自然を守り、自然教育に力を入れる成城教育の原点を継承するため、「主役は森で、施設・遊具は媒体」という考えのもと、森の中に点在する施設での遊び・活動を通じて「生きた森」を実体験することに重点を置いた。幼少期に必要とされる原体験教育をふまえ、成城の森に生きる虫の目・鳥の目を養うことが出来るよう回廊やツリー・ハウスなど園庭の自然を損なわない配慮のもと中央部に配置した。下の庭には、木の葉を衣装にしたファッションショーなどの創造的な遊びの場となる屋外ステージと、落ち葉を流すなど水の流れを楽しめる水路と水遊びができる池を設けた。新施設と園庭の豊かな自然環境に囲まれて創造的な遊びが生み出されるとともに、動植物の探索や観察、顕微鏡や図鑑の利用などの理科的な興味も深めている。

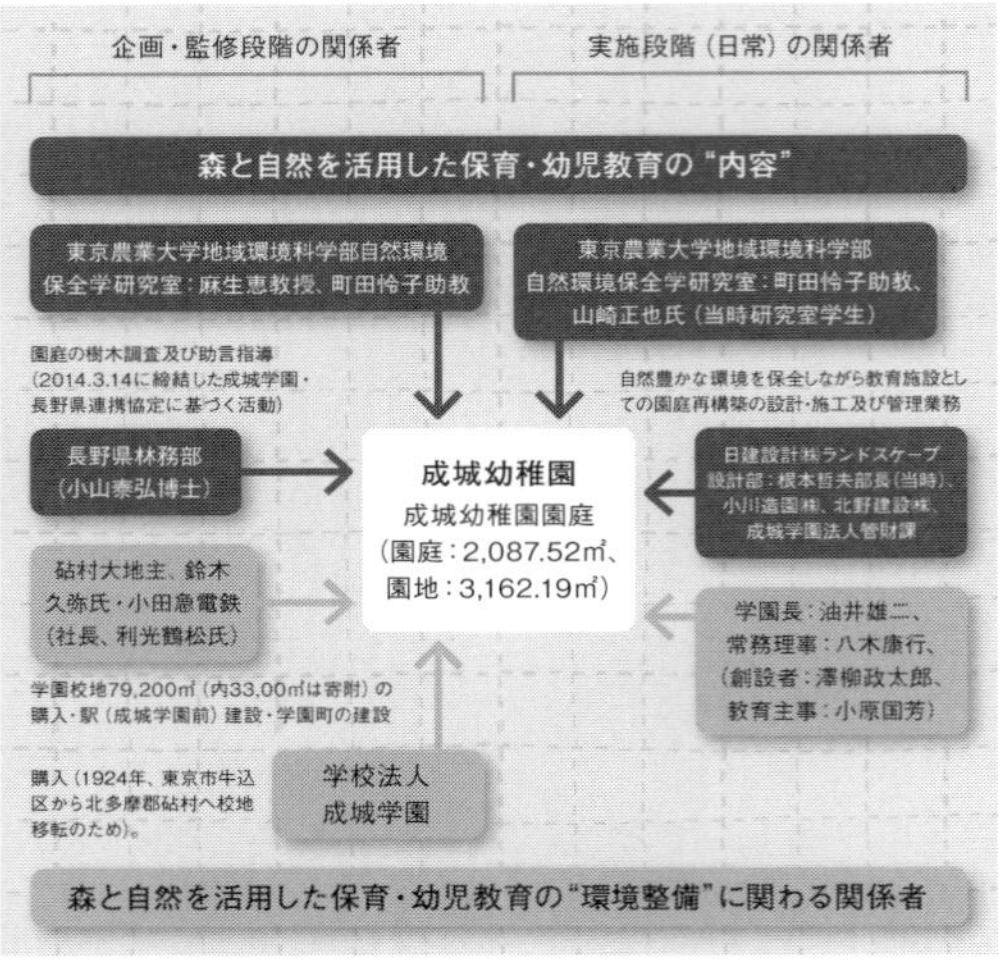

社会的効果・評価等

都市部にありながら、武蔵野の雑木林の面影残す2,000㎡を超える園庭の魅力は、今回の整備工事によりさらに高まり、内外から高い評価を獲得した。園庭活動が子どもたちの豊かな成長に大きく寄与していることも高く評価された。今後とも園庭の自然環境保全に努め、子どもたちの成長に資する園庭教育活動を深めていきたい。

東京ゆりかご幼稚園

法人名：学校法人東京内野学園／**園児数**：248名（年少80名、年中84名、年長84名）／**職員・スタッフ数**：教職員32名（うち有資格者26名）
連絡先：〒192-0919 東京都八王子市七国3-50-2／**電話**：042-632-8188／**E-mail**：hp@tokyo-yurikago.ed.jp
ホームページアドレス：http://tokyo-yurikago.ed.jp/

設立の背景・経緯

2011年に移転をする前の園庭は高層の住宅に囲まれた環境であったため、園庭に様々なビオトープを作ることで自然との触れあいを促していた。また、定期的に徒歩や園バスで森に出かけ「森のようちえん」の活動を行っていた。しかし園バスを使わなくとも、日常的に園庭の「身近な自然」と森林のような「深い自然」とを往来できる環境の有効性を感じ移転をすることとなった。

森林の利活用等に際した取組等

2011年、既存の幼稚園地から車で15分の所にあるUR都市機構の造成地を購入した。隣接に44.6haの特別緑地保全地区の森林があったため、この周辺自然環境を十分に理解した上で教育に活かすことのできるよう、移転までの3年間は幼稚園の自然体験施設「Yurikago Nature Center」として定期的に園児と訪れ、自然体験活動を通して園児の遊びを観察しながら必要な環境を整備していった。整備については、敷地内の造成地を再び里地・里山に戻していく「園庭里山化」を掲げ、園児、教職員、保護者有志で構成される「ゆりかご鉄腕クラブ」が定期的な労作活動の中で行っていった。また、隣接の森林を園児や地域の方が利用しやすいよう、緑地所有者である八王子市と「公園アドプト制度」を締結し、里山保全活動、動植物の保護育成活動を、鉄腕クラブが主体となって行えるようにした。こうして用地購入から3年の整備期間を経て、2014年に幼稚園を移転開園した。

森林・自然等の概要・特色

園敷地は2.2ha、隣接の特別緑地保全地区の森林は44.6haで八王子市と町田市が所有。主な樹種はコナラ、クヌギ、ヤマザクラ、イヌシデ等の落葉広葉樹であり、主な野生動物はホンドギツネ、ホンドタヌキ、アナグマ、オオタカ、ムササビ、フクロウ、ノウサギ等、豊かな生態系が維持されている。森林内は鎌倉古道「七国峠」をはじめ多くの林道があり、日常的に森を行き来しながら探検、虫探し、基地ごっこなどを楽しむ。森で拾った落ち葉、枝、木の実などの「自然の恵み」を積極的に採り入れ遊びや制作に使用するなど、里山の四季折々の自然を教育資源として保育に多用しながら、生活や遊びを組み立てている。

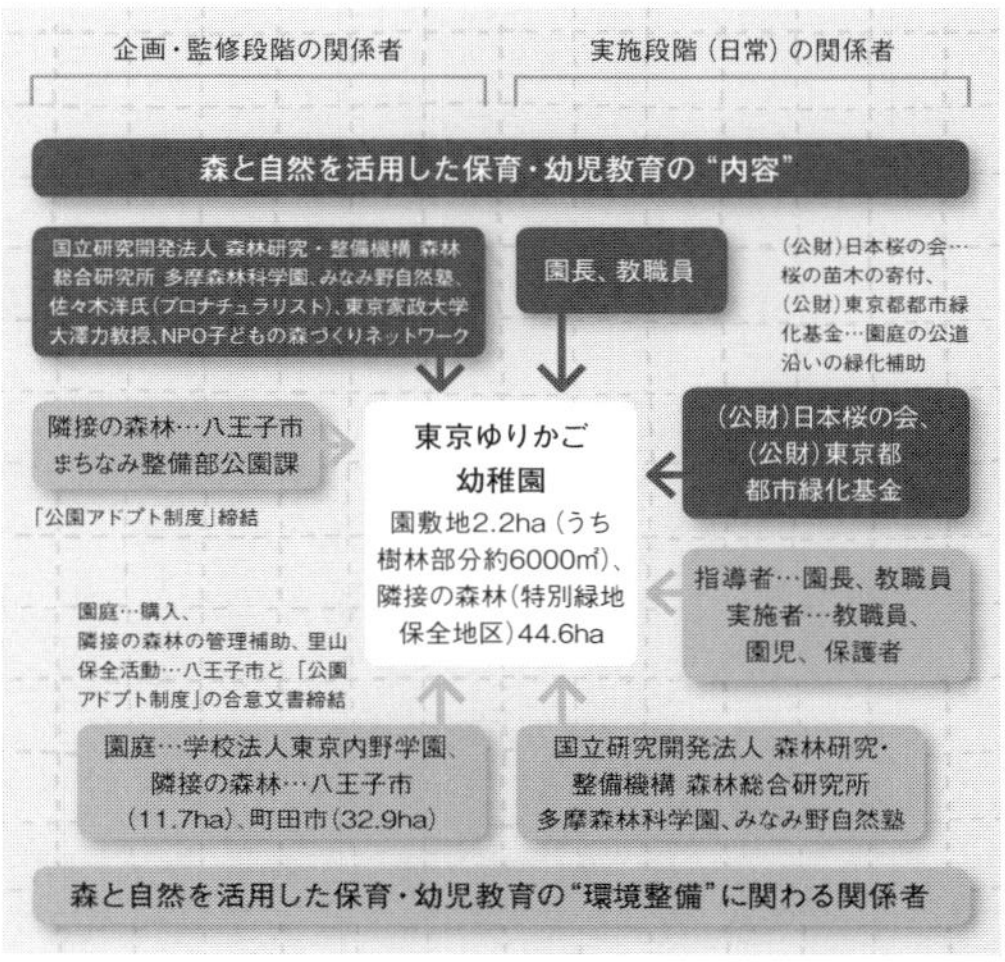

社会的効果・評価等

都心への通勤圏内でありながら、東京であることを忘れるほどの豊かな自然が残されている八王子は、「子育てしやすいまち」としても認知されている。特に当園の地域では「豊かな自然の中で子育てをしたい」という方が多く、入園希望理由も「豊かな自然環境」における「豊かな体験」を挙げられる方が最も多い。また、こうした園の方針に共感頂いた方が遠方から転居して来られたり、1時間かけて通われるという方も年々増えてきている。

恵庭幼稚園

法人名：学校法人 リズム学園／**園児数**：214人（5歳児：74人、4歳児：71人、3歳児：69人）／**職員・スタッフ数**：54人（うち有資格者47人）
連絡先：〒061-1424 北海道恵庭市大町4丁目1-11／**電話**：0123-33-2541／**E-mail**：eniwayo@yahoo.co.jp
ホームページアドレス：http://www.eniwa-youchien.com/

取組開始の背景・経緯

昨今、子ども達を取り巻く環境は変化し、公園の遊具が減り、外で遊ぶ子ども達も減ってきている。外遊びの減少により、子ども同士遊ぶ機会が減り、社会性の喪失、危険を予測する力、挑戦する機会そのものが無くなってきている。園では外遊びを中心に取り組んでいたが、既存の公園や公共施設での活動には限界があった。そんな中、地元建設会社から所有する森をCSR（企業の社会貢献活動）として教育活動に活用しないかという話があり、かつての子ども達の姿を取り戻すべく、地域の自然を活用した幼児教育に取り組んだ。

森林の利活用等に際した取組等

外遊びに中心に取り組んでいたため、保護者の理解も得やすいだろうと考えていた。しかし、自然体験は危険が多いのではと不安の声や否定的な意見が相次ぎ、思うようには進まなかった。安全管理を中心とした整備、保護者への説明を何度も繰り返し、2年の歳月を経てようやくスタートラインに立った。この間、業者もほぼ入らず、否定的な保護者も巻き込みながら、教職員と一緒に森をつくっていった。一緒につくるという過程が理解を深め、その後の協力体制へとつながった。また、自然体験活動では有識者による指導が不可欠と考え、NPOの協力も得て、携わる教職員皆が安全管理の講習を受けた。助成金を活用し、子ども達が川で遊ぶ際のライフジャケットや雪遊びのソリ、スノーシューも購入し、遊びの幅も大いに広がった。

森林・自然等の概要・特色

森の中は敢えて自然そのものを残している。その分、危険も多い。しかし、子ども達は自らの意志で、何をするか決めて行動する。自ら危険を回避する力も身につけ、「今の自分にはまだ出来ない」と判断する力を養う。大人達はそんな子ども達の姿を常に見守る事に徹している。大人達は伐り出した木を薪にして、出来た薪は園児達が持ち帰り、園の薪ストーブで利用する。かつて日本各地で盛んだった「馬搬」も行っている。

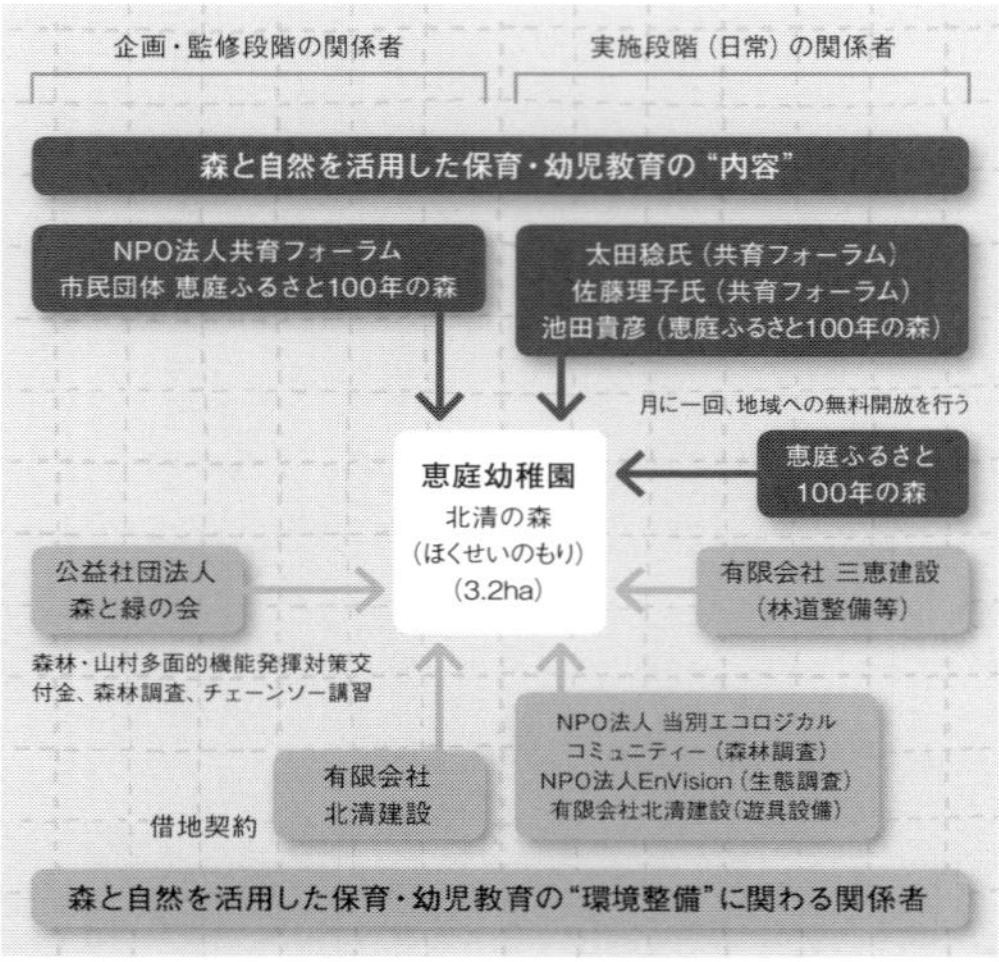

機械が入れない傾斜でも、馬の力で伐り出した丸太を運ぶ。伝統にも触れながら、馬との対話も子ども達にとっては貴重な経験となる。

毎月、クラフト体験や森の探検も自然体験指導者のもと行う。園児は体験活動を通し、虫や草花の名前を多く知る事が出来、のこぎりが使える子達へと成長している。

社会的効果・評価等

かつて、園は設定保育を中心に早期教育に取り組んでいたが、園児数は減少傾向にあった。アンケートなどで保護者のニーズも汲み取る中で、園庭や森での自由な遊び、自然体験を増やし、遊びと生活を基盤とした幼児教育へと転換していった。自然の中で五感を通して自ら感じ、学び、動く子ども達の姿が、成長を近くで見る保護者の評価を得、園児の増加へと繋がっていった。

こうした自然体験を実践し続けることで、諦めないこと、挑戦すること、協力することなど心の豊かさ、たくましさが身につく。今後も園が行う森での活動は、「すべての子ども達」に自然体験活動を提供し、森と出会うきっかけを作っていくことにあるだろう。

三瀬保育園

法人名：社会福祉法人 三瀬保育会／園児数：70名（0才児7名、1歳児8名、2歳児14名、3歳児15名、4歳児16名、5歳児10名）
職員・スタッフ数（うち、有資格者）：17名（園長1名、主任保育士1名、保育士8名、短時間保育士2名、
幼稚園教諭資格者1名、小学校教諭資格者1名、准看護師1名、栄養士1名、調理師1名）
連絡先：〒999-7463 山形県鶴岡市三瀬字殿田233-1／電話：0235-73-3500／E-mail：sanzehoiku@sepia.ocn.ne.jp
ホームページアドレス：http://sanze-hoikuen.com/

取組開始の背景・経緯

18年ほど前、4・5歳児になっても泣きながら登園して来る子どもや、午前中は活気がなくあまり動こうとしない子どもの事が気になり、生活リズムの実践研究に取り組んだ。生活リズムの中で重要な睡眠リズムを整えていくためには、屋外でたっぷり活動する事と、腿を上げる動作が効果的であるという事を学んだため近くの気比神社へ散歩に行く際、階段の上り下りを取り入れ、社叢の中でも遊ぶようにした。森の中には細い道があって、程よい運動が出来、自然物への興味が深まっていく。さらに園児が活動出来る場所として、八森山キャンプ場や三瀬海岸、笠取峠などに頻繁に出かけ、「森の保育」と名付けて目的をもって活動するようになった。

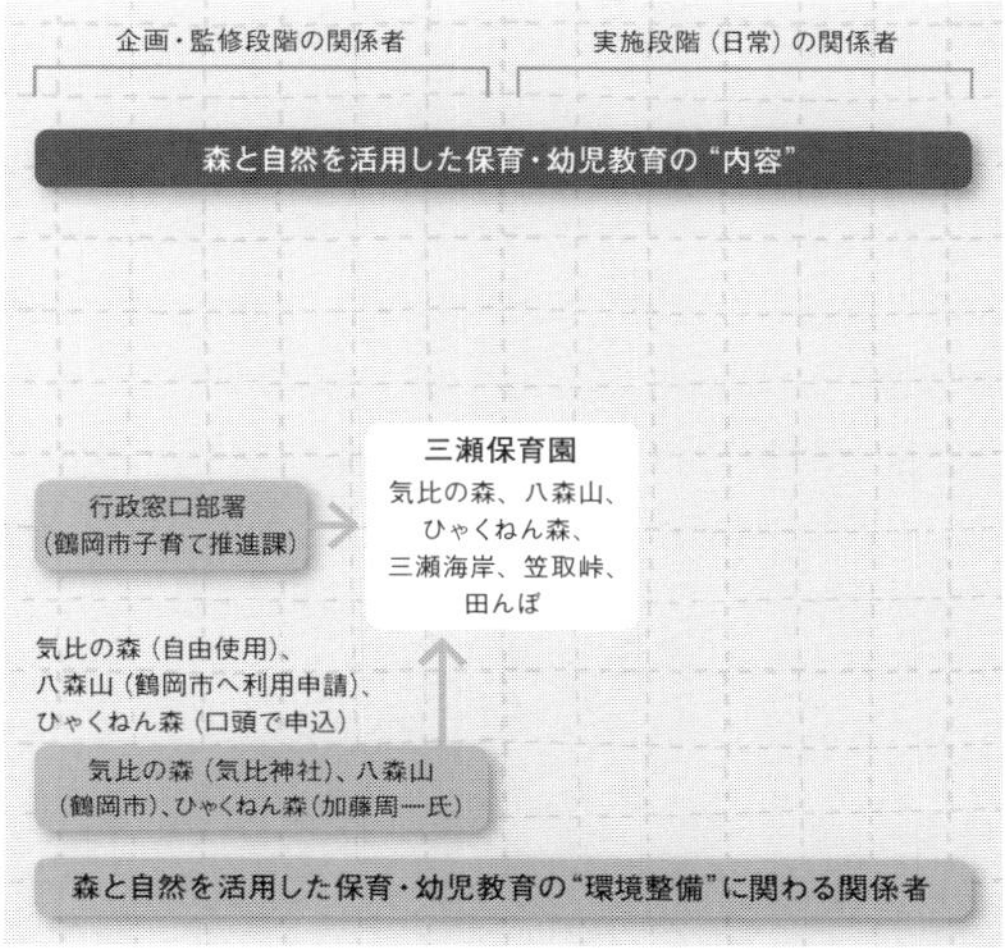

森林の利活用等に際した取組等

大学の農学部関係の方々、自然に詳しい多くの方々から様々な事を教えて頂いた。幸いなことに「センス・オブ・ワンダー」を訳された上遠恵子氏とお話させて頂く機会があり、本で述べられている『知ることは感じることの半分も重要ではない』という内容がとても心に響いた。これが森の保育の原点であり重要な理念となっている。森に詳しい方から『自然物には同じ色、形、大きさの物は一つもない、絵の具を混ぜても自然物と同じ色は作れない』と教えて頂き、自然を活用して保育をすることを心がけた。自然の中で触れ合ういろいろなことに興味を持つことで、子どもたちの何だろう？どうなるんだろう？といった好奇心が育まれている。自然は感性・科学性・好奇心・想像性など子どもが育つために必要な環境の宝庫であり、様々な方々からアドバイス、ご協力をいただきながら森の保育を進めている。

森林・自然等の概要・特色

気比の森は日本海沿岸の原植生を知ることができる唯一の場所とされ、国指定天然記念物に指定されている。春は咲き誇る花を観賞し、秋は落ち葉や木の実に触れ、冬は雪上の足跡や糞、食痕などを見て野生動物の暮らしを想像する。八森山キャンプ場ではキャンプをし、なだらかな斜面を登り降りしながら、虫を捕まえたり、花を摘んだりし、冬はスキーも楽しむ。他にも、三瀬海岸での海水浴、馬道やログハウスのあるひゃくねん森、園の前にある田んぼといった豊かなフィールドを利用して自然保育をしている。

社会的効果・評価等

森の保育を行っている当園への入園を希望する方で、地域に引っ越しをしてきていただいた親子が何組かいる。また、森の保育等の保育方針に興味を示された方のお子様が地域外から多数入園されており、その数は全園児の半数を超えている。当園が森の保育を行っていることで、薪ストーブの活用・薪や産直の販売といった地域事業の展開に少しでもお役に立てているのではないかと思っている。鶴岡市は、森林があることで生活が豊かになる「森林文化都市」を目指している。「つるおか森の保育研究会」が8年前に立ち上がりワークショップやフォーラムを開催しているが、当園は当初より森の保育の実施園として活動している。

宮城学院女子大学附属認定こども園 森のこども園

法人名：学校法人 宮城学院／**園児数**：定員120名（0歳児6名、1歳児12名、2歳児12名、3歳児30名、4歳児30名、5歳児30名）
職員・スタッフ数：教職員36名（園長1名、園長補佐1名、教頭1名、主幹保育教諭1名、保育教諭23名、管理栄養士1名、他8名）
連絡先：〒981-8557 宮城県仙台市青葉区桜ヶ丘9-1-1／**電話**：022-279-1344／**E-mail**：kinder@mgu.ac.jp
ホームページアドレス：http://www.mgu.ac.jp/kinder/

設立の背景・経緯

宮城学院女子大学附属認定こども園　森のこども園は、周囲を森に囲まれた自然豊かなキャンパス内にある。1955年の保育科開設の翌年、宮城学院女子大学の附属幼稚園として開園した。その後、60年以上に及び東北地方の保育研究拠点としての役割を果たし、数多くの優秀な保育者を保育現場に輩出している。2016年11月には、宮城学院創立130周年記念事業として、園舎を新築移転し、0歳～5歳児までの幼保連携型認定こども園として、大学キャンパスの森を活用した保育を実践している。

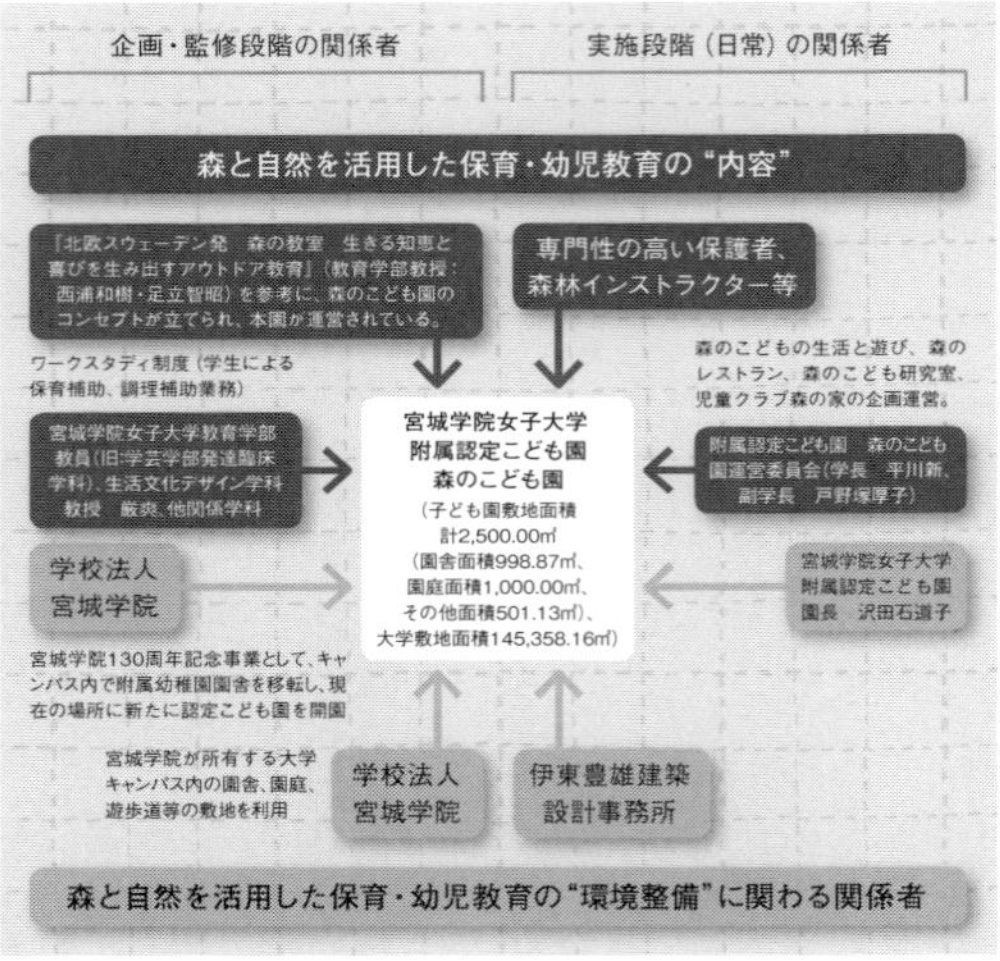

森林の利活用等に際した取組等

2003年以降、北欧の森のようちえんを参考に森を活用した保育カリキュラムを積極的に開発・運用するようになった。森の生活と遊びを重視する保育実践を行い、特に移転の際園庭に固定遊具を置かず、起伏のある園庭での遊び、キャンパス内の森の遊歩道を使った保育を展開している。

森林・自然等の概要・特色

大学キャンパスは、仙台市青葉区と泉区にまたがる水の森公園に隣接した、一部は原生林が残る閑静な里山エリアに位置している。キャンパス内の森は、春はカタクリやヤマザクラが咲き、夏はコナラ類やホオノキなどの夏の暑い日差しを遮り、秋にはドングリ類やキノコ類を見つけることがある。冬には、丸田沢や三共堤の水辺に、シベリアから飛来する白鳥を観察することもできる。

本園に隣接する雑木林で、森の動物が残したフィールドサインを発見することがある。子どもたちは動物の「足跡」や「食べ残し」、「糞」などを発見するが、特に注目したのは動物たち生活している可能性の高い、木の「洞（ウロ）」。ウロという言葉を覚えた子どもたちは、雑木林の中に洞を探しに行く。木の根元周辺だけではなく、朽ちた丸太や木の幹など新たな場所からも見つけることができた。ある時、洞に手を入れて“クルミの殻”を見つけた。殻には左右対称にかじられたような穴が開いていた。「ここは、きっとリスのお家だよ」と、子どもたちは食痕の発見を喜んでいた。そして、本当にそうなのか図鑑を調べ、発見したクルミの特徴的な食べ方をするのは、「リス」ではなく、なんと「アカネズミ」だった。子どもたちの興味はつきない。

社会的効果・評価等

2016年11月園舎移転後、60年間幼児教育を行ってきた附属幼稚園から幼保連携型認定こども園に移行した。聖書の教えに基づいた人間教育を理念とし、日々、讃美歌を歌うことで美しい歌声がご家庭から高い評価を得ている。健康と体力については、森の散策や起伏に富んだ園庭での遊びの機会が多く、子どもたちの体力の維持向上に役立っている。

最近は、北欧や国内から教育関係者や大学関係者を招いた公開講演会を実施している。2018年3月には、日本・スウェーデン国交樹立150周年記念イベントとしてエステルヨートランド県知事（エリザベス・ニルソン知事）の視察受け入れ。2018年5月には、宮城学院女子大学を開催地とした日本保育学会では本園を視察園として公開。国内外から高い評価を得ている。

広島大学附属幼稚園

法人名：国立大学法人／**園児数**：75名（3歳児20名　4歳児28名　5歳児27名）／**職員・スタッフ数**：12名（うち有資格者9名）
連絡先：〒739-0045 広島県東広島市鏡山北333-2／**電話**：082-424-6190／**E-mail**：yochien@hiroshima-u.ac.jp
ホームページアドレス：https://home.hiroshima-u.ac.jp/yochien/

設立の背景・経緯

平成18年度に「森の幼稚園」構想を立ち上げたのがはじまり。この当時は社会的にも子どもたちを取り巻く環境の変化も大きく、直接体験が減少し、体力や想像力の低下した子どもが増えている現状を鑑み、森という自然と一体化した幼稚園づくりを行うことで、本園の教育目標である「豊かな自然や友だちとかかわりながら、一人一人がその子らしさを発揮し、共に育ち合う生活を通して、心豊かにたくましく生きる力を育む」ことを目指していけると考えた。

森林の利活用等に際した取組等

園舎裏側に国立大学法人広島大学が所有している『陣が平山』があり、平成2年に広島市から移転した時から利用している。その際、広島大学教育学研究科附属幼年教育研究施設の先生方からのご指導をいただき、子どもたちの実態に即した必要な体験ができる自然環境と園舎、園庭と森とのつながりを大事にしながら整えていくことができるよう保護者の協力も得ながら取り組んでいる。

森林・自然等の概要・特色

園が利用している裏山は、典型的な里山であり、人が入りやすく活用しやすい環境になっている。森林を利用した遊具として、木と木の間にロープを張った「ロープ渡り」、空に向かってこぐ「ターザンブランコ」や勇気を出してぶら下がる「ターザンロープ」などがあり、子どもたちの挑戦心をかきたてる。“ちょっと怖いけど、がんばってみよう”という、自らの挑戦していく姿が自信につながっている。また、定期的に自然環境に造詣が深い『森の達人』をお迎えし、達人から自然とのかかわりを通して五感を働かせ、様々なことを感じることができる遊びや森の自然物を利用した遊び（木工遊びや草花を利用した飾りづくり等）を教えてもらう機会を設けている。そして、山のクリやキノコなどたくさんなったときは季節の恵みをいただいている。

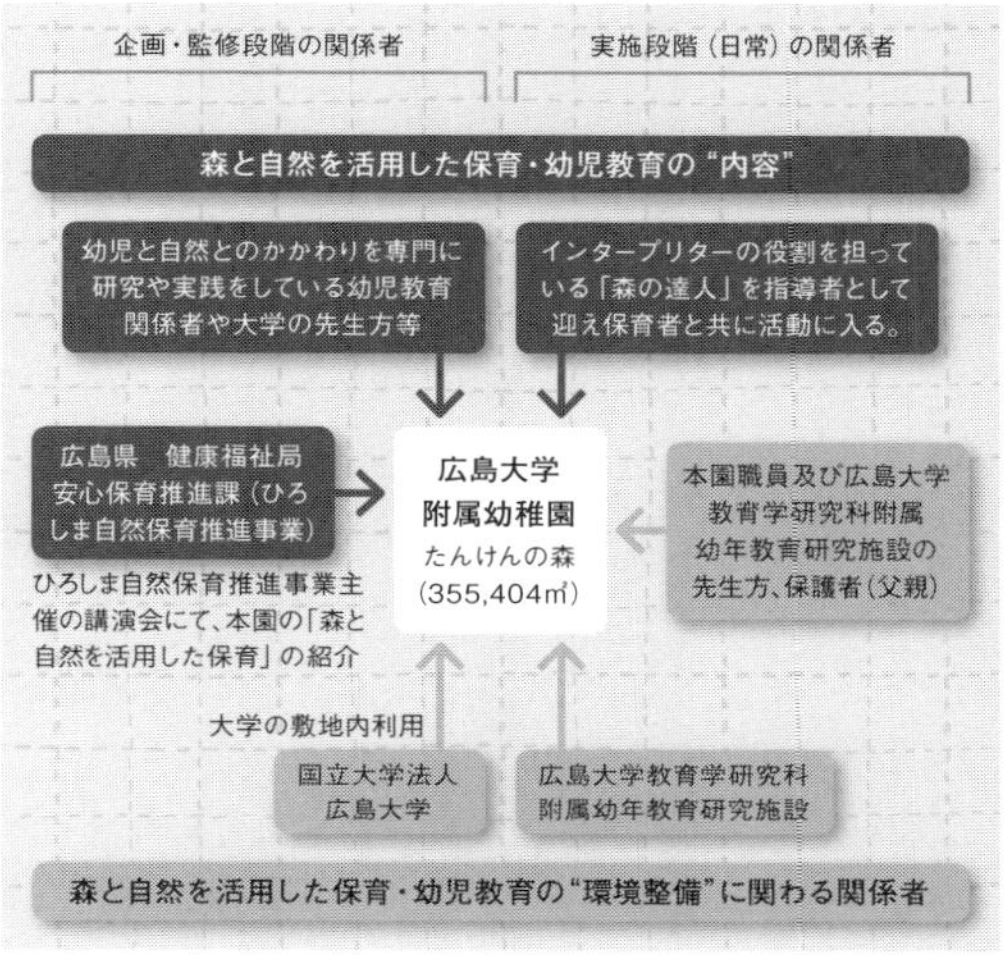

園舎の東側には烏骨鶏の小屋がある。年長組の子どもたちが烏骨鶏の飼育活動を行っており、自分たちで育てている烏骨鶏の卵をみんなで焚き火をしながらダッチオーブンで調理して食べる。卒園の時期が近づくと山越え探検がある。子どもたちがグループをつくり、メンバーが一人も山越えを断念することなく友達同士で支え合いながら陣が平山を登り、藪漕ぎをしていく。自分たちだけで山を越えるというのは、子どもたちの目標でもあるので、目標を達成した時の子どもたちの表情は充実感でいっぱいになる。

社会的効果・評価等

自然環境に興味がある幼稚園、保育園、こども園の先生方や自然体験プログラムを実施している施設等の国内外の関係者の皆様、行政関係の方々が見学のため来園される。また、公開研究大会を行っており、多くの方々が参観にいらっしゃる。

また、保護者の方々が本園の自然環境の取り組みに理解を示される方が多く、年3回実施している森の環境整備作業に参加される方が増えてきている。

ひかりの国幼稚園×いぶり自然学校

法人名：学校法人・特定非営利活動法人／**園児数**：約300名（ひかりの国幼稚園）／**職員・スタッフ数**：ひかりの国幼稚園 47名、いぶり自然学校 2名
連絡先：ひかりの国幼稚園 〒053-0814 苫小牧市糸井353-1　いぶり自然学校 〒053-0047 苫小牧市泉町1-5-6
E-mail：いぶり自然学校 info@iburi-nature.com
ホームページアドレス：ひかりの国幼稚園 http://www.tomahikari.ed.jp/kuni/　いぶり自然学校 http://iburi-nature.com/

取組開始の背景・経緯

2006年の11月に、北海道の登別市にて「第2回森のようちえん全国交流フォーラムin北海道」を開催した。その結果、苫小牧市内にある学校法人原学園「ひかりの国幼稚園」の園長から「うちの園には広大な森があるが、園の先生だけでは十分に生かしきれない」「うまく利活用を進める方法はないか、一度見に来て欲しい」という依頼を受け、訪問することとなったのが出会いの始まりである。

森林の利活用等に際した取組等

24000坪という広大な森林面積を有するひかりの国幼稚園では、日々の保育活動の中で多少の体験活動は展開されていたが、様々な保育活動や行事を進める教員にとっては、自然あそびだけに十分な時間を確保することが難しい状態であった。そこを解決するために、「既存の幼稚園×専門NPO」という協働スタイルで進めることとなった。初年度（2007年度）は、手始めとしてすでに当園で展開されていた課外教室のひとつとして、「森っこクラブ」を実施することとなった。2008年度からは午前中の正課の保育活動にも自然あそびを組み込むこととなり、いわば幼稚園の非常勤講師的な位置付けとして幼稚園の保育に関わり、少しずつ広大な森林を活用した保育活動の開発と提供を進めることとなった。

森林・自然等の概要・特色

まずは、担任の先生たちが、自然あそびを通して成し遂げたい目標や理想の姿・保育イメージを聞き出し、それを教室ではなく森の中で達成する一助となるような手法を作り出し、それを1年かけて実施するというプロセスを重要視した。その結果、全ての子達にベーシックな自然体験を提供する「自然あそび」、より自由に自然あそびがしたい子達が入会する「森っこクラブ」、卒園後も自然あそびをやりたい小学生がやってくる「森っこアフタースクール」という段階的な活動を提供する体制が構築された。既存の園としては、自然あそびだけではない様々なニーズに答えつつも、外部の専門家を活用することで園の環境を活かした活動を安定的に提供する、というブランドを得ることができたようである。

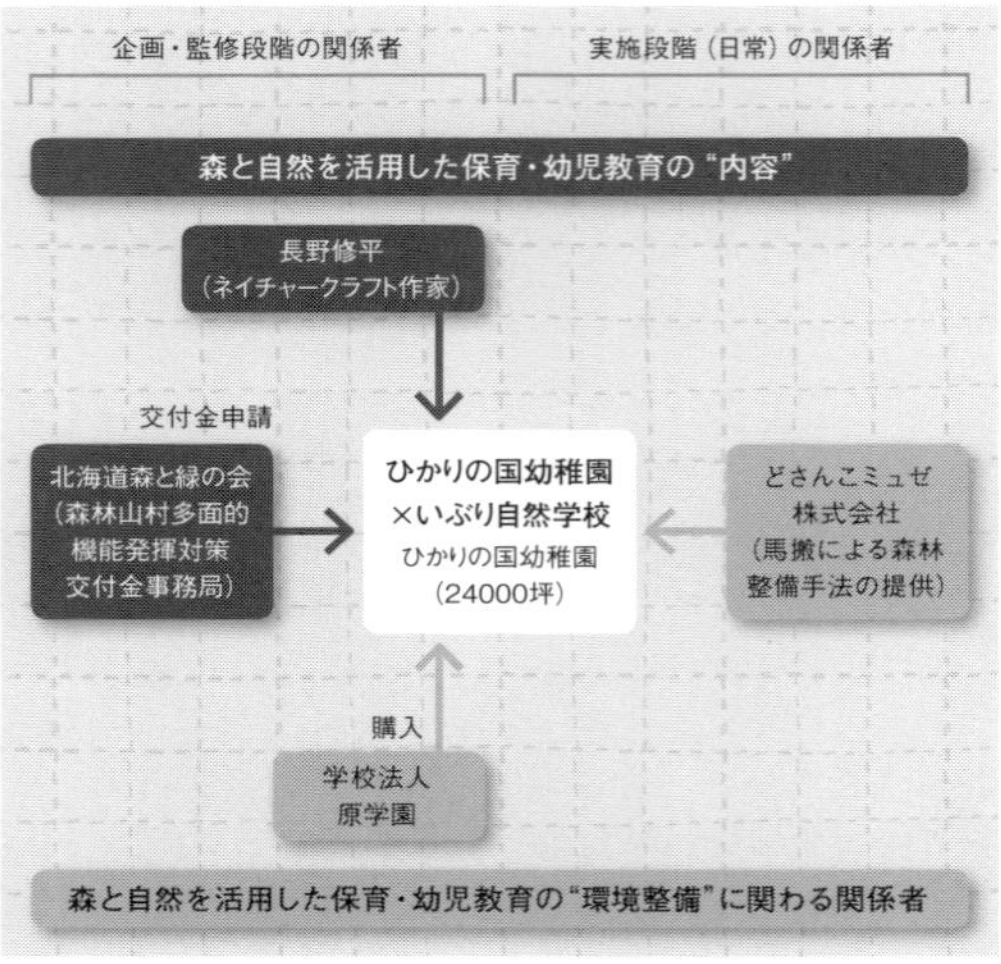

社会的効果・評価等

次第に、特に「森っこクラブ」に集う保護者達のネットワークを生かした運営スタイルを構築し、活動の持続性を高めた。私どもの技術や手法を開示するという意味合いも込めて「指導者養成講習」という研修を開催し、参加者から提供者へと参画度合いをあげたところ、自分たちで任意団体を立ち上げ、自身で事業を展開するという「母親による起業」を推し進めることとなった。そこで「幼児による森林整備」という次のフェーズへ移行させた。林野庁の補助金を活用し、幼稚園の敷地内にありながら、幼児が遊ぶことで森林整備を進めるというプログラム開発や、森を保護者や地域人材が整備するという体制作りを進めた。その結果、これまでになかった海外からの視察や地域おこし協力隊の登用など、より多様な業界からのアポイントが増えた。

清里聖ヨハネ保育園

法人名：公益財団法人キープ協会／**園児数**：76名（0歳児：3名、1歳児：7名、2歳児：15名、3歳児：17名、4歳児：17名、5歳児：17名）
職員・スタッフ数：保育士12名・調理士2名・栄養士1名・事務員1名（事務員以外は有資格者）
連絡先：〒407-0301 山梨県北杜市高根町清里3545／**電話**：0551-48-2558／**E-mail**：nursery@keep.or.jp
ホームページアドレス：http://www.keep.or.jp/about/hoikuen/

取組開始の背景・経緯

1958年に認可保育所として設立して以来、特に野外保育という意識をせずとも、自然環境に恵まれた立地条件の中、散歩を始め森や牧草地をフィールドとして多様な活動を行ってきた。2001年北欧視察で自然資源を活用した野外保育に出会った当保育園の保育士と、キープ自然学校（現・清泉寮自然学校）のインタープリターが実験的に保育活動を始める。2002年よりキープ自然学校で、不定期の野外保育の場「キープ森のようちえん」を開始。2008年からは法人内でその活動をプロジェクト化し、不定期の野外保育の場と日常の保育の場、保育の立場とインタープリテーションの立場を、相互に活かせるようスタッフの行き来を行う。2014年4月に、3代目となる園舎の竣工に際し、自然資源を活用した保育をより明確に打ち出す。

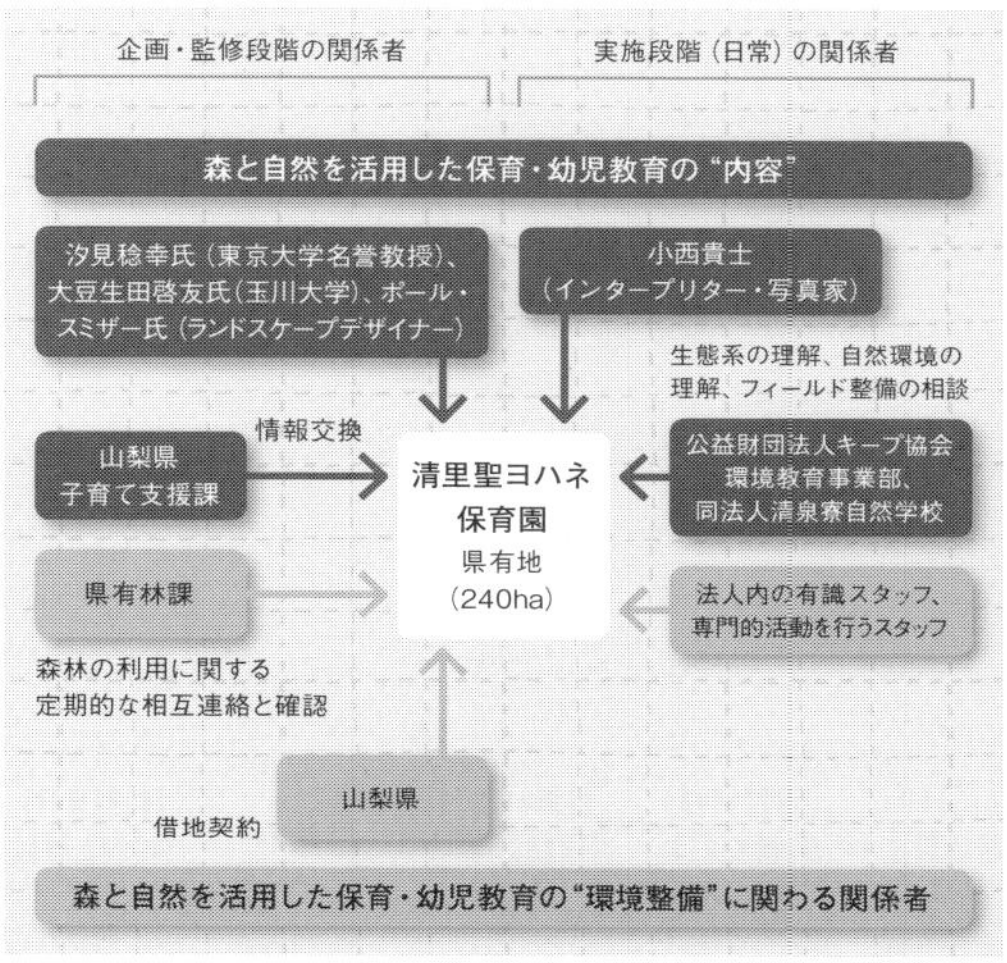

森林の利活用等に際した取組等

当法人は1983年より、民間における環境教育の草分け的活動を担ってきた団体であり、自然資源を活用した体験型の環境教育の研究及び、生態系に配慮した環境整備においては、各専門機関と連携しながら実践を積み重ねてきた。法人が使用するフィールドは山梨県からの借用地であり、ビジターセンターの運営業務を含め常に山梨県との協働を進めてきたため、フィールドの使用や、この地域の生態系の理解や配慮について、特に改めて取り組む必要性を感じず、スムースに保育における森林利用が進んできた。

森林・自然等の概要・特色

法人が管理する敷地約240haは、敷地西端には川俣東沢渓谷が流れ、一部中信高原国定公園を含む豊かさで、自然環境は主に二次林と牧草地で構成されている。また、ビジターセンターを中心に多くの自然歩道や広場が整備されている。フィールド全体に於いて傾斜は緩く、乳幼児が活動しやすい。また保育園周辺には、主に保護者によるボランティア活動で整備されたトレイルや広場があり、焚き火や調理・アートの活動に集中できる環境が整う。0歳児～3歳児までのグループは午前中、4・5歳児のグループは一日の活動時間の大半を森や小川や野原で過ごしている。各グループ月に一度は、生態系と保育に精通しているインタープリターと共に森で活動する日「森のじかん」を設けている

社会的効果・評価等

県や市単位では少子化が進む中、都市部からの移住者に選ばれる保育園へと顕著に変化している。それには、①認可保育園の形態でありながら、八ヶ岳南麓の豊かな自然環境を存分に活かした保育を享受できること。②保育園という場を通じて、多様な参加と出会い・つながりの機会があること。この2点が、地方の豊かな自然環境のもとで子育てと暮らしをしたいという移住者のニーズにフィットしているためだと推察できる。子どもを通わせたいご家庭はもちろん、都市部出身の保育者が就職を機に移住してくる例が増えている。また、保護者や保育者が協働で園舎周辺の針葉樹を伐採して建てた園舎は、ソーシャルデザインの観点から評価をいただき、平成27年度の山梨県建築文化賞の一般建築物等の部門において建築文化賞（大賞）、同年度のウッドデザイン賞で入賞をいただいている。

キトウシこどもの森「キトキト」

法人名：特例認定NPO法人大雪山自然学校／**参加者数**：9名（5歳2名、3歳3名、2歳3名、1歳1名）／**職員・スタッフ数**：11名（うち有資格者3名）
連絡先：〒071-1404 北海道上川郡東川町西4号北46／**電話**：0166−82−6500／**Email**：desk@daisetsu.or.jp
ホームページアドレス：http://daisetsu.or.jp/

取組開始の背景・経緯

北海道東川町にある大雪山自然学校は2001年に設立、子供の自然体験活動、エコツーリズム、自然環境保全活動を行ってきた。子供の自然体験は週末のイベント型で実施する他、東川町教育委員会からの依頼で小学生と幼稚園児の自然体験活動も実施していた。2016年から未就学児の保護者が中心となり自然体験型自主保育として1週間に4日間活動する「森のようちえん」を開始。自然学校は親子が集まれる場の提供や道具や野外活動のサポート役を担った。2018年3月から企業主導型保育事業の制度を活用。自然体験型自主保育活動に保育と幼児教育の専門スタッフを配置し、週に6日間の保育事業を始めた。

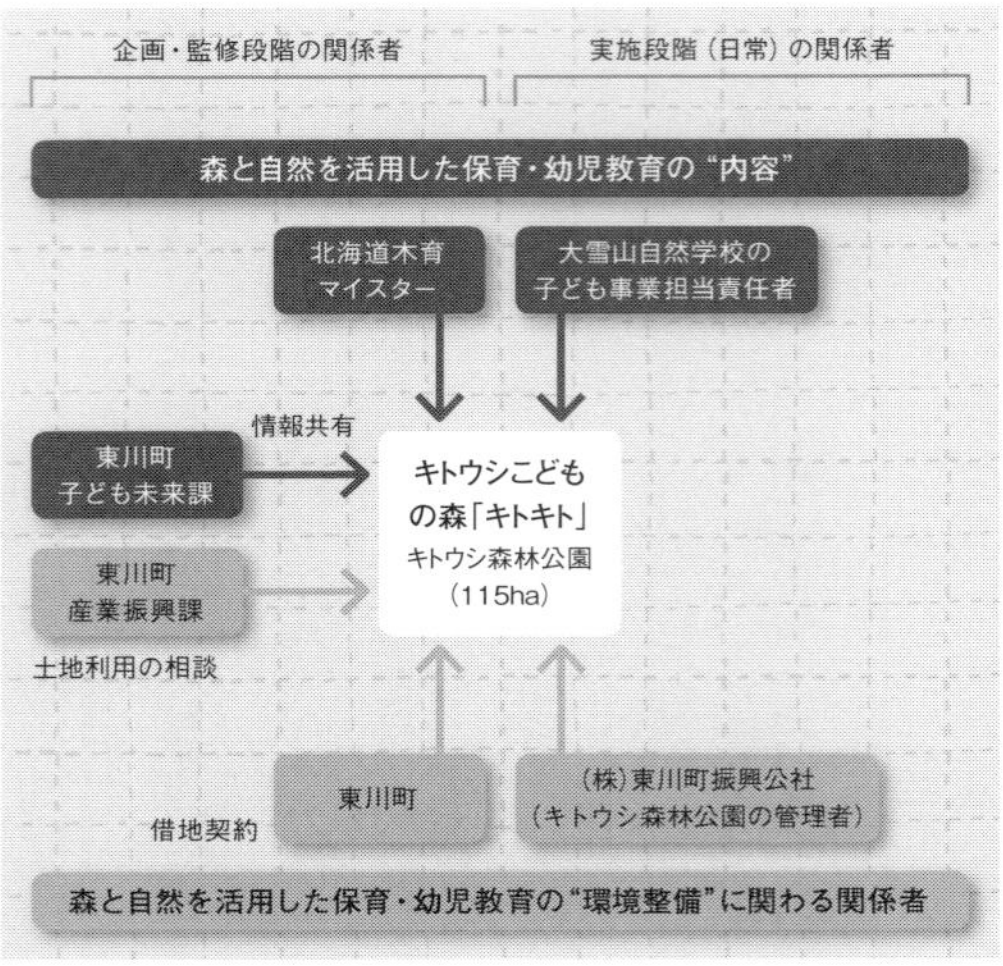

森林の利活用等に際した取組等

未就学児を対象にした自主保育型の森のようちえんを2年間運営。専門家がおらず活動の限界を感じてきたところで、自然体験活動に新たに幼児教育の専門家を加え、現場の質の向上と安定した運営の仕組みを支える事務局体制を整えた。自主保育の子供の多くが当団体関係者の子どもであったことから、企業主導型保育事業を活用することにした。当団体は、2005年以来東川町の社会教育や保健福祉事業の委託事業を請け負っており、行政との関係構築はできていたと思う。北海道とは認可外保育施設の、国とは企業主導型保育事業の条件を満たしているかを整えた。東川町にはハードとソフト面の整備の相談にのってもらった。

森林・自然等の概要・特色

活用している森林は、東川町キトウシ山（標高457m）にあるキトウシ森林公園の森であり、一般にも開放されている。この森は二次林で、ミズナラやカエデが多い。活動は、森のアスレチック、葉っぱアート、森の恵みで音楽会、虫とり、秘密基地づくり、ひたすら走り回る、川遊び、登山などである。森の中に園舎があり、園舎から少し離れたところに外遊びの活動拠点を作っている。こうした、子供たちが安心できる場所を拠点に、子供たちがやりたいことをできる環境とスタッフ体制を整えている。

社会的効果・評価等

期待される社会的効果は、森林公園維持管理の手伝いと幼老連携である。子供が毎日森で遊ぶことで管理者が行うパトロールの役割を担えるようになる。ごみ拾いや枯損木を拾い集めることが公園をキレイに保つことにつながっている。つまり管理コストを下げることに貢献できると思う。幼老連携においては、当団体は高齢者の健康増進事業も実施しており、その参加者に森のようちえんのボランティアをお願いしている。キノコに詳しい方、クラフトやノコギリやナタを使い森の整備ができる方、絵本を読んでくれる方、お手玉や山菜料理を教えてくれる方、各自の経験を共有してもらうことで、学びの機会が広がっていく。まだ来てくださる方は限られているが、高齢者は保健福祉事業に面倒を見てもらうのではなく、人生の先輩として子供たちの面倒を見る立場だと考えている。森のようちえんは、多様な人たちの居場所になれる。個々の得意なことや好きなことを持ち寄り、子育てを越えた仲間づくり・地域づくりへの発展を目指している。

森のようちえんウィズ・ナチュラ

法人名：合同会社SOULS／**園児数**：15人（3歳児6人・4歳児5人・5歳児4人）／**職員・スタッフ数**：12人（うち有資格者7人）
連絡先：〒634-0111 奈良県高市郡明日香村岡968-1／**電話**：090-7360-2212／**Email**：withnatura2010@gmail.com
ホームページアドレス：http://www.withnatura.com/

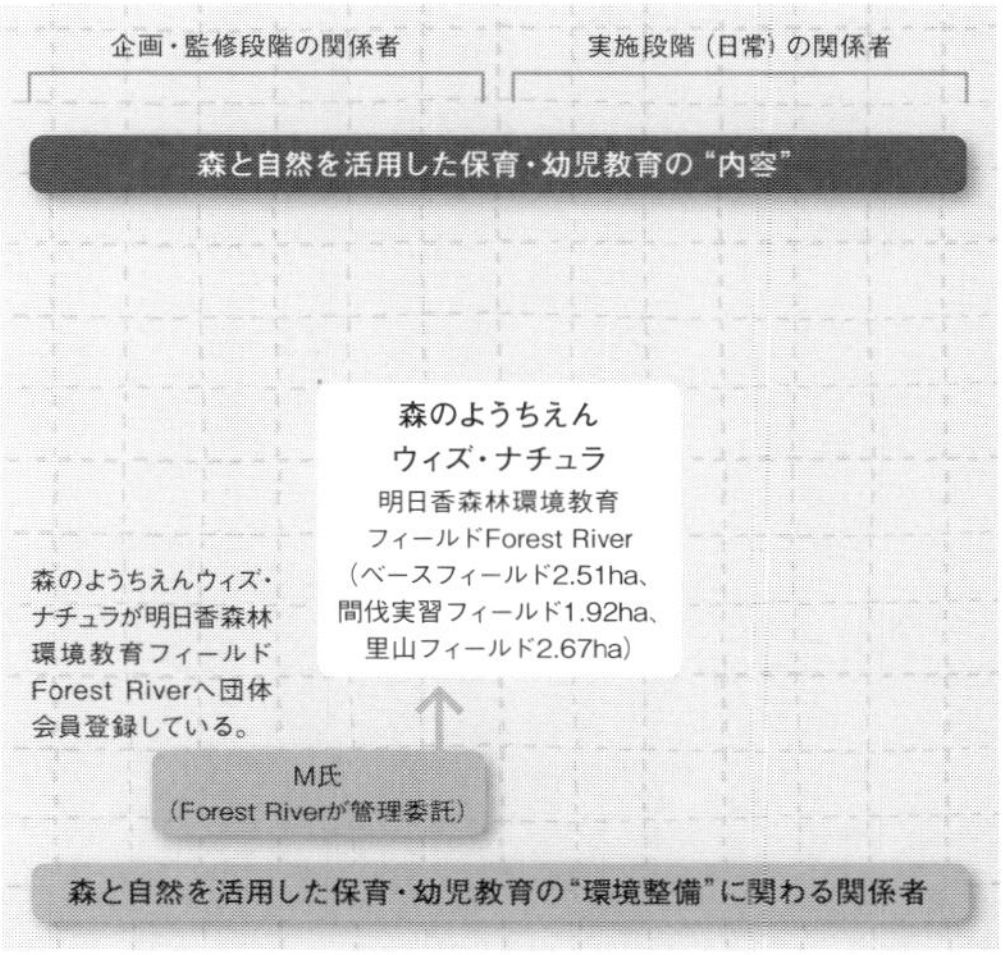

取組開始の背景・経緯

元保育士だった代表が、ニュース番組で「森のようちえん」の存在を知り、その映像の中の子ども達の姿や大人の関わり方を見て、「私のやりたかった保育はこれだ！」と衝撃を受ける。2010年よりイベント型の森のようちえんを月2〜3回開催していたが、自然の中で連続した子どもの育つ姿や保育に興味を持ち、自身の子どもが生まれたことや森のようちえんに関心のある親子との出会いから、2015年未就園児の親子を対象としたお散歩クラスをスタート。翌年4月通年型の森のようちえんを開園した。

森林の利活用等に際した取組等

通年型の森のようちえんを開始するにあたり活動フィールドを探していたところ、「明日香森林環境教育フィールドForest River」と出会う。互いの活動の理念や趣旨に賛同し、ウィズ・ナチュラは活動フィールドが見つかり、Forest Riverは森のようちえん関係者の若い年代の会員が増えて里山保全活動に対する新たな目標や夢ができた。子ども達の安全のためにフィールドを整備し、防災かまどや竹の滑り台、簡易トイレ等の設置など協力いただいている。フィールド整備はようちえんの保護者が自主的に参加し、Forest River主催の環境教育イベントでもスタッフとして関わっている。

森林・自然等の概要・特色

明日香村栢森にあるフィールドは、果樹や紅葉、桜の木などがあり四季折々の景色が楽しめる。フィールド内にある田畑や飛鳥川は生き物が多種多様で、命の営みや関わり方を日々学ぶことができる。ネットやロープのブランコもあり、木登りをしたり、斜面を滑り台のように滑ったり、木の実や草花を集めてままごとなど、思い思いに遊ぶことができる。毎年田植えと稲刈りや、しいたけの菌打ち・栽培・収穫体験など、日本ならではの生活体験の場が多くある。季節ごとに木の実や野いちご摘み、梅取りや芋掘り等を楽しみ、野外料理や食育にも力を注いでいる。春夏は虫取りや川遊び、秋は自然物を使った製作、冬は雪遊び等を季節とその地域ならではの遊びを楽しんでいる。

社会的効果・評価等

森のようちえんウィズ・ナチュラに入園するために明日香村や近隣の町に移住してきた家族は4家族、スタッフは4名。1時間弱かけて通園している園児もいる。子どもを預けて終わりではなく、スタッフと保護者の協働運営の為、運営を通して社会と繋がり、子ども達が育っていく地域の課題に目を向けるきっかけとなっている。又、我が子が日々過ごしている場所（森林・里山・田畑など）の現状に触れ、森林保全や環境問題に意識的に関わろうとする保護者が出てきた。保護者有志とForest Riverが中心となり、間伐イベントを開催したり、コミュニティ以外にも発信していく流れが出てきた。地域や社会に貢献したいと思う大人が増えてきたように思う。地元の林業家や農家などとも連携し、共に地域を盛り上げる仲間づくりも始めている。

森の子育て広場「森のhahako園」

法人名：自主保育サークル／**園児数**：フリー（人数制限なし）／**職員・スタッフ数**：保護者主体の運営メンバー5〜6名
連絡先：〒371-0201群馬県前橋市粕川町中之沢7 サンデンファシリティ（株）ECOS事業部／**E-mail**：sandenforest@gmail.com
ホームページアドレス：https://ja-jp.facebook.com/morinohahakoen/

取組開始の背景・経緯

hahako園を始めた当時、0歳から3歳頃までの未就園児の子と親が過ごす遊び場は、地域では児童館など室内に限られていた。せっかく自然豊かな土地に暮らしているのだから、子どもたちといっぱい自然の中で遊びたい、そして何より、悩める子育て期をひとりで抱えるのではなく、仲間と一緒に見守りながら“みんなでみんなの子どもを育てる暮らし”を作っていきたい、そんな思いを共有する母親が中心となり、外あそびのサークル活動が始まった。2013年暮れ、近所にあったサンデンフォレスト（サンデンホールディングス株式会社の事業所）と知人を通じて知り合った。サンデンフォレストは、環境教育の場として学校含む団体を年間130団体程受け入れている他、環境教育推進法に基づく「体験機会の場」の認定を行政より受けており、一般の方に開かれた場所としてのフィールド整備を体系的に行っている組織であった。活動の主旨に賛同し、すぐに「共催」という形で、2014年の年明けとともにスタートした。

森林の利活用等に際した取組等

自主保育サークルとフィールド所有者（ここでは会社）との役割分担は、プログラム運営＝自主保育サークル、事務局＝フィールド所有者という形である。フィールド所有者が、場所貸しに徹してしまうのではなく、ここでは、hahako園の運営メンバーとともに企画について話合い、意図を理解し、書類作成や問合せ対応などを担当している。両者一方が欠けても成立しない、みなが共に作り上げる一員であることが活動を継続していく上で大切なことであった。

森林・自然等の概要・特色

活動日は月2回。参加は自由で、会員登録や事前申し込みは不要。いつ来てもいつ帰ってもいい場所である。お昼ごはんは、おにぎりとお椀1杯分の野菜を持参し、お味噌汁はみなで作る。決まったプログラムはなく、そこに来た人のペースで、お散歩したり、松ぼっくりで遊んだり、絵本の読み聞かせをしたり、ゆったりとした時間を自由に過ごす。自主企画でワークショップを開催することもあり、ものづくり、わらべうた、助産師さんとのお話し会など、内容は多岐にわたる。サンデンフォレストは、自動販売機工場が中央にあり、その周囲を森が取り囲んでいる。不審者の侵入や子どもが道路に飛び出すといった心配がなく、周囲の目を気にすることなく、思いっきり子どもを解き放つことができる。

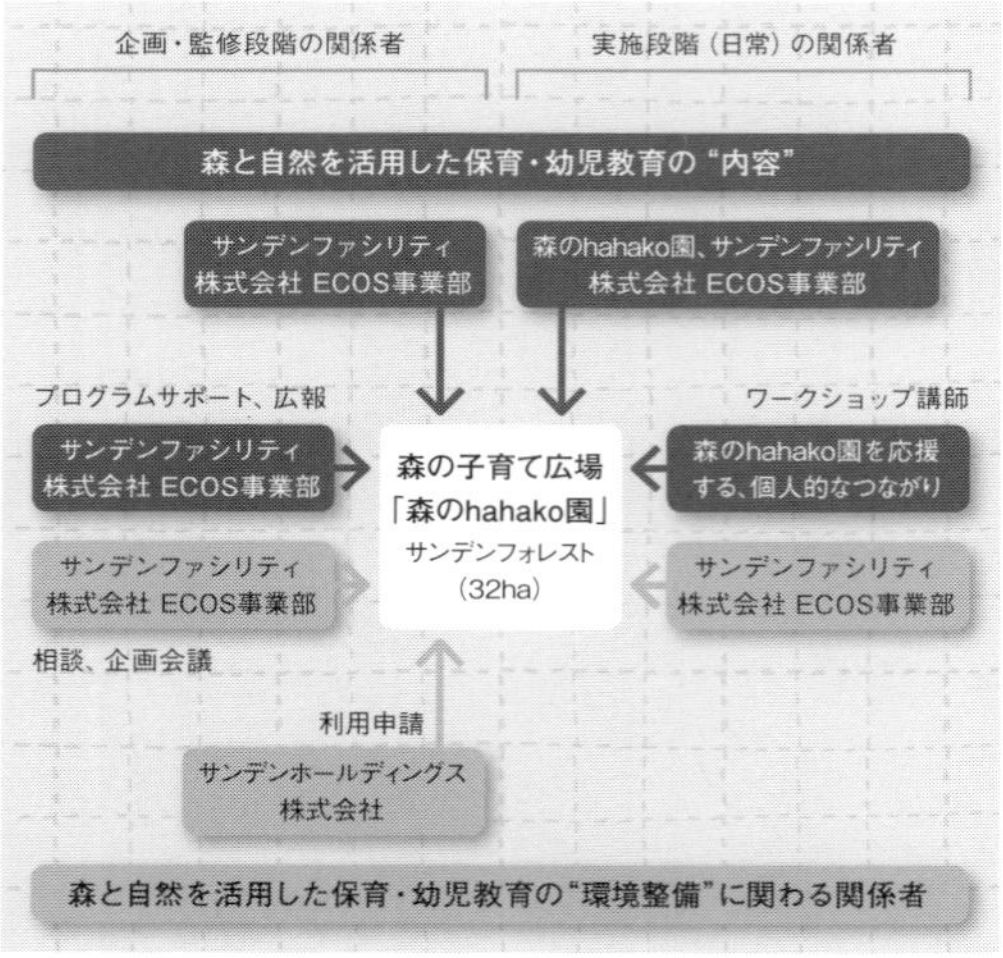

社会的効果・評価等

取組がスタートした当時参加していた子どもたちは成長し、その弟妹が仲間入りしたりと、子どもの年齢層も幅広くなっている。普段のhahako園に参加できる方は限られているので、hahako園を卒業した子どもやhahako園に共感する地域の方が交流できるイベントも定期的に実施している（森のhahakoフェスなど）。来場者が400名を越す会もあり、活動はゆるやかではあるが、誰かが無理をするのではない、信頼関係に基づく子育てを越えた仲間づくり・地域づくりに発展していっている。

伊那市立高遠第2・第3保育園

園児数：25名／職員・スタッフ数：10名（うち有資格者7名）
連絡先：〒396-0301 長野県伊那市高遠町藤澤2255／電話：0265-96-2102
ホームページアドレス：http://www.inacity.jp/

取組開始の背景・経緯

この地域は山間部にあり、過疎化が著しく、若い世代の少ない地域である。2014年度末、伊那市公立での運営である当園では、入園率が50%を割った場合当面休園（経過措置5年）を検討していくという方針をだした。しかし地域住民保護者や地域からこの自然に恵まれた環境にある保育園を継続したい、地域の保育園を残したい、という要望が強く出され、「高遠第2・第3保育園と地域の未来を考える会」が結成された。この「信州やまほいく」においては、地域住民からの声が導き、平成27年度に「普及型」の認定を受けた。現在では移住してきた保護者からの声も力となり保護者と共に創り上げていく自然保育が進んでいる。平成30年には、「普及型」から里山を保育園のフィールドとして自然保育に特化した「特化型」に申請した。また、この活動がその他の地域にも普及し、3園の公立保育園が「普及型」に申請した。

森林の利活用等に際した取組等

県の次世代サポート課・地域協議会・高遠第2・第3保育園と地域の未来を考える会・伊那市子育て支援課・耕地林務課等関係と共に現地調査と調整を行った。環境整備には、保護者や移住で来られた地域の林業関係の方をお願いした。自然保育研修については、子育て支援課と調整し、近隣の指導者に講師を迎え、環境設定、安全面の指導を受けた。

森林・自然等の概要・特色

保育園と地続きの里山があり、広葉樹が多く比較的安全に遊べる里山がある。川、森、畑、田んぼに囲まれ、季節の変化を身近に感じることができる。以前は山を切り開き桑畑や梅林となっていた場所も、手の入らない畑となり荒れ始めていたが、地主の方から土地の開放をしていただき、子どもたちが山の散策をできるようになっている。山の散策はシカ、イモリ、といった自然との共存が体験できる環境である。高低差200メートル、山の散策範囲3キロと広大な里山であるが、

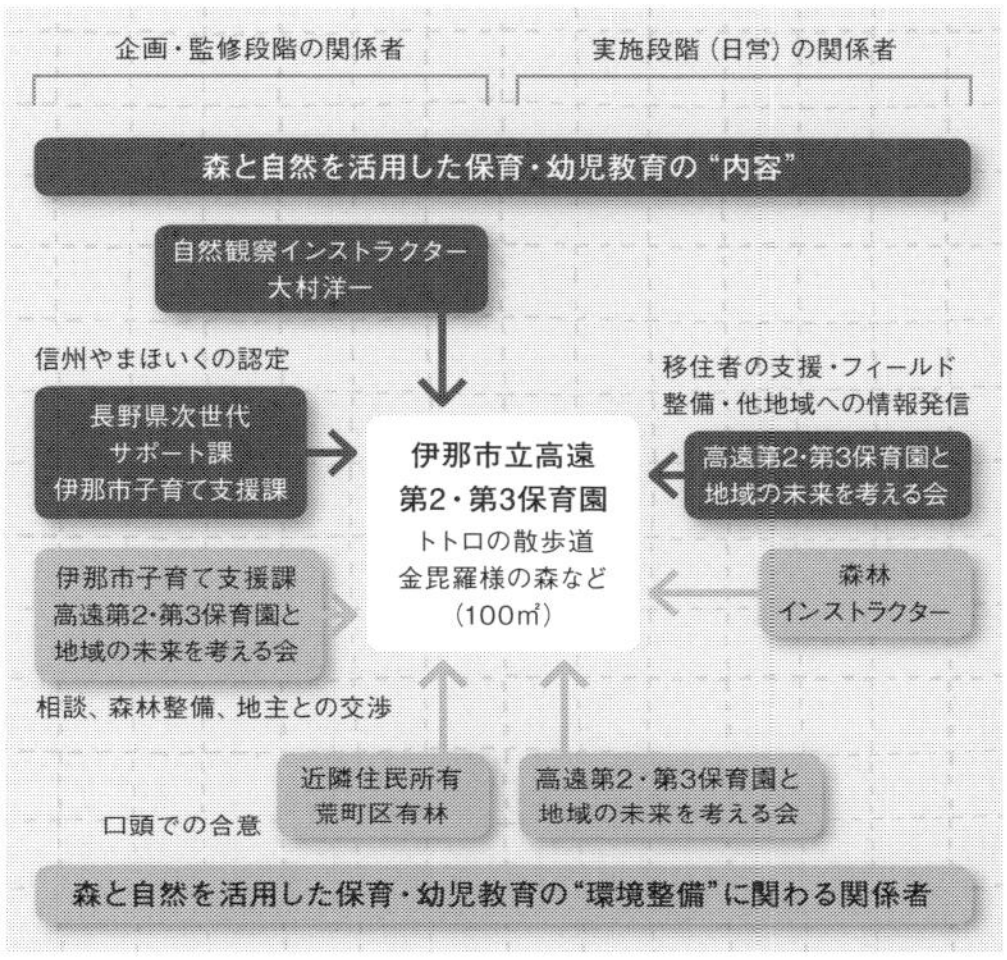

園児が自然の中に入りこむことにより、荒れた地にも道ができ、基地ができ、自然とふれあうフィールドが整ってきている。保護者の方の協力もいただきながら、山探検・馬耕体験・羊の放牧・山菜取り・自然物での制作等、この園ならでの遊びを十分に楽しんでいる。

社会的効果・評価等

ホームページやフェイスブックなどで地域や保育園の自然保育を発信して、都会からの移住定住の促進を図っている。2018年度の園児数25名中、伊那市外からの移住者の園児は16名と6割以上を占める。昨年度は全国学校・園庭ビオトープコンクール2017において日本生態系協会賞を受賞した。地域の方や保護者の方と協力しながら山を整備し、身近にある自然を活用した保育が評価された。

都会で生活をしていた園児の中には、土に触ることが嫌だったり、虫を見て泣き出したりする子もいるが、山の中でのびのびと自然とかかわって遊ぶうちに、土も虫も、わくわくする仲間に変わり、山あそびが大好きになるのだ。そんな変化を見て、保護者はさらに「信州やまほいく」への理解を深めてくださっている。

智頭町森のようちえん まるたんぼう

法人名：特定非営利活動法人 智頭町森のようちえん まるたんぼう／**園児数**：16名（年長8名、年中6名、年少2名）
職員・スタッフ数：5名（保育士：2名、保育補佐：2名、園バス運転手：1名）／**連絡先**：〒689-1442 鳥取県八頭郡智頭町大屋160
電話：0858-71-0033（平日14:30～17:00）／**E-mail**：morino@marutanbou.org／**ホームページアドレス**：http://marutanbou.org/

取組開始の背景・経緯

森の豊かさと子育て環境の良さに感動した代表と、智頭で子育て中の母親たちが「ここでしかできない子育て」を追求しようと、デンマークで行われていた「森のようちえん」を真似て、開園したのが始まり。

開園準備中に、「智頭町100人委員会」（町民の良いアイディアに予算を付ける取組）が発足し、これに参加した為、日本で初めての「行政に支援される森のようちえん」となった。

この頃、町内の小規模保育園が合併となり一園化したのも遠因。山村子育ての選択肢となるべく、まだ珍しかった本格的森のようちえんを立ち上げた。

森林の利活用等に際した取組等

代表が当時県の林業職だったので、智頭町の森には精通していた。また、移住時に6haの森林も購入し、拠点の森があった。森林の所有権が複雑なので、14カ所のフィールドは、森が所属する集落の区長に相談し、集落で話し合って承諾を得た場所を使っている（区長との間で使用承諾書を取り交わしている）。

子ども自ら身を守る力を育むため、フィールドは極力自然のまま利用している（整備はほぼしない）。冬場の薪を得るために、拠点の森で年に2～3回の薪割会を行い、保護者の森林整備体験の場となっている。

森林・自然等の概要・特色

当園程本格的な「森」で活動を行っている園は少ないだろう。14カ所の森は、人里からの遠近、植生、景観等多種多様。また、智頭町は水が豊かで、安全に遊べる水場も多くある（親水公園などは格好の遊び場）。

本格的な森で活動するので、出会える“いのち”も豊かである。美しい植物をはじめ昆虫や川魚、天然記念物であるサンショウウオ等なかなか出会えないものも多くある。魚を釣ったりすることはもちろん、罠にかかったシカを仕留めて解体し、お肉を頂くという一連の行為を体験したこともある。

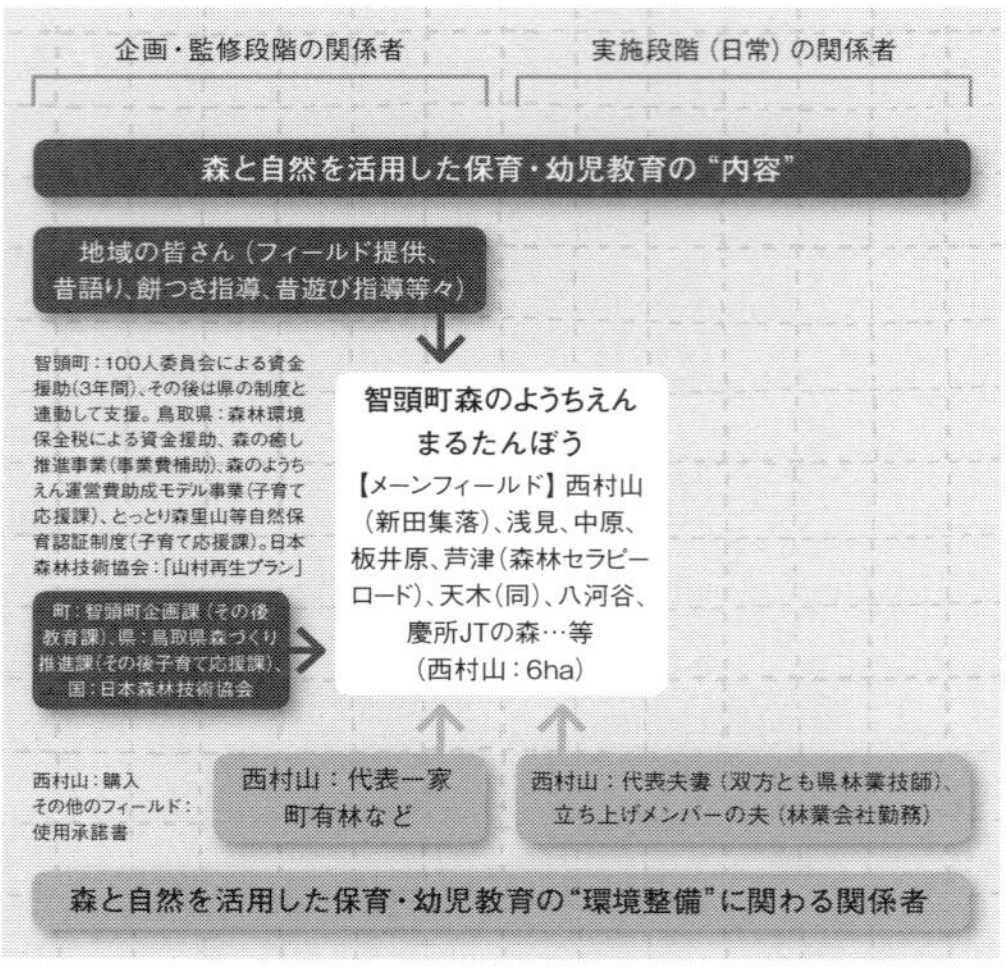

社会的効果・評価等

当初より、森のようちえんが出来ることで子育て移住世帯が増えることを想定。2年目より県内移住、4年目には県外からの移住が始まった。その後、主に県外から37家庭57名の園児が移住（家族含め100名超）。

県外からの移住者には有名パン屋「タルマーリー」が含まれ、タルマーリーの哲学に触発されて完全無農薬無肥料の「自然栽培」を行うグループが出来たり、Caféを始める方が現れたり、町のカラーが少しずつ変わってきている。

行政との連携の面でも、当初は智頭町単独の「100人委員会」の取組であったが、その後支援の輪は県にも広がり、鳥取県ではH27年度より全国初の森のようちえん支援制度である鳥取県の「認証制度」ができた。県の基準をクリアすれば、運営費の一部を県と市町村が支援する制度となっている。また、同年9月より子育て世帯の負担軽減のための、多子世帯の保育料減免制度に森のようちえんも加えられている（智頭町ではH29年度より第2子以降は無条件で保育料減免対象：月25,700円が支援される）。

長野県東御市・（公財）身体教育医学研究所

法人名：公益財団法人身体教育医学研究所／参加者数：子ども100名、保護者60名／職員・スタッフ数：事務局2名、ボランティア35名
連絡先：長野県東御市布下6-1／電話：0268-61-6148
ホームページアドレス：http://gakuhiro.com/

取組開始の背景・経緯

長野県東御市は2008年から、行政と連携した子育て支援の取り組みとして、運動指導者が月1回市内全保育所を回る運動遊び事業を行ってきた。発達段階に応じた多様な動きを体験することや、身体を動かすことが好きな子どもを育むことを目標に実施し、高い評価を得てきた。一方、プログラム化による主体性喪失の危惧や、小学校での身体活動・運動促進の継続、地域の中にも子どもたちが楽しく身体を動かせる場（遊び場）を再構築する等の課題が浮上、2011年に内閣府・長野県の支援を受けた「東御の子どもの元気な育ちを支えるネットワーク」を立ち上げた。2012年、その一環として、市内在住の就園前親子及び就学前後の子どもたちを対象に、市内の自然環境を活かした「里山探検活動」を開始した。また、2015年からは里山探検卒業生たちの強い要望により、年齢問わず家族みんなで楽しめるサークルも立ち上げた。いずれの活動も特別なプログラムは準備せず、森が有する自然環境の中、探検、木や岩登り、水遊び、秘密基地づくり等、やりたいことをとことんやり込める環境を提供し、最低限の大人の見守りの下、通年で開催している。また、「里山探検活動」をきっかけに長野県「信州型自然保育認定制度」により、東御市公立保育園全園が「信州やまほいく」として認定され、園が率先して自然を活用した保育の充実を目指している。

森林の利活用等に際した取組等

里山探検活動が始まる以前から森の地権者が地域の子どもたちのために森を開放して自然体験活動を行っていた。既に整備された森を活用して里山探検活動が始まった。ネットワークの委員には有識者も参画し、たくさんの助言もあったが、実際の活動には自然体験活動の知識を持っている実働スタッフがいなかったため、研修を重ね、指導方法や安全管理について学んだ。また、ボランティアスタッフが自信を持って活動できるよう自然体験活動指導者（NEALリーダー）の養成講座を毎年開催し、質的向上を目指した。

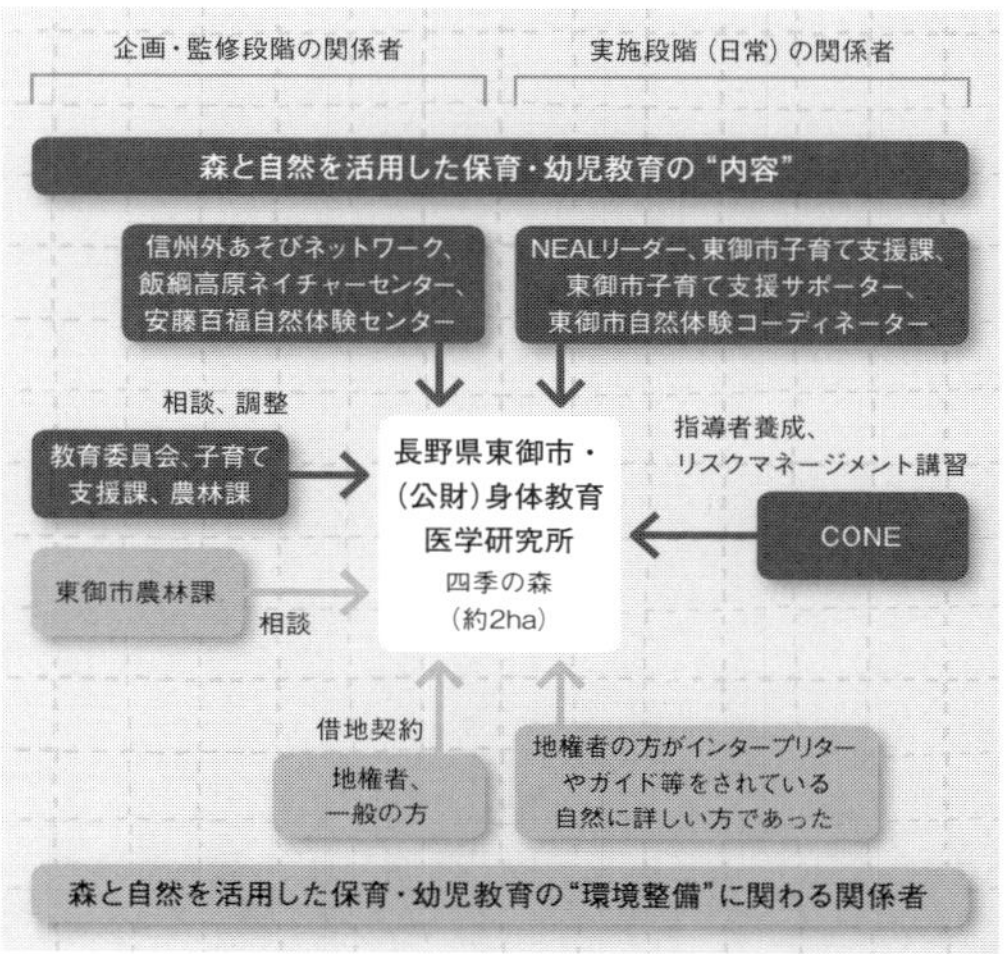

森林・自然等の概要・特色

東御市祢津地区にある「四季の森」は市中心部（標高533m）より、車で20分、湯の丸高原中腹の標高約1100m地点に位置している。八ヶ岳や北アルプスなどの展望が良く、大きな岩や小川が流れ、広葉樹の森が広がる四季折々の自然が楽しめる豊かな環境である。

社会的効果・評価等

東御市全ての子どもがある年代に達したら里山探検活動ができるように位置付けていくことを望んでいる。そのためには活動を支える大人の存在を増やす目的で継続的に見守りボランティアの養成研修会を実施すること。そして、地域資源を再発見・有効活用し、文科省が進める「子どもと自然をつなぐ地域プラットフォーム形成支援事業」による「とうみ自然体験プラットフォーム」を基に、各地域の特性に応じた子どもの育ちと遊びを保障する受け皿を更に充実させたいと考えている。また高齢者ボランティアに焦点をあてた調査から里山探検活動への参加により「抑うつ—落ち込み」の気分が軽減され、「活気—活力」が高まることが判明。「日常役割機能（精神）」も高まり、その傾向は参加回数が多いほど顕著であり、幼老連携の相乗効果があった。

真砂保育園

法人名：社会福祉法人暁ほほえみ福祉会／**園児数**：定員20名　H30.8月初旬現在の在園児14名（0才児：1名、1才児：3名、2才児：1名、3才児：3名　4才児：3名　5才児：3名）／**職員・スタッフ数**：7名（施設長：1名、保育士：4名、保育助手（子育て支援員資格保有）：1名、調理員（栄養士資格保有）：1名）／**連絡先**：〒698-0411 島根県益田市波田町イ425／**電話**：0856-26-0106／**FAX**：0856-26-0109
E-mail：nofx.1208@gmail.com／**ホームページアドレス**：HPは無。※FBにて日々の保育を発信。「真砂＋（プラス）」で検索

取組開始の背景・経緯

島根県益田市の中心部より車で約20分、自然に囲まれた山間の場所に当園はある。地域は高齢化率50%を超え、少子高齢化・後継者不足など全国の中山間地域と同じ問題を抱えている。しかし、地域には保育園をはじめ小中学校があり、住民が地域商社を立ち上げるなど「元気な場所」としても地元では知られている。保育園は過去10年以上に亘って定員割れの状態が続いており運営は厳しいが、地域に存在し続ける必要性があることも事実。なぜなら、「この地で子育てがしたい」と今の地域環境に惹かれ、ここで暮らすことを選択した人々が存在する。もし、保育園や学校が無くなれば若者世代は市街地へと移り住み、少子高齢化の流れは加速する。結果、地域そのものが消滅となるのである。「子どもが育つ場所を、地域を残したい。」そんな思いから「ここだからできる保育＝里山保育」に取り組むことになった。

森林の利活用等に際した取組等

まず最初に取り組んだことは「地域に暮らす人々と距離を縮めること」である。過去、住民を行事へ招待するなど「保育園へ足を運んでもらう」ということに意識を向けていた。だが、実際にはこちらが意図するような形は実現できていなかった。そこで「待つのではなく、こちらから住民のもとへ行こう」と住民との関わり合い方、日常や行事のあり方を再検討することから取り組んだ。

森林・自然等の概要・特色

里山保育には2つの特徴がある。1つ目は「地域の中で遊び込む」ということ。子ども達は天候・季節を問わず毎日戸外で活動する。毎日どこかで子ども達の笑い声が響いている。2つ目は「住民を巻き込む」ということ。子ども達は日常的に住民との関わり合いをもっており、住民宅へ遊びにいくことも珍しくない。毎月の恒例行事に一定の地域で1日を過ごす活動がある。この日は住民宅が【1日保育園】となる。給食も現地で子ども達自ら羽釜で炊き上げたご飯を住民と一緒にいただく。1日保育園となるお宅や該当地域の住民は、一緒に釣りをしようと手作りの釣竿を準備していてくれたり、野菜の収穫を一緒にしようと畑を手入れし、待ってくれている。里山保育は子どもの心と身体の育ちだけでなく、住民の生き甲斐や楽しみにもなっているのである。

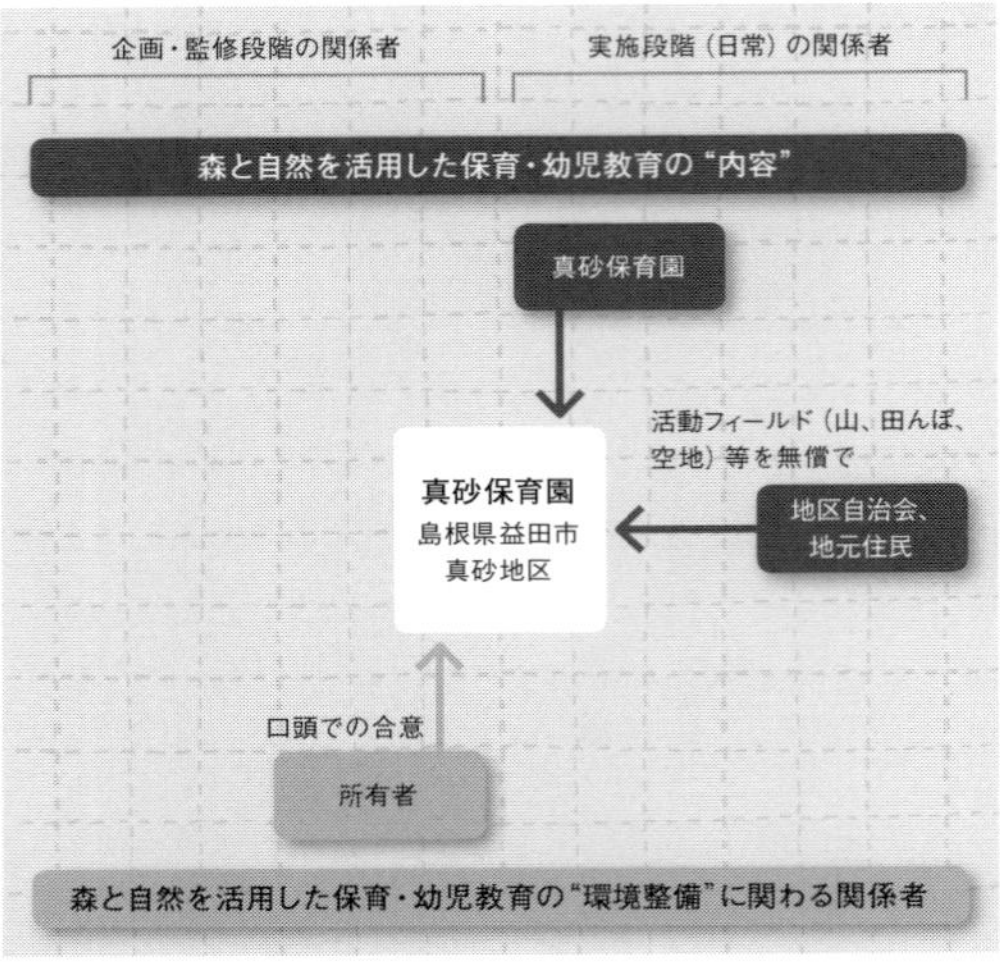

社会的効果・評価等

地域密着型子育て＝里山保育の賛同者は少しづつ増えた。現在通っている半数以上の7家庭がUIターンや市街地からの家庭。また、住民有志が「子ども達の遊び場に」と山を整備してツリーハウスを建設してくれた。毎年開催する保育園発表会での来場者は半分以上が地域住民である。近年は園舎内ホールでは収容不可能となり公民館で開催している。里山保育を通じて、住民との距離は確実に縮まった。そして、「ひとは地域で育つ」と実感している。ひとは独りで生きていくことはできない。自らを取り巻くひとやものとの関わり合いの中にいる。地域やそこに暮らす人々はそれらを実体験として教えてくれるのである。

執筆者一覧

■巻頭　写真・文
小西 貴士（写真家・森の案内人（インタープリター））

■序章、第1章　第1～3節、コラム
征矢 里沙（特定非営利活動法人いきはぐ）
木俣 知大（公益社団法人国土緑化推進機構）

■第1章　第4節
高山 静子（東洋大学 ライフデザイン学部）

■第1章　第5節
園庭・屋外環境調査グループ
秋田 喜代美（東京大学 発達保育実践政策学センター センター長）
石田 佳織（園庭研究所）
辻谷 真知子（白梅学園大学・日本学術振興会特別研究員（PD））
宮田 まり子（白梅学園大学 子ども学部）
宮本 雄太（東京大学大学院教育学研究科・日本学術振興会特別研究員（DC））

■第1章　第6節
木戸 啓絵（岐阜聖徳学園大学短期大学部）

■第1章　第7節
青木 康太朗（独立行政法人国立青少年教育振興機構　青少年教育研究センター）

■第1章　第8節（50音順掲載）
日本自然保育学会 先行研究ワーキング
領域「環境」：石田 佳織（園庭研究所）
領域「健康」：北澤 明子（秋草学園短期大学）
領域「人間関係」：木戸 啓絵（岐阜聖徳学園大学短期大学部）
領域「言葉」「表現」：山口 美和（上越教育大学大学院）

■第2章
木俣 知大（公益社団法人 国土緑化推進機構）

■第3章
檜山 綾香（at knot）
木俣 知大（公益社団法人 国土緑化推進機構）

■終章
木俣 知大（公益社団法人 国土緑化推進機構）

■コラム（掲載順）
・無藤 隆（白梅学園大学院 特任教授）
・大豆生田 啓友（玉川大学教育学部 乳幼児発達学科 教授）
・仙田 満（環境デザイン研究所 会長／東京工業大学 名誉教授）
・瀧 靖之（東北大学 加齢医学研究所 教授）
・井上 美智子（大阪大谷大学 教育学部 教授）
・藤森 平司（新宿せいが子ども園 園長／保育環境研究所ギビングツリー 代表）
・武田 信子（武蔵大学 人文学部 教授）

■編者プロフィール

公益社団法人 国土緑化推進機構

1950年に国土緑化運動を推進する組織として設立。全国植樹祭・全国育樹祭等の全国規模の緑化行事や、各種緑化コンクールや学校林・緑の少年団の支援を通した次世代育成、緑の募金・緑と水の森林ファンドを通した企業・NPO等による「国民参加の森林づくり」の推進、美しい森林づくり推進国民運動「フォレスト・サポーターズ」や「木づかい運動」等の国民運動を推進している。近年は、学童期の森林環境教育・森林ESDや、幼児期を対象にした「森と自然を活用した保育・幼児教育」にも取り組んでいる。

【編集協力】

森と自然の育ちと学び自治体ネットワーク

（正式名称：森と自然を活用した保育・幼児教育推進自治体ネットワーク）

近年、グローバル社会を生き抜く次世代を育成するための“保育・幼児教育の質”の向上や、自然豊かな環境での子育てへのニーズを踏まえた“移住促進”、地域における“森林環境教育・森林ESD”の裾野の拡大等の観点から、地方自治体において関心が高まっている「森と自然を活用した保育・幼児教育」の認知度や質の向上と充実を図るために、2018年に設立。(1) 地方自治体・民間団体等との交流・連携の拡大、(2) 情報共有・発信、(3) 調査研究・人材育成、(4) 国への政策提言・要望等の活動の推進を目指して取組を開始している。

カバーデザイン：大倉真一郎
カバーイラスト：大久保つぐみ
DTP・紙面デザイン：杉江耕平
編集協力：横山千尋、吉岡なみ子
図版協力：okumura printing

森と自然を活用した保育・幼児教育ガイドブック

発　行　2018年10月29日　初版第1刷発行
　　　　2019年 5 月24日　初版第2刷発行
編　者　公益社団法人 国土緑化推進機構

発行所　株式会社 風鳴舎
　　　　〒114-0034 東京都北区上十条5-25-12
　　　　（電話03-5963-5266／FAX03-5963-5267）
　　　　URL http://www.fuumeisha.co.jp/

印刷・製本　奥村印刷 株式会社

ISBN978-4-907537-16-6 C0037
Printed in Japan